名古屋経済大学高蔵高等学校

〈収録内容〉

2024 年度 …………………… 一般（数・英・理・社・国）

2023 年度 …………………… 一般（数・英・理・社・国）

2022 年度 …………………… 一般（数・英・理・社・国）

2021 年度 …………………… 一般（数・英・理・社・国）

2020 年度 …………………… 一般（数・英・理・社・国）

DL 2019 年度 …………………… 一般（数・英・理・社）

DL 平成 30 年度 …………………… 一般（数・英・理・社）

便利な DL コンテンツは右の QR コードから

解答用紙　過去年度　非対応 リスニング ⇒

※データのダウンロードは 2025 年 3 月末日まで。
※データへのアクセスには、右記のパスワードの入力が必要となります。 ⇒ 820846

〈合格最低点〉

※学校からの合格最低点の発表はありません。

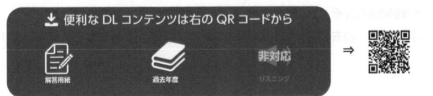

本書の特長

実戦力がつく入試過去問題集

- ▶ 問題 …………… 実際の入試問題を見やすく再編集。
- ▶ 解答用紙 …… 実戦対応仕様で収録。
- ▶ 解答解説 …… 詳しくわかりやすい解説には、難易度の目安がわかる「基本・重要・やや難」の分類マークつき（下記参照）。各科末尾には合格へと導く「ワンポイントアドバイス」を配置。採点に便利な配点つき。

入試に役立つ分類マーク

基本 確実な得点源！
受験生の90％以上が正解できるような基礎的、かつ平易な問題。
何度もくり返して学習し、ケアレスミスも防げるようにしておこう。

重要 受験生なら何としても正解したい！
入試では典型的な問題で、長年にわたり、多くの学校でよく出題される問題。
各単元の内容理解を深めるのにも役立てよう。

やや難 これが解ければ合格に近づく！
受験生にとっては、かなり手ごたえのある問題。
合格者の正解率が低い場合もあるので、あきらめずにじっくりと取り組んでみよう。

合格への対策、実力錬成のための内容が充実

- ▶ 各科目の出題傾向の分析、合否を分けた問題の確認で、入試対策を強化！
- ▶ その他、学校紹介、過去問の効果的な使い方など、学習意欲を高める要素が満載！

解答用紙ダウンロード 解答用紙はプリントアウトしてご利用いただけます。弊社ＨＰの商品詳細ページよりダウンロードしてください。トビラのＱＲコードからアクセス可。

UD FONT 見やすく読みまちがえにくいユニバーサルデザインフォントを採用しています。

名古屋経済大学高蔵高等学校

▶交通　地下鉄桜通線「桜山」駅下車，徒歩10分
市バス「博物館」停下車徒歩８分，「滝子」停下車徒歩10分，「雁道」停下車徒歩12分
名鉄・JR「金山」駅下車，名鉄「神宮前」駅下車，自転車各12分
JR「熱田」駅下車，自転車11分

〒467-8558　名古屋市瑞穂区高田町3-28-1
☎052-853-0050

沿　革

創立者市邨芳樹が全国に先駆けて女子商業教育の確立を意図し，1907年に名古屋女子商業学校を設立する。1923年，名古屋第二女子商業学校を熱田区横田に開校。1947年，学制改革に伴い若竹中学校を設立。翌年には若竹中学校を高蔵中学校に校名変更，高蔵女子商業高等学校を設立。1965年，市邨学園短期大学(名古屋経済大学短期大学部)を開学し，高校に普通科を設置。1972年に市邨学園高蔵高等学校・中学校と校名変更。1979年，市邨学園大学を開学。1983年，大学の名称を名古屋経済大学に変更。2002年から名古屋経済大学高蔵高等学校に校名変更し，普通科を男女共学とした。2006年の学園創立100周年を機に，現在地である瑞穂区高田町に移転した。

校訓三則

慈(あたたかい心)　**忠**(すなおな心)
忍(くじけない心)

教育方針

「一に人物，二に伎倆《ぎりょう》」の建学精神をもとに，それぞれの個性を尊重し，伸ばすことを目標とした教育をすすめている。

教育課程

●普通科

特進コース…国公立大学や難関私立大学の受験突破を目指す。日常の授業に加えて，進学講習や日々の面談を通して学力定着と豊かな心を形成する。

進学コース…勉強と部活動を両立させながら，

理想の進路実現を目指す。希望制で特進コースと同じ進学講習が受けられるなど，学習・進学面のサポートも充実している。

●商業科

本校創立時からの伝統を持ち，**幅広い知識と技能を身につけたマルチメディア時代に対応できる人材の育成**に努めている。とくにコンピュータ情報教育など，実社会の即戦力となる実践的な技能をマスターする教育に力が入れられている。また，多くの資格を有することによって進学を希望する者も多く，進学率は約88%にも達する。

パソコン実習

研　修

１・２年生の希望者を対象にオーストラリアでの海外語学研修を行っている。

海外語学研修

併設校

●名古屋経済大学

法学部では，“ビジネス法学科”を設置し，将来の進路を想定して選べるビジネス法・消費者関連法・行政の３つのコースに対応した個性的な専門科目を配置している。

経済学部では，現代の経済活動を考え，研究する“現代経済学科”を設置し，経済のスペシャリストを育成する。

経営学部では，“経営学科”を設置し，これからの日本経済を展望できる能力の育成をめざし，企業経営の基礎からビジネス社会で進む国際化情報化の最新理論を総合的・体系的に学べる。

人間生活科学部では，子どもをとりまく環境の変化に対応できる幅広い能力を養う“教育保育学科”と，豊かな知識と技術を持った管理栄養士をめざす“管理栄養学科”を設置。

クラブ活動

近年，卓球部，バトン・チア部，陸上競技部(長距離)，テニス部，合気道部，ダンス部，写真部などが全国大会への出場を果たしている。サッカー部，バスケットボール部(女子)も県大会での上位校となっている。

●運動部

陸上競技，バドミントン，ダンス，柔道、卓球(女)，バレーボール，硬式テニス，バスケットボール，サッカー，ソフトテニス，ハンドボール，合気道，野球

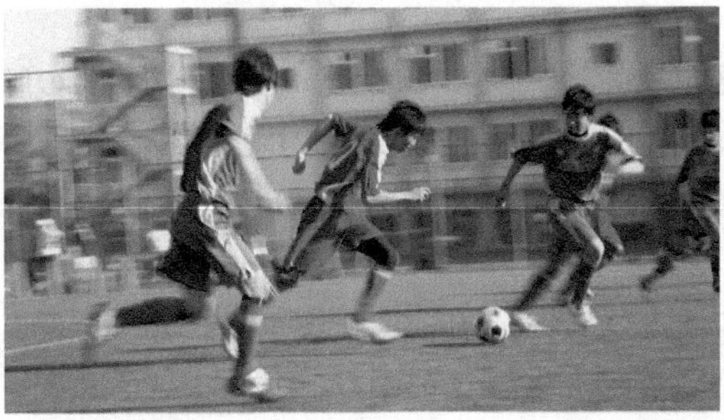

サッカー部

●文化部

合唱，書道，美術，放送･新聞，演劇(ミュージカル)，珠算・電卓，文芸，理科，English Club，箏曲，茶道，カラーガード，バトン・チア，吹奏楽，軽音楽，家政，写真

吹奏楽部

●同好会

ボクシング，漫画研究，テーブルゲーム，奇術，ワープロ，簿記，数学検定，映画英語研究会，かるた，ソーシャル

進　路

●主な合格実績

名古屋大，名古屋市立大，愛知教育大，愛知県立大，岐阜大，静岡大，広島大，愛媛大，富山県立大，石川県立大，高知工科大，慶應義塾大，明治大，法政大，明治学院大，國學院大，日本大，東洋大，駒澤大，専修大，日本体育大，国士館大，北里大，神奈川大，日本赤十字看護大，東京薬科大，東海大，関西大，関西学院大，同志社大，立命館大，京都産業大，近畿大，龍谷大，南山大，愛知大，愛知学院大，名城大，中京大，愛知淑徳大，椙山女学園大，金城学院大，名古屋学院大，名古屋学芸大，中部大，日本赤十字豊田看護大，愛知工業大，名古屋外国語大，藤田医科大，名古屋経済大　ほか

●主な就職先

熱田神宮宮庁，愛知県自動車販売店協会，あいち知多農業協同組合，愛知火災共済協同組合，蒲郡信用金庫，（株）マスダ，（株）中京倉庫，（株）エディオン，（株）コジマ，（株）大和屋守口清総本家，（株）ワークステーション，（株）山田餅本店　ほか

名古屋経済大学

◎2024年度入試状況◎

学　科	普　通（男女）		商　業（女子）
	特進コース	進学コース	
募集人員	401		80
志願者数	711	1171	209
受験者数	710	1170	209
合格者数	非公表		

※募集人員・志願者数・受験者数は推薦入試・一般入試を合わせた数（本校中学出身者は除く）

過去問の効果的な使い方

① **はじめに**　入学試験対策に的を絞った学習をする場合に効果的に活用したいのが「過去問」です。なぜならば，志望校別の出題傾向や出題構成，出題数などを知ることによって学習計画が立てやすくなるからです。入学試験に合格するという目的を達成するためには，各教科ともに「何を」「いつまでに」やるかを決めて計画的に学習することが必要です。目標を定めて効率よく学習を進めるために過去問を大いに活用してください。また，塾に通われていたり，家庭教師のもとで学習されていたりする場合は，それぞれのカリキュラムによって，どの段階で，どのように過去問を活用するのかが異なるので，その先生方の指示にしたがって「過去問」を活用してください。

② **目的**　過去問学習の目的は，言うまでもなく，志望校に合格することです。どのような分野の問題が出題されているか，どのレベルか，出題の数は多めか，といった概要をまず把握し，それを基に学習計画を立ててください。また，近年の出題傾向を把握することによって，入学試験に対する自分なりの感触をつかむこともできます。

過去問に取り組むことで，実際の試験をイメージすることもできます。制限時間内にどの程度までできるか，今の段階でどのくらいの得点を得られるかということも確かめられます。それによって必要な学習量も見えてきますし，過去問に取り組む体験は試験当日の緊張を和らげることにも役立つでしょう。

③ **開始時期**　過去問への取り組みは，全分野の学習に目安のつく時期，つまり，9月以降に始めるのが一般的です。しかし，全体的な傾向をつかみたい場合や，学習進度が早くて，夏前におおよその学習を終えている場合には，7月，8月頃から始めてもかまいません。もちろん，受験間際に模擬テストのつもりでやってみるのもよいでしょう。ただ，どの時期に行うにせよ，取り組むときには，集中的に徹底して取り組むようにしましょう。

④ **活用法**　各年度の入試問題を全問マスターしようと思う必要はありません。できる限り多くの問題にあたって自信をつけることは必要ですが，重要なのは，志望校に合格するためには，どの問題が解けなければいけないのかを知ることです。問題を制限時間内にやってみる。解答で答え合わせをしてみる。間違えたりできなかったりしたところについては，解説をじっくり読んでみる。そうすることによって，本校の入試問題に取り組むことが今の自分にとって適当かどうかが，はっきりします。出題傾向を研究し，合否のポイントとなる重要な部分を見極めて，入学試験に必要な力を効率よく身につけてください。

数学

各都道府県の公立高校の入学試験問題は，中学数学のすべての分野から幅広く出題されます。内容的にも，基本的・典型的なものから思考力・応用力を必要とするものまでバランスよく構成されています。私立・国立高校では，中学数学のすべての分野から出題されることには変わりはありませんが，出題形式，難易度などに差があり，また，年度によっての出題分野の偏りもあります。公立高校を含め，ほとんどの学校で，前半は広い範囲からの基本的な小問群，後半はあるテーマに沿っての数問の小問を集めた大問という形での出題となっています。

まずは，単年度の問題を制限時間内にやってみてください。その後で，解答の答え合わせ，解説での研究に時間をかけて取り組んでください。前半の小問群，後半の大問の一部を合わせて50%以上の正解が得られそうなら多年度のものにも順次挑戦してみるとよいでしょう。

英語

英語の志望校対策としては，まず志望校の出題形式をしっかり把握しておくことが重要です。英語の問題は，大きく分けて，リスニング，発音・アクセント，文法，読解，英作文の5種類に分けられます。リスニング問題の有無(出題されるならば，どのような形式で出題されるか)，発音・アクセント問題の形式，文法問題の形式(語句補充，語句整序，正誤問題など)，英作文の有無(出題されるならば，和文英訳か，条件作文か，自由作文か）など，細かく具体的につかみましょう。読解問題では，物語文，エッセイ，論理的な文章，会話文などのジャンルのほかに，文章の長さも知っておきましょう。また，読解問題でも，文法を問う問題が多いか，内容を問う問題が多く出題されるか，といった傾向をおさえておくことも重要です。志望校で出題される問題の形式に慣れておけば，本番ですんなり問題に対応することができますし，読解問題で出題される文章の内容や量をつかんでおけば，読解問題対策の勉強として，どのような読解問題を多くこなせばよいかの指針になります。

最後に，英語の入試問題では，なんと言っても読解問題でどれだけ得点できるかが最大のポイントとなります。初めて見る長い文章をすらすらと読み解くのはたいへんなことですが，そのような力を身につけるには，リスニングも含めて，総合的に英語に慣れていくことが必要です。「急がば回れ」ということわざの通り，志望校対策を進める一方で，英語という言語の基本的な学習を地道に続けることも忘れないでください。

国語

国語は，出題文の種類，解答形式をまず確認しましょう。論理的な文章と文学的な文章のどちらが中心となっているか，あるいは，どちらも同じ比重で出題されているか，韻文(和歌・短歌・俳句・詩・漢詩)は出題されているか，独立問題として古文の出題はあるか，といった，文章の種類を確認し，学習の方向性を決めましょう。また，解答形式は，記号選択のみか，記述解答はどの程度あるか，記述は書き抜き程度か，要約や説明はあるか，といった点を確認し，記述力重視の傾向にある場合は，文章力に磨きをかけることを意識するとよいでしょう。さらに，知識問題はどの程度出題されているか，語句(ことわざ・慣用句など)，文法，文学史など，特に出題頻度の高い分野はないか，といったことを確認しましょう。出題頻度の高い分野については，集中的に学習することが必要です。読解問題の出題傾向については，脱語補充問題が多い，書き抜きで解答する言い換えの問題が多い，自分の言葉で説明する問題が多い，選択肢がよく練られている，といった傾向を把握したうえで，これらを意識して取り組むと解答力を高めることができます。「漢字」「語句・文法」「文学史」「現代文の読解問題」「古文」「韻文」と，出題ジャンルを分類して取り組むとよいでしょう。毎年出題されているジャンルがあるとわかった場合は，必ず正解できる力をつけられるよう意識して取り組み，得点力を高めましょう。

数学

出題傾向の分析と合格への対策

●出題傾向と内容

本年度の出題数は大問4題，小問にして20題で，例年の平均的な出題数であった。

1が10題の小問集合で，数・式の計算，平方根，連立方程式，変化の割合，確率，箱ひげ図など。2が規則性，円と角の問題。3が1次関数・2次関数のグラフと図形の融合問題。4が相似を利用した三平方の定理の証明，直方体の切断に関する問題であった。

小問題では基礎的・典型的な内容が多いが，やや難しいものが混じることもある。また，大問は思考力や応用力を必要とするものが大半であり，問題量も多いので，手掛けられるものから確実に仕上げていこう。

学習のポイント

まずは教科書の説明や例題を把握すること。図形に関する公式や定理などはノートにまとめながら確実に身につけること。

●2025年度の予想と対策

来年度も今までとほぼ変わらない出題形式，出題内容になると思われる。前半は数量分野から，数・式の計算，平方根の計算，式の値，方程式，因数分解，関数の基礎，確率，資料の整理などの独立した基本的な小問がまとまった数だけ出題されるだろう。後半は大問で関数・グラフと図形の融合問題，図形の性質や証明，図形の計量問題，方程式の応用問題などからの出題が予想される。さらに，数学的な思考力や判断力を問う独自性のある問題が出題される可能性もある。まずは教科書内容をきちんとマスターすることが重要である。それができた上で，標準レベルの問題集にあたってみるのもよい。

▼年度別出題内容分類表……

出題内容			2020年	2021年	2022年	2023年	2024年
数と式		数の性質		○		○	
		数・式の計算	○	○	○	○	○
		因数分解			○		○
		平方根	○	○	○	○	○
方程式・不等式		一次方程式	○	○	○	○	
		二次方程式	○	○	○	○	
		不等式					
		方程式・不等式の応用		○	○	○	○
関数		一次関数	○	○	○	○	○
		二乗に比例する関数	○	○	○		○
		比例関数	○		○	○	○
		関数とグラフ	○	○	○	○	○
		グラフの作成		○	○		
図形	平面図形	角度	○	○		○	○
		合同・相似	○		○	○	○
		三平方の定理	○				○
		円の性質	○			○	○
	空間図形	合同・相似					
		三平方の定理					○
		切断		○			○
	計量	長さ	○	○	○	○	○
		面積	○	○	○	○	
		体積		○			○
	証明		○			○	○
	作図						
	動点			○			
統計		場合の数		○		○	
		確率	○	○	○		○
		統計・標本調査	○	○	○	○	○
融合問題		図形と関数・グラフ	○	○	○	○	○
		図形と確率					
		関数・グラフと確率					
		その他					
その他				○	○	○	○

名古屋経済大学高蔵高等学校

英語 出題傾向の分析と合格への対策

●出題傾向と内容

本年度は聞き取り問題，会話文問題，短文読解問題，長文読解問題等が5題出題された。

会話文を含め読解問題の英文の内容自体はそれほど難しいわけではないが，全体的な内容把握を正確に行う必要がある。設問形式は，語句補充・選択，語句整序，内容吟味など多岐にわたる。

読解問題内で語彙力，文法力を試させる問題も多く出題されている。標準レベルだが，中学で学習する文法分野が幅広く出題されている。

標準レベルの問題だが読解力と文法力の総合力が要求される。

学習のポイント

中学で学習する文法事項や重要表現をまんべんなく学習しよう。読解問題にも積極的に取り組もう。

●2025年度の予想と対策

来年度も問題形式や出題傾向，レベル，分量において大きく変化することはないと思われる。

聞き取り問題対策としてなるべくたくさんの英文を聞く習慣をつけよう。英作文対策として日ごろから英文を書く練習をしておこう。

読解問題は，教科書を完全にマスターした上で，さらに参考書などで一歩進んだ実力をつけておく必要がある。日ごろからある程度の長さの英文を読むようにし，慣れておくことが大切である。

文法問題については，基本的な事項を理解していれば問題ないが，幅広く出題されているので中学で学習する事項を確実に理解しておく必要がある。

▼年度別出題内容分類表 ……

出題内容		2020年	2021年	2022年	2023年	2024年
話し方・聞き方	単語の発音					
	アクセント					
	くぎり・強勢・抑揚					
	聞き取り・書き取り	○	○	○	○	○
語い	単語・熟語・慣用句		○	○	○	○
	同意語・反意語					
	同音異義語					
読解	英文和訳(記述・選択)					
	内容吟味	○	○	○	○	○
	要旨把握	○			○	○
	語句解釈					
	語句補充・選択	○	○	○	○	○
	段落・文整序					
	指示語					
	会話文	○	○	○	○	
文法・作文	和文英訳					
	語句補充・選択		○			
	語句整序	○	○	○	○	○
	正誤問題					
	言い換え・書き換え					
	英問英答					
	自由・条件英作文	○	○	○	○	
文法事項	間接疑問文					
	進行形	○	○			○
	助動詞	○		○		○
	付加疑問文					
	感嘆文					
	不定詞		○	○	○	○
	分詞・動名詞					○
	比較					○
	受動態	○	○			○
	現在完了	○	○			○
	前置詞					○
	接続詞		○	○	○	○
	関係代名詞				○	○

名古屋経済大学高蔵高等学校

理科 出題傾向の分析と合格への対策

●出題傾向と内容

問題数は小問集合が1題，各分野からそれぞれ1題で，合計大問が5題，小問数にして25題であった。試験時間は45分である。全体的には標準レベルの問題であり，各分野の基本的な理解が十分かをみる，良問である。

出題範囲としては，力や運動，化学反応の量的関係などの計算問題が多い。また，動物やヒト，天気の変化からの出題が目立つ。

実験や観察を中心に組み立てられた問題が多いので，問題文や図録，グラフをよく読み取る必要がある。

✔学習のポイント

教科書の要点をしっかりと理解し，必要な事項は確実に覚えよう。

●2025年度の予想と対策

来年度も本年度と同様の小問集合を含む出題の形式が続くものと思われる。

教科書を中心とした学習をまず行うこと。基本や原理をきちんと理解しないと解けない問題が多いので，公立高校入試レベルの問題集を用いて，問題演習を十分におこないたい。

また，一問一答式の語句の暗記問題よりも，実験観察をもとにした図録の多い問題や，基本的な計算問題などを含む総合的な問題を解くのがよいであろう。

出題の分野については，頻出の分野もあるとはいえ，出題範囲は理科全般に及ぶので，偏りのない学習をしてほしい。

▼年度別出題内容分類表……

	出題内容	2020年	2021年	2022年	2023年	2024年
第一分野	物質とその変化	○	○			
	気体の発生とその性質	○				
	光と音の性質				○	○
	熱と温度					
	力・圧力			○		○
	化学変化と質量	○	○			
	原子と分子			○		
	電流と電圧		○	○		
	電力と熱		○			
	溶液とその性質	○			○	
	電気分解とイオン		○		○	○
	酸とアルカリ・中和			○		○
	仕事	○	○			
	磁界とその変化			○	○	
	運動とエネルギー	○			○	○
	その他					
第二分野	植物の種類とその生活					
	動物の種類とその生活	○		○		○
	植物の体のしくみ		○			
	動物の体のしくみ					
	ヒトの体のしくみ		○		○	
	生殖と遺伝			○	○	○
	生物の類縁関係と進化					
	生物どうしのつながり					
	地球と太陽系			○		○
	天気の変化	○	○	○	○	
	地層と岩石	○			○	
	大地の動き・地震		○	○		
	その他					

名古屋経済大学高蔵高等学校

社会 出題傾向の分析と 合格への対策

●出題傾向と内容

本年度は大問が2つ増えて7題となり，小問は大幅に増えて40問であった。大問は，地理が3題，歴史と公民はともに2題ずつ出題された。

出題内容は，難問が3，4題あるが，ほとんどが3分野とも教科書の基本事項を問うもので構成されており，全てが記号選択であった。

地理は，日本と世界の諸地域の特色及び地形・気候・人口，産業などが出題された。歴史は，日本史の政治・外交・社会・経済史が資料活用を通して，出題され，主要な日本史と世界の関連も問われた。公民は，政治のしくみや経済生活などについて出題された。

✔学習のポイント

地理：日本と世界の諸地域の特色を理解しよう。
歴史：各時代の特色をおさえよう。
公民：政治経済のしくみを理解しよう。

●2025年度の予想と対策

来年度も出題レベルには例年と大きな変化はないだろう。

地理は，統計などの各種資料を活用して，諸地域の特色をはじめ幅広く基本的事項をチェックしておきたい。歴史は，日本史の重要事項を年表に整理しながら把握し，関連する人物も理解し，風刺画などのさまざまな歴史資料を考察しておくこと，主要な日本史と世界史の関連をおさえておくことなどが大切である。公民は，教科書の基本用語を政治経済のしくみを中心におさえておく必要がある。また，三分野に共通する現代社会の諸課題などの難問もでるので，インターネットの報道を考察して，内外の時事問題などに関心を高め，内容を正確に理解した上で，自分の意見をもつことなどが大切となる。

▼年度別出題内容分類表 ……

出題内容			2020年	2021年	2022年	2023年	2024年
地理的分野	（日本）	地形図				○	
		地形・気候・人口			○	○	○
		諸地域の特色	○	○	○	○	○
		産業			○		○
		交通・貿易			○		
	（世界）	人々の生活と環境			○		
		地形・気候・人口	○	○	○		○
		諸地域の特色	○	○	○		○
		産業					
		交通・貿易		○			
	地理総合		○				
歴史的分野	（日本史）	各時代の特色	○	○	○	○	○
		政治・外交史	○	○	○	○	○
		社会・経済史	○	○	○	○	○
		文化史					
		日本史総合					
	（世界史）	政治・社会・経済史				○	○
		文化史					
		世界史総合					
	日本史と世界史の関連			○	○	○	○
	歴史総合						
公民的分野	家族と社会生活				○		
	経済生活		○	○	○		○
	日本経済			○			○
	憲法（日本）				○	○	○
	政治のしくみ		○		○	○	○
	国際経済				○		
	国際政治			○		○	
	その他		○	○	○	○	○
	公民総合		○				
各分野総合問題			○				

国語 出題傾向の分析と合格への対策

●出題傾向と内容

本年度は，現代文の読解問題が2題と，漢字の読み書きの独立問題が1題，古文の読解問題が1題という計4題の大問構成であった。

論理的文章では論説文が採用され，（参考文）として同じ出典の別の個所が追加されている。文脈把握や内容吟味，二つの文章を通して筆者の考えを正確に捉えさせる出題となっている。文学的文章は小説が採用され，情景や心情，人物像の理解が主に問われている。

古文は『古今著聞集』からの出題で，大意や内容吟味を中心に主語の把握も問われている。

解答形式は，本年度からすべて記号選択式となっている。

学習のポイント

論説文，小説や随筆，古文・漢文など幅広く問題に接しよう。漢字の読み書きや知識に関してはふだんから意識して取り組むことが大切だ。

●2025年度の予想と対策

論理的文章では，指示語や接続語の前後の表現に注意して文脈を把握し，筆書の主張を読み取る練習を繰り返しておこう。文学的文章では，言葉やしぐさ，表情から登場人物の心情を読み取れるようになることが大切である。

古文や漢文では，基本的な古語や歴史的仮名遣いの知識を身につけること。前後の文脈をふまえつつ，確実に口語訳をできるようにしよう。

漢字は，同音異義語などに注意し，正しい漢字を判断できるようにしよう。語句の意味，故事成語，ことわざなど国語の基礎的な知識は，教科書程度の力を確実なものにしておく。特にことわざ・慣用句は入試において頻出するので，生活の中で知識を深める努力をしておこう。

▼年度別出題内容分類表 ……

出題内容			2020年	2021年	2022年	2023年	2024年
内容の分類	読解	主題・表題			○	○	○
		大意・要旨		○	○	○	○
		情景・心情	○	○	○	○	○
		内容吟味	○	○	○	○	○
		文脈把握	○	○	○	○	○
		段落・文章構成			○		○
		指示語の問題	○	○	○		○
		接続語の問題	○	○	○	○	○
		脱文・脱語補充	○	○	○	○	○
	漢字・語句	漢字の読み書き	○	○	○	○	○
		筆順・画数・部首					
		語句の意味	○		○	○	○
		同義語・対義語					
		熟語				○	○
		ことわざ・慣用句	○	○	○	○	
	表現	短文作成					
		作文（自由・課題）					
		その他					
	文法	文と文節	○	○			○
		品詞・用法					
		仮名遣い					
		敬語・その他					
	古文の口語訳		○	○	○	○	
	表現技法						○
	文学史				○		
問題文の種類	散文	論説文・説明文	○	○	○	○	○
		記録文・報告文					
		小説・物語・伝記	○		○	○	○
		随筆・紀行・日記					
	韻文	詩					
		和歌（短歌）					
		俳句・川柳					
	古文		○	○			○
	漢文・漢詩				○	○	

名古屋経済大学高蔵高等学校

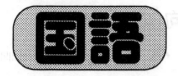

2024年度　合否の鍵はこの問題だ!!

数　学　4

4は，直方体内部を通る対角線と直方体の切断面に関する問題で，(1)で直方体の対角線の長さを求めるのに必要な定理(三平方の定理)の証明を行い，(2)①で直方体の対角線の長さを求め，②で直方体の切断面で区切られた対角線の長さを求める。

内容としては「三平方の定理」「平行線と線分の比」「相似」を活用する問題である。使う公式自体はシンプルなものであるが，平面ではなく立体で考えるところが難しい。

本問では，直方体の内部を通る対角線AGと直方体を斜めに切断してできる切断面(台形MNFH)との交点Pについて考えるのだが，この台形MNFHの各辺の長さは(1)で証明した三平方の定理を用いて容易に求めることができるものの，等脚台形ではないことが明確になるだけで，交点Pの位置を決める材料とはならない。ある意味，トラップといってもよいだろう。

やはり，②を考えるために前問①で求めた結果を利用するというのは入試問題の常套手段である。その点を考慮し，①で得た対角線AGの長さを利用するのであれば，立体のまま位置関係をとらえるよりも，対角線AGを含む平面をとらえる方がよい。そのためにも，対角線を含む長方形AEGCを書き出し，切断面(台形MNHH)と交わってできる線分の両端の位置を把握しよう。これができるかどうかが解けるか解けないかの分水嶺となる。

全体的に基本から標準レベルの問題を並べる中，応用的な問題を数問混ぜてくるのが本校の入試問題の傾向といってよい。本年の応用題が本問4であるという意味で，合否の鍵となる問題として挙げておきたい。

英　語　3 (1)，5 (3)・(4)

3(1)，5(3)・(4)の資料読解問題を取り上げる。

資料内で使用されている英語は短かくて，平易なものが主であるが，本文と関連して考えなければならない設問や資料内の複数の情報を読み解く必要がある設問などがあり，選択肢の英文の中には比較的長いものも含まれているので，注意が必要である。

対策として，読解に必要な基礎的文法と語い力の養成を心がけ，標準的な長文読解問題の演習になるべく多く取り組むようにすること。

理　科　3

大問が5題，1題が小問集合形式で，他は各分野からの出題であった。問題レベルはほとんどが標準的なレベルであり，理科の基礎知識がしっかりと理解できているかを問う良問である。

今回合否を分ける鍵となった問題として，3のエネルギーの問題を取り上げる。

高い所にある物体がもつエネルギーを位置エネルギーといい，運動している物体の持つエネルギーを運動エネルギーという。これらを力学的エネルギーといい，力学的エネルギーの合計は一定の値になる。

(1)　物体の質量が同じとき，静止した小球の高さは小球の持つ位置エネルギーに比例する。図2より，質量20gの小球の高さが10cmのとき，木片の移動距離が4cmになる。位置エネルギーの大きさと木片の移動距離は比例するので，実験Ⅱの時の質量20gの小球の高さを$x$cmとするとx：3.6＝10：4　x＝9.0(cm)になる。

(2)　物体の持つ位置エネルギーの大きさは，質量と高さと重力加速度の積で表せる。質量42gの小球が12.5cmの高さにあるときの位置エネルギーは，質量20gの小球が10cmの高さにあるときの位置エネルギーの$\frac{42\times12.5}{20\times10}$＝2.625(倍)になる。よって木片の移動距離も2.625倍になり，4×2.625＝10.5(cm)移動する。

(3)　図3のように実験Ⅲで傾きを小さくしても，小球の高さは実験Ⅰと同じなので位置エネルギーは同じ大きさになる。これが水平面に達するとき運動エネルギーに変わる。どちらの運動エネルギーも同じ大きさになるので，小球の速度も同じになる。しかし，実験Ⅲのほうが斜面の長さが長いため，斜面を滑り落ちる時間は長くなる。

やや難しい出題も見られるが全般的に標準レベルの問題なので，問題集等で練習問題を十分に演習しておきたい。

社　会　2 (2)，7 (1)

2(2)　歴史の資料活用能力を要する難問である。歴史資料の中で頻出のビゴーが描いた風刺画の1つである。絵の中で，左のちょんまげをした人が日本，右の帽子をかぶった人が清で，釣ろうとしている魚は朝鮮である。その2人を橋の上から高みの見物をして，機をうかがうようにじっと見ているのがロシアである。ロシアは当時南下政策を進めており，朝鮮への侵略も狙っていた。日本と清，どちらが朝鮮を取ったとしても疲弊するはずで，勝った方に，ロシアは争いを仕掛けようと考えていた。ロシアはいわゆる「漁夫の利」を狙っていたというわけである。風刺画だけでなく，さまざまな歴史資料を分析し，何を示しているのかを日頃から考察する習慣を身に付けておきたい。この学習によって歴史への関心も高まる。

7(1)　公民での出題であるが，日頃の経済生活に関連する時事的要素をふくんだ設問である。政府が消費者を守るために設置している法律や仕組みには以下のようなものがあるので覚えておこう。消費者安全法，消費者契約法，特定商取引法，景品表示法，食品表示制度，公益通報者保護制度などである。これらの中で，例えば，特定商取引法では，訪問販売，通信販売など，トラブルを生じやすい取引を対象に，事業者が守るべきルールとクーリング・オフ等の消費者を守るルールを定めている。また，公益通報者保護制度により，通報者を保護し，不正行為の摘発を支援している。これらの法律と制度は，消費者の権利を守り，公正な市場環境を促進するために重要である。

国語 三（五）

★ 合否を分けるポイント

人物像をとらえるためには，その人物の会話や行動に注目することがポイントになる。情景を思い浮かべながら，会話の内容や調子，その会話が他の登場人物にどのような影響を与えたのか，あるいは行動からどのような人物なのかを探っていこう。本問は，生徒の意見の正誤を判断するもので，日頃の授業が想定される内容となっている。主題に通じる設問でもあるので，この問いに答えられるかどうかが「合否」を分けることになる。

★ こう答えると「合格」できない！

五択のうちから二つを選び，さらにそれぞれの選択肢は長文となっている。一語一語を本文に戻って判断しようとしても，選択肢は全体的な内容や人物の様子を述べているので難しい。あらかじめ自分の中でそれぞれの人物像を作り上げた上で，その人物像に合うもものを選ぶという手順を踏まなければ，「合格」できない。

★ これで「合格」！

選択肢を順番に確認し，違和感のあるものを外していこう。Aさんの意見で注目したいのは「ユーモラスな会話」だ。「ユーモラスな会話」をしているのは，ハヤシであって大和ではない。Bさんは真歩に注目しているが，「新しい自分を発見」する様子が読み取れる描写はなかったはずだ。Cさんはハヤシについて，真歩に「もっと素直に優しい言葉をかけてあげればよいのに」と述べているが，ハヤシの真歩に対する言葉は十分に素直で優しいものなので，合わない。Dさんも，真歩の純粋さと健気さについて述べているが，別れの悲しさから「笑わなかった」という理由や，お父さんがどこかに写っているかもしれないからという写真を撮る動機は，本文から読み取ることができる。Eさんはハヤシについて，天真爛漫な行動や会話に注目し，その様子が悲しみで心を閉ざしていた真歩が本音を吐き出す結果となっていることを述べており，これも本文に書かれていることに近い。Dさんのエ，Eさんのオを選べば,「合格」だ！

MEMO

大切なことはメモしておこうネ！

2024年度

★★★★★★★★★★★★★★★★★★★★★★★★★★★

入　試　問　題

2024年度

名古屋経済大学高蔵高等学校入試問題

【数　学】（45分）　＜満点：100点＞

1　次の(1)から(10)までの問いに答えなさい。

(1)　$15\div(-5)-(2-5)$ を計算した結果として正しいものを，次の**ア**から**エ**までの中から一つ選びなさい。

ア　-6　　**イ**　0　　**ウ**　3　　**エ**　6

(2)　$(3xy)^2\div\dfrac{9x^2}{y^2}\times(-2x)^3$ を計算した結果として正しいものを，次の**ア**から**エ**までの中から一つ選びなさい。

ア　$-648x^5$　　**イ**　$-6x^3y^4$　　**ウ**　$-8x^3y^4$　　**エ**　$-8x^2y^4$

(3)　$\dfrac{\sqrt{15}}{\sqrt{3}}+\sqrt{20}-\sqrt{80}$ を計算した結果として正しいものを，次の**ア**から**エ**までの中から一つ選びなさい。

ア　$-\sqrt{5}$　　**イ**　$\sqrt{5}$　　**ウ**　$3\sqrt{5}$　　**エ**　$-2\sqrt{5}$

(4)　$x=18$ のとき x^2-4 の値として正しいものを，次の**ア**から**エ**までの中から一つ選びなさい。

ア　256　　**イ**　289　　**ウ**　320　　**エ**　400

(5)　連立方程式 $\begin{cases}2x+3y=-5\\3x-2y=12\end{cases}$ の解として正しいものを，次の**ア**から**エ**までの中から一つ選びなさい。

ア　$x=2,\ y=3$　　**イ**　$x=-2,\ y=-3$　　**ウ**　$x=2,\ y=-3$　　**エ**　$x=-2,\ y=3$

(6)　関数 $y=\dfrac{1}{2}x^2$ について，x の値が1から5に増加するときの変化の割合について正しいものを，次の**ア**から**エ**までの中から一つ選びなさい。

ア　1　　**イ**　3　　**ウ**　6　　**エ**　9

(7)　次の**ア**から**エ**までの中で，y が x に反比例するものを一つ選びなさい。

ア　縦 x cm，横 y cm，面積が40cm²の長方形。

イ　1辺 x cmの正方形の面積 y cm²。

ウ　火をつけてから1秒ごとに1cm減少する17cmのろうそくがある。火をつけてからの経過時間 x 秒と残りの長さを y cm。ただし，$0\leqq x\leqq 17$ とする。

エ　1個80円のみかんを x 個買ったときの値段 y 円。

(8)　さいころ1個を3回投げるとき，出た目の和が5以下となる確率として正しいものを，次の**ア**から**エ**までの中から一つ選びなさい。

ア　$\dfrac{1}{27}$　　**イ**　$\dfrac{1}{24}$　　**ウ**　$\dfrac{5}{108}$　　**エ**　$\dfrac{11}{216}$

(9)　次のページの箱ひげ図について，次の**ア**から**エ**までの中で正しくないものを一つ選びなさい。

ア　中央値を読み取ることができる。
イ　第３四分位数を読み取ることができる。
ウ　最小値を読み取ることができる。
エ　平均値を読み取ることができる。

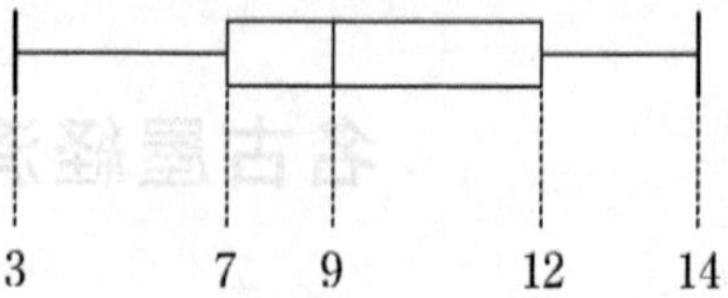

⑽　下の表は，10人のハンドボール投げの記録である。このデータを表した箱ひげ図として，正しいものを，次のアからエまでの中から一つ選びなさい。

A	B	C	D	E	F	G	H	I	J
30	16	28	23	24	20	21	23	20	23

（単位：m）

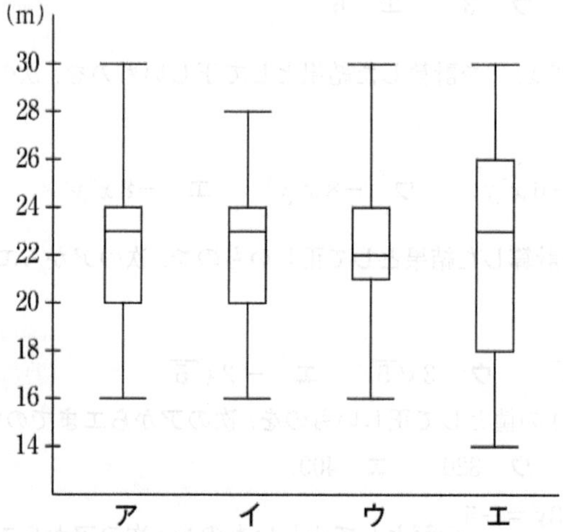

2　次の⑴，⑵の問いに答えなさい。

⑴　１から４までの数字が書かれた面積３ cm^2 の三角形があり，図のように並べていく。あとの①，②の問いに答えなさい。

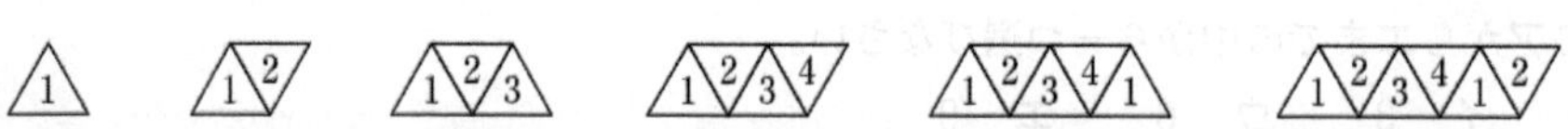

１番目　２番目　３番目　４番目　５番目　６番目

①　2024番目の図で一番右の三角形に書かれた数字として正しいものを，次のアからエまでの中から一つ選びなさい。

ア　1　　イ　2　　ウ　3　　エ　4

②　並べた図形の面積が99cm^2 となるとき，１の数字が書かれた三角形を何枚用いているか，正しいものを，次のアからエまでの中から一つ選びなさい。

ア　8　　イ　9　　ウ　10　　エ　11

⑵　次のページの図で，円周上の点は，それぞれ円周を10等分にした点である。また，円の中心をOとする。あとの①，②の問いに答えなさい。

①　$\angle x$ の大きさとして正しいものを，次のアからエまでの中から一つ選びなさい。

ア　18°　　イ　36°　　ウ　54°　　エ　72°

② ∠yの大きさとして正しいものを，次の**ア**から**エ**までの中から一つ選びなさい。

ア 18°　**イ** 36°　**ウ** 54°　**エ** 72°

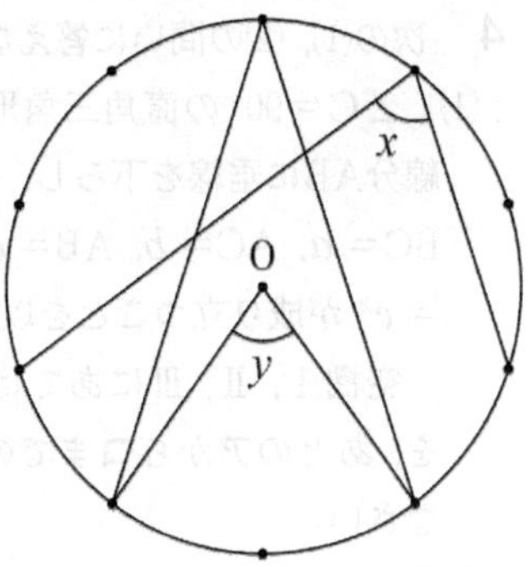

3 図で，4点A，B，C，Dは，関数$y=ax^2$のグラフと関数$y=-\frac{1}{4}x^2$のグラフ上にあり，点Aのx座標は-2である。また，点A，C，D，Bを結ぶと正方形となる。このとき，あとの(1)から(3)までの問いに答えなさい。

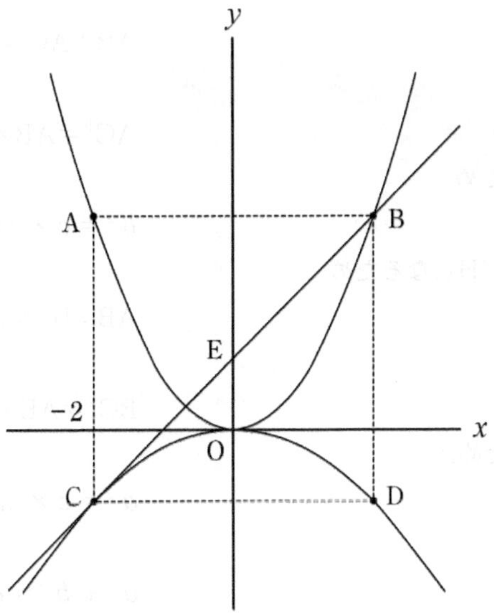

(1) aの値として正しいものを，次の**ア**から**エ**までの中から一つ選びなさい。

ア $\frac{1}{4}$　**イ** $\frac{1}{2}$　**ウ** $\frac{3}{4}$　**エ** 1

(2) 直線BCの式として正しいものを，次の**ア**から**エ**までの中から一つ選びなさい。

ア $y=x+1$　**イ** $y=2x+2$　**ウ** $y=-x-1$　**エ** $y=x-1$

(3) 直線BCとy軸との交点をEとする。△BEDを，y軸を軸として回転させてできる立体の体積を，次の**ア**から**エ**までの中から一つ選びなさい。

ア $\frac{8}{3}\pi$　**イ** $\frac{16}{3}\pi$　**ウ** $\frac{32}{3}\pi$　**エ** $\frac{64}{3}\pi$

4 次の(1), (2)の問いに答えなさい。

(1) $\angle C=90^\circ$ の直角三角形ABCがあり，Cから線分ABに垂線を下ろし，その交点をHとする。$BC=a$, $AC=b$, $AB=c$ とするとき，$a^2+b^2=c^2$ が成り立つことを以下の方法で証明した。

空欄Ⅰ, Ⅱ, Ⅲにあてはまる最も適当なものを，あとの**ア**から**コ**までの中からそれぞれ選びなさい。

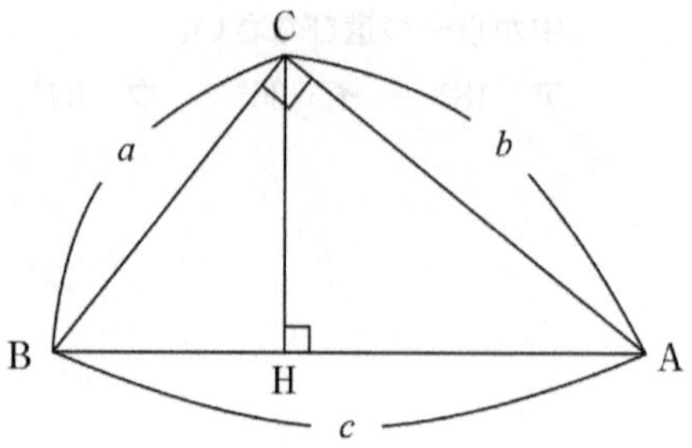

証明　△ABCと△ACHにおいて

[Ⅰ] が共通　…①

$\angle BCA=\angle CHA=90^\circ$　…②

①, ②より２組の角がそれぞれ等しいため

$\triangle ABC \backsim \triangle ACH$

したがって

$AB:AC=$ [Ⅱ]

よって

$AC^2=AB\times AH$

$AC=b$, $AB=c$ のため

$b^2=c\times AH$　…③

同様に$\triangle BAC \backsim \triangle BCH$となるため

$AB:BC=BC:BH$

よって

$BC^2=AB\times BH$

$BC=a$, $AB=c$ のため,

$a^2=c\times BH$　…④

③, ④より

$a^2+b^2=c\times BH+c\times AH$

$=c$ [Ⅲ]

$=c^2$

以上のことから $a^2+b^2=c^2$ が成り立つ

証明終わり

ア $\angle A$	**イ** $\angle B$	**ウ** AC	**エ** BC
オ $AC:AH$	**カ** $AC:CH$	**キ** $BC:AH$	**ク** $(BH+AH)$
ケ $(BH+c\,AH)$	**コ** $(c\,BH+AH)$		

(2) 直方体ABCD－EFGHがあり，AE＝3㎝，AB＝5㎝，AD＝4㎝とする。次の文章中の [ア] [イ] などに入る数字をそれぞれ答えなさい。解答方法については，表紙の裏にある【解答上の注意】に従うこと。

① AGの長さは，[ア]$\sqrt{}$[イ] である。ただし，(1)で証明した内容を用いてよい。

② Mは線分DC上の点で$DM:MC=3:1$であり，Nは線分BC上の点で$BN:NC=3:1$で

ある。このとき，AGと面MNFHとの交点をPとすると，APの長さは，$\dfrac{\boxed{ウエ}\pm\sqrt{\boxed{オ}}}{\boxed{カキ}}$である。

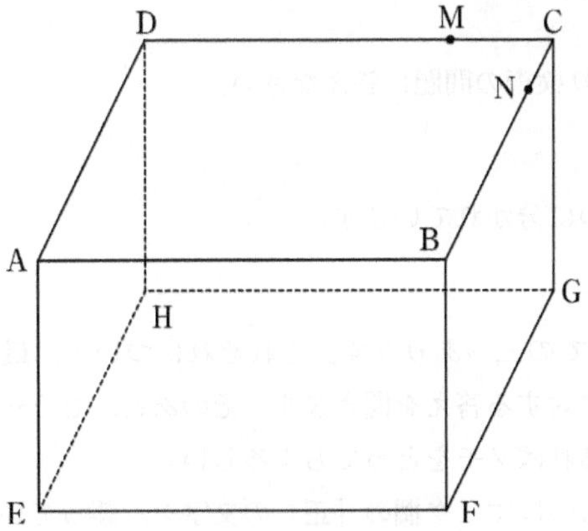

【英　語】（50分）　＜満点：100点＞

外国語（英語）聞き取り検査

1　指示に従って，聞き取り検査の問題に答えなさい。

〈答え方〉

問題は第１問と第２問の二つに分かれています。

第１問

第１問は，1番から３番までの三つあります。それぞれについて，最初に対話を聞き，続いて，対話についての問いと，それに対する答えを聞きます。そのあと，もう一度，対話と問い，それに対する答えを聞きます。必要があればメモをとってもよろしい。

問いの答えとして正しいものはマーク欄の「正《せい》」の文字を，誤っているものはマーク欄の「誤《ご》」の文字を，それぞれ塗りつぶしなさい。正しいものは，各問いについて一つしかありません。

第２問

第２問では，最初に英語によるスピーチを聞きます。続いて，スピーチについての問いと，それに対する答えを聞きます。問いは問１と問２の二つあります。そのあと，もう一度，スピーチと問い，それに対する答えを聞きます。必要があればメモを取ってもよろしい。

問いの答えとして正しいものはマーク欄の「正《せい》」の文字を，誤っているものはマーク欄の「誤《ご》」の文字を，それぞれ塗りつぶしなさい。正しいものは，各問いについて一つしかありません。

〈リスニングテスト放送台本〉

第１問

Question one

Nancy: What do you usually do in your free time?
Ken: I listen to music. I like all kinds of Japanese music.
Nancy: Who is your favorite artist?
Ken: I often listen to Saburo Kitajima. His songs are fantastic!

Question : What is Ken’s hobby?

a．To sing Japanese songs.
b．To go to concerts of Japanese artists.
c．To play the guitar.
d．To listen to Japanese songs.

Question two

Shop clerk: Hello. What would you like to have?
Customer: I will have a hamburger and a coffee, please.
Shop clerk: We have 3 sizes of coffee, small, medium and large. Which size would you like?

Customer: Small, please.
Shop clerk: For here, or to go?
Customer: For here, please.

Question : Where are they talking?

a. In an Italian restaurant. b. In a supermarket.
c. In a classroom. d. In a fast food restaurant.

Question three

Taro: Ms. Green, did you enjoy your trip to Japan?
Ms. Green: Yes, I did. I went to Kyoto, Osaka and Nara.
Taro: Sounds good. How was Nara?
Ms. Green: Um, not really. There were a lot of deer in the park. I don't like animals very much.

Question : Did Ms. Green enjoy her trip in Nara?

a. Yes, she can. b. No, she can't.
c. Yes, she did. d. No, she did not.

第2問

Last summer, my family decided to go to the U.S.A. and travel around by bus. We started from Boston, and took a bus to New York City. We stayed there for three nights. The next day, we went down to Philadelphia and stayed there for two nights. I wanted to visit Washington D.C, but we didn't have time. We had to take the bus back to Boston. On the plane back to my country, I hoped we could come back to the U.S.A. again someday.

Question one : What is the speaker talking about?

a : She is talking about the history of Boston.
b : She is talking about American history.
c : She is talking about how her family traveled in the U.S.A.
d : She is talking about American bus companies.

Question two : How many nights did they stay in the U.S.A.?

a : Three. b : Four. c : Five. d : Six.

外国語（英語）筆記検査

2 麻美（Asami）が友人のベッキー（Becky）と話しています。次の対話が成り立つように，下線部(1)から(3)までのそれぞれにあてはまる最も適当なものを，あとのアからエまでの中から選びなさい。

Asami: My brother returned from Tokyo last week.
Becky: Really? Is he going to live here?
Asami: Yes, he is. He graduated from university in Tokyo and came back here to work. He said he wanted to live in a small town. I hear that some people ___(1)___ think about going back to small towns.
Becky: I see. My sister often said that she wanted to live in a big city. And now she goes to college in New York. Now she ___(2)___ there.
Asami: Wow. She's really enjoying living in a big city.
Becky: That's right. ___(3)___ for you, to live in a big city or to live in a small town?

(1) ア born in big cities
　イ who live in big cities
　ウ who never lived in big cities
　エ who never lived in small towns

(2) ア has never lived
　イ is looking for a college
　ウ is looking for a job
　エ doesn't want to live

(3) ア What city is
　イ Where do you live
　ウ Which is better
　エ Why is it good

3 ある生徒が次の［映画の上映スケジュール］と［レストランの予約可能時間］を見ながらオーストラリアからの留学生に［メッセージ］を送ろうとしています。あとの(1)，(2)の問いに答えなさい。

［映画の上映スケジュール］

Saturday January 27th

17：00－19：00
18：30－20：30

［レストランの予約可能時間］

18：30
19：00
19：30
20：30

[メッセージ]

If you are free this Saturday, ＿①＿ you like to go to see a movie with me? If you have time, we can have dinner together. I heard there is a nice restaurant. It opened last month. The restaurant is a 10 minute walk from the theater. I will make a reservation for ＿②＿. So we don't have to wait long. I ＿③＿ then.

(1) 下線部①，②にあてはまる語句の組み合わせとして最も適当なものを，次のアからエまでの中から選びなさい。

ア ① would ② 18:30
イ ① could ② 19:00
ウ ① would ② 19:30
エ ① could ② 20:30

(2) 下線部③にあてはまるように，次のアからキまでの語句の中から六つを選んで正しく並べ替えるとき，1番目，3番目，5番目にくるものをそれぞれ選びなさい。

ア you イ seeing ウ looking エ look オ forward
カ to キ am

4 次の文章を読んで，あとの(1)から(5)までの問いに答えなさい。

【 a 】A study shows that in Japan the average junior high and high school student goes to bed about 1 hour and 30 minutes later than they did 40 years ago. How much sleep do we need? Typically, junior high school and high school students need about 9 hours of sleep.

【 b 】When you don't get enough sleep, you get angry easily, lose energy, or can't think clearly. This is because an important part of your brain is tired. According to recent research, people sleep to rest the brain more than the body. The human brain uses 18% of the body's energy. It is important for the brain to get enough rest. Besides, (A) you sleep, growth hormones are produced in the brain. Growth hormones are needed to build bones and muscles.

There are two types of sleep, REM sleep and non-REM sleep. Non-REM sleep comes soon after you fall asleep. It is a deep sleep that allows the brain to rest. Next comes REM sleep. It is a light sleep that rests and repairs the body. It is during REM sleep that the brain organizes and remembers things. Therefore, by getting enough sleep, you can rest your brain and do your best in exams and studies. If you rest your brain right after studying, you can easily remember things. And if your brain is tired, you won't study well. And in the morning, when you wake up from REM sleep, you can wake up refreshed.

【 c 】Don't get upset before going to bed. Turn off the lights in the bedroom. And when you wake up in the morning, enjoy the sunlight. By creating a stable body rhythm like this, you should be able to fall asleep properly at night. Let's get enough sleep and make our brains and bodies healthy.

（注） average 平均的な　recent 最近の　growth hormones 成長ホルモン
REM sleep レム睡眠　non-REM sleep ノンレム睡眠　fall asleep 眠りにつく
organize 整理する　refreshed 元気になる　stable 安定した　properly ちゃんと

(1) 次のアからウまでの英文を，文章中の【a】から【c】までのそれぞれにあてはめて文章が成り立つようにするとき，【b】にあてはまる最も適当なものを選びなさい。

ア Children today don't get enough sleep.
イ Let me show you how to get a good night's sleep to rest your brain.
ウ Why do people sleep?

(2) 文章中の（A）にあてはまる最も適当な語を，次のアからエまでの中から選びなさい。

ア because　イ how　ウ if　エ when

(3) 文章中では，脳の働きと睡眠についてどのように述べられているか。最も適当なものを，次のアからエまでの中から選びなさい。

ア You need to get enough sleep to rest your brain.
イ People slept to rest the body more than the brain in the past.
ウ The brain rests during non-REM sleep and remember things then.
エ If you sleep before studying, you can remember things well.

(4) 次のアからエまでの中から，その内容が文章中に書かれていることと一致するものを一つ選びなさい。

ア REM sleep is a deep sleep that allows the brain to rest.
イ REM sleep comes soon after you fall asleep.
ウ When your brain is tired, you get angry easily.
エ Growth hormones are needed to remember things.

(5) 次の［メモ］は，この文章を読んだ生徒が睡眠などについて調べ，授業のまとめの活動として英語で発表するために作成したものの一部です。下線部①，②のそれぞれにあてはまる最も適当なことばを，あとのアからエまでの中から選びなさい。なお，2か所ある下線部②には，同じことばがあてはまる。

［メモ］

○睡眠の種類
レム睡眠とノンレム睡眠があり，交互に繰り返される。
___①___ 眠りであるレム睡眠の間に人は夢を見て，記憶を整理・定着させる。
○睡眠の役割
寝ている間に成長ホルモンが分泌され，健康的な体が作られる。

＿＿②＿＿ の不足が脳と体の成長に大きく影響する。
○意見
健やかな生活のために，十分な ＿＿②＿＿ をとるべきだ。

① ア 長い　イ 短い　ウ 深い　エ 浅い
② ア 運動　イ 休息　ウ 睡眠　エ 食事

5 あおい（Aoi）が留学生のブルーノ（Bruno）と日本人スポーツ選手について話をしています。次の対話文を読んで，あとの(1)から(4)までの問いに答えなさい。

Bruno : What are you reading?

Aoi : A newspaper article about Oda Tokito. Have you ever ＿＿①＿＿ of him?

Bruno : (A) He is one of my favorite athletes! He is from Aichi. He plays wheelchair tennis.

Aoi : That's right. According to this article, Oda became the youngest winner of the men's wheelchair singles Grand Slam title when he won the tournament at the French Open in June.

Bruno : I know. Then he became the youngest world number one in history, at the age of 17. He is only one year ＿＿②＿＿ than us.

Aoi : I can't believe that he is so young. What is the secret of his strength?

Bruno : When he was 9 years old, bone cancer was ＿＿③＿＿ in his left leg. When he was fighting against the illness, he watched Kunieda Shingo's wheelchair tennis match at the London Paralympic Games on TV.

Aoi : Oh, I learned about Kunieda Shingo at school. He was also a very strong player.

Bruno : That's right. Kunieda's play at the Paralympic Games gave Oda courage, and a life goal. So he wants to cheer up children with illnesses.

Aoi : Just like Kunieda did.

Bruno : Yes. Oda believes his winning at a Grand Slam tournament can encourage children suffering from illnesses.

Aoi : You really know a lot about Oda!

（注） Grand Slam title　テニスの四つの主要大会のいずれかで優勝すること
bone 骨　cancer （病気の）がん　illness 病気　suffer from~ ～で苦しむ

(1) 対話文中の下線部①から③までにあてはまる最も適当な語を，それぞれ次のアからエまでの中から選びなさい。

① ア hear　イ heard
　 ウ hearing　エ to hear

② ア old　　　イ older
　 ウ young　　エ youngest

③ ア finding　　イ disappeared
　 ウ discovered　エ decorated

⑵ 対話文中の（A）にあてはまる最も適当な語句を，次のアからエまでの中から選びなさい。

ア Let me see.　　イ Sounds good!
ウ That's too bad.　エ Yes, of course!

⑶ あおいは，授業で日本のアスリートについて発表するために，ブルーノと話したことと自分が調べたことを次の表のようにまとめました。【X】にあてはまる最も適当なものを，あとのアからエまでの中から選びなさい。

	Oda Tokito	Kunieda Shingo
When started wheelchair tennis	at the age of 10	at the age of 11
Grand Slam titles	the French Open in June, 2023 Wimbledon in July, 2023	50 titles (28 singles, 22 doubles)
Other	【　X　】	ranked number one when he retired in 2023

ア learned about Kunieda at school so he wants to be as strong as him
イ wants to encourage Kunieda, so he encouraged children
ウ played at the London Paralympic Games and ranked number one
エ encouraged by Kunieda, so he wants to be like him

⑷ 車いすテニスに興味を持ったあおいは，フレンチオープンについてインターネットで調べました。次の各表はその一部です。それぞれから読み取れることを正しく表している英文を，あとのアからカまでの中から二つ選びなさい。

Seats

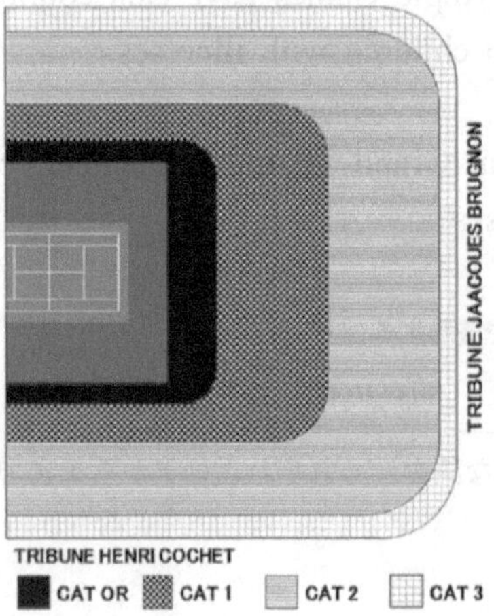

Tickets & Prices

Seats	1st Round	Women's Final	Men's Final
	May 26th	June 8th	June 9th
CAT 3	€ 695	€ 795	€ 1,295
CAT 2	€ 895	€ 995	€ 1,795
CAT 1	€ 1,295	€ 2,895	€ 4,995
CAT 1 With Food and Drink		€ 3,195	€ 5,495
CAT OR	€ 1,795	€ 3,295	€ 5,495
CAT OR With Food and Drink		€ 3,695	€ 5,795

（注）　CAT　カテゴリー（座席の分類）　　€　ユーロ（ヨーロッパの通貨単位）

ア If you get a ticket for June 8th, you can watch the men's matches.
イ If you pay € 5,495 for a CAT1 ticket, food and drink will be included.
ウ Tickets for the men's final CAT OR with food and drink are the most expensive.
エ CAT 3 is the nearest area to the court.
オ Tickets for the women's finals are cheaper than tickets for the 1st Round.
カ The women's final and the men's final are on the same day.

【理　科】（45分）　＜満点：100点＞

1　次の(1)から(5)までの問いに答えなさい。

(1)　18枚の生物カードがあり，ＡからＦのグループにカードを分けた。このＡからＦのグループを説明したものとして最も適当なものを，下の**ア**から**カ**までの中から選びなさい。

A
ザリガニ
イルカ
ヒトデ

B
チョウ
トンボ
カメレオン

C
ダチョウ
コウモリ
ペンギン

D
ジンベイザメ
タツノオトシゴ
カサゴ

E
ゾウ
ネズミ
クジラ

F
タコ
サケ
カモノハシ

ア　ＡとＢは節足動物と軟体動物で分けられている。
イ　ＤとＥは生活場所が水中か陸上かで分けられている。
ウ　ＣとＤとＥとＦは脊椎動物である。
エ　Ｆは卵を産む生物である。
オ　ＢとＥは変温動物である。
カ　ＣとＤは鳥類と魚類で分けられている。

(2)　国際宇宙ステーションは，日本やアメリカ，ロシア，カナダと，ヨーロッパの11か国が協力して宇宙に建設を進めていた施設である。重力の影響がほとんどない宇宙で，さまざまな実験・研究をすることや地球・天体の観測を行っている。この国際宇宙ステーションは地上から約400kmの上空を時速28000kmで飛行している。１日に地球のまわりを国際宇宙ステーションは約何周することができるか。最も適当なものを，次の**ア**から**オ**までの中から選びなさい。ただし，円周率は3.14とし，地球は半径が6400kmの球であるとする。

ア　約５周　　**イ**　約７周　　**ウ**　約９周　　**エ**　約16周　　**オ**　約20周

(3)　図１は，いろいろな体積のうすい水酸化ナトリウム水溶液を中和するために必要なうすい塩酸の体積の関係をあらわしたものである。このうすい水酸化ナトリウム水溶液10.0cm³をビーカーに入れ，そこにうすい塩酸を少しずつ加えた。

図１

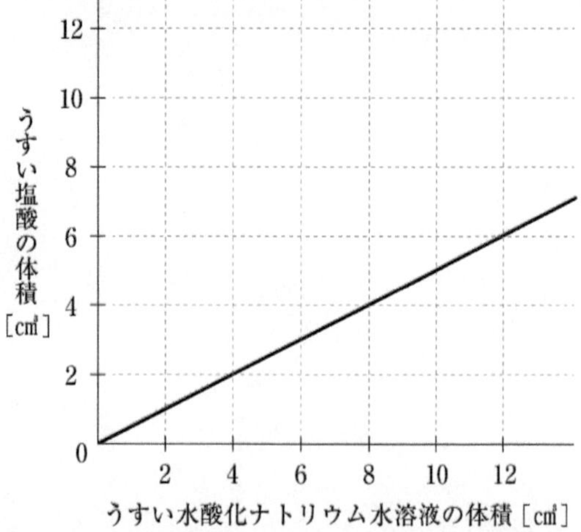

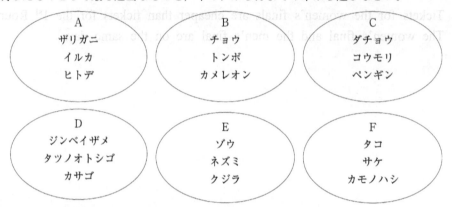

問い　このときの水酸化物イオンの数はどのように変化するか。最も適当なものを次の**ア**から**カ**までの中から選びなさい。

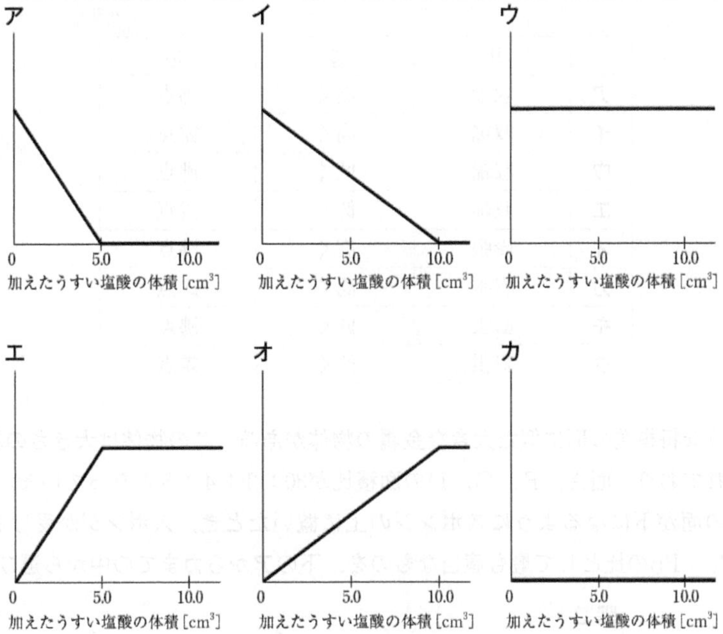

(4)　雲のでき方を調べるため，次の実験を行った。**図2**のように，フラスコ内に少量の水と線香のけむりを入れ，温度計と注射器をとりつけた。注射器のピストンを急に引いて，フラスコ内のようすを観察すると，フラスコ内がくもった。次の（①）から（③）にあてはまる語句の組み合わせとして最も適当なものを，あとの**ア**から**ク**までの中から選びなさい。

図2

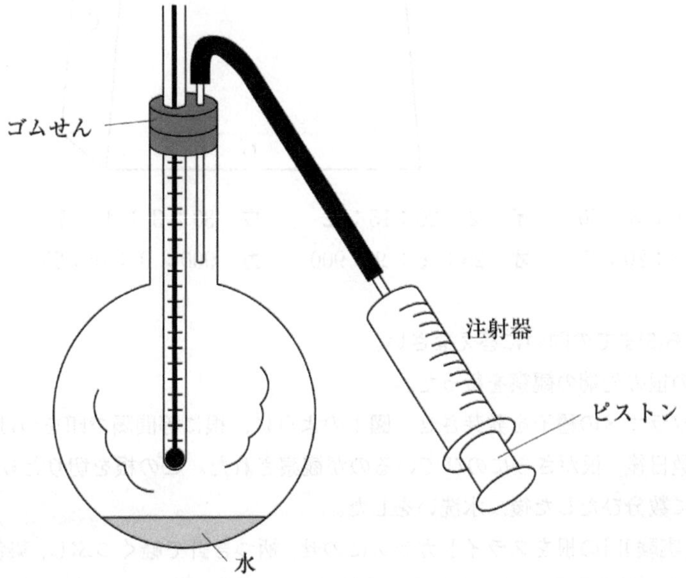

ピストンを引くと，フラスコ内の空気が（　①　）して，フラスコ内の気圧が（　②　）なる。この結果，フラスコ内の気温が変化して（　③　）に達し，水滴ができて，白くくもる。

	①	②	③
ア	収縮	高く	沸点
イ	収縮	高く	露点
ウ	収縮	低く	沸点
エ	収縮	低く	露点
オ	膨張	高く	沸点
カ	膨張	高く	露点
キ	膨張	低く	沸点
ク	膨張	低く	露点

(5)　**図３**のような将棋駒の形に似た大きな金属の物体がある。この物体は大きさの異なる４種類の面でつくられており，面A，B，C，Dの面積比が30：3：4：5となっている。この物体をA，B，C，Dの面が下になるようにスポンジの上に置いたとき，スポンジが受ける圧力の大きさP_A：P_B：P_C：P_Dの比として最も適当なものを，下の**ア**から**カ**までの中から選びなさい。

図３

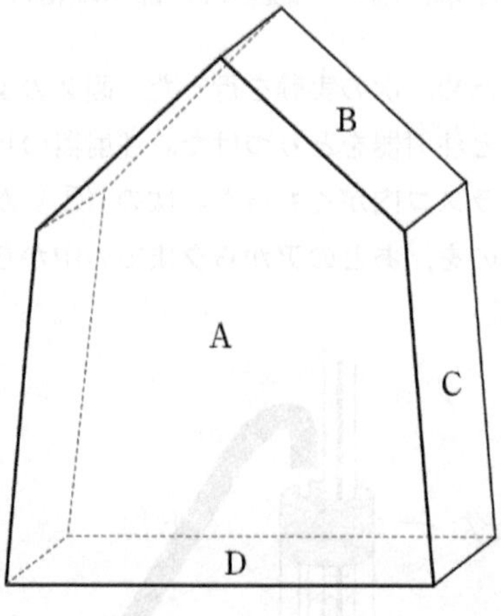

ア　5：4：3：30　**イ**　2：20：15：12　**ウ**　30：3：4：5
エ　12：15：20：2　**オ**　25：16：9：900　**カ**　900：9：16：25

2　次の(1)から(5)までの問いに答えなさい。

ソラマメの根の先端の観察を行った。

〔実験Ⅰ〕　ソラマメの種子を発芽させ，**図１**のように，根に等間隔で印をつけた。

〔実験Ⅱ〕　数日後，根がさらにのびているのが観察された。この根を切りとり，約60℃のうすい塩酸に数分ひたした後，水洗いをした。

〔実験Ⅲ〕　〔実験Ⅱ〕の根をスライドガラスにのせ，柄つき針で軽くつぶし，染色液を１滴落とした。カバーガラスをかけ，上からろ紙をかぶせて指でおしつぶしてから顕微鏡で観察した。

図2は，観察で見つけた細胞分裂をしている途中の各段階の細胞を，模式的に表したものである。

図1

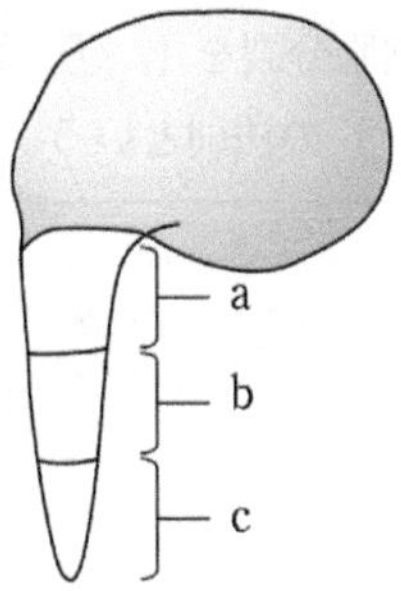

図2

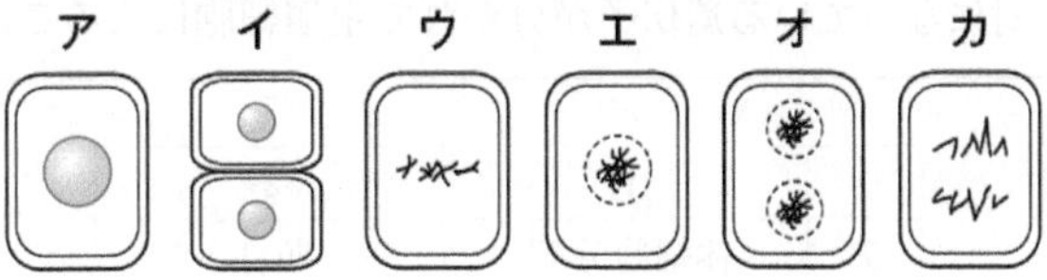

(1) ［実験Ⅱ］で，ソラマメの根が最ものびていたのはどの場所か。また［実験Ⅲ］で，細胞の大きさをくらべたとき，大きな細胞がたくさん見られたのはどの場所か。それぞれの組み合わせとして最も適当なものを，次の**ア**から**ケ**までの中から選びなさい。

	根がのびていた場所	大きな細胞の場所
ア	a	a
イ	a	b
ウ	a	c
エ	b	a
オ	b	b
カ	b	c
キ	c	a
ク	c	b
ケ	c	c

(2) **図2**の**ア**の細胞を1番目にして，**イ**から**カ**を2番目から6番目まで順に並べたとき，4番目になる細胞を，**イ**から**カ**までの中から選びなさい。

エンドウの種子には，丸い種子としわのある種子がある。丸い種子をつくる遺伝子をA，しわのある種子の遺伝子をaとする。Aはaに対して顕性である。

図3は，代々顕性の形質を示す個体と，代々潜性の形質を示す個体をかけ合わせたときの遺伝子の伝わり方を模式的に表したものである。**図3**での子は，すべて丸い種子になった。

図4は，**図3**でできた子どうしをかけ合わせたときの遺伝子の伝わり方を模式的に表したものである。**図4**での孫は丸い種子としわのある種子ができた。

図3

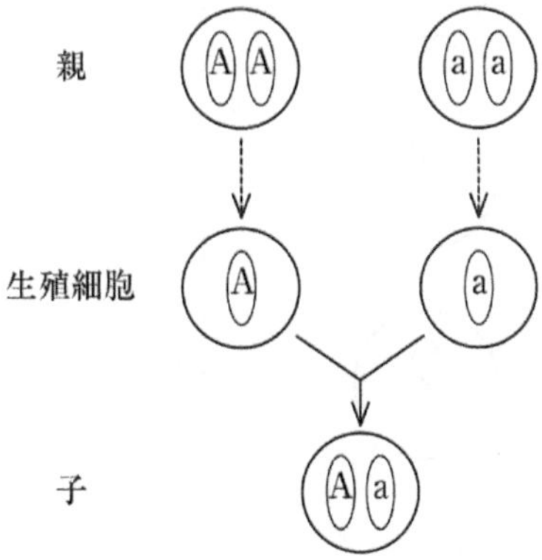

図4

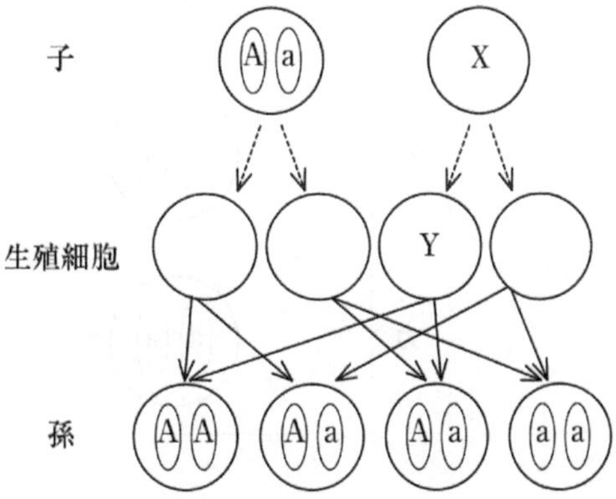

(3) 次の（①）と（②）にあてはまる語句の組み合わせとして，最も適当なものを，あとの**ア**から**カ**までの中から選びなさい。

図3のように生殖細胞がつくられるときに行われる，特別な細胞分裂を（　①　）といい，対になっている遺伝子が分かれて生殖細胞に入ることを（　②　）の法則という。

	①	②
ア	体細胞分裂	顕性
イ	体細胞分裂	分離
ウ	体細胞分裂	独立
エ	減数分裂	顕性
オ	減数分裂	分離
カ	減数分裂	独立

(4) 図4のXの対になっている遺伝子と，Yの生殖細胞の遺伝子の組み合わせとして最も適当なものを，下の**ア**から**カ**までの中から選びなさい。

	X	Y
ア		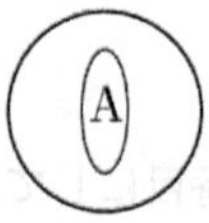
イ		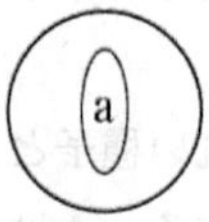
ウ	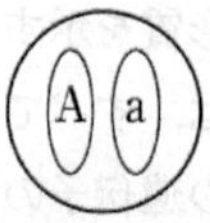	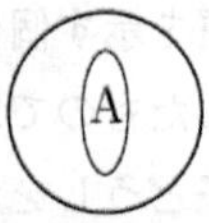
エ	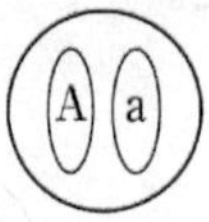	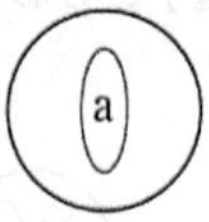
オ	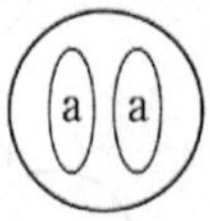	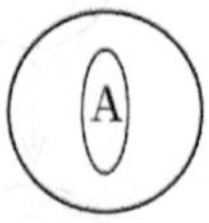
カ	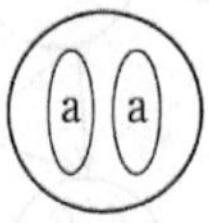	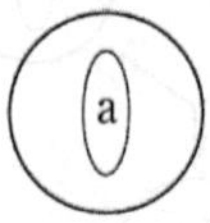

(5) 図4の孫の代の種子は6000個できた。しわのある種子は何個できたか。最も適当なものを，次のアからオまでの中から選びなさい。

ア 1500個　イ 2000個　ウ 3000個　エ 4000個　オ 4500個

3 次の(1)から(5)までの問いに答えなさい。

〔実験Ⅰ〕 図1のように，スタンドでレールを固定し，レールの水平部分の上に木片を置いた。ただし，小球とレールの間の摩擦や空気抵抗は考えないものとする。図1の実験器具を用いて，質量20gと質量30gの小球の高さを変えて静かに転がし，木片に衝突させ，木片が移動した距離をそれぞれ測定した。図2はその結果をまとめたものである。

〔実験Ⅱ〕 小球を転がす高さを固定し，小球の質量を変えて〔実験Ⅰ〕と同様に行った。表1はそのときの結果をまとめたものである。

表1

小球の質量〔g〕	20	30	40	50
木片の移動距離〔cm〕	3.6	5.4	7.2	9.0

〔実験Ⅲ〕 図3のように，装置から木片を取り除き，小球を転がす高さを変えずに斜面の傾きを小さくして，小球を斜面上から静かに転がした。

図1

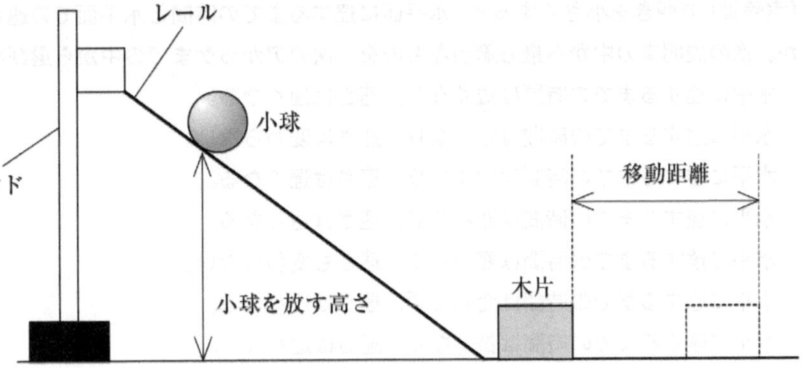

図2

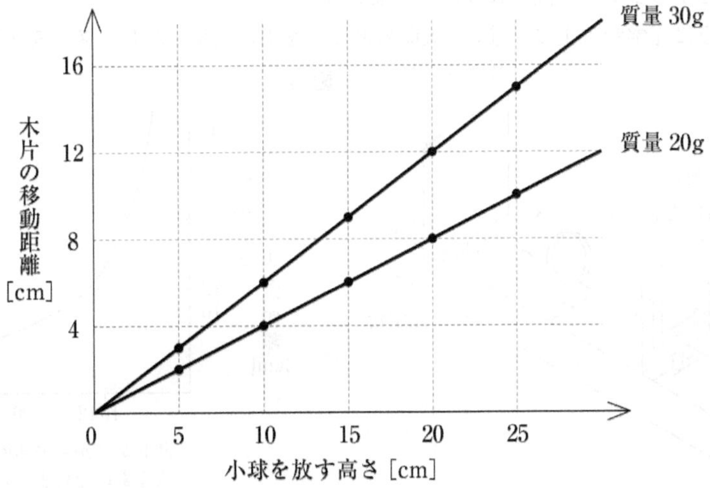

図３

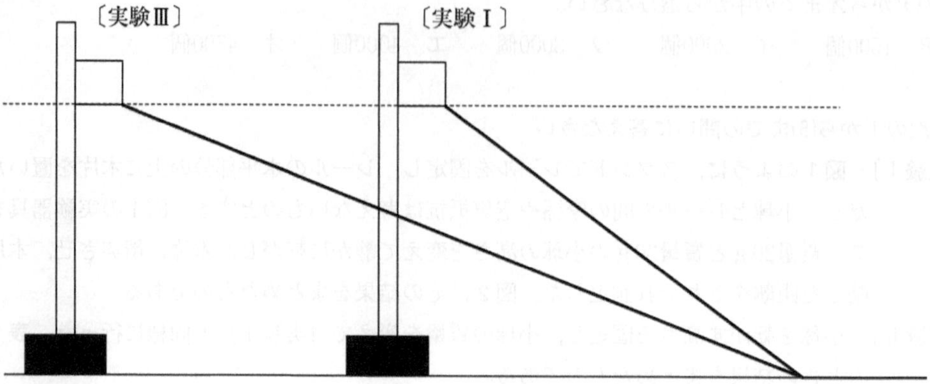

⑴　〔実験Ⅱ〕の結果は，何cmの高さから転がしたものか。最も適当なものを，次のアからオまでの中から選びなさい。

ア　8.0cm　　イ　9.0cm　　ウ　10cm　　エ　11cm　　オ　12cm

⑵　質量42ｇの小球を12.5cmの高さから静かに転がし，木片に衝突させると，木片の移動距離は何cmになるか。最も適当なものを，次のアからオまでの中から選びなさい。

ア　9.0cm　　イ　9.5cm　　ウ　10cm　　エ　10.5cm　　オ　11cm

⑶　〔実験Ⅲ〕で傾きを小さくすると，水平面に達するまでの時間と水平面での速さはどのようになるか。次の説明文の中から最も適当なものを，次のアからケまでの中から選びなさい。

ア　水平に達するまでの時間は短くなり，速さは速くなる。
イ　水平に達するまでの時間は短くなり，速さは変わらない。
ウ　水平に達するまでの時間は短くなり，速さは遅くなる。
エ　水平に達するまでの時間は変わらず，速さは速くなる。
オ　水平に達するまでの時間は変わらず，速さも変わらない。
カ　水平に達するまでの時間は変わらず，速さは遅くなる。
キ　水平に達するまでの時間は長くなり，速さは速くなる。
ク　水平に達するまでの時間は長くなり，速さは変わらない。
ケ　水平に達するまでの時間は長くなり，速さは遅くなる。

⑷　図４のように光学台の上に，電球，矢印の形に穴をあけた板，凸レンズ，スクリーンを並べた。

図４

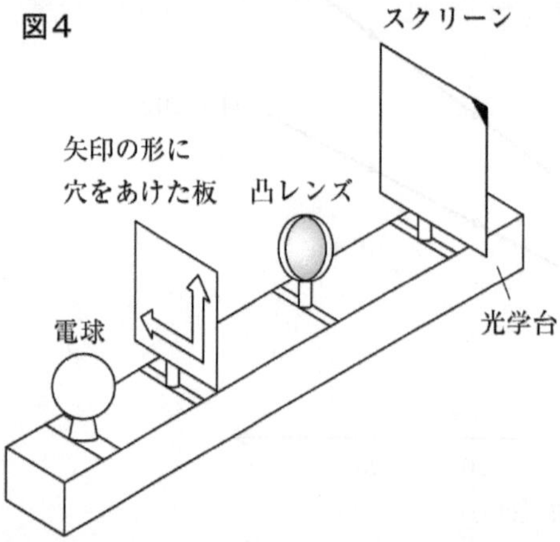

図５

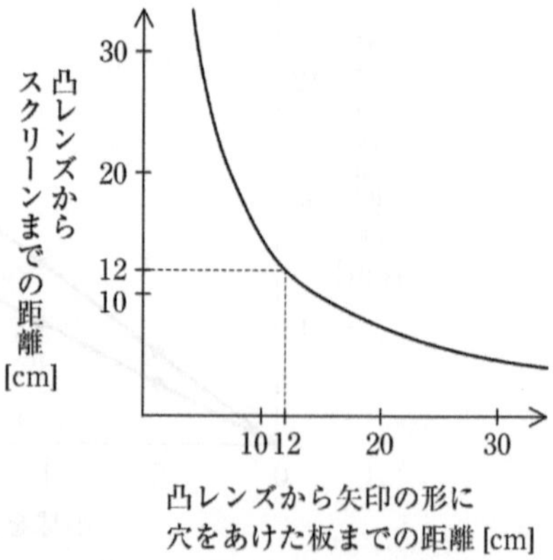

図5は，凸レンズから矢印の形に穴をあけた板までの距離を変えて，スクリーン上にはっきりとした矢印の像ができるときの，凸レンズからスクリーンまでの距離を測定したものである。次の（①）から（③）にあてはまる語句の組み合わせとして，最も適当なものを，下の**ア**から**ク**までの中から選びなさい。

このレンズの焦点距離は（　①　）cm　である。凸レンズから矢印の形に穴をあけた板までの距離が焦点距離よりも大きくなると，凸レンズからスクリーンまでの距離は（　②　）なる。このときスクリーン上に映った像を見ると（　③　）のように見える。

	①	②	③		①	②	③
ア	6	長く		**オ**	12	長く	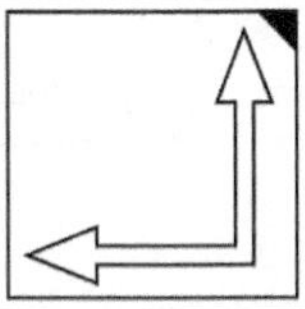
イ	6	長く	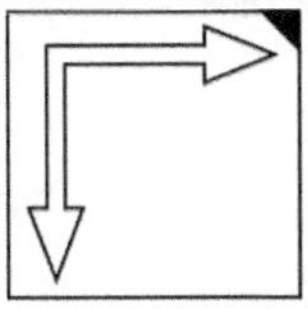	**カ**	12	長く	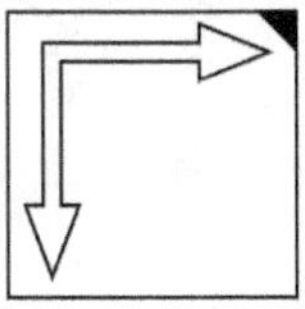
ウ	6	短く		**キ**	12	短く	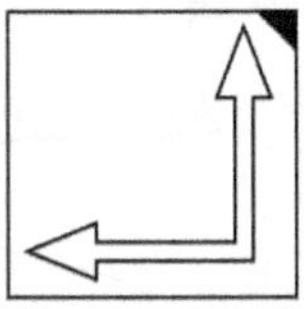
エ	6	短く	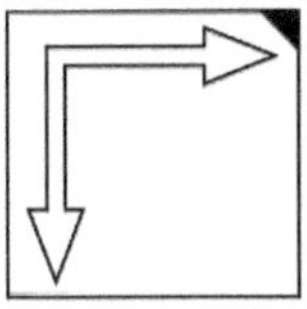	**ク**	12	短く	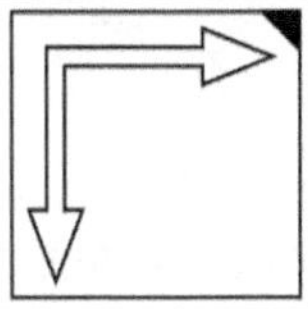

次の会話文は，太郎さんと花子さんの虹についての会話です。

太郎さん：昨日の夕方，サッカーの練習中に急にどしゃぶりの雨が降ってきたよ。

花子さん：それは大変だったね。夏の夕方は夕立が多いよね。

太郎さん：たくさん降ったから，グラウンドには水たまりができていたよ。雨が止んだら，上下にきれいな二つの虹が見えたよ。

花子さん：二つの虹？

太郎さん：調べてみると，虹は太陽の光が空気中の水滴によって屈折や反射されるときに，水滴がプリズムの役割をするため，光が分解されて７色の帯に見えるんだって。

花子さん：確か，虹の色は，外側が赤で，橙，黄，緑，青，藍，紫の順だよね。

太郎さん：その通り。その虹を主虹というそうだよ。その主虹の上側に副虹が見えるときがあって，その色の配列は主虹とは逆になっているんだって。

花子さん：副虹は今まで見たことがなかったわ。今度，虹が出たときは副虹を探してみるわ。

太郎さん：本当にきれいな虹だったよ。あの時は幸運な気持ちになったよ。

(5) 下線部についての説明として，最も適当なものを，次のアからケまでの中から選びなさい。

ア

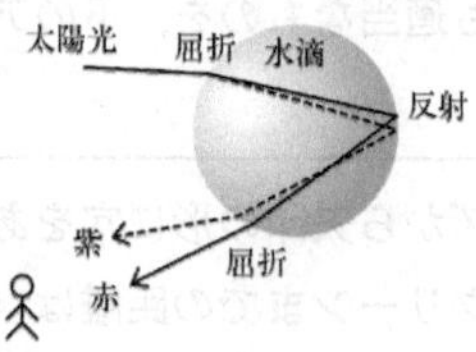

イ

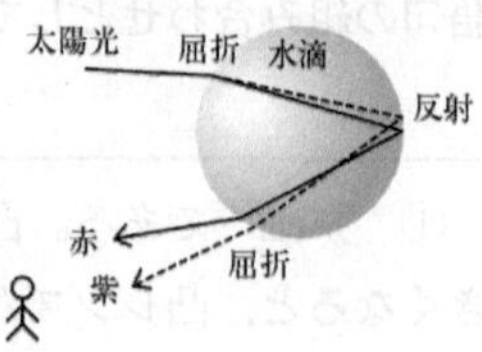

ウ

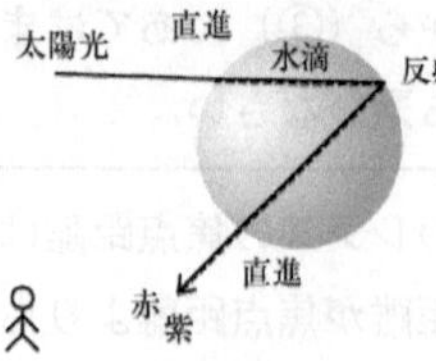

エ

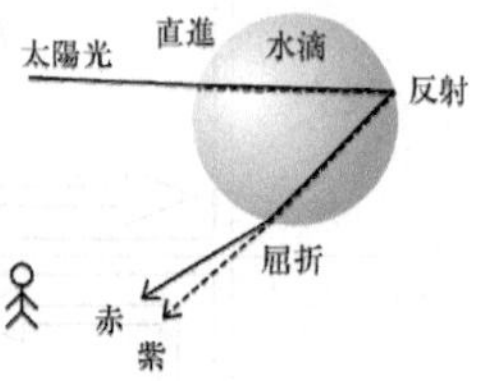

オ

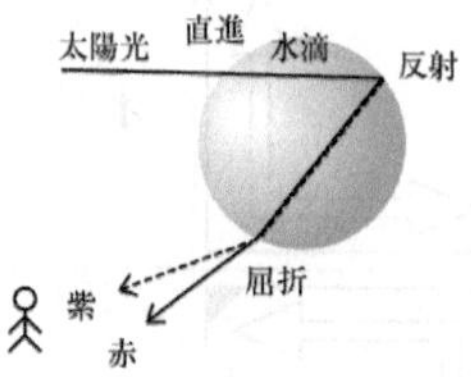

カ

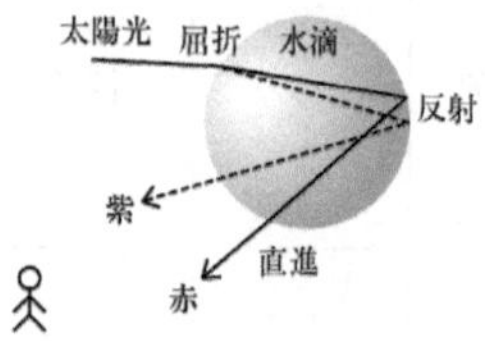

キ

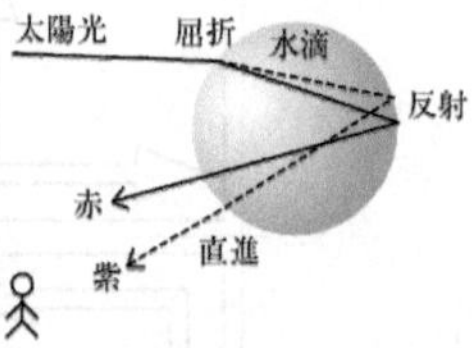

ク

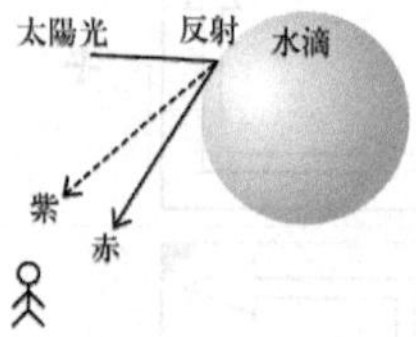

ケ

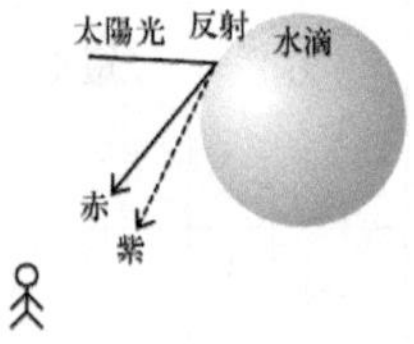

4 次の(1)から(5)までの問いに答えなさい。

図のような装置で，３種類の水溶液に白金電極①～⑥を入れ，一定の電流を流した。ビーカーⅠには質量パーセント濃度5.0％の塩化銅水溶液100 gが入っている。ビーカーⅡにはうすい水酸化ナ

図

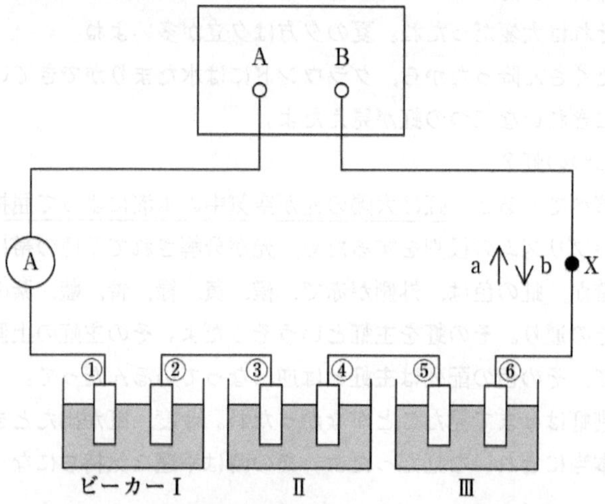

トリウム水溶液，ビーカーⅢにはうすい塩酸が入っている。電流を流すと，電極②，⑥から泡が少しずつ生じ，どちらも鼻を刺激するにおいがした。電極③，④，⑤から，泡がさかんに生じ，それらは無色でにおいはなかった。

(1) 次の（ⅰ）から（ⅲ）にあてはまる語句の組み合わせとして最も適当なものを，下の**ア**から**ク**までの中から選びなさい。

ビーカーⅠの塩化銅水溶液は（　ⅰ　）色で，電流を流すと，電極①の表面には，（　ⅱ　）色の物質が付着した。電流を流し続けると，ビーカーⅡの水酸化ナトリウム水溶液の濃度は（　ⅲ　）なる。

	ⅰ	ⅱ	ⅲ
ア	白	黒	小さく
イ	白	黒	大きく
ウ	白	赤茶	小さく
エ	白	赤茶	大きく
オ	青	黒	小さく
カ	青	黒	大きく
キ	青	赤茶	小さく
ク	青	赤茶	大きく

(2) 図の装置で電流を流すと，水溶液中の塩化銅が0.35 g 電気分解した。ただし，発生した気体は，水に溶けないものとする。このときの塩化銅水溶液の質量パーセント濃度を求め，最も適当なものを，次の**ア**から**オ**までの中から選びなさい。

ア　4.7%　　**イ**　4.9%　　**ウ**　5.4%　　**エ**　5.7%　　**オ**　35%

(3) 図の電源装置の＋の端子はA，Bのどちらか。また導線Xでは，電子が，a，bのどちらの方向に移動するか。それぞれの組み合わせとして最も適当なものを，次の**ア**から**エ**までの中から選びなさい。

	電源装置の＋の端子	導線X
ア	A	a
イ	A	b
ウ	B	a
エ	B	b

(4) 原子1個を○，イオン1個を●，電子1個を⊖で表したとき，電極①で，イオンが原子に変わるようすを最もよく表しているのはどれか。最も適当なものを，次の**ア**から**ク**までの中から選びなさい。

ア　●　＋　⊖　→　○　　　**イ**　●　＋　⊖⊖　→　○
ウ　●　→　○　＋　⊖　　　**エ**　●　→　○　＋　⊖⊖
オ　●●　＋　⊖　→　○○　　　**カ**　●●　＋　⊖⊖　→　○○
キ　●●　→　○○　＋　⊖　　　**ク**　●●　→　○○　＋　⊖⊖

(5) 電極③で発生した気体と同じ気体を発生させる方法として，適当なものを，次の**ア**から**キ**までの中から全て選びなさい。

ア　石灰石にうすい塩酸を入れる。

イ　塩化アンモニウムと水酸化カルシウムの混合物を加熱する。

ウ　水酸化ナトリウム水溶液にアルミニウムを加える。

エ　鉄にうすい塩酸を加える。

オ　二酸化マンガンに過酸化水素水を加える。

カ　炭酸水素ナトリウムを加熱する。

キ　過炭酸ナトリウムに約60℃の湯を加える。

5　次の(1)から(5)までの問いに答えなさい。

表は，札幌，名古屋，福岡の3地点の夏至の日の，太陽の南中時刻と南中高度をあらわしたものである。**図1**は，夏至の日の名古屋の地点で，透明半球を使って太陽の動きを半球上に印をつけて観察したものである。aからgの印は，9時から15時まで1時間おきに記録したものであり，aからgをなめらかな線で結んで透明半球上の端までのばした点をp，qとする。このとき曲線の長さはそれぞれ，agが14.4㎝，apが11.2㎝，gqが10㎝であった。

表

地点	南中時刻	南中高度
札幌	11時36分	70.4°
名古屋	11時54分	78.3°
福岡	12時20分	79.9°

図1

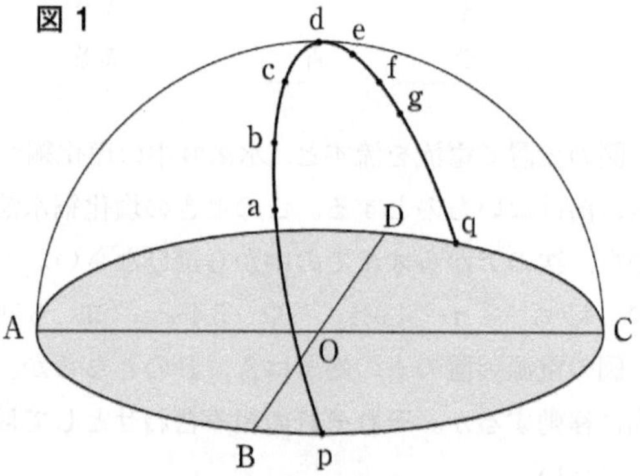

Oは透明半球の底面の中心，
ACは南北方向，
BDは東西方向

(1)　**表**と**図1**から，3地点での太陽の南中時刻が異なっている理由と，名古屋の夏至の日の日の入りの時刻の組み合わせとして最も適当なものを，次の**ア**から**ク**までの中から選びなさい。

	太陽の南中時刻が異なっている理由	日の入り時刻
ア	地球が東から西へと自転しているから。	19時10分
イ	地球が東から西へと自転しているから。	19時17分
ウ	地球が西から東へと自転しているから。	19時10分
エ	地球が西から東へと自転しているから。	19時17分
オ	地球が東から西へと公転しているから。	19時10分
カ	地球が東から西へと公転しているから。	19時17分
キ	地球が西から東へと公転しているから。	19時10分
ク	地球が西から東へと公転しているから。	19時17分

(2)　名古屋の地点での冬至の日の太陽の南中高度は何度か求め，最も適当なものを，次の**ア**から**オ**までの中から選びなさい。

ア　11.7°　　**イ**　31.5°　　**ウ**　46.9°　　**エ**　54.9°　　**オ**　66.6°

(3)　日本の春分（秋分）の日に，オーストラリア（南緯35°）の地点において，太陽の通り道を天球上に表したもので最も適当なものを，次の**ア**から**カ**までの中から選びなさい。

ア

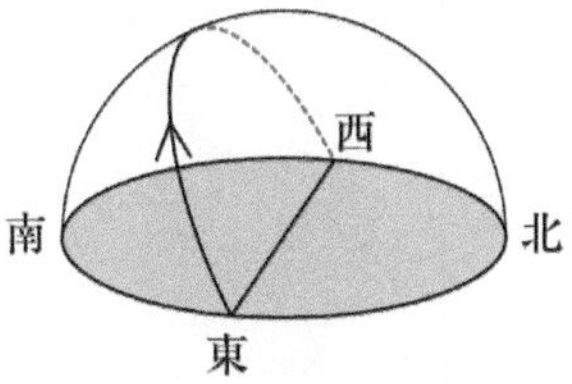

イ

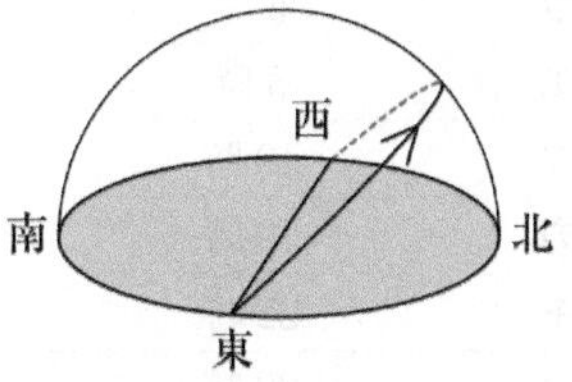

ウ

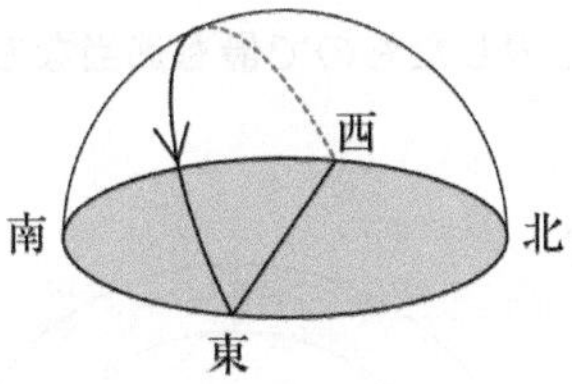

エ

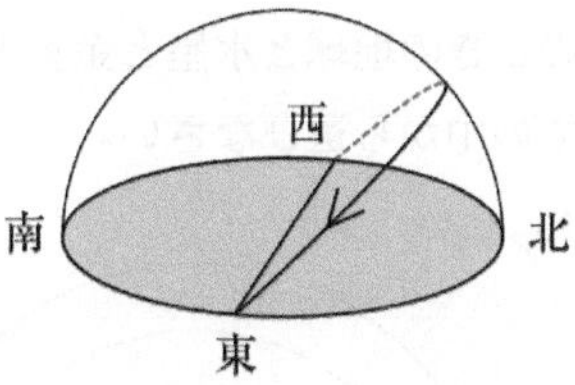

オ

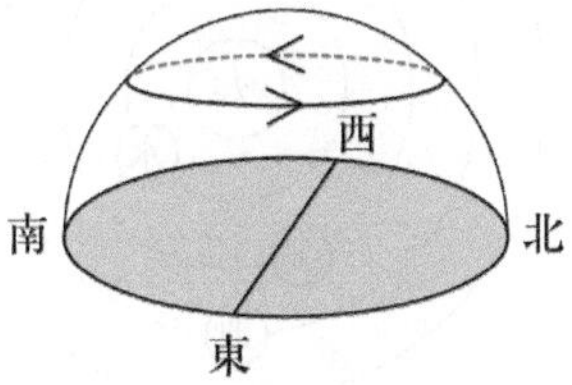

カ

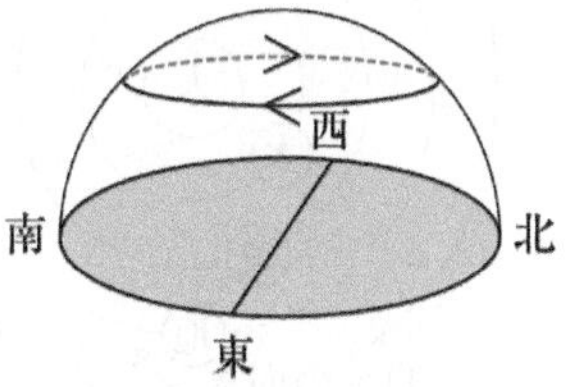

2023年７月20日のある時刻に西の空を観察したところ，月と水星，金星，火星を同時に観測することができた。**図２**は，このときに見られた月の形と水星，金星，火星の位置を●で表したものである。次の問いに答えなさい。

図２

2023 年 7 月 20 日

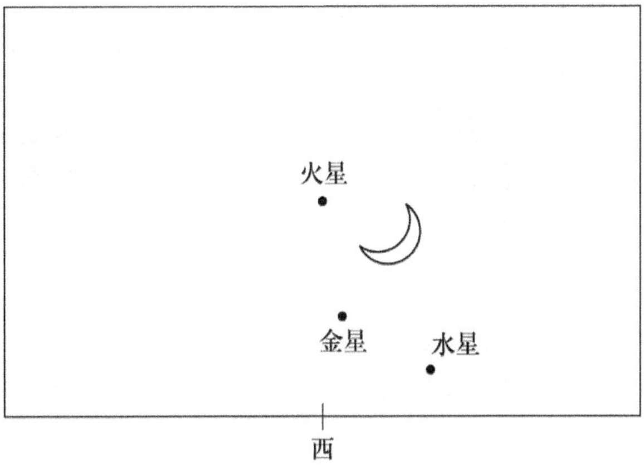

(4) この観測を行った時刻と，この月が満月になるのは約何日後か。それぞれの組み合わせとして最も適当なものを，次の**ア**から**ク**までの中から選びなさい。

	観測を行った時刻	満月になる日数
ア	2時	12日後
イ	2時	21日後
ウ	5時	12日後
エ	5時	21日後
オ	19時	12日後
カ	19時	21日後
キ	22時	12日後
ク	22時	21日後

(5) **図2**のときの地球と水星と金星と火星の位置関係を表したもので最も適当なものを，次の**ア**から**エ**までの中から選びなさい。

ア

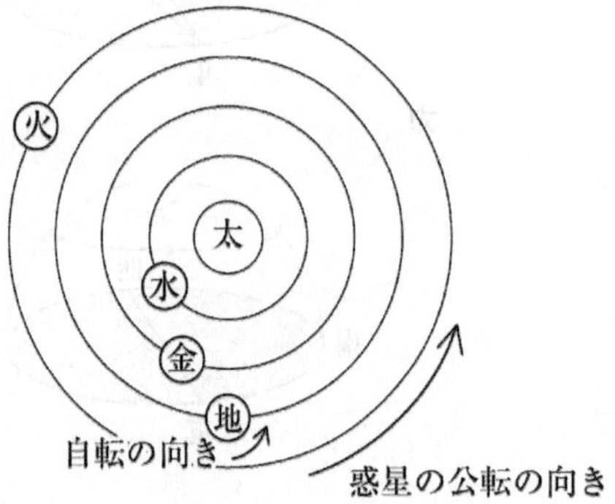

イ

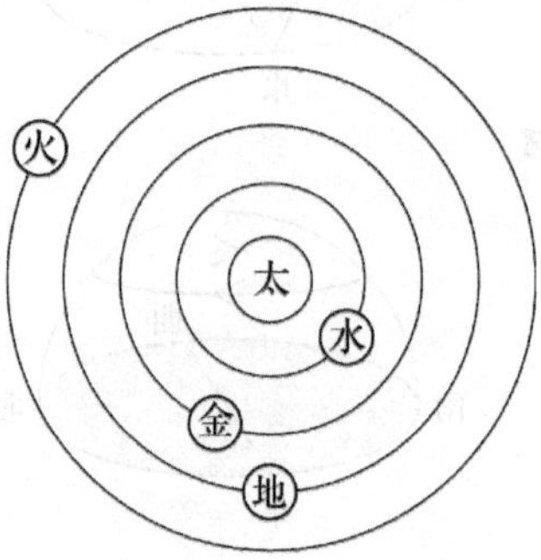

ウ

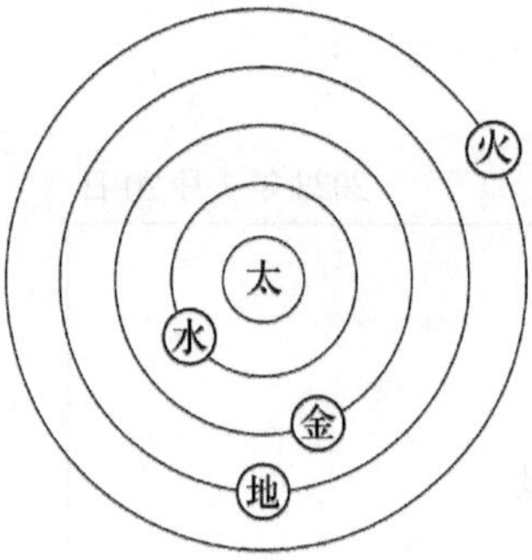

エ

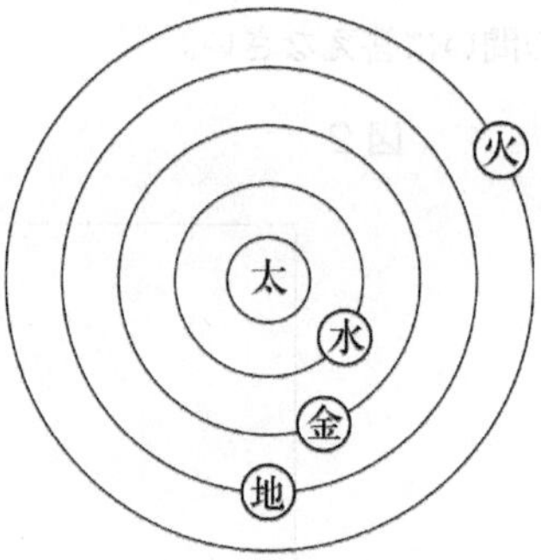

【社　会】（45分）　<満点：100点>

1　次のⅠ，Ⅱ，Ⅲの地図・略年表・資料について，あとの(1)から(7)までの問いに答えなさい。

Ⅰ

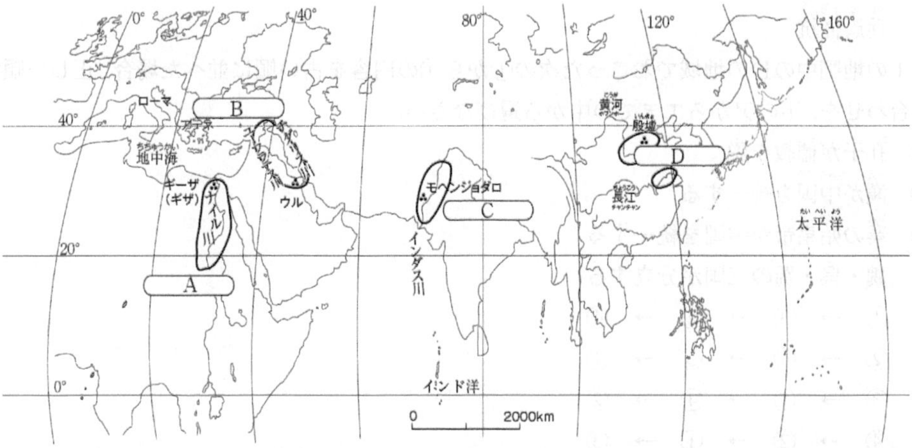

Ⅱ

世紀	主なできごと
7	中大兄皇子や中臣鎌足らが，大化の改新とよばれる政治改革を行う……A
11	白河天皇が位をゆずって上皇となったのちも，政治を行う
14	京都の室町に御所を建てた足利義満が，南北朝を統一する……B
16	大阪城を築いて本拠地とした豊臣秀吉が，天下を統一する……C
18	天明のききんがおこって，百姓一揆や打ちこわしが急増する

Ⅲ

種類	負担の主な内容
租	①
調	②
庸	③

(1)　Ⅰの地図中のAとCの地域でおこった文明の組み合わせとして最も適当なものを，次のアからエまでの中から選びなさい。

ア　A　メソポタミア文明　　C　中国文明
イ　A　エジプト文明　　C　インダス文明
ウ　A　中国文明　　C　エジプト文明
エ　A　インダス文明　　C　中国文明

(2)　Ⅰの地図中のBの文明に関係あるものとして最も適当なものを，次のアからエまでの中から選びなさい。

ア　パルテノン神殿

イ　ピラミッド

ウ　くさび形文字

エ　兵馬俑坑《へいばようこう》

(3)　Ⅰの地図中のDの地域でおこった次の①から④の内容を古い順に並べた場合，正しい順番の組み合わせを，下のアからエまでの中から選びなさい。

①　孔子《こうし》が儒教《じゅきょう》を説《と》く

②　漢《かん》が中国《ちゅうごく》を統一する

③　秦《しん》の始皇帝《しこうてい》が中国を統一する

④　魏《ぎ》・呉《ご》・蜀《しょく》の三国が分立する

ア　①　→　③　→　②　→　④

イ　②　→　④　→　③　→　①

ウ　③　→　①　→　④　→　②

エ　④　→　②　→　①　→　③

(4)　Ⅱの略年表中のAとBの間の時期におこった次の①から④のできごとを古い順に並べた場合，正しい順番の組み合わせを，下のアからエまでの中から選びなさい。

①　征夷大将軍になった坂上田村麻呂は，蝦夷《えみし》の主な拠点《きょてん》を攻め，東北地方への支配を拡げた。

②　聖武天皇は仏教の力で国家を守ろうと，国ごとに国分寺と国分尼寺，都に東大寺を建てた。

③　武士の活躍をえがいた軍記物の『平家物語』が，琵琶法師によって語り伝えられ始めた。

④　壬申の乱に勝って即位した天武天皇は，天皇を中心とする国家づくりを進めた。

ア　①　→　④　→　②　→　③

イ　②　→　③　→　①　→　④

ウ　③　→　④　→　②　→　①

エ　④　→　②　→　①　→　③

(5)　Ⅱの略年表中のBとCの間におこった世界のできごととして最も適当なものを，次のアからエまでの中から選びなさい。

ア　ルターが宗教改革を始めた

イ　アメリカ独立戦争がおこった

ウ　ムハンマドがイスラム教をおこした

エ　高麗《こうらい》が朝鮮半島を統一した

(6)　Ⅲの資料は，奈良時代の税制度について説明したものである。資料中の［①］から［③］に当てはまる説明の組み合わせとして最も適当なものを，次のアからエまでの中から選びなさい。

ア　①　地方の特産物　　②　稲の収穫量の３％　　③　麻の布

イ　①　稲の収穫量の３％　　②　地方の特産物　　③　麻の布

ウ　①　稲の収穫量の３％　　②　麻の布　　③　地方の特産物

エ　①　麻の布　　②　地方の特産物　　③　稲の収穫量の３％

(7)　次のAからDのカードは，元号と関わりのある歴史上のできごとをまとめたものである。この

4枚のカードを年代の古い順に並べた場合，正しい順番の組み合わせを，下の**ア**から**エ**までの中から選びなさい。

カード　A	カード　B
『建武』の新政 討幕を成し遂げ，天皇を中心とした新しい政治をめざし，公家を重視する政治を行った。	『和同』開珎の発行 唐の長安にならった新しい都を造り，さらに貨幣も発行した。

カード　C	カード　D
『保元』の乱 院政の実権をめぐる天皇と上皇の争いに動員された武士が，これを武力で解決した。	『永仁』の徳政令 幕府は，生活が苦しくなり土地を手放した御家人の土地を返させて，救おうとした。

ア　A　→　B　→　C　→　D
イ　B　→　C　→　D　→　A
ウ　C　→　D　→　A　→　B
エ　D　→　A　→　B　→　C

2　次のⅠ，Ⅱ，Ⅲ，Ⅳの絵・図・年表について，あとの⑴から⑻までの問いに答えなさい。

Ⅰ

Ⅱ

Ⅲ

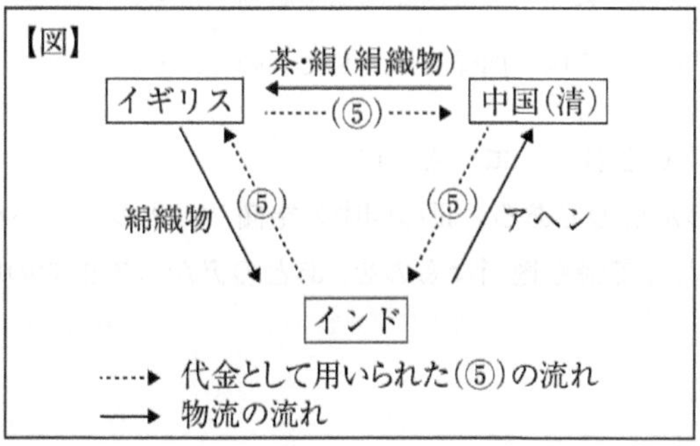

Ⅳ

年代	できごと
1910	韓国併合
1911	辛亥革命
1912	桂太郎内閣が成立する……A
1914	第一次世界大戦が始まる……B
1915	二十一か条の要求を提出……C
1917	ロシア革命がおこる
1918	米騒動がおこる……D
1919	第一次世界大戦の講和会議が開かれる
1920	国際連盟が成立する……E
1922	全国水平社が結成される
1923	関東大震災がおこる

(1) 次の文章は，Ⅰの絵についてまとめたものである。文章中の（①），（②）にあてはまることばの組み合わせとして最も適当なものを，下の**ア**から**エ**までの中から選びなさい。

> 江戸時代になると，幕府や藩が新田開発を進めたため，耕地面積が（　①　）した。また，進んだ農業技術が各地に伝わり，Ⅰの絵で示している（　②　）などの農具が使われるようになった。

ア　①　増加　②　唐箕　　**イ**　①　増加　②　千歯こき
ウ　①　減少　②　唐箕　　**エ**　①　減少　②　千歯こき

(2) 次の文章は，Ⅱの絵についてまとめたものである。説明の内容が正しいものの組み合わせとして最も適当なものを，下の**ア**から**エ**までの中から選びなさい。

A	Ⅱの絵の中の③，④の人物の衣服などから考えると，④の人物は清を表していると判断することができる。
B	Ⅱの絵の中の③，④の人物が座っている位置と中国と朝鮮半島の位置関係を関連付けて考えると，④の人物は朝鮮を表していると判断することができる。
C	日露戦争がおこっていたときの，東アジアの国際関係を風刺したものである。
D	日清戦争がおこる前の，東アジアの国際関係を風刺したものである。

ア　AとD　**イ**　BとA　**ウ**　CとB　**エ**　AとC

(3) 次のレポートは，Ⅲの図をまとめたものである。Ⅲの図中の空欄（⑤）とレポート中の空欄（⑥）にあてはまることばの組み合わせとして最も適当なものを，あとの**ア**から**エ**までの中から選びなさい。

【レポート】
イギリスは，中国（清）との貿易における赤字を解消するために，19世紀には【図】のような貿易を展開した。清がアヘンをきびしく取り締まると，1840年にアヘン戦争がおこった。この戦争に勝利したイギリスは，1842年に講和条約を結んで，清には五つの港を開港させ，（　⑥　）をゆずらせたうえに賠償金《ばいしょうきん》を支払わせた。

ア　⑤　銀　⑥　台湾　**イ**　⑤　銀　⑥　香港
ウ　⑤　銅　⑥　台湾　**エ**　⑤　銅　⑥　香港

(4)　Ⅳの年表中のAについて，この内閣に対して立憲政治に反しているとして大きな反対運動がおこったが，その名称として最も適当なものを，次の**ア**から**エ**までの中から選びなさい。
ア　自由民権運動　**イ**　第一次護憲運動　**ウ**　国会開設運動　**エ**　第二次護憲運動

(5)　Ⅳの年表中のBの戦争について，日本がこの戦争に加わった理由として最も適当なものを，次の**ア**から**エ**までの中から選びなさい。
ア　日米和親条約を結んでいたから
イ　日英同盟を結んでいたから
ウ　南京条約を結んでいたから
エ　三国同盟を結んでいたから

(6)　Ⅳの年表中のCについて，この要求を提出した国と，それを受け取った国との組み合わせとして最も適当なものを，次の**ア**から**エ**までの中から選びなさい。
ア　提出国：ロシア　受取国：朝鮮　**イ**　提出国：朝鮮　受取国：ロシア
ウ　提出国：日本　受取国：中国　**エ**　提出国：中国　受取国：日本

(7)　Ⅳの年表中のDのできごとによって，寺内正毅内閣が退陣すると，日本最初の本格的な政党内閣が組織された。この内閣を組織した人物として最も適当なものを，次の**ア**から**エ**までの中から選びなさい。
ア　大隈重信　**イ**　加藤高明　**ウ**　原敬　**エ**　伊藤博文

(8)　Ⅳの年表中のEについて，この機関の設立を提唱したアメリカ合衆国大統領として最も適当なものを，次の**ア**から**エ**までの中から選びなさい。
ア　ウィルソン　**イ**　フーヴァー　**ウ**　ルーズベルト　**エ**　トルーマン

3　次のページのⅠ，Ⅱ，Ⅲ，のグラフについて，あとの(1)から(3)までの問いに答えなさい。

(1)　Ⅰのグラフは，ある国の人口ピラミッドを示している。その国名として最も適当なものを，次の**ア**から**エ**までの中から選びなさい。
ア　ドイツ　**イ**　アルゼンチン　**ウ**　中国　**エ**　エチオピア

(2)　Ⅱのグラフは，日本，アメリカ合衆国，フランス，ブラジルのいずれかの発電量の内訳を示している。日本とフランスに該当するグラフの数字の組み合わせとして最も適当なものを，次の**ア**から**エ**までの中から選びなさい。
ア　日本－②　フランス－①　**イ**　日本－④　フランス－①
ウ　日本－②　フランス－③　**エ**　日本－④　フランス－③

(3)　Ⅲのグラフは，主な工業地域・工業地帯の産業別生産額の割合を示したものである。グラフ中のA，B，Cの産業名の組み合わせとして最も適当なものを，次の**ア**から**エ**までの中から選びなさい。

ア　A－機械　B－金属　C－化学　**イ**　A－化学　B－機械　C－金属

ウ　A－金属　B－機械　C－化学　**エ**　A－金属　B－化学　C－機械

Ⅰ（2015年 国連資料ほか参考）

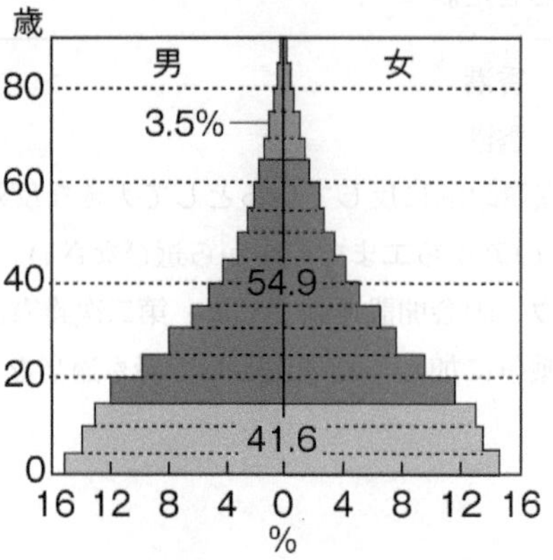

Ⅱ（2017年 IEA 資料ほか参考）

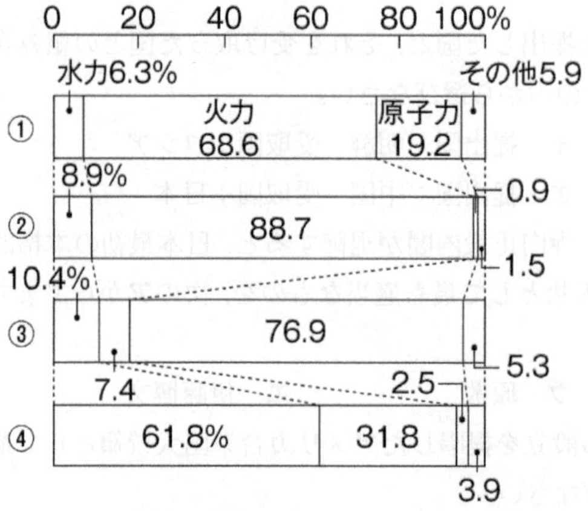

Ⅲ（2016年 工業統計表参考）

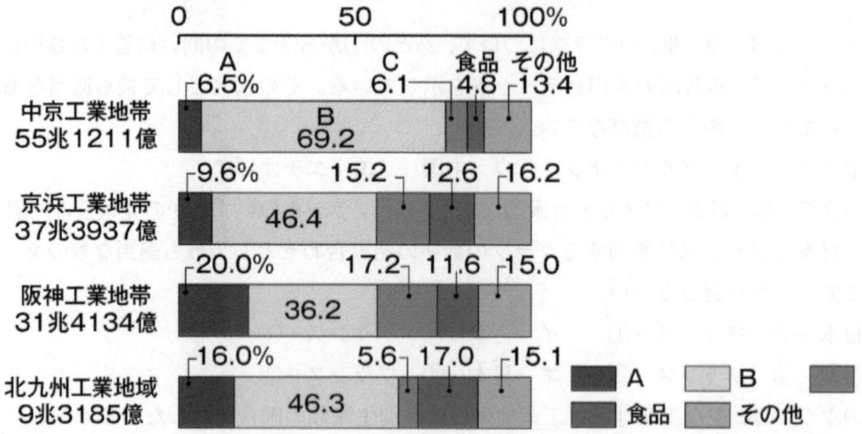

4 次のⅠ，Ⅱの図・写真について，あとの(1)から(7)までの問いに答えなさい。

Ⅰ

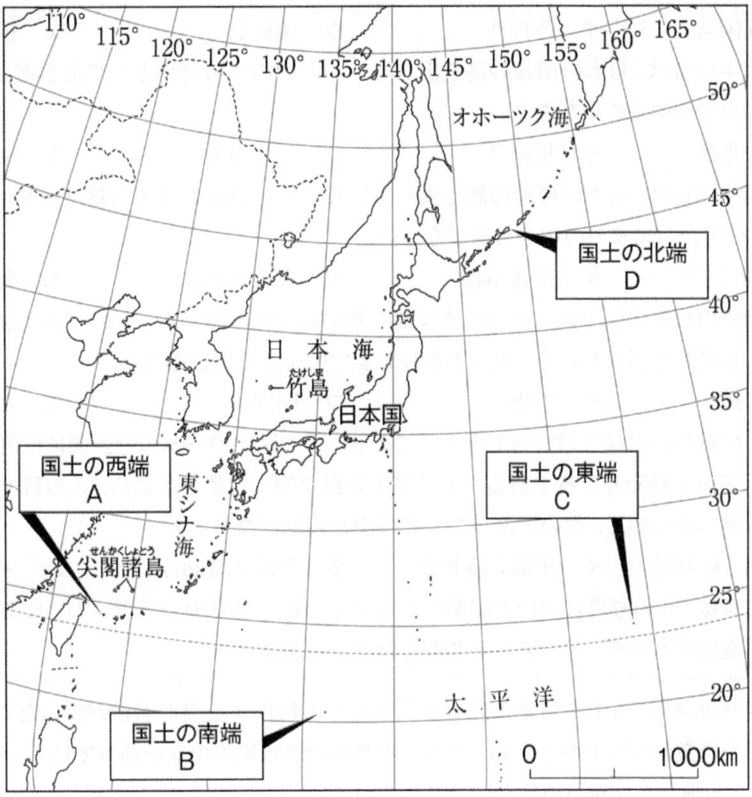

Ⅱ

(1)　Ⅰの図中の北海道（北端）から沖縄県（西端）までのおよその距離として最も適当なものを，次の**ア**から**エ**までの中から選びなさい。

ア　1000km　　**イ**　2000km　　**ウ**　3000km　　**エ**　4000km

⑵　Ⅰの図中のAは，日本の西端の島を表している。この島の名称として最も適当なものを，次のアからエまでの中から選びなさい。

ア　与那国島《よなぐにじま》　　**イ**　色丹島《しこたんとう》　　**ウ**　国後島《くなしりとう》　　**エ**　択捉島《えとろふとう》

⑶　Ⅰの図中のBは，日本の南端の島を表している。この島の名称として最も適当なものを，次のアからエまでの中から選びなさい。

ア　沖ノ鳥島《おきのとりしま》　　**イ**　択捉島　　**ウ**　与那国島　　**エ**　南鳥島《みなみとりしま》

⑷　Ⅰの図中のCは，日本の東端の島を表している。この島のおよその経度として，最も適当なものを，次のアからエまでの中から選びなさい。

ア　東経149度　　**イ**　東経154度　　**ウ**　東経159度　　**エ**　東経164度

⑸　Ⅰの図中の日本の国土は4つの大きな島と他の島々からなるが，このうち3番目に面積が大きい島として最も適当なものを，次のアからエまでの中から選びなさい。

ア　北海道　　**イ**　本州　　**ウ**　四国　　**エ**　九州

⑹　2021年の春分の日は3月20日である。この日，Ⅰの図中の日本の最西端に位置する島の日の出の時刻は午前6時52分ごろである。Ⅰの図中の最東端に位置する島の，この日の日の出の時刻として最も適当なものを，次のアからエまでの中から選びなさい。

ア　午前4時48分　　**イ**　午前5時48分　　**ウ**　午前7時48分　　**エ**　午前8時48分

⑺　次の文章は，Ⅱの写真について説明したものである。文章中の空欄（①）にあてはまる語句として最も適当なものを，下のアからエまでの中から選びなさい。

> アメリカ合衆国では，日本よりも一人当たりの耕作する農地面積が広いため，大型機械を利用した農業が行なわれている。特に，中西部の降水量の少ない地域では，（　①　）を使用して，大規模なかんがい農業が行なわれている。

ア　サンベルト　　**イ**　フィードロット　　**ウ**　プランテーション　　**エ**　センターピボット

5　次の⑴から⑸までの問いに答えなさい。

⑴　次のアからエまでのグラフは，シンガポール，ウズベキスタン，ロシア，日本のいずれかの国の雨温図を示している。これらのうち，ロシアの雨温図として最も適当なものを，次のアからエまでのグラフ中から選びなさい。なお，棒グラフは月降水量を，折れ線グラフは月平均気温を表している。

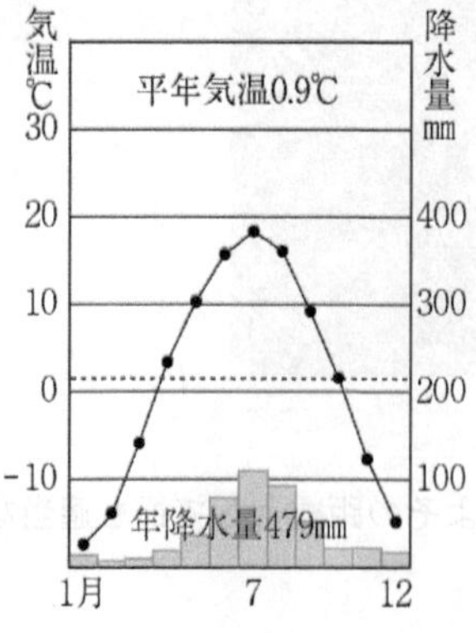

ア

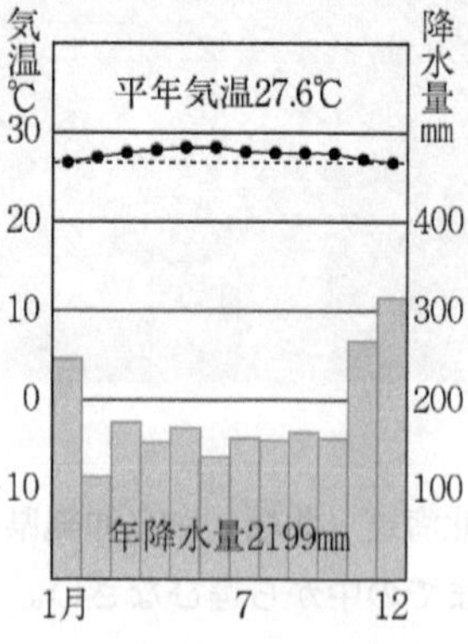

イ

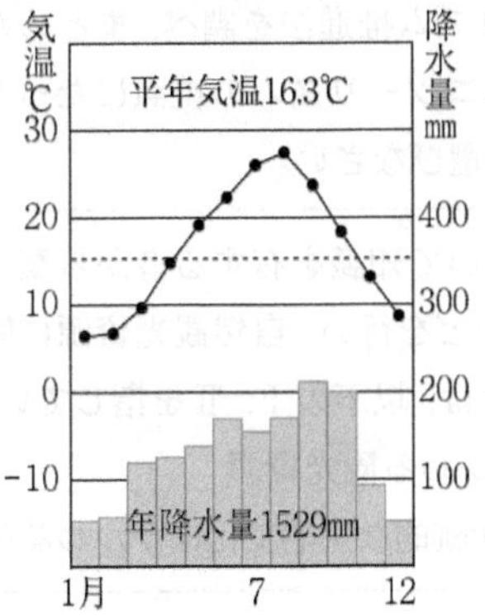

ウ

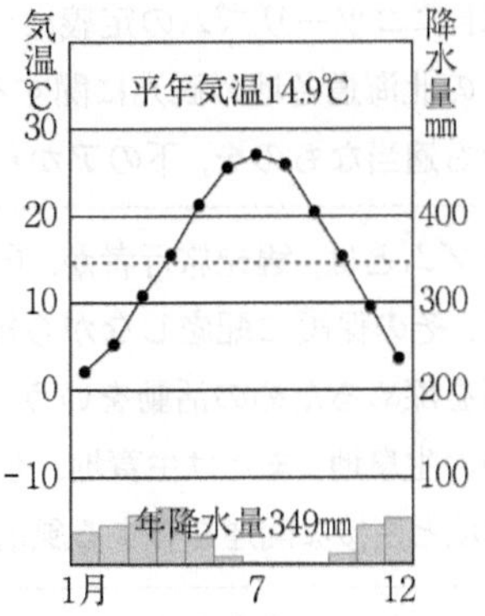

エ

理科年表（平成27年）などをもとに作成

(2) 次のアからエまでのグラフは，宮崎，静岡，仙台，札幌のいずれかの月降水量と月平均気温を表したものである。これらのうち，宮崎の雨温図として最も適当なものを，次のアからエまでのグラフ中から選びなさい。なお，棒グラフは月降水量を，折れ線グラフは月平均気温を表している。

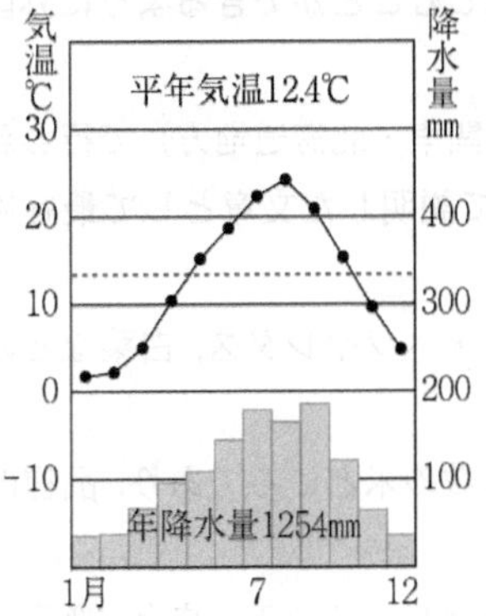

ア

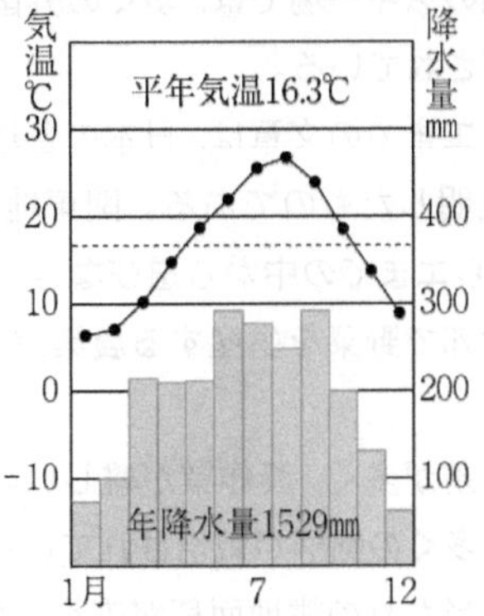

イ

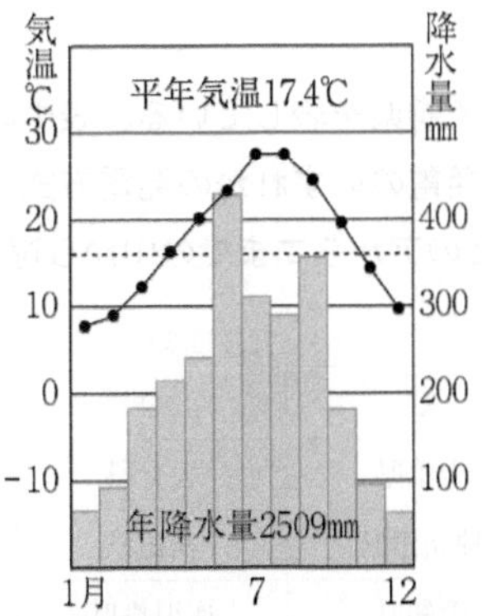

ウ

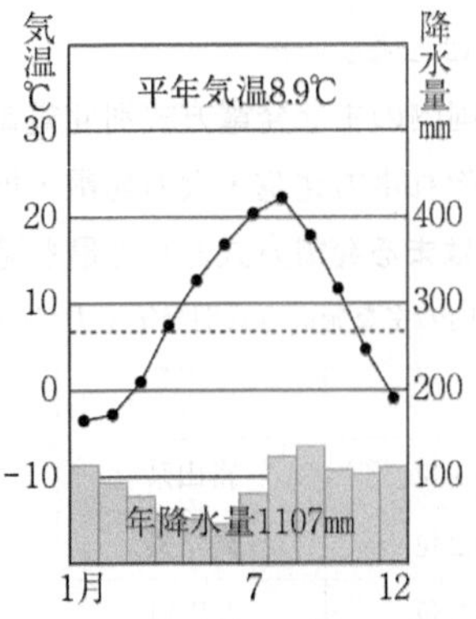

エ

理科年表（平成27年）などをもとに作成

⑶ 次の文章は，エコツーリズムの定義についてエコツーリズム推進法を調べ，まとめたものの一部である。下の北海道各地の観光に関する説明のうち，エコツーリズムの視点にたった取り組みの例として最も適当なものを，下の**ア**から**エ**までの中から選びなさい。

> エコツーリズムとは，観光旅行者が，自然観光資源について知識を有する者から案内または助言を受け，その保護に配慮しながら観光や体験活動などを行い，自然観光資源に関する知識及び理解を深めるための活動をいう。自然観光資源とは，以下のⅠ，Ⅱを指している。
> Ⅰ　動植物の生息地，または生育地，その他の自然にかかわる観光資源
> Ⅱ　自然環境と密接な関連を有する風俗習慣，その他の伝統的な生活文化にかかわる観光資源

ア　札幌市では，冬に観光客を呼び込めるように「さっぽろ雪まつり」を開催し，雪を利用してつくった雪像が市街地に展示されている。

イ　旭川市の動物園では，動物本来の生態が観察できるようにペンギンやホッキョクグマなどの展示方法が工夫されている。

ウ　知床半島では，野生の動植物と共存しながら散策を楽しむことができるように高架木道が設置されている。

エ　道内各地のスキー場では，多くの外国人がスキーを楽しむことができるように外国語表記の案内が充実されている。

⑷ 次の**ア**から**エ**までの文章は，日本の各地（九州・北陸・関東・北海道地方）で行われている農業について説明したものである。関東地方の農業について説明した文章として最も適当なものを，次の**ア**から**エ**までの中から選びなさい。

ア　都市の近郊で野菜を生産する農業が発達しており，キャベツやレタス，白菜などの栽培が盛んである。

イ　冬場は積雪が多く，農作業が難しい。古くから日本有数の米どころであり，品種改良によって生まれた多くの銘柄が栽培されている。

ウ　農家１戸当たりの耕地面積が広く，大規模な畑作が行なわれている。また，農家１戸当たりの乳牛飼育頭数が多く，酪農も盛んである。

エ　平野部では野菜の促成《そくせい》栽培が盛んであり，牛や豚，にわとりなどを飼育する畜産は日本有数の生産額をほこる。

⑸ 次の表は，国内の主な発電方式別発電電力量の上位５都道府県を表している。表中のＡからＤまでは，それぞれ水力発電・火力発電・地熱発電・太陽光発電のいずれかの発電方式が当てはまる。Ｃに当てはまる発電方式として最も適当なものを，あとの**ア**から**エ**までの中から選びなさい。

【表】国内の主な発電方式別発電電力量の上位５都道府県

	A	B	C	D
第１位	富山県	福島県	千葉県	大分県
第２位	岐阜県	茨城県	神奈川県	秋田県
第３位	長野県	岡山県	愛知県	鹿児島県
第４位	新潟県	北海道	福島県	岩手県
第５位	福島県	三重県	兵庫県	北海道

※　総務省統計ダッシュボード調査データ（2020年度）

ア　太陽光発電　　イ　地熱発電　　ウ　火力発電　　エ　水力発電

6　次のⅠ，Ⅱ，Ⅲ，Ⅳの資料を見て，あとの(1)から(4)までの問いに答えなさい。

【Ⅰ】

日本国憲法第22条で定められている（　①　）の自由や職業選択の自由，同じく第29条に定められている（　②　）によって経済活動の自由が保障されている。

【Ⅱ】

情報化が進む現代では，国や地方公共団体に多くの情報が集まっており，これらの情報を手に入れる権利として，（　③　）が主張されている。（　③　）は，私たちが主権者として意思決定する前提となる重要な権利である。国では1999年に（　④　）が制定され，私たちが請求すると，国が作成した公的な文書などを見ることができる制度が設けられた。

【Ⅲ】

《株式会社のしくみ》

○株式会社は，株式の発行によって得た資金をもとに設立されており，出資者である株主は，会社の利益を（　⑤　）として受け取ることができる。

○株式会社の経営は，多くの場合，株主自身が行うのではなく，（　⑥　）において選任された社長などの取締役によって行われる。

【Ⅳ】

ア	国会議員には，国会が開かれている間は原則として逮捕されない不逮捕特権や，国会で行った演説や採決などについて，責任を問われない免責特権が認められている。
イ	特別会（特別国会）は，内閣が必要と認めたとき，またはいずれかの議院の総議員の４分の１以上の要求があった場合に招集される。
ウ	条約の承認について，衆議院と参議院の議決が一致せず，両院協議会でも意見が一致しない場合は，衆議院で出席議員の３分の２以上の賛成で再び可決されれば承認される。
エ	裁判官としての務めを果たさなかったりした裁判官を辞めさせるかどうかを判断する裁判官弾劾裁判所は，衆議院議員のみで組織される。

(1)　Ⅰの資料の文章中の空欄（①），（②）にあてはまることばの組み合わせとして最も適当なものを，次のアからエまでの中から選びなさい。

ア　①居住・移転　　②労働基本権　　イ　①居住・移転　　②財産権

ウ　①集会・結社・表現　②労働基本権　　エ　①集会・結社・表現　②財産権

(2)　Ⅱの資料の文章中の空欄（③），（④）にあてはまる権利と法律の組み合わせとして最も適当なものを，次のアからエまでの中から選びなさい。

ア　③プライバシーの権利　④個人情報保護法

イ　③プライバシーの権利　④情報公開法
ウ　③知る権利　　　　　　④個人情報保護法
エ　③知る権利　　　　　　④情報公開法

(3)　Ⅲの資料の文章中の空欄（⑤），（⑥）にあてはまることばの組み合わせとして最も適当なものを，次のアからエまでの中から選びなさい。

ア　⑤賃金　⑥労働組合　　イ　⑤配当　⑥労働組合
ウ　⑤賃金　⑥株主総会　　エ　⑤配当　⑥株主総会

(4)　Ⅳの資料は日本の国会について説明した文章である。最も適当なものを，アからエまでの中から選びなさい。

7　次のⅠ，Ⅱ，Ⅲ，Ⅳの資料・グラフを見て，あとの(1)から(6)までの問いに答えなさい。

【Ⅰ】

商品の性能などについては，（　①　）がすべてを理解することは困難で，（　②　）の方が圧倒的に多くの専門知識や情報を持っている。そこで，（　①　）は自ら商品に対する知識や情報を広く収集するとともに，（　③　）が（　①　）を守るために法律やしくみを整備することなどが重要になる。

【Ⅱ】

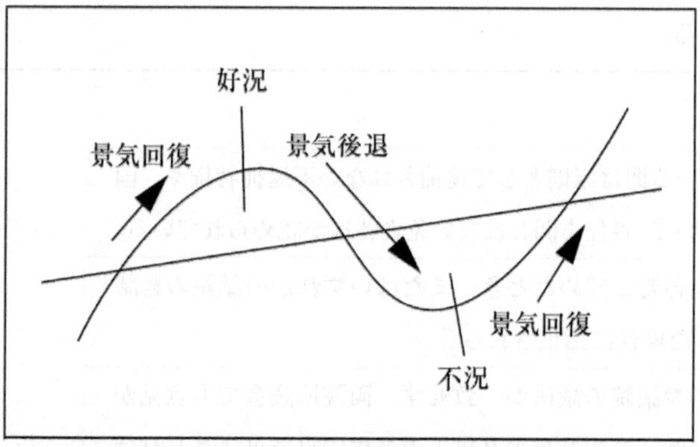

【Ⅲ】

Ａ市の人口　36万人　　Ａ市の有権者数　30万人

【Ⅳ】

A	住民が，首長に条例の制定や改廃を請求する。
B	議会が招集され，条例案が審議される。
C	住民が，必要な数の署名を集める。

(1)　Ⅰの資料の文章中の空欄（①）から（③）にあてはまることばの組み合わせとして最も適当なものを，次のアからエまでの中から選びなさい。

ア　①消費者　②政府　③企業　**イ**　①消費者　②企業　③政府
ウ　①企業　②消費者　③政府　**エ**　①企業　②政府　③消費者

(2)　経済成長をはかる指標であるGDPを説明した文章として最も適当なものを，次の**ア**から**エ**までの中から選びなさい。

ア　一定期間内に国内で生み出された財（モノ）の原材料費の合計である。
イ　一定期間内に国民が生み出した財（モノ）の原材料費の合計である。
ウ　一定期間内に国内で生み出された財（モノ）やサービスの付加価値の合計である。
エ　一定期間内に国民が生み出した財（モノ）やサービスの付加価値の合計である。

(3)　Ⅱのグラフは景気変動を模式的に表したものである。グラフ中の好況の時期にみられる社会のようすについて説明した文章中の空欄（④），（⑤）にあてはまることばの組み合わせとして最も適当なものを，下の**ア**から**エ**までの中から選びなさい。

経済の状態は，好況と不況を繰り返す。一般に，好況の時期には，生産や雇用が（　④　）したり，物価が（　⑤　）したりする。

ア　④拡大　⑤上昇　**イ**　④縮小　⑤下落
ウ　④拡大　⑤下落　**エ**　④縮小　⑤上昇

(4)　景気を安定させるために日本銀行は金融政策を行っている。日本銀行が行う金融政策について説明した文章として最も適当なものを，次の**ア**から**エ**までの中から選びなさい。

ア　好況のとき，日本銀行は国債などを買って通貨量を減らそうとする。
イ　好況のとき，日本銀行は国債などを売って通貨量を増やそうとする。
ウ　不況のとき，日本銀行は国債などを売って通貨量を減らそうとする。
エ　不況のとき，日本銀行は国債などを買って通貨量を増やそうとする。

(5)　Ⅲの資料はあるＡ市の人口と有権者数を示している。Ａ市の市長の解職を請求する住民投票を行うためには，最低何人の有効な署名が必要になるか。署名数として最も適当なものを，次の**ア**から**エ**までの中から選びなさい。

ア　6万人　**イ**　10万人　**ウ**　12万人　**エ**　18万人

(6)　Ⅳの資料のＡ，Ｂ，Ｃの文章は，わが国の地方政治における条例の制定や改廃を求める直接請求の手続きを説明したものである。Ａ，Ｂ，Ｃの文章を条例の制定や改廃に向けた手続きの順に並べた場合，正しい順番の組み合わせを，次の**ア**から**エ**までの中から選びなさい。

ア　Ｃ　→　Ａ　→　Ｂ　**イ**　Ｃ　→　Ｂ　→　Ａ
ウ　Ｂ　→　Ｃ　→　Ａ　**エ**　Ｂ　→　Ａ　→　Ｃ

ア　越前房は自分が席を立った瞬間に自分の悪口を言った孝道入道にあきれてその場に立ち尽くしてしまった。
イ　孝道入道は越前房の批評が自分への悪口に聞こえてしまい、双六の勝負に集中することができなかった。
ウ　越前房に悪口を聞かれてしまった孝道入道はとっさに機転を利かせて話の内容をすり替えてごまかした。
エ　孝道入道は対戦相手が気を利かせてくれたおかげで、越前房の悪口を本人に聞かれずにすんだ。

四 次の古文を読んで、あとの㈠から㈣までの問いに答えなさい。
（本文の……の左側は現代語訳です。）

孝道入道、仁和寺《にんなじ》の家にて、アある人と双六《すごろく》を打ちけるを、隣にあるA越前房といふ僧来たりて、見所すとて、さまざまのさかしらをしける《口出しをしたのを》を、「にくしにくし《気に入らない》」と思ひけれども、①ものも言はで《返事もしないで》うちゐたりけるに、イこの僧、さかしらしさして立ちぬ《口出しを途中でやめて立ち上がった》。「帰りぬ」と思ひて、ウ亭主、「この越前房はよきほどの者かな《いいかげんな人だな》」と言ひたりけるに、エかの僧、いまだ帰らで、亭主の後ろに立ちたりけり。オかたき、「またもの言はせじ」とて、②亭王の膝を突きたりければ、後ろへ見向きて見れば、この僧いまだありけり。この時とりもあへず、「越前房は高く《(背が)》もなし、低くもなし。カよきほどの者な《ちょうど良い背丈の人だな》」など言ひ直したりける心《機転の》早さ、いとをかし《たいそうすばらしい》かりけり。

（『古今著聞集』による）

（注）
○孝道入道＝藤原孝道。
○仁　和　寺＝現在の京都市右京区にある真言宗の寺。
○双　　　六＝現在のすごろくとは異なる。二人が盤に向かい合いそれぞれ白と黒の駒をサイコロの目によって進め早く相手の陣地に入ることなどを競う遊び。
○見　　　所＝囲碁やすごろくをそばで見ていろいろ批評すること。またその人。
○か　た　き＝敵。ここではすごろくの相手のこと。

㈠ ①ものも言はでうちゐたりける　とあるがなぜそのような行動を取ったのか。その説明として最も適当なものを、次のアからエまでの中から選びなさい。

ア　越前房の助言が的外れでひどい内容だったから。
イ　越前房がすごろくの相手に助言をするから。
ウ　越前房の批評など全く気にしていなかったから。
エ　越煎房が批評すること自体が気に入らないから。

㈡ 傍線部アからカまでの中からA越前房と同一の人物を全て選びなさい。

㈢ ②亭主の膝を突きたり　とあるが、何のためにしたことか。その説明として最も適当なものを、次のアからエまでの中から選びなさい。

ア　孝道入道をすごろくの勝負に集中させるため。
イ　孝道入道に越前房と仲直りをしてもらうため。
ウ　孝道入道に越前房がまだいることを知らせるため。
エ　孝道入道にすごろくの批評をしてもらうため。

㈣ 次のアからエまでの中から、その内容がこの文章に書かれていることと一致するものを一つ選びなさい。

の中から選びなさい。

ア　思いがけず衝撃的な過去の話をし始めて、興奮してしまった真歩を落ち着かせようと、そっとして距離を置こうとしている。

イ　言いづらいことを語っている真歩の気持ちに配慮した上で、その顔つきを決して見ないようにしようとしている。

ウ　冗談のつもりで掛けた言葉が真歩を傷つけてしまったので、これ以上は真歩をからかうのをやめて、怒らせないようにしている。

エ　意を決して自身の辛い過去を告白してくれた真歩への感謝と敬意から、海岸を歩いてる内は後ろに付き従って歩こうとしている。

(五)　次のアからオは、この文章を読んだ生徒五人が、登場人物について、意見を述べ合ったものである。その内容が本文に書かれていることに近いものを二つ選びなさい。

ア（Aさん）この場面に登場する唯一の大人であるカメラマンの大和が物語を進行する上で重要な役割を果たしていると感じます。ユーモラスな会話をしながら写真を撮ることで、真歩とハヤシの感情を引き出していく展開がとてもリアルに感じられます。

イ（Bさん）真歩はいつまでたっても父親の死を受け入れられない子どもな部分と、母や兄弟に心配をかけまいと気丈に振る舞う大人な部分の間で揺れていると感じました。本文の後半では、大和やハヤシとの会話の中で新しい自分を発見できたように感じました。

ウ（Cさん）ハヤシの真歩に対する態度にもどかしさを感じます。もっと素直に優しい言葉をかけてあげれば良いのにと思いました。一方で、詳しい事情がわかっていないハヤシを、さりげなくフォローする大和が印象的でした。

エ（Dさん）真歩が笑わない理由を語る場面で胸が締め付けられるように感じました。また、いつかお父さんの写真が撮れるかもしれないと信じてシャッターを切り続ける真歩の純粋さと、最後まで家族を気遣う健気さに好感がもてました。

オ（Eさん）ハヤシの底抜けに明るいキャラクターと純粋な優しさが、物語の良いアクセントになっていると感じました。ハヤシが真歩に声を掛けた理由を素直に口に出したことで真歩が本音を吐き出すことができたのもハヤシの優しさがもたらしたものだと感じました。

(六)　この文章の表現の特徴として適当なものを、次のアからオまでの中から二つ選びなさい。

ア　作者自身の物語の展開に対する感想を挿入することにより、場面全体の空気を柔らかいものにしている。

イ　くだけた表現を多用し、短い文をいくつも重ねることで、軽やかなテンポを作り出している。

ウ　比喩表現と自然の描写を効果的に用いることで、緊張感の漂う場面を作り出している。

エ　色彩を表す言葉を巧みに用いて美しい風景を繊細に描くことで、登場人物の感情を浮き彫りにしている。

オ　主人公の心情や物語の展開を、随所に挿入されている波や砂の描写が、それとなく暗示している。

「写真しか、すがりつくものがなかったんだな」

大和が、真歩の頭の上に手を置いた。

「辛《つら》かったな」

真歩の右目から一粒、涙が真下に落ちた。

「お父さん」

その声はまるで、産声のようだった。

「何でいなくなったの、どこ行っちゃったの、家族皆を泣かせて、何で、ごめんって、言ってくれないの」

それから先は、言葉にならなかった。真歩は声にならない声を絞り出していた。大和の大きなてのひらが、つむじの部分をあたためてくれている。

「おれ、早坂くんとの写真ほしい。ちゃんと笑ってるヤツ。大和さん、撮ってよね」

ぴちゃぴちゃと足で海水を弄《もてあそ》ぶハヤシに、おう、と大和は頷いた。だけど今日は無理かな、とちょっと笑いながら。

「おれとのツーショット、文集に載っけてね」

ハヤシの声を丸めた背中で受け止めながら、もう一粒も涙が海に落ちないように、真歩はぎゅっと顔をしかめていた。

（朝井《あさい》リョウ『星やどりの声』による）

（注）○ 浜電＝真歩たちの住む町を通る鉄道の呼び名

㈠ [A]、[B] に当てはまる最も適当なことばを、次の**ア**から**カ**までの中からそれぞれ選びなさい。

ア だいたん　**イ** きちょうめん　**ウ** いじわる

エ 主人公　**オ** 脇役　**カ** 有名

㈡ ①外国の言葉をなぞるように、ハヤシが言った とあるが、この時のハヤシの心情の説明として最も適当なものを、次の**ア**から**エ**までの中から選びなさい。

ア ハヤシには真歩の言葉が別人の言葉に感じられたということ。

イ ハヤシには真歩の態度が急に変わったと感じられたということ。

ウ ハヤシには真歩の言葉の真意が分からなかったということ。

エ ハヤシには真歩の態度が受け入れられなかったということ。

㈢ ②大和は何かを悟った とあるが、大和が何を悟ったのかと、それを悟るまでの心情の説明として最も適当なものを、次の**ア**から**エ**までの中から選びなさい。

ア 真歩に対して警戒心を抱いていたが、写真の専門知識の話を通じて心を許していった。しかし、真歩の抱えるコンプレックスがそうとう根深いものであることを悟り、そのことを切なく感じている。

イ 真歩が持つ独特の雰囲気に戸惑ったが、一緒に写真を撮ることで警戒心を解くことができた。そこで、真歩の言葉からお父さんの死が真歩の態度の原因だと悟り、真歩に同情を禁じ得ないでいる。

ウ 真歩の自分に対する警戒心を解こうとしたが、ハヤシの方が先に警戒心を解いてくれた。だが、実際に写真についての興味や才能は真歩の方が上であると悟り、真歩との距離を歯がゆく思っている。

エ 真歩とハヤシのテンションの違いを不審に思っていたが、二人の小学生らしいやりとりに安心した。一方で真歩の家庭に問題があることを悟り、大人としてできることはないかと思索している。

㈣ ③二人は絶対に、真歩のことを追い抜かさない という行動に込められたハヤシと大和の心情として最も適当なものを、次の**ア**から**エ**まで

「やーめーろっ、カメラにかかるだろ」
「だって、早坂くん教室で笑わないんだもん。楽しくなさそうなんだもん。だから声かけたんだよ」
「ハヤシはいっつも笑ってそうだもんな、どこでも」大和が自分の足元にレンズを向けた。カシャ。続いて、シャッターを切る音が一つ。
「早坂くん、もっと笑えばいいのに。笑ってれば楽しくなるよ」
笑ってれば楽しくなるよ。
　カシャ、と、シャッターを切る音がまた一つ。そのたび、真歩の顔は下を向いていく。言葉を海の底に落とすように、真歩は下を向いたまま口を開いた。「だって」
「だって？」大和がちゃかすように繰り返す。
「だって、笑ってたら、また、悲しい別れがくるんだ」
　かなしいわかれ？①外国の言葉をなぞるように、ハヤシが言った。大和はレンズから目を離した。両手でカメラを握ったまま、その場に立ち止まってしまった真歩のことを見ている。
「お父さん？」
　真歩がこくんと頷くと、②大和は何かを悟ったように「そうか」と言った。
「……毎日笑って過ごしてたら、また、お父さんに会えるって言われたんだ」
「だったらそれこそ、笑ってれば」
「ダメなんだ」
　大和を遮ると、喉《のど》の奥から声を駆け上らせるように真歩は言った。
「また会えるってことは、また、別れがくるってことだから」
　真歩は足元を見つめたまま、体を震わせている。
　もう一度会えるということは、もう一度別れがくるということ。真歩の両足がゆっくりと、あたたかくてやわらかな砂の中に埋もれていく。
「あんなふうに、家族皆が泣いてる姿、僕、もう、二度と見たくない」
　真歩の言葉をさらっていくように、静かな波が三人の足首の骨のあたりを撫《な》でていった。大和はもうシャッターを切らない。ハヤシはもう砂を飛ばさない。二人とも、ゆっくり、ゆっくり歩いている。
　③二人は絶対に、真歩のことを追い抜かさない。真歩の表情は誰にも見られていない。
「だから、笑わなかったの？　学校でも、楽しそうにしなかったの？」
　ハヤシの言葉に、真歩は小さく頷いた。伝えなければいけない大切な言葉を落としてしまわないようにしているみたいだった。
「……じゃあ、写真が好きになったのは？　どうしてだ？」
　黙ってしまった真歩に笑いかけるようにして、大和が言う。楽しい空気になると思ってそう訊《き》いたのだろう。
「写ってるかもしれないから」
　真歩のかすかな声が、砂と一緒に足の甲を滑り落ちていく。
「この町にいっぱい家をつくったお父さんは、この町のどこかにいるって言ってたから」
　人肌のようにあたたかい海の水が、三人の足首の辺りを撫でている。
「いろんな場所で写真を撮ってれば、どこかに写ってるかもしれないから……その写真をずっと持ってれば、もう、あんなふうに離れ離れになることもないって思って」
　真歩の声も、瞳《ひとみ》も、震えている。

真歩のことは早坂くんと呼んだ。「なぜか君には呼び捨てできないオーラがあるわ」と大和は鼻をかいている。

　商店街から少し歩くと、浜電に沿った大きな通りがある。そして、その通りと浜電の線路の向こう側には、海がある。海がある、と言ってしまえばただそれだけだが、それだけでは表せない存在感で、そこには海がある。

　砂浜に黒いランドセルが二つ並んでいる。それだけでいい写真が撮れそうだ。浜辺にはちらほらと人がいた。海というものを背景にすると、人間は急に［　A　］になる。どこからどうシャッターを切っても、それは海の写真になる。

　ハヤシはプールバッグからぐちゃぐちゃの水着を取り出した。「早坂くんも！」と言ったが、真歩は断った。砂にまみれながら、まだ濡《ぬ》れている水着を振りまわすハヤシに、大和は楽しそうにカメラを向けている。

「ホワイトバランスいじったりして撮ったことある？」

「花とかをアップで撮るときは露出補正っていうのをやってみなよ、花びらが硝子《がらす》細工みたいに繊細に写るから」

「三分割法ってわかるか？グリッド線を頭の中で引いて、その線を基準に写真の構図を考えることなんだけど……小学生には難しいかな」

　写真の話になると、大和は早口になった。そして大和が早口になっていくたび、真歩もずいずい身を乗り出しその話を聞いた。知っていること、知らないこと、知りたかったこと、真歩はうんうんと頷《うなず》さながら大和の話を聞いた。写真にはきっと何の興味もないはずのハヤシも、真歩の隣で楽しそうに頷いている。

「一人で撮るよりも、二人で撮る方が楽しいな、やっぱり」

　大和はそう言うと、おもちゃを与えられた赤ん坊のようにカメラを抱え、たくさんシャッターを切った。真歩もそれに続く。一秒ずつ色を変えていく海は最高の被写体のようだ。途中からハヤシがモデルになって、撮影大会のようにもなった。「ほらー！」「へーい！」ノリノリのハヤシがおもしろいのか、大和は爆笑しながら砂浜を転がるみたいにしてシャッターを切っている。

　ハヤシはもともとそんなものを抱いていなかったかもしれないけれど、真歩もハヤシも、日が暮れるころには大和に対する警戒心をすっかりなくしていた。

　海の中に落ちた夕陽が完全に溶けてしまうと、波は［　B　］な画家の絵筆のように砂浜の上を行ったり来たりした。はだしになって三人でそこを歩いているとき、不意に大和が口を開いた。

「お前ら、何で仲良いの？」

「え？」

「いや、全然違うタイプだからさ。まあ小学生のころなんてそんなもんか」

「……別に仲がいいわけじゃないけど」真歩は足の親指のつめに乗っている小さな砂を見ながら言った。

「急にコイツに話しかけられて、文集委員のカメラ係にさせられて」

「おりゃー！」ハヤシは足の指で器用につまんだ砂を真歩にかけようとする。

「やめろって！」

「おりゃおりゃ」

動かせるのだ。
　不安を抱えている人のストレスシステムは、常にスイッチが入った状態だ。危険が現れたらすぐ対処できるよういつでもエンジン全開か、少なくとも瞬時に態勢を整えられる状態だ。その結果、身体は絶えず動きたがり、今いる場所から離れようとする。
（アンデシュ・ハンセン著　久山葉子訳『スマホ脳』による）

ア　現代人が抱えるストレスや不安をどうやって取り除くかではなくいかにうまく折り合いをつけるかを重視している。
イ　ストレスの基本的メカニズムを説明し、他の動物との違いをヒントに人類独自のストレスへの対処方法について模索している。
ウ　ストレスシステムの進化の過程と「不安」について解説した上で人類が現代的ストレスに対してかかえている問題を提示している。
エ　人類と他の動物とのストレスシステムの決定的な進化の違いを示し、人類はストレスの恩恵を受けていると主張している。
オ　人類の歴史と、他の動物と人類のストレス反応の違いや「不安」という人類独自の感情を示し、ストレスの必要性を訴えている。

二　次の㈠から㈢までの問いに答えなさい。

㈠　次の文の傍線部①、②に用いる漢字として正しいものを、それぞれあとの**ア**から**エ**までの中から一つ選びなさい。
　今週末の体育大会は雨天①ジュン②エンです。
①　**ア**　準　**イ**　准　**ウ**　巡　**エ**　順
②　**ア**　演　**イ**　鉛　**ウ**　延　**エ**　宴

㈡　次の文の傍線部と同じ意味で用いられている漢字として正しいものを、あとの**ア**から**エ**までの中から一つ選びなさい。
　彼女はいつも可愛くて優しげな表情をしている。
ア　優勝　**イ**　優雅　**ウ**　優良　**エ**　優待

㈢　次の文の[A]にあてはまる最も適当なことばを、あとの**ア**から**エ**までの中から選びなさい。
「明日の試合は全員で[　A　]しよう。」
ア　前人未踏　**イ**　用意周到　**ウ**　力戦奮闘　**エ**　七転八倒

三　次の文章を読んで、あとの㈠から㈥までの問いに答えなさい。

（本文にいたるまでのあらすじ）

　小学六年生の早坂真歩はこの街に多くの家を建てた建築家の父を四年前に亡くしている。真歩は同じクラスのハヤシに誘われて文集委員となり文集に載せる写真を撮る係になる。真歩とハヤシはなりゆきで商店街のプリントショップで出会ったカメラマンと三人で街を撮影することになった。

（本文）
海が、波を揺らしながら夕日を溶かしていく。この町のオレンジが溶けきった海は、夜になるまでの短い時間を堂々とゆらめく。
「いい色だ、いい色。すげえいい写真が撮れそう」
そのカメラマンは大和《やまと》と名乗った。名字なのか名前なのか分からなかったが、真歩もハヤシも「大和さん」と呼ぶことにしたようだ。大和はハヤシのことを、少年、とか、ハヤシ、とか、小僧、とか呼んだが、現代人が直面する危機的状況は、命にかかわるレベルのものではないが、長時間継続することが多い。ところが、人類はそのようなストレスに対応するように進化しておらず、人間の脳は長時間のストレスにさらされると「即座に回避すべき問題以外は後回し」にしてしまう。また、強すぎるストレスは、人間の行動を退行させてしまい「思考」機能がうまく働かなくなる。

ア　現在と古代の人類が直面するストレスの差を明確に示している。
イ　人類のストレスに対する反応の特徴を的確に述べている。
ウ　本文にある具体例や比喩を省略して端的に記している。
エ　人類の脳とストレスの関係性を簡潔にまとめている。
オ　接続語を使用することで論理的な文章になっている。

(四)　次の**ア**から**エ**までの中から、その内容がこの文章に書かれていることと一致するものを一つ選びなさい。

ア　人類はその発展とともに、事前に察知し回避すべき危険を減少させてきたが、その分、脳の機能が退行してしまった部分もある。
イ　人類にとっての本当に回避すべきストレスとは、とっさの判断が要求されるような生命の危機に瀕することである。
ウ　人類が感情と同じように、ＨＰＡ系が司るストレスシステムを発達させた理由は、緊急性の高い脅威を回避するためである。
エ　生命にかかわるレベルの危険の少ない現代人にとって、ストレスシステムを退化させた方が、記憶力の向上に効果的である。

(五)　あとの**ア**から**オ**までは、本文と次の参考文を踏まえて筆者の考えをまとめたものである。その内容が本文と参考文に書かれた筆者の考えに最も近いものを選びなさい。

（参考文）

ＨＰＡ系は、イヌやネコ、ネズミやその他の動物がストレスや脅威に対応するときにも決定的な役割を果たす。とはいえ、動物のＨＰＡ系の使い方は人間とは違う。どう頑張っても「来夏、この辺りでネコが増えるかも」という理由で、ネズミのＨＰＡ系を作動させることはできないし、ホホジロザメが「世界的な温暖化のせいで、今後10年のうちにアザラシの個体数が減るかも……」と考えてコルチゾールを分泌することも確実にない。ところが私たち人間の場合、こうした仮定のシナリオでもＨＰＡ系が作動する。「もしも試験に合格しなかったら？」「もしも仕事のプレゼン準備が間に合わなかったら？」「もしも妻に捨てられたら？」

未来を予測する能力は、私たち人間が持ついちばん重要な特性かもしれないが、おかげで見たくないものまで想像できてしまう。クビになるかもしれない、捨てられるかもしれない、家のローンを払えなくなるかもしれない。そんな理由でストレスのシステムが作動するのは、知性を得た代償だ。現実の脅威と想像上の脅威を見分けることが、脳にはできないのだ。

不安は、ストレスのシステムを事前に作動させた結果だ。身体が先回りして動くこと自体はおかしなことではない。ソファに座っている人が立つときには、立ち上がるまでに血圧が下がらないようスタンバイしておかなくてはいけない。でなければ立ち眩《くら》みがする。不安にも同じことが言える。身体が事前にストレスのシステムを作り、不眠や性欲低下に苦しんだりしたことが。実はそういう人が、多すぎるくらいいるはずだ。「即座に解決すべき問題以外は後回しにする」脳の仕組みを考えれば、何もおかしなことはない。ただし、長期ストレスの影響はこれだけではない。ストレスは私たちの思考能力にも影響を与える。適度なストレスは精神を研ぎ澄ましてくれるが、度が過ぎると、頭が明瞭に働かなくなる。

7 人間は強いストレスにさらされると、脳の中で最も発達したはずの人類特有の部分を使わずに、進化の初期の原始的な部分へと退行する。迅速に全力で対応はするが、脳の「思考」機能に助けてもらおうとはしない。そこで問題が発生する。

8 ［ Ⅱ ］強いストレスにさらされると**「闘争か逃走か」**という選択しかなくなり、緻密なプレーをする余裕はなくなる。迅速な判断を下そうと「エラーチェックモード」に入った脳にとって、最優先なのは瞬時に問題解決することだ。社会的に緻密な行動ではなく。すると、自分を取り巻く環境内で発見したエラーに激しく反応してしまう。その結果、些細《ささい》なことでも強い苛立ちを感じるようになるのだ。「なんで靴下が床に転がってるんだ？」というように。

9 強いストレスにさらされると、周囲に気を配る余裕もなくなるので、堪忍袋の緒も切れやすくなる。一方、心が満ち足りていると、人は警戒を解く。脅威を前にした脳にとって、警戒を解くことは、優先順位の最下位だ。だから、強いストレスにさらされ続けると精神状態が悪くなる。もうひとつ脳が優先度を下げる機能は、長期記憶の保存だ。記憶というのは、脳の異なる領域の間に繋《つな》がりができることで作られる。それを担当するのは**海馬**という脳の記憶の中心地だ。その繋がり――つまり記憶をしっかりさせるために、海馬はできたばかりの記憶回路を通して信号を送る。しかし、ひどいストレスを受けているときは、そんな余裕がない。その結果、ストレスにさらされている時期は、記憶があやふやになることが多い。

（アンデシュ・ハンセン著　久山葉子《くやまようこ》訳『スマホ脳』による）

（注）○ 1～9は段落符号である。

・睡眠――後回しにしよう

・消化――後回しにしよう

・繁殖行為――後回しにしよう

㈠ ［Ⅰ］・［Ⅱ］に当てはまる最も適当なものを、次の**ア**から**カ**までの中からそれぞれ選びなさい。

ア つまり　**イ** ところが　**ウ** もちろん

エ さらに　**オ** すると　**カ** なぜなら

㈡ 緊急性の高い脅威　とあるが、その例示として、最も適当なものを、次の**ア**から**オ**までの中から選びなさい。

ア 試験勉強が充分にできていない。

イ 「いいね」があまりつかない。

ウ 筋肉に大量の血液が必要になる。

エ 遺伝子のるつぼから追い出される。

オ 記憶があやふやになる。

㈢ 次の文章は、ある生徒が、第5段落から第7段落の内容をまとめたものである。この文章に対する評価として、適当でないものをあとの**ア**から**オ**までの中から一つ選びなさい。

【国　語】（四五分）〈満点：一〇〇点〉

一 次の文章を読んで、あとの㈠から㈤までの問いに答えなさい。

1 あなたや私にとってのストレスは、多忙な日々の予定をうまく調整しなければいけない、試験勉強が充分にできていない、仕事の締め切りに間に合わない、といったようなことだ。だがそれらは歴史的に脳にストレスをかけてきた要因ではない。

2 医学用語で**HPA系**（視床下部・下垂体・副腎系）と呼ばれるシステムを詳しく見ていこう。これは数百万年の進化の産物で、人間だけでなく鳥やトカゲ、イヌ、ネコ、サルなど、基本的にすべての脊椎動物が有するシステムだ。HPA系は、まず**視床下部**（H：hypothalamus）という脳の部分から始まる。そこから**下垂体**（P：pituitary gland）という脳の下部にある分泌器に信号が送られる。［ I ］下垂体は、腎臓の上にある**副腎**（A：adrenal glands）へ、**コルチゾール**というホルモンを分泌するよう命令を送る。コルチゾールは身体にとって最も重要なストレスホルモンだ。

3 HPA系は、人間にしても動物にしても、緊急性の高い脅威に遭遇したときのために発達したのだろう。不意にライオンに遭遇すると、HPA系が「気をつけろ」と警報を鳴らす。この反応が視床下部で始まり、下垂体が副腎にコルチゾールを分泌するよう要請するのだが、そのコルチゾールがエネルギーをかき集め、心臓の拍動を強く速くする。ストレスを感じて心拍数が上がるのは、誰しも経験があるだろう。なぜ上がるのか。それは、ライオンに遭遇したら、素早く反応して、攻撃に出るか、走って逃げるかしなければならないからだ。つまり「**闘争か逃走か**」。どちらにしても、筋肉に大量の血液が必要になる。そのために拍動が速く、強くなるのだ。この反応が今も私たちの身体に残っていて、ストレスにさらされると心拍数が上がる。

4 ストレスのシステム**HPA系**が存在するのは、私たちに感情があるのと同じ理由だ。つまり、生存のため。身体や脳の他の部分と同様に、ストレスのシステムは祖先たちが暮らしていた、今より相当に危険の多い世界で生き延びるために発達した。当時の危険は、今より頻度が高かっただけでなく、瞬時の反応を迫られるようなものがほとんどだった。ライオンを攻撃すべきか、逃げるべきか。そこでじっと立ち尽くして悩んだ人は、早々に遺伝子のるつぼから追い出されただろう。

5 ありがたいことに、現代では命にかかわるレベルの心配をする機会はほとんどない。ただし心理社会的な種類のストレスを受けると、脳内で同じシステムが作動する。仕事の締め切りや高額な住宅ローン、「いいね」があまりつかない、といったようなことで。今の私たちのHPA系にかかるストレスは、ライオンに出くわしたときほど集中力は求められない代わりに、長時間継続することが多い。数ヵ月、いや1年続くこともある。だがHPA系はそういった類のストレスのために進化してきていない。長期にわたってストレスホルモンの量が増えていると、脳はちゃんと機能しなくなる。常に「**闘争か逃走か**」という局面に立たされていると、闘争と逃走以外のことをすべて放棄してしまうのだ。脳にしてみれば、こういうことだ。

6 ある程度の期間ストレスを受け続けたことのある人なら、経験があるのではないだろうか。お腹の調子が悪くなったり、吐き気がした

MEMO

大切なことはメモしておこうネ！

2024年度

解 答 と 解 説

《2024年度の配点は解答欄に掲載してあります。》

＜数学解答＞

1 (1) イ　(2) ウ　(3) ア　(4) ウ　(5) ウ　(6) イ　(7) ア
(8) ウ　(9) エ　(10) ア

2 (1) ① エ　② イ　(2) ① エ　② エ

3 (1) ウ　(2) ア　(3) ウ

4 (1) Ⅰ ア　Ⅱ オ　Ⅲ ク　(2) ① ア 5　イ 2　② ウ 3　エ 5
オ 2　カ 1　キ 1

○配点○

各5点×20(4(1)完答)　　計100点

＜数学解説＞

1 (数式の計算，平方根，因数分解，式の値，連立方程式，変化の割合，関数の分類，確率，四分位数と箱ひげ図)

基本 (1) $15\div(-5)-(2-5)=-3-(-3)=-3+(+3)=0$

基本 (2) $(3xy)^2\div\frac{9x^2}{y^2}\times(-2x)^3=9x^2y^2\times\frac{y^2}{9x^2}\times(-8x^3)=-\frac{9x^2y^2\times y^2\times 8x^3}{9x^2}=-y^2\times y^2\times 8x^3=-8x^3y^4$

基本 (3) $\frac{\sqrt{15}}{\sqrt{3}}+\sqrt{20}-\sqrt{80}=\sqrt{5}+2\sqrt{5}-4\sqrt{5}=-\sqrt{5}$

基本 (4) $x^2-4=(x+2)(x-2)$　$x=18$を代入して$(18+2)\times(18-2)=20\times16=320$

(5) $2x+3y=-5$の両辺を2倍して$4x+6y=-10$…①　$3x-2y=12$の両辺を3倍して$9x-6y=36$…②　①と②の左辺どうし，右辺どうしを加えると$13x=26$　$x=2$　さらに$x=2$を①に代入して$4\times2+6y=-10$　$8+6y=-10$　$6y=-18$　$y=-3$

(6) $y=\frac{1}{2}x^2$において，$x=1$のとき$y=\frac{1}{2}\times1^2=\frac{1}{2}$　$x=5$のとき$y=\frac{1}{2}\times5^2=\frac{25}{2}$　このときxの増加量は$5-1=4$，yの増加量は$\frac{25}{2}-\frac{1}{2}=\frac{24}{2}=12$となるので，変化の割合は$12\div4=3$

(7) ア　xとyの関係式は$xy=40$すなわち$y=\frac{40}{x}$となり，yはxに反比例する。　イ　xとyの関係式は$y=x^2$となり，yはxの2乗に比例する。　ウ　xとyの関係式は$17-x=y$すなわち$y=-x+17$となり，yはxの1次関数となっている。　エ　xとyの関係式は$y=80x$となり，yはxに比例する。よって，yがxに反比例するのはア

重要 (8) 1個のさいころを3回投げるとき，1回目に出た目をa，2回目に出た目をb，3回目に出た目をc(a，b，cはそれぞれ6以下の自然数)とすると$3\leqq a+b+c\leqq18$となる。さらに，出た目の組み合わせを(a，b，c)のように表すと，$a+b+c=3$となるのは(1，1，1)の1通り。$a+b+c=4$となるのは(1，1，2)，(1，2，1)，(2，1，1)の3通り。$a+b+c=5$となるのは(1，1，3)，(1，3，1)，(3，1，1)，(1，2，2)，(2，1，2)，(2，2，1)の6通り。よって，$a+b+c\leqq5$すなわち出た目

の数の和が5以下となるのは，全部で$1+3+6=10$(通り)　さらに，1個のさいころを3回投げたときの目の出方は全部で$6\times6\times6=216$(通り)なので，1個のさいころを3回投げたとき，出た目の和が5以下となる確率は$\frac{10}{216}=\frac{5}{108}$

重要　(9)　箱ひげ図から直接読み取れるのは，(最小値)＝3，(第1四分位数)＝7，(第2四分位数)＝(中央値)＝9，(第3四分位数)＝12，(最大値)＝14　また，箱ひげ図からは資料の総数すなわち度数の合計を読み取れないので，平均値を計算することができない。したがって，平均値を読み取ることができない。

(10)　データを小さい順に並べかえると16，20，20，21，23，23，23，24，28，30となる。このとき，最小値は16，第1四分位数は前半部分(16，20，20，21，23)の中央値なので20，第2四分位数すなわち中央値は$(23+23)\div2=23$，第3四分位数は後半部分(23，23，24，28，30)の中央値なので24，最大値は30となるので，正しい箱ひげ図はア

2 (規則性，円と角)

基本　(1)　①　並べた三角形の枚数をn枚(nは自然数)と表すと，三角形の数字が「1，2，3，4」をくり返すように並べているので，nが4の倍数のときに，一番右の三角形に書かれた数字が4となる。2024は4の倍数なので，一番右の三角形に書かれた数字は4となる。

②　並べた図形の面積が99cm^{2}となるとき，$99\div3=33$(枚)より，33枚の三角形を並べていることがわかる。さらに，33以下で最大の4の倍数は32なので，$32\div4=8$より「1，2，3，4」の並びを8回くり返して並べていることがわかる。よって，32枚目までに1の数字を8回用いたあと，さらに33枚目で1の数字を用いるので，1の数字は合計9回用いていることがわかる。

(2)　①　円周を10等分してできた弧1つ分に対する中心角は$360°\div10=36(°)$なので，弧1つ分に対する円周角は$36°\div2=18(°)$　さらに，$\angle x$は円周を10等分してできた弧4つ分に対する円周角なので，$\angle x=18°\times4=72(°)$

②　$\angle y$は円周を10等分してできた弧2つ分に対する中心角なので，$\angle y=36°\times2=72(°)$

3 (1次関数・2次関数のグラフと図形，回転体の体積)

重要　(1)　$y=ax^2$と$y=-\frac{1}{4}x^2$のグラフはそれぞれy軸について対称で，さらに四角形ABDCは正方形なので，点Aのx座標が-2であるとき，点Cのx座標は-2，点Bと点Dのx座標は2となる。このとき，線分ABの長さは点Bのx座標と点Aのx座標の差に等しく$2-(-2)=4$…①　次に，$y=ax^2$に$x=-2$を代入して$y=a\times(-2)^2=4a$より，点Aの座標はA$(-2,\ 4a)$と表せ，$y=-\frac{1}{4}x^2$に$x=-2$を代入して$y=-\frac{1}{4}\times(-2)^2=-1$より，点Cの座標はC$(-2,\ -1)$と表せる。このとき，線分ACの長さは点Aの$y$座標と点Cの$y$座標の差に等しく$4a-(-1)=4a+1$…②　よって，四角形ABDCは正方形なのでAB＝ACとなり，①，②より$4=4a+1$　$4a=3$　$a=\frac{3}{4}$

重要　(2)　(1)より，点Aのy座標は$4\times\frac{3}{4}=3$となるので，点Aの座標は$(-2,\ 3)$となる。さらに，点Bと点Aはy軸について対称な点なので，点Bの座標はB$(2,\ 3)$となる。ここで，直線BCの式を$y=mx+n$(m，nは定数)とすると，$y=mx+n$に$x=2$，$y=3$を代入して$3=2m+n$…①　$y=mx+n$に$x=-2$，$y=-1$を代入して$-1=-2m+n$…②　①の両辺から②の両辺をひいて$4=4m$　$m=1$　さらに①に$m=1$を代入して$3=2\times1+n$　$3=2+n$　$n=1$　よって，直線BCの式は$y=x+1$

やや難　(3)　それぞれy軸を軸として，△BEDを回転させてできる立体を立体X，正方形ABDCを回転させてできる円柱を円柱P，△BEAを回転させてできる円すいを円すいQ，△DECを回転させてできる円すいを円すいRとすると，立体Xの体積は，円柱Pの体積から円すいQと円すいRの体積を

除いたものとなる。このとき，円柱Pは底面の半径が2，高さが4なので，円柱Pの体積は$2\times2\times\pi\times4=16\pi$　また，直線BCの式$y=x+1$より，点Eの座標がE(0，1)となることから，円すいQの高さは$3-1=2$，円すいRの高さは$1-(-1)=2$となり，それぞれの底面の半径が2なので，円すいQの体積は$2\times2\times\pi\times2\times\frac{1}{3}=\frac{8}{3}\pi$　円すいRの体積は$2\times2\times\pi\times2\times\frac{4}{3}=\frac{8}{3}\pi$　よって，立体Xの体積は$16\pi-\frac{8}{3}\pi-\frac{8}{3}\pi=\frac{48}{3}\pi-\frac{8}{3}\pi-\frac{8}{3}\pi=\frac{32}{3}\pi$となる。

4 (三平方の定理の証明と利用，相似の利用)

基本　(1)　△ABCと△ACHにおいて，∠Aが共通…①　∠BCA＝∠CHA＝90°…②　①，②より2組の角がそれぞれ等しいため，△ABC∽△ACH　したがって，AB：AC＝AC：AH　よって，$AC^2=AB\times AH$　AC＝b，AB＝cのため，$b^2=c\times AH$…③　同様に△BAC∽△BCHとなるため，AB：BC＝BC：BH　よって，$BC^2=AB\times BH$　BC＝a，AB＝cのため，$a^2=c\times BH$…④　③，④より，$a^2+b^2=c\times BH+c\times AH=c\times(BH+AH)=c\times AB=c\times c=c^2$　以上のことから$a^2+b^2=c^2$が成り立つ。よって，Ⅰはア，Ⅱはオ，Ⅲはクとなる。

重要　(2)　①　△ABCは∠ABC＝90°の直角三角形なので，前問(1)より$AC^2=AB^2+BC^2$　このとき，AB＝5，BC＝AD＝4なので，$AC^2=5^2+4^2=25+16=41$　さらに，△ACGは∠ACG＝90°の直角三角形なので，(1)より$AG^2=AC^2+CG^2$　このとき，CG＝AE＝3，$AC^2=41$なので$AG^2=41+3^2=41+9=50$　よって，AG＝$\sqrt{50}=5\sqrt{2}$(cm)

やや難　②　△CDBと△CMNにおいて，DM：MC＝3：1のとき，DC：MC＝(DM＋MC)：MC＝(3＋1)：1＝4：1　BN：NC＝3：1のとき，BC：NC＝(BN＋NC)：NC＝(3＋1)：1＝4：1　共通な角なので，∠DCB＝∠MCN　よって，2組の辺の比とその間の角がそれぞれ等しいので，△CDB∽△CMN　さらに∠CDB＝∠CMNとなり，同位角が等しいので，DB//MN　このとき，長方形ABCDにおいて，図1のように対角線ACと対角線DBの交点を点X，対角線ACと線分MNの交点を点Yとすると，DB//MNより，XY：YC＝DM：MC＝BN：NC＝3：1となるので，点Yは線分XCを3：1に分ける点となる。ここで前問①より$AC^2=41$すなわち$AC=\sqrt{41}$なので，$XC=\frac{1}{2}AC=\frac{\sqrt{41}}{2}$となり，$YC=XC\times\frac{1}{3+1}=\frac{\sqrt{41}}{2}\times\frac{1}{4}=\frac{\sqrt{41}}{8}$

図1

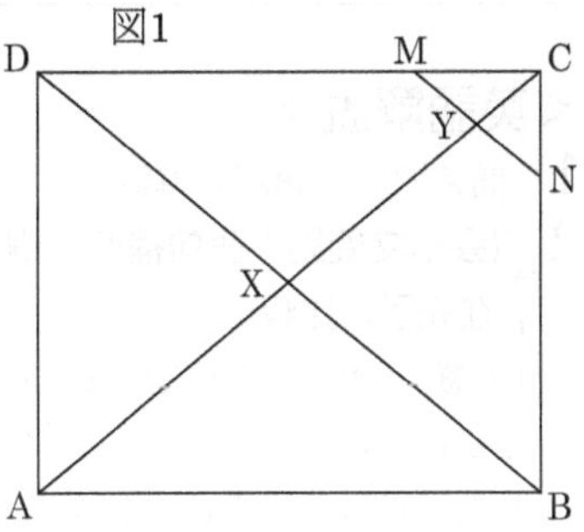

このとき，$AY=AC-YC=\sqrt{41}-\frac{\sqrt{41}}{8}=\frac{8\sqrt{41}}{8}-\frac{\sqrt{41}}{8}=\frac{7\sqrt{41}}{8}$

次に，長方形EFGHにおいて，対角線EGと対角線HFの交点を点Zとすると，長方形の対角線はそれぞれの中点で交わるので，点Zは線分EGの中点となる。このとき，長方形AEGCにおいて，図2のように点Yは線分AC上の点，点Zは線分EG上の点となるので，対角線AG上の点Pは対角線AGと線分YZの交点となる。さらに，AC//EGより平行線の錯角は等しいので，∠PAY＝∠PGZ，∠PYA＝∠PZGとなり，△PAYと△PGZにおいて，2組の角がそれぞれ等しいので，△PAY∽△PGZ　このとき，$GZ=\frac{1}{2}EG=\frac{1}{2}AC=\frac{\sqrt{41}}{2}$となるので，$AP:GP=AY:GZ=\frac{7\sqrt{41}}{8}:\frac{\sqrt{41}}{2}=7\sqrt{41}:4\sqrt{41}=7:4$　よって，点Pは線分AGを7：4に分ける点となり，$AP=\frac{7}{7+4}\times AG=\frac{7}{11}\times5\sqrt{2}=\frac{35\sqrt{2}}{11}$

図2

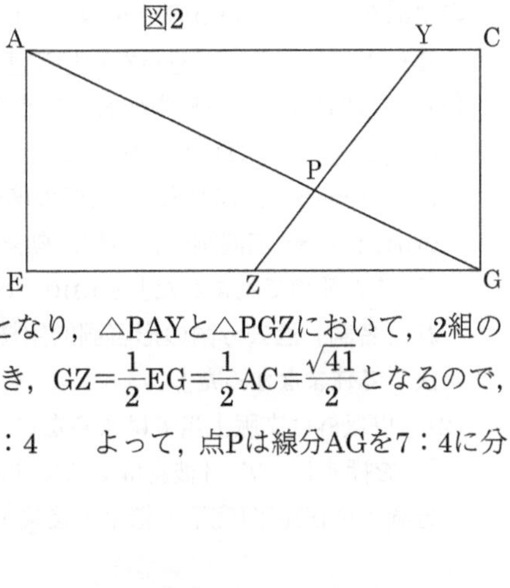

★ワンポイントアドバイス★

立体の切断はある意味，図形の応用問題の王道なので，平面の問題に対して自信をつけた上で，考え方を確認しながら把握に努めよう。切断面自体は平面となるのだから，自力で図に書き表せるようにすることが目標の一つとなる。

＜英語解答＞

1 第1問 (1) a 誤 b 誤 c 誤 d 正 (2) a 誤 b 誤 c 誤 d 正 (3) a 誤 b 誤 c 誤 d 正 第2問 (1) a 誤 b 誤 c 正 d 誤 (2) a 誤 b 誤 c 正 d 誤

2 (1) イ (2) ウ (3) ウ

3 (1) ウ (2) [1番目] キ [3番目] オ [5番目] イ

4 (1) ウ (2) エ (3) ア (4) ウ (5) ① エ ② ウ

5 (1) ① イ ② イ ③ ウ (2) エ (3) エ (4) イ，ウ

○配点○

1 各4点×5(各完答) 2 各5点×3 3 各5点×2((2)完答)
4 各5点×5((5)完答) 5 各5点×6((4)完答) 計100点

＜英語解説＞

1 聞き取り問題解説省略。

やや難 **2** (会話文問題：語句補充・選択、関係代名詞、前置詞、分詞・動名詞、進行形、語い・熟語、現在完了、比較)

(大意) 麻美(以下A)：私の兄が先週東京から帰ってきました。／ベッキー(以下B)：彼はここに住むことになるのですか。／A：はい。彼は東京の大学を卒業して，働くためにここに戻ってきました。彼は小さな町に住みたいと言っていました。(1)イ大都市に住む一部の人々は，小さな町へ戻ることを考えるそうですね。／B：私の姉は大都市に住みたいと言っていました。今は，ニューヨークの大学へ通っています。現在，彼女はそこで(2)ウ仕事を探しています。／A：彼女は大都市での生活を満喫しているのですね。／B：その通り。あなたにとって，大都市に住むのと，小さな町で暮らすのと，(3)ウどちらがいいですか。

(1) ＜(例)東京から故郷へ戻ってきた兄 — 小さな町に住みたい＞ ＝ ＜(一般的傾向)(1)大都市に住む人 — 小さい町へ戻ることを考える＞以上の構図から考える。some people who live in ～ ← ＜先行詞(人)＋主格の関係代名詞 who ＋動詞＞「～する先行詞」 think about going ～ ← 前置詞の後ろに，動詞を持ってくる時は，＜前置詞 ＋ 動名詞[-ing]＞にする。ア 「大都市で生まれた」some people born in ～ ← ＜名詞＋過去分詞＋他の語句＞「～された名詞」過去分詞の形容詞的用法 ウ 「大都市に決して住まなかった」 エ 「小さな町に決して住まなかった」

(2) ウ以外は文脈上当てはまらない。is looking for ～ 進行形＜be動詞＋ -ing＞／look for 「～を探す」 ア 「彼女はそこに住んだことがない」has never lived ← ＜have[has]＋過去分詞＞現在完了(完了・結果・経験・継続) イ 「彼女はそこで大学を探している」 エ 「彼女

はそこに住みたくない」

(3) 空所以降が，A or B になっているので，選択疑問文にする。Which ～ , A or B ?「A, Bのどちらが～か」 better「よりよい[よく]」← good／well の比較級　他の選択肢では意味・文が成立しない。 ア 「どの都市が」 イ「どこに住んでいるのか」 エ 「なぜ良いのか」

3 **(短文読解問題・資料読解：語句補充，語句整序，内容吟味，語い・熟語，助動詞，進行形，前置詞，動名詞)**

(大意) 今度の土曜日に一緒に①映画を見に行きませんか。時間があれば，夕食を食べることができますね。先月開店して，映画館から歩いて，10分の良いレストランがあります。②19：30に予約します。③会えるのを楽しみにしています。

やや難 (1) ① Would you like to do?「～したいですか」 ② 映画は2つの回があるが，移動時間10分を考慮すると，18：30－20：30の回は不可となる。

重要 (2) (I)am looking forward to seeing you(then.)look forward to「～を楽しみに待つ」 am looking ← 進行形<be動詞＋ -ing> to seeing ← <前置詞＋動名詞[-ing]「～すること」>

4 **(長文読解問題・論説文；文挿入，語句補充・選択，要旨把握，内容吟味，比較，不定詞，接続詞，前置詞，動名詞，関係代名詞，受動態)**

(大意) a ア子供達は十分な睡眠をとれていない。中高生は約9時間の睡眠が必要だが，ある研究によると，日本の中高生は，40年前に比べて，およそ1時間30分遅く就寝しているという。

b ウなぜ人々は眠るのだろうか。睡眠が不足すると，脳が疲れて，怒りやすくなり，エネルギーを失い，明瞭に考えることができなくなる。最近の研究では，体よりも，脳を休めるために，睡眠するということが明らかにされた。さらに，眠る A 時に，骨や筋肉を作るのに必要な成長ホルモンが脳から生成される。

眠りについた後に訪れるのが，深い睡眠で脳を休ませるノンレム睡眠である。体を休め，修復する浅い眠りがレム睡眠だ。レム睡眠中に，脳で物事が整理され，記憶される。

c イ脳を休めるために，良い夜間の睡眠をとる方法を教えよう。就寝前に興奮しないようにして，寝室の照明を消して，起床したら，太陽光を浴びるといった，安定した体内リズムを作り上げることで，夜間，ちゃんとした睡眠がとれるようにするべきである。十分に睡眠をとり，脳と体を健やかに保とう。

やや難 (1) 【 a 】 空所aに続く文で，中高生の睡眠時間が40年前と比べて短くなっている，と述べられていることから考える。空所aには，アが当てはまる。enough「十分な」 30 minutes later than「～より30分遅く」 【 b 】 第2段落では，睡眠不足が引き起こす症状，睡眠が重要である理由が記されている。したがって，段落の冒頭に該当する空所bには，ウが当てはまる。 【 c 】 空所c後に，快眠のための助言であると解釈されうる具体例が3つ提示されている。よって，空所cには，イが当てはまる。<let ＋人＋原形>「人に～させる，人が～するのを許してやる」 <how ＋不定詞[to ＋原形]>「いかに～するか，～する方法」 to rest ← 不定詞[to ＋原形]の副詞的用法(目的)「～するために」／rest「休息／休む」

重要 (2)「脳にとって，十分に睡眠をとることが重要だ。さらに，睡眠をとる時に，成長ホルモンが脳で作られる」when you sleep, ← 接続詞 when「～する時に」 It is important for the brain to get ～ ← <It is ＋形容詞＋ for ＋ S ＋不定詞[to ＋原形]>「Sにとって～することは…だ」 besides「そのうえ，それに」 because「～なので」 how「いかに」 if「もし～ならば」

重要 (3) ア 「頭脳を休ませるには，十分な睡眠が必要だ」(○) 第2段落第4・6文に一致。 イ 「過去に，人々は，頭脳よりも体を休ませるために寝た」(×) 記述なし。 ウ 「頭脳はノンレム睡眠の間に休み，その時に物事を記憶する」(×) 第3段落第6文に It is during REM sleep that the brain ～ remembers things. とあるので，不適。It is A that ～「～なのはAだ」強調構文 エ 「学習する前に眠れば，物事をよく覚えることができる」(×) 第3段落8文に If you rest your brain right after studying, you can easily remember things. とあるので，不一致。

重要 (4) ア 「レム睡眠は脳を休ませる深い眠りである」(×) 第3段落第5文に It[REM sleep] is a light sleep that rests and repairs the body. とあるので，不可。a deep sleep that allows the brain to rest／a light sleep that rests and repairs ～ ← <先行詞＋主格の関係代名詞 that ＋動詞>「動詞する先行詞」 <allow ＋人＋不定詞[to ＋原形]>「人が～するのを許す，させておく，するのを可能にする」 イ 「レム睡眠は眠りについた後すぐにおとずれる」(×) 就寝直後におとずれるのは，ノンレム睡眠である(第3段落第2文)。fall asleep「寝入る，眠り込む」 ウ 「脳が疲れると，簡単に腹を立てる」(○) 第2段落第2・3文に一致。<be動詞＋ tired>「疲れている，うんざりしている」 get angry「怒る，腹を立てる」 This is because ～「その理由は～である」 エ 「成長ホルモンは物事を記憶するために必要とされている」(×) 成長ホルモンの用途は，第2段落最終文で，Growth hormones are needed to build bones and muscles. と書かれているので，不可。

基本 (5) ① 第3段落第4・5文を参考にすること。 ② 第2段落第2文／第2段落最後から第1・2文／第4段落最終文を参考にすること。are produced／are needed ← 受動態<be動詞＋過去分詞>「～される，されている」 to build bones and muscles ← 不定詞の副詞的用法(目的)「～するために」 make our brains and bodies healthy ← make O C「OをCの状態にする」

5 (会話文問題・資料読解：語句補充・選択，文挿入，要旨把握，内容吟味，現在完了，比較，受動態，接続詞，不定詞，分詞，助動詞)

(大意) ブルーノ(以下B)：何を読んでるの？／あおい(以下A)：小田凱《とき》人《と》の新聞記事よ。彼について①聞いたことある？／B：A エもちろんだよ！ 僕の好きな選手の一人さ。愛知出身で，車いすテニスをしているよね。／A：記事によると，フレンチオープンで優勝して，グランドスラム男子車いすシングルスの最年少の優勝者になったそうよ。／B：17歳で，歴史上最も若く世界1位になったんだ。彼は僕らと比べて，1歳②年上なだけだよ。／A：彼の強さの秘訣は何かしら。／B：9歳の時，左足に骨のがんが③見つかり，病気と闘っている時に，ロンドンパラリンピックでの国枝慎吾の車いすテニスの試合を見たんだ。／A：国枝慎吾については学校で学んだわ。彼も強い選手なのでしょう。／B：パラリンピックでの国枝のプレーが，小田に勇気と人生の目標を与えたんだ。だから，彼は病気の子供を励ましたいと考えているのさ。／A：ちょうど国枝のようにね。／B：グランドスラムトーナメントの勝利が病気にかかっている子供を勇気づけることができる，と小田は信じているんだ。／A：小田について詳しいのね。

重要 (1) ① Have you ever ①heard of him ? ← <Have[Has]＋主語＋過去分詞～ ?>現在完了(完了・結果・経験・継続)の疑問文 hear「聞く」の過去分詞 heard が当てはまる。
② He is only one year ②older than us.「Aより～だけより……」<差を表す語＋比較級＋ than ＋ A> 空所②の後ろに than があるので，比較級が当てはまる。old／young は原級で，youngest は最上級[規則変化；原級＋ est]なので，不可。 ③ 「9歳の時に，左脚に骨のがんが見つかった」という英文を完成すること。主語 bone cancer「骨のがん」は医

師により「見つけられた」ので，受動態＜be動詞＋過去分詞＞にする。正解は，bone cancer was discovered in his left leg である。discovered ← discover「発見する」の過去形・過去分詞　ア　finding ← find「見つける」の現在分詞／動名詞　イ　disappeared ← disappear「消える」の過去形・過去分詞形　エ　decorated ← decorate「飾る」の過去形・過去分詞形　アは過去分詞でないので不可。イ・エでは意味が通らない。

重要 (2)　あおいの「小田凱人のことをかつて聞いたことがあるか」という質問に対するブルーノの返答を答える問題。以降，ブルーノが小田凱人について詳しいことが明らかなので，正解は，Yes, of course!「はい，もちろん」。Let me see.「えっと，そうだねえ」Sounds good!「良さそうですね」That's too bad.「それは残念だ，お気の毒に」

やや難 (3)　ア「学校で国枝のことを学んだので，彼のように強くなりたかった」(×)　学校で国枝のことを学んだのはあおい。～ so ……「～それで……」want to be as strong as ～／<want ＋不定詞[to ＋原形]>「～したい」／ <as ＋原級＋ as ＋ A>「Aと同じくらい～」
イ「国枝のことを勇気づけたかったので，彼は子供達を励ました」(×)　記述なし。　ウ「ロンドンパラリンピックでプレーして，1位に輝いた」(×)　ロンドンオパラリンピックに関しては，Oda watched Kunieda's wheelchair tennis match at the London Paralympic Games on TV. とあるので，不適。　エ「国枝に励まされたので，彼のようになりたかった」(○)　Kunieda's play at the Paralympic Games gave Oda courage, and a life goal. に一致。encouraged by「～に励まされて」過去分詞

やや難 (4)　ア「6月8日のチケットを手に入れれば，男子の試合を見ることができる」(×)　6月8日は女子の試合しか開催されないので，不適。　イ「カテゴリー1のチケットに€5,495払えば，食べ物と飲み物が含まれる」(○)　表で，Men's Final の €5,495は，CAT 1 with Food and Drink に該当するので，正しい。will be included ← 助動詞付きの受動態＜助動詞＋ be ＋過去分詞＞　ウ「男子決勝の食事と飲み物付きカテゴリーORのチケットは最も高い」(○)　男子決勝の食事と飲み物付きカテゴリーORのチケットは€5,795であり，最も高価なので，正しい。the most expensive ← expensive「(値段が)高い」の最上級　エ「カテゴリー3はコートに最も近い区域である」(×)　カテゴリー3は最もコートから離れているので，誤り。the nearest ← near「近い」の最上級　オ「女子決勝のチケットは1回戦のチケットより安い」(×)　すべてのカテゴリーにおいて，女子決勝のチケットの方が1回戦のチケットよりも高い。cheaper ← cheap「安い」の比較級　カ「女子決勝と男子決勝は同じ日に開催される」(×)　女子決勝は6月8日，男子決勝は6月9日に開催されるので，誤り。(×)

★ワンポイントアドバイス★

4(2)と5(1)の語句補充・選択問題を取り上げる。文法・語いの基礎知識を問う設問となっている。確実に得点するためにも，問題演習を通して，文法の基礎的知識を身につける一方で，地道に単語・熟語を覚えていくこと。

＜理科解答＞

1	(1) エ	(2) エ	(3) ア	(4) ク	(5) イ
2	(1) キ	(2) カ	(3) オ	(4) ウ	(5) ア
3	(1) イ	(2) エ	(3) ク	(4) エ	(5) ア
4	(1) ク	(2) ア	(3) ウ	(4) イ	(5) ウ，エ
5	(1) ウ	(2) イ	(3) イ	(4) オ	(5) ア

○配点○

各4点×25(4(5)完答)　　計100点

＜理科解説＞

1 (小問集合―小問集合)

(1) 節足動物とは，昆虫・甲殻類・クモなどを指す。タコは無脊椎動物に分類される。哺乳類は恒温動物であり，コウモリは哺乳類に属する。正解はFである。カモノハシは哺乳類であるが卵を産む。

(2) 国際宇宙ステーションは，地球の中心から6800kmの地点を時速28000kmで飛行している。一周の距離は6800×2×3.14＝42704(km)であり，1周にかかる時間は(6800×2×3.14)÷28000＝1.52(時間)である。1日の回転数は24÷1.52＝15.7≒16(周)である。

(3) うすい水酸化ナトリウム水溶液とちょうど中和する塩酸の体積の比は2：1である。100cm^3の水酸化ナトリウム水溶液を中和するには50cm^3の塩酸が必要である。中和後の水溶液中では水酸化物イオンの量は0になる。グラフはアの形になる。

(4) ピストンを引くと，フラスコ内の空気が膨張してフラスコ内の気圧が低くなる。そのためフラスコ内の水が蒸発し，その際に周りから熱を奪うので温度が下がる。温度が露点に達すると水滴ができる。

(5) 圧力は力の大きさを，力のかかっている面積で割ると求まる。物体の重力はどの面を下にしても同じなので，各面にかかる圧力の比はA：B：C：D＝$\frac{1}{30}$：$\frac{1}{3}$：$\frac{1}{4}$：$\frac{1}{5}$＝2：20：15：12となる。

2 (生殖と遺伝―メンデルの法則)

重要 (1) 根の先端が成長点で，最もよくのびる。この部分では細胞分裂が活発に行われ，細胞の大きさは小さい。Aの部分では細胞分裂があまり行われないので細胞の大きさは大きくなる。

(2) 細胞分裂の順番は，ア→エ→ウ→カ→オ→イの順である。染色体ができた後，核の中央付近に並び，両側に引かれて移動する。その後2個の核ができ細胞が2つに分裂する。

基本 (3) 生殖細胞ができる細胞分裂を減数分裂という。その際，対になっている遺伝子が分かれて生殖細胞に入ることを分離の法則という。

重要 (4) 図4は，図3でできた子どもどうしをかけ合わせているので，Xの遺伝子の組み合わせはAaである。これが生殖細胞に分かれて入る。Yは，孫の遺伝子の組み合わせから考えてAであることがわかる。

重要 (5) 孫の形質の比は，丸：しわ＝3：1になる。全部で6000個の種子ができたので，しわのある種子の数は6000×$\frac{1}{4}$＝1500(個)である。

3 (運動とエネルギー―斜面を転がる小球の運動)

(1) 図2より，小球を放す高さと木片の移動距離は比例する。20gの小球を10cmの位置から放すと木片は4cm移動するので，xcmから放したとすると木片の移動距離が3.6cmなので，10：4＝x：3.6　　x＝9.0(cm)である。

重要 (2)　物体の持つ位置エネルギーは，高さと質量の積に比例する。20gで10cmの高さから転がすと，木片は4cm移動した。42gで12.5cmの高さの小球は，20gで10cmの高さの小球の持つ位置エネルギーの$\frac{42\times12.5}{20\times10}$＝2.625(倍)の位置エネルギーを持つ。よってこのときの木辺の移動距離は4×2.625＝10.5(cm)になる。

(3)　小球が水平部分に達したときの運動エネルギーは，小球を放す高さが同じなので斜面の傾きを変えても同じになる。質量の等しい物体の持つ運動エネルギーが同じとき，その速度も等しくなる。しかし，斜面の角度を小さくすると斜面の長さが長くなり，移動時間が長くなる。

(4)　①　凸レンズからスクリーンまでの距離と凸レンズから穴をあけた板までの距離が等しいとき，焦点距離はそれらの距離の半分の長さになる。つまり12÷2＝6(cm)になる。　②・③　凸レンズからスクリーンまでの距離と凸レンズから穴をあけた板までの距離のどちらか一方を大きくすると，もう一方の距離は短くなる。凸レンズを通してスクリーンに映る像は，実際の像と上下左右が逆になる。

(5)　赤色の光は青色の光より屈折率が低いので，曲がり方が少なくなる。太陽光が水滴に入るときも，水滴から出るときも光は屈折する。これを正しく表している図はアである。

4　**(電気分解とイオン―直列回路の電気分解)**

重要 (1)　塩化銅の水溶液は青色で，電流を流すと－極側に赤茶色の銅が析出する。電流を流し続けると，ビーカーⅡのナトリウムイオンと水酸化物イオンの数は変化しないが，水が失われていくので濃度は濃くなる。

(2)　はじめに水溶液中に含まれていた塩化銅の質量は，100×0.05＝5.0(g)であった。電気分解で0.35gが失われたので，電気分解後の塩化銅水溶液の質量パーセント濃度は，$\frac{5.0-0.35}{100-0.35}\times100$＝4.66≒4.7(％)である。

(3)　ビーカーⅠの－極から銅が析出するので，①は－極である。よってAも－極であり，Bは＋極になる。電子は－極から＋極に向かって流れるので，Aの向きに流れる。

重要 (4)　電極①では，$Cu^{2+}+2e^{-}\rightarrow Cu$の反応が起きる。これを正しく表しているのはイである。

重要 (5)　電極③は－極であり，ここで発生する気体は水素である。水素は水酸化ナトリウム水溶液にアルミニウムを加えるか，鉄にうすい塩酸を加えると発生する。

5　**(地球と太陽系―太陽の動き・惑星の動き)**

重要 (1)　太陽が東から西に移動するように見えるのは，地球が西から東に自転しているからである。太陽が1時間に動く角度は同じである。aからgまでの6時間に14.4cm移動するので，1時間あたりの移動距離は14.4÷6＝2.4(cm)であり，gからqまでは10÷2.4＝$\frac{25}{6}$(時間)つまり4時間10分になる。g点の時刻が15時なので，日の入りの時刻はこれより4時間10分後の19時10分になる。

重要 (2)　北半球において夏至の日の南中高度と冬至の日の南中高度は，その地点の緯度をx°とすると90－x＋23.4および90－x－23.4となる。23.4°は地軸の傾きの角度である。名古屋の北緯は90－x＋23.4＝78.3　　x＝35.1°であり，冬至の日の南中高度は90－35.1－23.4＝31.5(°)になる。

(3)　春分の日の太陽は真東からのぼる。南半球では南中した太陽の位置は頭の真上より北側にくる。太陽の移動方向は東から西に向かうので，イの図が正しい。

基本 (4)　西の空に右側が光る三日月が見られたので，時刻は夕方である。この月が半月を経て満月になるのは12日後である。

重要 (5)　アの位置のとき，3つの惑星はすべて夕方に観察される。イでは水星が見えるのが明け方であり，ウでは金星と火星が明け方に見え，エでは3つとも明け方に見える。

★ワンポイントアドバイス★

理科全般のしっかりとした基礎知識が問われている。それぞれの分野の確かな理解が重要である。問題集で標準レベルの練習問題を繰り返し解いておきたい。

＜社会解答＞

1 (1) イ (2) ウ (3) ア (4) エ (5) ア (6) イ (7) イ

2 (1) イ (2) ア (3) イ (4) イ (5) イ (6) ウ (7) ウ (8) ア

3 (1) エ (2) ウ (3) ウ

4 (1) ウ (2) ア (3) ア (4) イ (5) エ (6) ア (7) エ

5 (1) ア (2) ウ (3) ウ (4) ア (5) ウ

6 (1) イ (2) エ (3) エ (4) ア

7 (1) イ (2) ウ (3) ア (4) エ (5) イ (6) ア

○配点○

1 各3点×7 2 各2点×8 3 各3点×3 4 各2点×7

5 各2点×5 6 各3点×4 7 各3点×6 計100点

＜社会解説＞

1 (日本と世界の歴史―各時代の特色，政治・外交・社会・経済史)

(1) ナイル川流域に起こった文明がエジプト文明であり，インダス川流域に起こった文明がインダス文明である。

(2) Bはメソポタミア文明であり，ここでは，くさび形文字が使われていた。この文字の筆記には，水で練った粘土板に，葦を削ったペンが使われた。

(3) ①春秋戦国時代→③秦→②漢→④三国時代。

(4) ④飛鳥時代→②奈良時代→①平安時代→③鎌倉時代。

(5) 義満による南北朝統一(1392年)と秀吉による全国統一(1590年)の間に入るのが宗教改革(1517年)である。その他の選択肢の年代は，アメリカ独立戦争起こる(1775年)，ムハンマドがイスラム教をひらく(610年)，高麗が朝鮮半島を統一(936年)である。

(6) 租は，田んぼで収穫したお米を税として納めることをいう。庸は，都で働くことで税を納めるか，代わりに布などを納めることをいう。調は，布や特産物(絹・紙・漆，工芸品など)を税として納めることをいう。江戸時代になると「年貢」として，米を納めていた。

(7) B和同開珎発行(708年)→C保元の乱(1156年)→D徳政令(1297年)→A建武の新政(1333－1335年)。

2 (日本と世界の歴史―政治・外交史，社会・経済史，日本史と世界史の関連)

(1) 稲の穂先から籾(もみ)を落とす「脱穀(だっこく)」は，江戸時代に発明された「千歯こき」

によって大いにはかどるようになった。以降，足踏脱穀機，動力脱穀機へと進歩していく。

(2)　これは，日清戦争前の国際関係を表したビゴーの風刺画である。この風刺画が描かれた19世紀後半頃，朝鮮半島をめぐって日本と清は激しく対立するようになっていた。

重要 (3)　イギリスは三角貿易で，インド産アヘンを清に輸出していた。しかし，清がその輸入を禁止すると，イギリスは自由貿易の阻害を理由に戦争を仕掛けアヘン戦争がはじまり，一方的にイギリスが勝利した。その後の南京条約で，香港を割譲させ，巨額の賠償金をとった。

(4)　第一次護憲運動は，大正時代に起こった憲政擁護の運動で，政府が軍備拡張を主張した桂太郎内閣に対して，政友会・国民党・新聞記者などが反対デモを行った。その結果，桂内閣は崩壊した。

(5)　日本は，日英同盟を口実に第一次世界大戦に参戦した。

基本 (6)　二十一カ条の要求は，第一次世界大戦の戦乱に乗じて，日本が中華民国に要求した21項目からなる要求である。これは中国の主権を侵すもので，到底受け入れられる内容ではなかったが，日本は強引に認めさせた。

(7)　原敬内閣は，1918年9月に成立した日本初本格的な政党内閣である。彼は，平民出身で，衆議院に議席を持つ平民宰相としても知られている。

(8)　第一次世界大戦後，こうした悲惨な戦争を2度と繰り返さないため，アメリカ合衆国大統領ウィルソンは14条からなる平和原則を発表，国際平和機構の設立を提唱した。彼の提唱に基づいて，設立されたのが国際連盟である。

3 (日本の地理―人口，産業)

(1)　Ｉの人口ピラミッドは富士山型であり，発展途上国の典型的な例である。選択肢の中では中国とエチオピアが途上国であるが，世界でも有数の人口数をもつ中国はこれには当てはまらない。したがって，エチオピアが正解となる。

(2)　日本は火力発電，フランスは原子力発電，それぞれの発電の割合が高いのが特徴である。

(3)　4つの中でAの割合が最も高いのは阪神工業地帯であるから，Aが金属となる。，特に，中京工業地帯で半数以上の割合の高さをほこるBは機械である。したがって，残ったCが化学となる。

4 (地理―日本・世界の諸地域の特色)

(1)　北海道と沖縄は日本の最北端と最西端に位置しているため，その距離感はかなりのものがあるが，ウが1番適当である。

(2)　日本の西端の島は，与那国島で，一般人が公共交通機関を利用して訪れることができる。

基本 (3)　日本の南端の島は，沖ノ鳥島で，東京都心から南へ約1,700キロメートル離れており，船で片道約4日かかる。沖ノ鳥島はとても小さな無人島で，浸食保護のため日本国政府が管理して，一般人は訪れることはできない。

(4)　南鳥島は，東京都小笠原村に属する，北緯24度17分，東経153度59分に位置する日本東端の島である。したがって，イが正解となる。

(5)　面積が大きい順に，本州，北海道，九州，四国となる。

やや難 (6)　西端である与那国島の経度が東経123度，東端である南鳥島の経度が東経154度であるから，その経度差は31度である。15度で1時間の時差があるので31÷15≒2で約2時間の時差があることになる。与那国島で午前6時52分であるから，その時間より2時間前の南鳥島では，選択肢の中ではアが最も適当である。

(7)　センターピボットは，アメリカ中西部を中心に利用されている農業方式で，降雨が少なく，川がない乾燥地域において広域に水を供給する灌漑(農地への給水)システムを指す。

5 （地理―日本・世界の気候，日本の産業，その他）

(1)　アは冷帯気候でロシア，イは熱帯雨林気候でシンガポール，ウは温暖湿潤気候で日本，エは砂漠気候でウズベキスタン，それぞれが該当する。

(2)　ア，イ，ウは太平洋岸の気候であるが，平均気温が1番低いアが仙台，1番高いウが宮崎(降水量も1番多い)，2番目に高いイが静岡となる。エは北海道の気候で札幌が該当する。

やや難　(3)　エコツーリズムの視点に立った取り組みという点で考察すると，自然観光資源として，「野生の動植物と共存」という点で，ウが正解となる。

(4)　近郊農業とは，大都市の周辺で行われる農業である。都市に新鮮な農畜産物を周年的に供給することを目的に，野菜や花などの商品作物を栽培する。関東地方はこの近郊農業を基本としている。

(5)　Aは太陽光発電，Bは水力発電，Cは火力発電，Dは地熱発電が該当する。

6 （公民―政治のしくみ，経済生活，憲法）

(1)　経済活動の自由とは，自由な経済活動を保障する権利である。憲法では，1居住・移転および職業選択の自由，2財産権を保障している。

(2)　知る権利は，表現の自由の一つであり，個人の自己実現や自己統治において欠かせない要素である。これは，憲法には規定されていない新しい人権である。情報公開法は，知る権利を具体化した法律で，国民は行政機関や地方自治体などに対し，さまざまな情報公開を求める権利を持つ。

(3)　配当とは，企業が自社に投資してくれている投資家に対して，利益の一部を還元することである。株主総会とは，株式会社の株主が集まり，会社の重要な意思決定を行う会議である。

(4)　国会議員には，憲法で守られた次の3つの特権がある。1逮捕されない権利，2責任を問われない権利，3議員報酬を受ける権利。

7 （公民―経済生活，日本経済，政治のしくみ，その他）

(1)　消費者を守る法律や仕組みは，日本政府が消費者の権益を保護し，公正な取引環境を整備するために存在している。

(2)　GDPとは，国内総生産のことで，一定期間内に国内で産み出された付加価値の総額で，国の経済活動状況を示している。付加価値とは，サービスや商品などを販売したときの価値から，原材料や流通費用などを差し引いた価値のことである。

(3)　好況時には，経済活動が活発で金まわりが良くなる。雇用量や生産量が拡大し，物価や賃金などが上昇する。

(4)　不況時には，日本銀行は国債などを市中銀行から買って，金融市場に対して資金供給を増やすことで，金利を下げ，融資を促進する。これにより，企業や個人が資金を借りやすくなり，経済活動が活発化していく。

重要　(5)　市長の解職を請求する住民投票を行うためには有権者の3分の1の署名が必要である。したがって，30万人の3分の1であるから10万人ということになる。

(6)　直接請求は，住民による数の署名を集めることからスタートする。署名が集まり次第，条例の制定や改廃の請求が行われ，その後，地方議会が招集され，条例案が審議されるのである。

★ワンポイントアドバイス★

2(5)　日本が参戦した真の目的は，中国大陸や太平洋地域に勢力を拡大し，帝国主義的な領土拡張を行うことにあった。　4(7)　センターピボットは円形の田畑の中心に建つ回転支柱と，そこから伸びたアームによって成り立っている。

＜国語解答＞

一　(一)　Ⅰ　オ　Ⅱ　ア　(二)　エ　(三)　ア　(四)　ウ　(五)　ウ

二　(一)　①　エ　②　ウ　(二)　イ　(三)　ウ

三　(一)　A　オ　B　イ　(二)　ウ　(三)　イ　(四)　イ　(五)　エ・オ
(六)　ウ・オ

四　(一)　エ　(二)　イ・エ・カ　(三)　ウ　(四)　ウ

○配点○

一　(一)　各3点×2　他　各5点×4　二　各4点×4

三　(一)　各3点×2　他　各4点×7　四　各6点×4　計100点

＜国語解説＞

一　(論説文―大意・要旨，内容吟味，文脈把握，段落・文章構成，接続語の問題)

やや難　(一)　Ⅰ　同じ段落の「HPA系……と呼ばれるシステム」について説明している部分である。「まず」で始まる文で始まり，「そこから」と続いているので，続いて起こる事柄を表す意味のものが当てはまる。　Ⅱ　直前の段落の「人間は強いストレスにさらされると……脳の『思考』機能に助けてもらおうとはしない。そこで問題が発生する」を，直後で「強いストレスにさらされると『闘争か逃走か』という選択しかなくなり，緻密なプレーをする余裕はなくなる」と言い換えているので，説明の意味を表すものが当てはまる。

(二)　「緊急性の高い脅威」について，直後の文以降で「ライオンに遭遇する」例を挙げ，4段落で「ライオンを攻撃すべきか，逃げるべきか。そこでじっと立ち尽くして悩んだ人は，早々に遺伝子のるつぼから追い出されただろう」と説明している。ここから，エの例示が最も適当。5段落に挙げられているアとイの例は，現代社会におけるストレスで，「緊急性の高い」ものではない。ウとオは，いずれも脅威やストレスを感じた時の反応なので，適当ではない。

(三)　生徒の文章は，現代人のストレスについてまとめているが，古代の人類のストレスについては触れていないので，「現代と古代の人類が直面するストレスの差」とあるアは適当でない。

(四)　4段落の「ストレスのシステムHPA系が存在するのは，私たちに感情があるのと同じ理由だ。つまり，生存のため」とウが一致する。アの「脳の機能が退行してしまった」とは書かれていない。筆者は，長期にわたるストレスの問題を述べているので，「本当に回避すべきストレス」は「生命の危機に瀕すること」とあるイは適当ではない。9段落でストレスと記憶の関係について述べているが，エの「ストレスシステムを退化させた方が，記憶力の向上に効果的」という考えは読み取れない。

重要　(五)　本文ではストレスシステムの進化の過程を説明している。また，(参考文)では「未来を予測する能力」のために人間は「不安」によってストレスを感じるようになり「その結果，身体は絶えず動きたがり，今いる場所から離れようとする」という問題を述べている。この筆者の考えにウが最も近い。

二 (漢字の読み書き，熟語)

基本 (一) 「ジュンエン」は予定の期日を順にのばしていくこと。「延」の訓読みは「の(びる)」。

(二) 「優しげ」は美しく上品という意味で，同じ意味で用いられているのはイ。アとウはすぐれている，エは手厚いという意味で用いられている。

(三) アは「ぜんじんみとう」，イは「よういしゅうとう」，ウは「りきせんふんとう」，エは「しちてんばっとう」と読む。力いっぱい戦うという意味のことばがあてはまる。

三 (小説―主題・表題，情景・心情，内容吟味，文脈把握，脱文・脱語補充，表現技法)

(一) A 直後の文「どこからどうシャッターを切っても，それは海の写真になる」は，海が「主人公」になるということ。したがって，「主人公」に対することばが当てはまる。 B 「画家の絵筆のように砂浜の上を行ったり来たりした」という「波」の様子には，細かいところまできちんと行う様子を表すことばが当てはまる。

(二) 傍線部①の「外国の言葉」は，意味がわからない言葉という意味で用いられている。真歩が突然その場にそぐわない「かなしいわかれ」と言ったので，ハヤシにはどのような意味なのかがわからなかったのである。「外国の言葉のように」という表現に，「態度」とあるイとエは合わない。アの「別人の言葉に感じられた」ことが読み取れる描写はない。

(三) 「そのカメラマンは」で始まる段落に「真歩のことは早坂くんと呼んだ。『なぜか君には呼び捨てにできないオーラがあるわ』と大和は鼻をかいている」とあるように，大和は真歩に対して独特のオーラを感じていたが，真歩と写真の話をしているうちに二人が打ち解ける様子が描写されている。そのような中で真歩の「かなしいわかれ」という言葉から，大和は真歩が父親の死から立ち直っていないことを「悟った」のである。この内容を説明しているイが最も適当。ア「真歩の抱えるコンプレックス」，ウ「写真についての興味や才能は真歩の方が上」と読み取れる描写はない。エの「大人としてできることはないかと思索している」様子も読み取れない。

(四) 真歩は「また会えるってことは，また，別れがくるってことだから」「あんなふうに，家族皆が泣いてる姿，僕，もう，二度と見たくない」と自分の辛さを語っている。傍線部③の直後「真歩の表情は誰にも見られていない」から，大和とハヤシは辛さを語る真歩が顔を見られないですむよう配慮して「真歩のことを追い抜かさない」ようにしているとわかる。アの「落ち着かせよう」，ウの「怒らせないよう」にしているためではない。エの「感謝と敬意」は，場面にそぐわない。

重要 (五) 「また会えるってことは，また，別れがくるってことだから」「あんなふうに，家族皆が泣いてる姿，僕，もう，二度と見たくない」と，真歩が「笑わなかった」理由を述べる場面の描写や，お父さんがどこかに写っているかもしれないから写真を撮るという真歩の様子に，Dさんの意見は近い。また，ハヤシが真歩に砂をかけてふざける様子や，「だから，笑わなかったの？学校でも，楽しそうにしなかったの？」という言葉からは，ハヤシの明るさや優しさが感じられるので，Eさんの意見も本文に書かれていることに近い。

やや難 (六) アの「作者自身の物語の展開に関する感情」は書かれていない。会話表現はくだけているが，会話以外ではイの「くだけた表現」は使われていない。「オレンジが溶けきった海」「一秒ずつ色を変えていく海」などの描写はあるが，エの「登場人物の感情」を反映したものではない。

四 (古文―大意・要旨，文脈把握，指示語の問題，文と文節)

〈口語訳〉 孝道入道が，仁和寺の家で，ある人とすごろくを打っていたところ，隣に(住んで)いる越前坊という僧が来て，見物して，さまざまな口出しをしたのを，(孝道入道は)「気に入らない」

と思ったけれども，返事もしないで打っていたのだが，この僧は口出しを途中でやめて立ち上がった。(越前坊が)「帰ってしまった」と思って，亭主(である孝道入道)が，「この越前坊はいいかげんな人だなあ」と言っていたところ，例の(越前坊という)僧が，まだ帰っていないで，亭主の後ろに立っていた。(すごろくの)相手が，「これ以上(悪口を)言わせないようにしよう」と，亭主の膝を突いたので，後ろを振り向いてみると，この僧がまだいたのだった。この時(亭主である孝道入道は)急いで，「越前坊は(背が)高くもなく，低くもない。ちょうど良い背丈の人だな」などと言い直した機転の早さは，たいそうすばらしい。

基本 (一)　直前の「越前坊といふ僧来たりて，見所すとて，さまざまのさかしらをしけるを，『にくにくし』と思ひけれども」に着目する。越前坊が口出ししたのが気に入らないとあるエが適当。

重要 (二)　登場人物は，孝道入道，孝道入道と双六を打っている人，越前坊の三人。アは，孝道入道と双六を打っている人。イは双六に口出ししていた人なので，越前坊。ウは，家の「亭主」である孝道入道。エは，孝道入道が「帰りぬ」と思っていたのに「いまだ帰らない」でいた越前坊。オは，孝道入道と双六を打っている相手。カは，直前の文の「越前坊」のことを言っている。

(三)「帰りぬ」と思った越前坊が「いまだ帰らで，亭主の後ろに立ちたりけり」という状況である。孝道入道と双六を打っていた相手が，亭主である孝道入道に越前坊がまだいることを知らせるために「膝を突」いたのだとわかる。この内容を述べているウを選ぶ。同じ文の「またもの言はせじ」は双六を打っていた相手が，越前坊がいるのを知らないで孝道入道が越前坊の悪口を言うのを止めようとしていることを言っているが，イの仲直りをしてもらうためではない。

やや難 (四)　孝道入道は，双六に口出しをする越前坊のことが気に入らず「この越前坊はよきほどの者かな」と悪口を言おうとしたのを，越前坊がまだいるのに気づき「越前坊は高くもなし，低くもなし。よきほどの者な」と機転を利かせてごまかしている。この内容とウが一致する。越前坊は自分の悪口を言われたと気づいていないので，アは一致しない。悪口を言おうとしたのは孝道入道なので，イも一致しない。対戦相手が気を利かせてくれたおかげで，孝道入道は越前坊の悪口を言わずにすんだので，「悪口を本人に聞かれずにすんだ」とあるエも一致しない。

★ワンポイントアドバイス★

選択肢には紛らわしいものが含まれている。いったん正解だと判断しても，他の選択肢が正解でないことを確認しよう。

MEMO

大切なことはメモしておこうネ！

2023年度

★★★★★★★★★★★★★★★★★★★★★★★★

入　試　問　題

2023年度

名古屋経済大学高蔵高等学校入試問題

【数　学】（45分）　　＜満点：100点＞

1　次の(1)から(9)までの問いに答えなさい。

(1)　$7\times(-3)-(3-6)\times(-3)$ を計算しなさい。

(2)　$\frac{4}{\sqrt{2}}+\sqrt{50}-\sqrt{98}$ を計算しなさい。

(3)　$x=12$ のとき x^2+8x の値を求めなさい。

(4)　二次方程式 $(x-1)(x+1)=(3x-1)(x-1)$ を解きなさい。

(5)　球の体積Ｖは，球の半径ｒを３乗し，円周率πを乗じて，さらに$\frac{4}{3}$倍したものである。このとき，球の体積Ｖをｒ，πを用いて表しなさい。

(6)　10以下の素数をすべて書きなさい。

(7)　図で，直線ℓと直線mが平行のとき，$\angle x$の大きさは何度か，求めなさい。

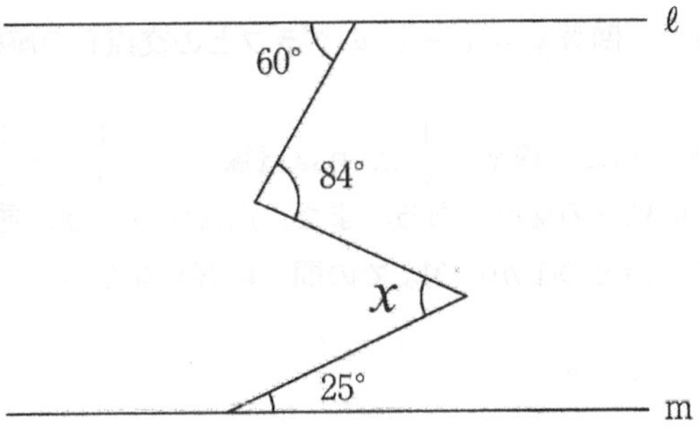

(8)　ある青果店で，りんご３個，みかん４個を買うと540円，りんご４個，みかん７個買うと820円となる。このとき，りんご１個の値段を求めなさい。

(9)　10人が10点満点のあるテストを受験したところ，以下のような点数となった。あとの①，②の問いに答えなさい。

A	B	C	D	E	F	G	H	I	J
8	9	3	4	7	6	6	1	10	6

（単位：点）

①　10人の点数の平均値を求めなさい。

②　10人のテストの点数のモードを求めなさい。

2　以下の(1)から(4)までの問いに答えなさい。

(1)　10円玉２枚，50円玉１枚，100円玉２枚を用いて，支払うことができる金額は全部で何通りあるか，求めなさい。ただし，使わない硬貨があってもよい。

⑵　ある規則に従って，分数が並んでいる。

$$\frac{1}{2},\ \frac{1}{3},\ \frac{3}{5},\ \frac{1}{7},\ \frac{3}{11},\ \frac{5}{13},\ \frac{1}{17},\ \frac{3}{19},\ \frac{5}{23},\ \frac{7}{29},\ \cdots$$

このとき，20番目の分数はいくつか，求めなさい。

⑶　右の図で，$\overset{\frown}{AB}=\overset{\frown}{BC}=\overset{\frown}{CA}$のとき，∠OBCの大きさは何度か，求めなさい。

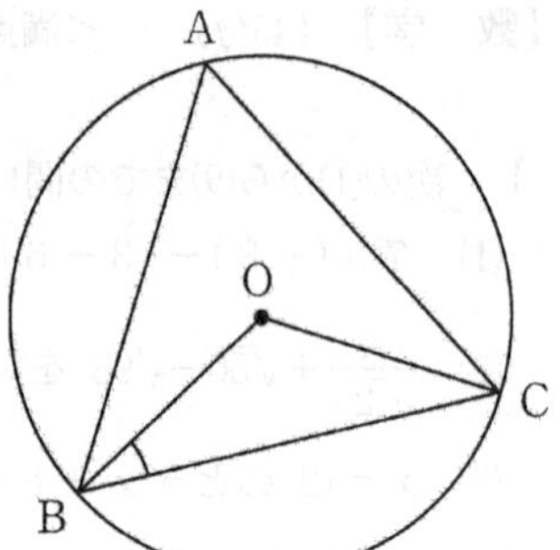

⑷　関数 $y=-2x+5$ について，正しいものを次の**ア**から**オ**までの中からすべて選んで，そのかな符号を書きなさい。

ア　変化の割合は，x の増加量が変化すると変化する。

イ　この関数のグラフは，傾きが－2，切片が5である。

ウ　この関数のグラフは，点（3，2）を通る。

エ　x が増加すると，y は減少する関数である。

オ　この関数のグラフと，関数 $y=x-1$ のグラフとの交点Pの座標は，P（2，2）である。

3　図で，ℓ は直線 $y=2x$，mは直線 $y=\frac{1}{2}x$，nは直線 $y=-\frac{1}{4}x+\frac{9}{2}$，点Aの座標は，（2，4）であり，点Bは直線mと直線nの交点である。また，点Aから x 軸に垂線を下ろし，直線mとの交点をPとする。このとき，あとの⑴から⑶までの問いに答えなさい。

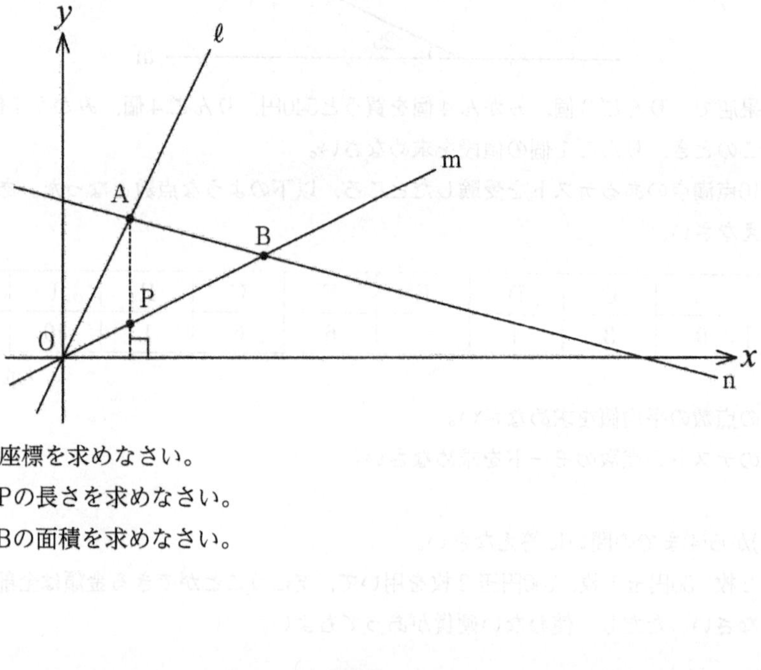

⑴　点Bの座標を求めなさい。

⑵　線分APの長さを求めなさい。

⑶　△OABの面積を求めなさい。

4　下の図は，△ABCにおいて，線分BC上にDをとり，線分CA上にEをとり，線分AB上にFをとる。さらに，線分AD，BE，CFは一点Pで交わる。このとき，あとの(1)から(3)までの問いに答えなさい。

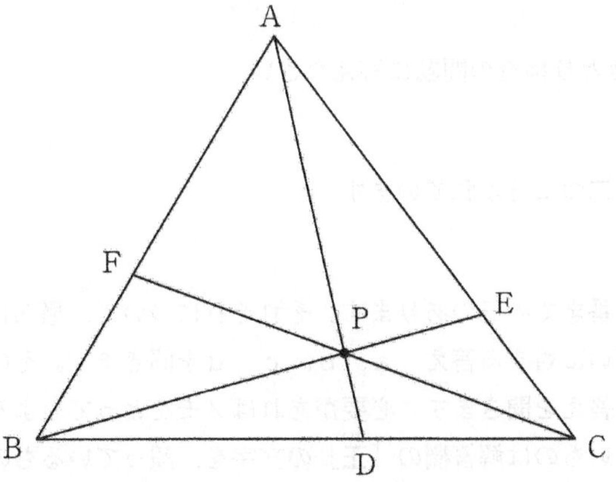

(1)　$\dfrac{AF}{FB}\times\dfrac{BD}{DC}\times\dfrac{CE}{EA}=1$ となることを以下のように証明した。空欄ア，イ，ウにあてはまる式や数値を入れなさい。

証明　△APCと△BPCにおいて，辺PCが共有であるため，

$$\frac{\triangle APC\text{の面積}}{\triangle BPC\text{の面積}}=\frac{AF}{FB}$$

と表すことができる。また，同様に

△APBと△APCにおいて　　$\dfrac{\triangle APB\text{の面積}}{\triangle APC\text{の面積}}=\boxed{\text{ア}}$

△BPCと△APBにおいて　　$\boxed{\text{イ}}=\dfrac{CE}{EA}$

以上のことから

$$\frac{AF}{FB}\times\frac{BD}{DC}\times\frac{CE}{EA}=\frac{\triangle APC\text{の面積}}{\triangle BPC\text{の面積}}\times\frac{\triangle APB\text{の面積}}{\triangle APC\text{の面積}}\times\frac{\triangle BPC\text{の面積}}{\triangle APB\text{の面積}}=\boxed{\text{ウ}}$$

となるため　$\dfrac{AF}{FB}\times\dfrac{BD}{DC}\times\dfrac{CE}{EA}=1$　が成り立つ。

証明終わり

(2)　AF：FB＝2：1，AE：EC＝3：2 とするとき，BD：DC を求めなさい。

(3)　(2)のとき，△ABCの面積は△DEF の面積の何倍か，求めなさい。

【英　語】（50分）　＜満点：100点＞

外国語（英語）聞き取り検査

1　指示に従って，聞きとり検査の問題に答えなさい。

〈答え方〉

問題は第１問と第２問の二つに分かれています。

第１問

第１問は，１番から３番までの三つあります。それぞれについて，最初に対話を聞き，続いて，対話についての問いと，問いに対する答え，ａ，ｂ，ｃ，ｄを聞きます。そのあと，もう一度，その対話，問い，問いに対する答えを聞きます。必要があればメモをとってもよろしい。

問いの答えとして正しいものは解答欄の「正《せい》」の文字を，誤っているものは解答欄の「誤《ご》」の文字を，それぞれ○《まる》でかこみなさい。正しいものは，各問いについて一つしかありません。

第２問

第２問は，最初に英語のスピーチを聞きます。続いて，スピーチについての問いと，問いに対する答え，ａ，ｂ，ｃ，ｄを聞きます。問いは問１と問２の二つあります。そのあと，もう一度，スピーチ，問い，問いに対する答えを聞きます。必要があればメモを取ってもよろしい。

問いの答えとして正しいものは解答欄の「正《せい》」の文字を，誤っているものは解答欄の「誤《ご》」の文字を，それぞれ○《まる》でかこみなさい。正しいものは，各問いについて一つしかありません。

＜リスニングテスト放送台本＞

第１問

Question one

Nancy : Oh, this is my favorite song! I love to sing it. Do you know this song, Ken?

Ken : No, Nancy, but it's very nice. I want to sing it, too.

Nancy : I have the CD at home, so I can teach you how to sing it. Why don't you come to my house? Let's sing together!

Ken : Wonderful! I'll come to your house after I finish my homework.

Question: Why will Ken go to Nancy's house?

a. to buy the CD.　　b. to finish his homework.

c. to play the guitar.　　d. to sing the song.

Question two

Ken : What are you doing, Lisa?

Lisa : Well, Ken, I'm writing a letter to Mayumi's grandmother. I'll send it to her with a birthday present.

Ken : How nice! Are you writing it only in English or only in Japanese?

Lisa　: Oh, I'm not writing it only in one language. I'm writing it in both English and Japanese because her grandmother is studying English and I'm studying Japanese.

Ken　: That's good! I'm sure she'll like it.

Question : What language is Lisa writing the letter in?

a. Only in Japanese.　　b. Only in English.

c. In both English and Japanese.　　d. Only in French.

Question three

Taro　: Ms. Green, do you usually come to school by bus?

Ms. Green : No, Taro. I usually use my bike.

Taro　: So, how do you come to school on rainy days?

Ms. Green : I come here by car or by train.

Question : How does Ms. Green usually come to school?

a. By train.　　b. By bike.　　c. By car.　　d. By bus.

第2問

Today, I'm going to talk about curry. Curry is a dish of Indian origin that uses many different kinds of spices. Mostly, curry is a spicy stewed meat, fish, and vegetable dish with rice, bread, and cornmeal. Curry powder is a mix of spices. It is made from a lot of spices. In India, curry powder is made in each family, but in Japan it is common to buy and use curry powder sold in stores. Curry Rice is a Japanese dish of curry with rice. Japanese people also eat curry with noodles. We call the dish "Curry Udon." In Japan, curry was introduced from England in the Meiji era. Now, curry is a typical Japanese dish that is often eaten at home. We can choose the level of spiciness from "karakuchi", which means hot, to "amakuchi", which means mild, so even children can enjoy Curry Rice or Curry Udon. I'd like to eat curry in India in the future. Thank you.

Question one : What is the speaker talking about?

a : She is talking about school life in India.

b : She is talking about the history of India.

c : She is talking about curry.

d : She is talking about Japanese traditional food.

Question two : Which is true about the speech?

a : Curry is a dish of English origin that uses many different kinds of spices.

b : In India, people buy curry powder at stores.

c : In Japan, curry was introduced from England in the Edo era.

d : The speaker says she wants to eat curry in India someday.

外国語（英語）筆記検査

2 次の写真を見て，あとの問いに答えなさい。

対話文　A：あなた，B：イギリス人の友人（男性）

A: You can't wait for Valentine's Day, can you?

B: No, I can't. I am going to give Jane my Valentine's Day gift.

A: Wait. Why do you give a present to her?

B: Why not? It is natural for men to give presents to women in Europe. It's the same in Japan, isn't it?

A: No, it's not. [　①　] in Japan.

B: Wow. The guys in Japan must be lucky [　②　].

（問い）　イギリスに留学中のあなたはイギリス人の友人（男性）とバレンタインデーについて話をしています。対話文の [①] に5語以上の英語を，[②] に8語以上の英語を書き，英文を完成させなさい。

ただし [①] には usually, give を [②] には not, have, buy を必ず使うこと。また下の語を参考にしてもよい。

〈語句〉 chocolate　チョコレート　　presents　贈り物

3 店員（clerk）と客（customer）が会話をしています。２人の会話が成り立つように下線部①から③までのそれぞれの（　）内に最も適当な語を入れて，英文を完成させなさい。ただし（　）内に文字が示されている場合は，その文字で始まる語を解答すること。

clerk　　: Hello. May I help you? ①Are you (r　　　) to (o　　　)?

customer : Can I have a hamburger and a medium coffee, please?

clerk　　: Sounds good. You will have a hamburger and a medium coffee, right?

customer : Exactly.

clerk　　: ②For (h　　　) or to go?

customer : To go please. ③How much should I (p　　　)?

clerk　　: 6 dollars, please.

customer : Here you are.

clerk　　: Thank you very much. Have a good day.

（注） medium　中間の

4 次の文章を読んで，あとの(1)から(5)までの問いに答えなさい。

Winston Churchill was a very talented speaker and writer. He received the Nobel Prize in Literature for his historical and biographical works in 1953. He also had a talent as a painter as well as a soldier and a politician. But he is most famous as the Prime Minister of the United Kingdom during World War II.

Churchill joined the army when he was 20 years old and wrote articles for newspapers about the battles ①【 around / saw / which / world / he / the 】. He published his first book in 1897 which described British military operations in India. He even (A) a hero in a war in South Africa: he was captured but escaped and traveled 480 kilometers to safety.

Churchill left the army in 1899 to start a career in politics. Though there were ups and downs, he became an experienced politician. When World War II started, people felt he would be a strong leader and he became the Prime Minister in 1940. Great Britain was having a tough fight against Germany, but Churchill encouraged the people to continue their struggle. One of his most famous lines is, "We shall defend our island whatever the cost may be. We shall fight on the beaches, we shall fight on the landing grounds, we shall fight in the fields and in the streets, we shall fight in the hills; we shall never surrender."

Thanks to Churchill's skill as a politician and his friendship with the United States' President, Franklin D. Roosevelt, he got important assistance from the United States to keep fighting against the Germans. Because he refused to surrender, the Allied Powers [②] the Axis Powers to win the war. He also played an important role in planning the future of the world after the war.

Churchill served two terms as the Prime Minister and resigned in 1955. He was knighted in 1953 and received many awards and honors, including becoming the first Honorary Citizen of the United States in 1963. He was also the first person who was not a king to appear on British money.

（注）Literature　文学　　biographical　伝記の　　the Prime Minister　首相
military operations　軍事行動　　be captured　捕えられる　　safety　安全
ups and downs　浮き沈み　　experienced　老練な　　encourage　～を励ます
struggle　戦い　　lines　せりふ　　shall　～しよう　　defend　～を守る
whatever the cost may be　どんなに犠牲があろうとも　　landing ground　着陸地点
surrender　降伏する　　thanks to　～のおかげで　　refuse　～を拒絶する
the Allied Powers　連合国　　the Axis Powers　枢軸国
play an important role　重要な役割を果たす　　serve　～を務める　　term　会期
resign　辞職する　　be knighted　ナイトの爵位を与えられる　　including　～を含めて
Honorary Citizen of the United States　アメリカ合衆国名誉市民

(1)　下線①のついた文が，本文の内容に合うように，【　】内の語句を正しい順序に並べかえなさい。

(2)　（A）にあてはまる最も適当な語を，次の５語の中から選んで，正しい形にかえて書きなさい。

become　　have　　take　　like　　hate

(3)　②　にあてはまる最も適当な英語を，次のアからエまでの中から一つ選んで，そのかな符号を書きなさい。

ア　were able to beat　　　イ　are able to beat

ウ　will be able to beat　　エ　were able to lose

(4)　本文中では，Winston Churchill についてどのように述べられているか。最も適当なものを，次のアからエまでの文の中から一つ選んで，そのかな符号を書きなさい。

ア　He did not experience the battle field at all in his life because the king told him not to join the war.

イ　He was so talented that he was active in many areas as a writer, a soldier, and a politician.

ウ　He got the Nobel Prize in Literature because he was a hardworking professor studying about the history of the United Kingdom.

エ　He was so talented as a speaker that he became a host on a TV program.

(5)　次のアからカまでの文の中から，その内容が本文に書かれていることと一致するものを全て選んで，そのかな符号を書きなさい。

ア　Winston Churchill was more famous as a writer than the Prime Minister of the United Kingdom.

イ　Winston Churchill won the Nobel Prize because his painting really moved people.

ウ　Winston Churchill wanted people in the United Kingdom to cheer up through his words during World War II.

エ　Winston Churchill's talent as a politician, his relationship with the United States' President, and the support from his country helped the United Kingdom survive.

オ　Winston Churchill began to work as a soldier after he stopped working as a politician.

カ　Finally, Winston Churchill became the king because people in the United Kingdom wanted him to be.

5　日本の家庭にホームステイ中のボブ（Bob）と，友人の（Aya）が会話をしています。次の会話文を読んで，(1)から(4)までの問いに答えなさい。

Aya　:　Hi, Bob.　How long have you been in Japan?
Bob　:　I have been here for about a year.
Aya　:　Did you take any trips in Japan?
Bob　:　Actually, I didn't.

Aya : No way. 【 a 】
Bob : Oh, which place do you recommend?
Aya : Well, Kyoto has many places you should go. There are lots of famous historic structures.
Bob : I heard Kyoto has experienced many wars from a long time ago. 【 b 】
Aya : Yes, like you say Kyoto has experienced a lot of wars. It was destroyed through them. But it survived. ① During World War II, even American pilots were (　　) not to bomb Kyoto because it had many cultural assets. Kyoto escaped the air raids and a lot of precious structures stayed standing. ② Do you know how many World Heritage Sites (　　) are in Kyoto?
Bob : 5 or 6?
Aya : The answer is 17, including shrines, temples and a castle. 【 c 】 For example, tourists spots such as Kiyomizudera Temple, Sanzen-in Temple and Arashiyama are visited by many people who enjoy the cherry blossoms in spring and autumn leaves in fall.
Bob : Sounds interesting. 【 d 】
Aya : Kyoto has a unique dialect and expressions which are related to the city's long history and sophisticated culture. The best known expressions are "Oideyasu" which means "welcome" and "Okini" which means "Thank you."
Bob : It is like the expression young people in New York use, "How ya doin'?" instead of saying "How are you doing?" in the U.S.
Aya : People in Kyoto tend to use words and expressions that don't have a clear meaning. They do this because they don't want to embarrass others. However, some people say residents are known for asserting themselves (A). This is in contrast to their indirect way of speaking that makes them sound very gentle.
Bob : 【 e 】
Aya : Kyoto is a historic city that has experienced many wars. Therefore, making no enemies has always been important to get along in society. This may help to explain the unique culture that we find in Kyoto today.

（注） recommend　～を推奨する　pilot　操縦士　bomb　～を爆撃する　cultural asset　文化財
air raid　空襲　structure　建造物　World Heritage property　世界遺産
including　～を含めて　tourist spot　観光名所　autumn leaves　紅葉　dialect　方言
expression　表現　be related to　～に関係がある　sophisticated　洗練された
instead of　～の代わりに　tend to do　～する傾向がある

embarrass　～に恥ずかしい思いをさせる　　resident　在住者　　assert　～を主張する
in contrast to　～と対称的に　　indirect　遠回しの　　enemy　敵　　get along　なんとかやっていく

(1)　次のアからオまでの英文を，会話文中の【a】から【e】までのそれぞれにあてはめて，会話の文として最も適当なものとするには，【b】と【d】にどれを入れたらよいか，そのかな符号を書きなさい。ただし，いずれも一度しか用いることができません。

ア　Why are there still many old historic buildings in Kyoto?
イ　What else do you know about Kyoto?
ウ　You should take a trip.
エ　We should pay closer attention to their words when we are in Kyoto.
オ　Kyoto also has lots of places famous for their cherry blossoms and autumn colors.

(2)　下線①，②のついた文が，会話の文として最も適当なものとなるように，（　）にあてはまる語を書きなさい。

(3)　（A）にあてはまる最も適当な語を，次のアからエまでの中から選んで，そのかな符号を書きなさい。

ア　cheerfully　　イ　softly　　ウ　strongly　　エ　sadly

(4)　この会話が行われた後，Bobは京都に行き，その様子を次のようにEmailに書いて家族に送りました。このメールが会話文の内容に合うように，次の（X），（Y）のそれぞれにあてはまる最も適当な語を書きなさい。

Dear Mom and Dad,
Last week, I went to Kyoto with my host family. Look at the picture. We enjoyed many historical temples and shrines. It is a miracle for Kyoto to stay the same and beautiful after it experienced many wars.
Not only its old and unique temples but also the dialect people in Kyoto speak (X) interesting. Some Japanese people say people in Kyoto speak gently, but the things they really think are different. So it was not (Y) for a foreigner like me who is not able to speak Japanese well to understand their real feelings. But I enjoyed talking with them. I want to visit Kyoto again.
With Love,
Bob

【理　科】（45分）　＜満点：100点＞

1　次の(1)から(5)までの問いに答えなさい。

(1)　図１のように，船が10m/秒の速さで海の上を動いている。汽笛を鳴らし，その反射音を用いて，岸までの距離を測る実験を行ったところ，反射音は船の上で汽笛を鳴らしてから５秒後に聞こえた。反射音が聞こえた地点での船から岸までの距離は何ｍか。なお，音の速さは340m/秒で一定のものとし，船の速さには影響を受けないものとする。

図１

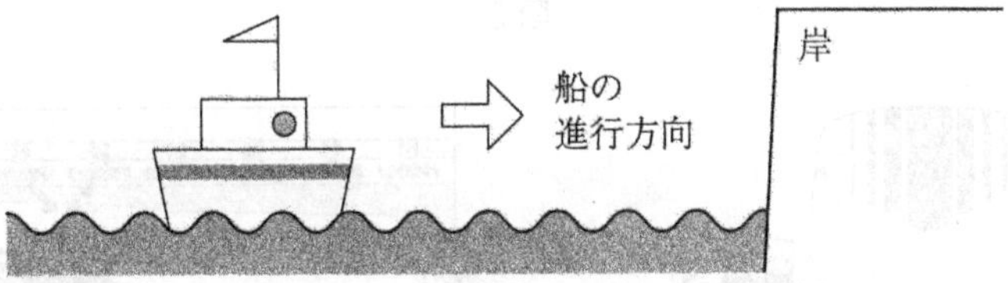

(2)　質量パーセント濃度25％で80℃の塩化ナトリウム水溶液100ｇと質量パーセント濃度25％で80℃の硝酸カリウム水溶液100ｇを混ぜ，100ｇ水を蒸発させて，20℃まで冷やした。その後，析出した結晶をろ過した。得られた結晶は合計で何ｇか。なお，次の表１は塩化ナトリウムと硝酸カリウムの100ｇの水に対する溶解度を表しており，塩化ナトリウムと硝酸カリウムは途中で反応しないものとする。また，40℃100ｇの水には，塩化ナトリウム38.3ｇと硝酸カリウム63.9ｇが，全て溶けるものとする。

表１

温度〔℃〕	0	20	40	60	80
塩化ナトリウム〔g〕	37.6	37.8	38.3	39.0	40.0
硝酸カリウム〔g〕	13.3	31.6	63.9	109.2	168.8

(3)　次の文章は，太郎さんと花子さんのリニア新幹線やリニアモーターカーの仕組みについての会話である。

太郎：リニア新幹線が開通すると名古屋から東京まで約40分で行けるらしいよ。

花子：それはすごいわ。今でも十分早いのに，今の半分以下になるのね。

太郎：そうなんだ。これで交通がもっと便利になる。東京にも簡単に行けるね。

花子：楽しみだわ。いつ開通する予定なの？

太郎：当初は2027年に開業予定だったのだけれど，水資源の問題などでトンネル工事がストップしていて，2027年にはまだ開業できそうにないみたいなんだ。

花子：なるほどね。そもそもリニアモーターカーってどのような仕組みなの？

太郎：簡単に言ってしまえば，Ｎ極とＳ極の引き合う力とＮ極とＮ極，Ｓ極とＳ極の反発する力により車両が前進する仕組みだよ。

花子：Ｎ極とＳ極が切り替わるということ？

太郎：その通り！リニアモーターとは，回転式のモーターを直線状に引き延ばしたもののことをいうんだ。コイルに流す電流の方向を変えることによってレール上のＳ極とＮ極が入れ替わり，反発したり引き合ったりしながら進んでいくんだよ。

花子：電流によって磁界ができることを利用しているのね。

太郎：そして，電流の周波数を変え，N極とS極の切り替え速度をコントロールすることによってスピードを調整するんだ。

花子：それは今までより速くなるわけね。

図2，図3はリニアモーターカーが進む様子を模式的に表したものである。下線部について図4の①から⑥のコイルはそれぞれA，Bのどの向きに電流を流すのがいいか。最も適当なものを，次のアからクまでの中から選んで，そのかな符号を書きなさい。

図2

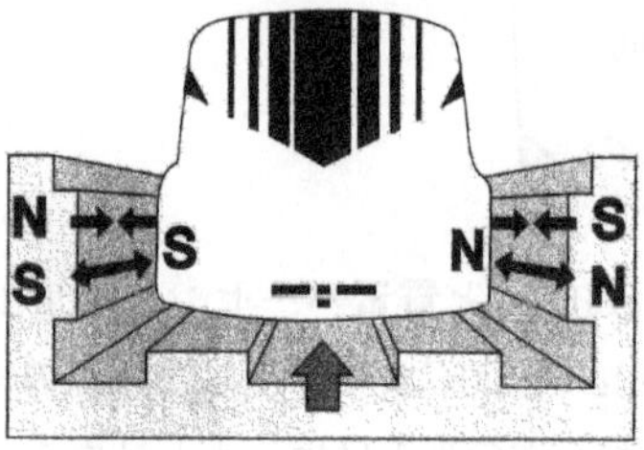

図3

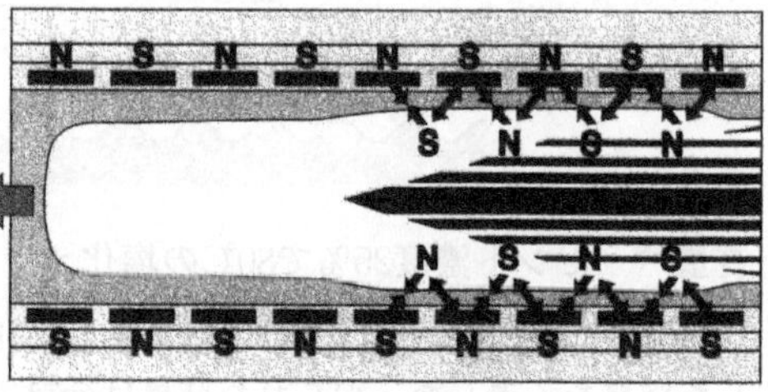

図4

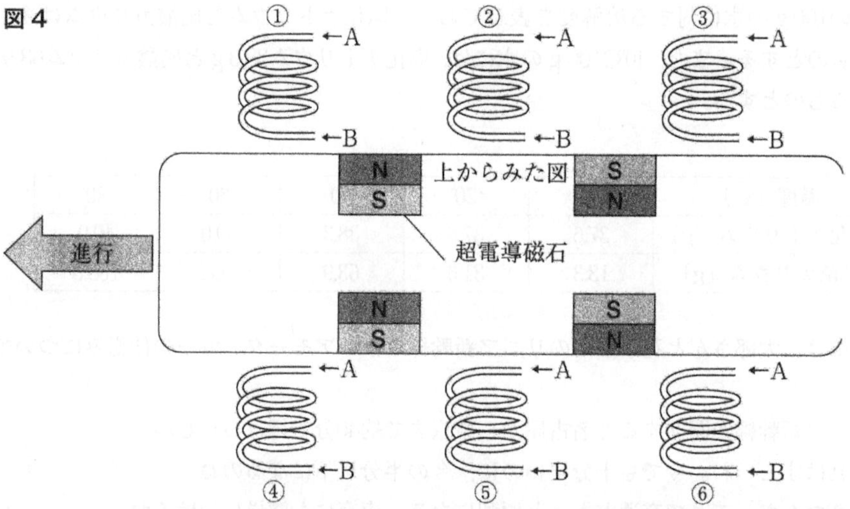

	①	②	③	④	⑤	⑥
ア	A	A	A	B	B	B
イ	A	B	A	B	A	B
ウ	A	B	A	A	B	A
エ	A	A	A	B	A	B
オ	B	B	B	A	B	A
カ	B	A	B	A	B	A
キ	B	A	B	B	A	B
ク	B	B	B	B	B	B

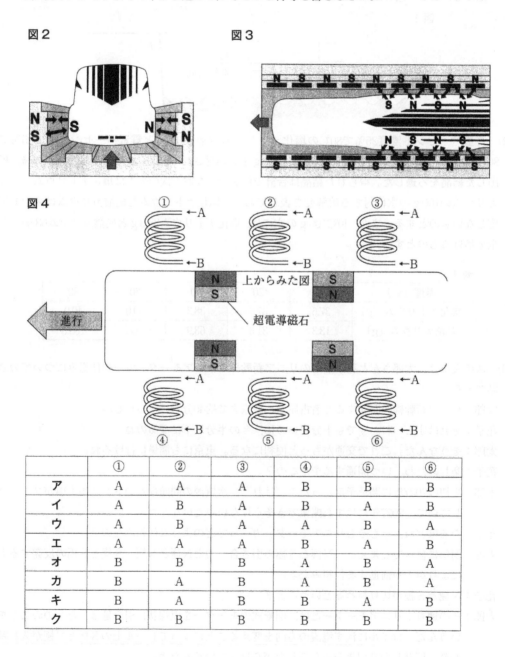

(4) 次の資料は，太郎さんが理科の宿題で実際にあった反射の例についてまとめたものである。この中で反射でないものが一つ含まれている。その番号を書きなさい。また，その番号の刺激が伝わって反応が起こるまでの経路として最も適当なものを，次の**ア**から**ク**までの中から選んで，そのかな符号を書きなさい。

【資料】
① ストーブの熱を持った部分に手が触れてしまったとき，思わず引っ込めた。
② 目に向かって虫が飛んできたとき，無意識に目を閉じた。
③ おいしい料理を口の中に入れた瞬間に勝手に唾液が出始めた。
④ お化け屋敷に行ったとき，急にお化けが出てきて，驚いて体がビクッと反応した。
⑤ 部屋の掃除をしていて，ほこりが多い個所を掃除した瞬間に，くしゃみが出た。
⑥ ひざの下あたりをぶつけた時，ひざから下の部分がビクッと跳ね上がった。

ア 皮膚 → 運動神経 → 脊髄 → 大脳 → 脊髄 → 感覚神経 → 筋肉
イ 皮膚 → 感覚神経 → 脊髄 → 大脳 → 脊髄 → 運動神経 → 筋肉
ウ 目 → 運動神経 → 大脳 → 脊髄 → 感覚神経 → 筋肉
エ 目 → 感覚神経 → 大脳 → 脊髄 → 運動神経 → 筋肉
オ 舌 → 運動神経 → 大脳 → 脊髄 → 感覚神経 → 筋肉
カ 舌 → 感覚神経 → 大脳 → 脊髄 → 運動神経 → 筋肉
キ 鼻 → 運動神経 → 大脳 → 脊髄 → 運動神経 → 筋肉
ク 鼻 → 感覚神経 → 大脳 → 脊髄 → 運動神経 → 筋肉

(5) **図5**は，山のふもとにある空気が上昇し山を越え，降下したときに乾いた空気が流れ込んでくる，フェーン現象を表した模式図である。はじめ山のふもとにある空気は20℃で湿度80％であった。その空気が膨張し雨を降らしながら上昇し，標高が2000mの山頂まで登っていき，山頂を越えて降下していった。山頂での気温は6℃であり，降下した山のふもとでは25℃であった。降下した空気の湿度は何％か。小数第1位を四捨五入し，整数で答えなさい。なお，**表2**は6℃から25℃までの気温と飽和水蒸気量を表したものであり，山頂での水蒸気は飽和状態で，空気が降下している間は，雨は降らないものとする。

図5

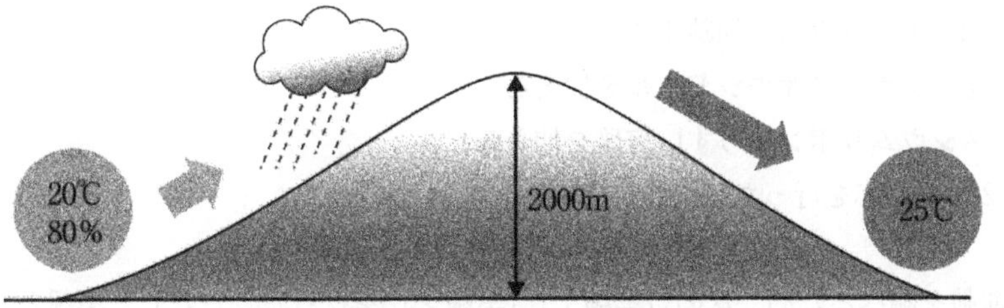

表2

気温〔℃〕	6	7	8	9	10	11	12	13	14	15
飽和水蒸気量〔g/m^3〕	7.3	7.8	8.3	8.8	9.4	10.0	10.7	11.4	12.1	12.8
気温〔℃〕	16	17	18	19	20	21	22	23	24	25
飽和水蒸気量〔g/m^3〕	13.6	14.5	15.4	16.8	17.3	18.3	19.4	20.6	21.8	23.1

2 水の電気分解と発生する気体の反応について調べるために，次の〔実験１〕，〔実験２〕を行った。これについて次の問いに答えなさい。

〔実験１〕 図１のように，陽極と陰極に炭素棒を使用した実験装置を用いて，水の電気分解を行った。ガラス管の中をうすい水酸化ナトリウム水溶液で満たしたのち，電流を流したところ，陽極と陰極にはそれぞれ気体が発生した。

〔実験２〕 〔実験１〕の陰極に気体が4.0cm³集まったところで，図２のように管の下から窒素78%，酸素21%，その他の気体１%が含まれている空気20cm³を加えて混合気体を作った。この混合気体に点火装置で点火し，完全に反応させた。なお，この空気に含まれる窒素，その他の気体は反応しないものとする。また，反応してできた物質はすべて液体となり，その液体に気体は溶けないものとする。

図１

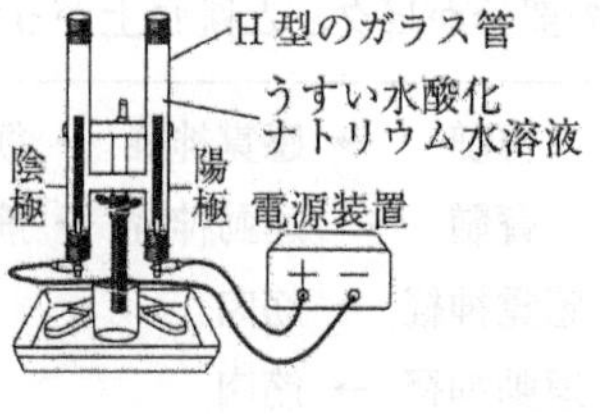

図２

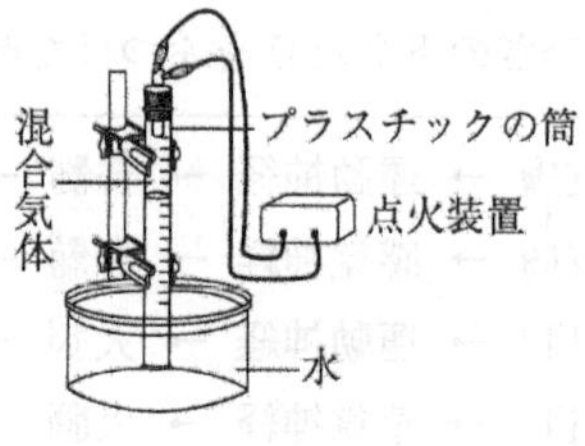

次の(1)から(5)までの問いに答えなさい。

(1) 〔実験１〕で電流を流したときに起こる反応を，化学反応式で答えなさい。

(2) 〔実験１〕でうすい水酸化ナトリウム水溶液を用いた理由を20字以内で答えなさい。

(3) 陽極で発生した気体の性質として最も適当なものを，次のアからエまでの中から選んで，そのかな符号を書きなさい。

ア 空気の体積の約５分の４を占める。

イ 物質が燃えるのを助ける。

ウ 火のついたマッチを近づけると，音を出して燃える。

エ 水に溶けると酸性を示す。

(4) 陰極で発生した気体の生成方法として最も適当なものを，次のアからエまでの中から選んで，そのかな符号を書きなさい。

ア 塩化アンモニウムと水酸化カルシウムを混ぜて加熱する。

イ 炭酸水素ナトリウムを加熱する。

ウ 二酸化マンガンにオキシドールを加える。

エ マグネシウムリボンにうすい塩酸を加える。

(5) 〔実験２〕の反応を行った後に残った気体の体積は何cm³か。

3 小球の運動を調べるため，次の〔実験１〕〔実験２〕を行った。ただし，小球とレールに働く摩擦力や空気の抵抗は無視でき，小球はレール上の全ての点をなめらかに通過できるものとする。また，レールは水平面に置くものとする。

〔実験１〕 次のページの図１のような半径$\frac{h}{4}$のループ①のあるレールａを用意し，高さがｈである位置Aに小球を置き，静かに手を離した。すると小球はレールから離れることなくD点まで到達し，その後空中に飛び出した。なおA点で小球の持っている力学的エネルギーを100 J とする。

図１

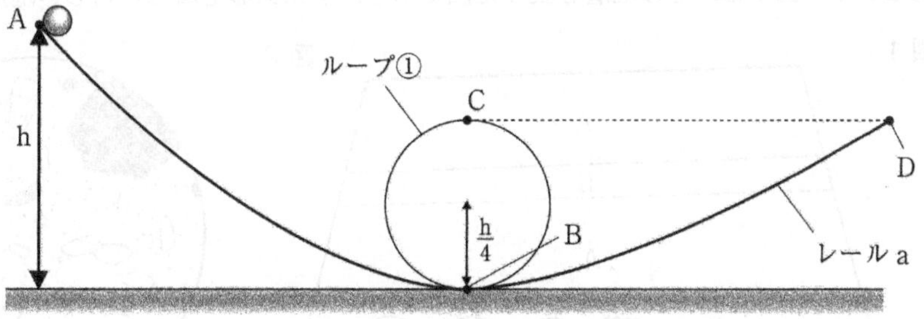

〔実験２〕　図２のように，図１のレールａの先にループ②のあるレールｂを用意し，〔実験１〕と同様に位置Ａに小球を置き，静かに手を離した。小球はＤ点まで到達した後，空中に飛び出し，レールｂのＦ点になめらかに着地した。その後小球はＧ点を通過し，ループ②を上がり，図２のＨ点までレールを上がり，その後レールから離脱すること無く，元の上がってきた経路を下がっていった。図３は小球がＨ点までたどり着いた瞬間を表した図である。なお，空中に飛び出してからＦ点になめらかに着地したときの力学的エネルギーの損失はないものとする。

図２

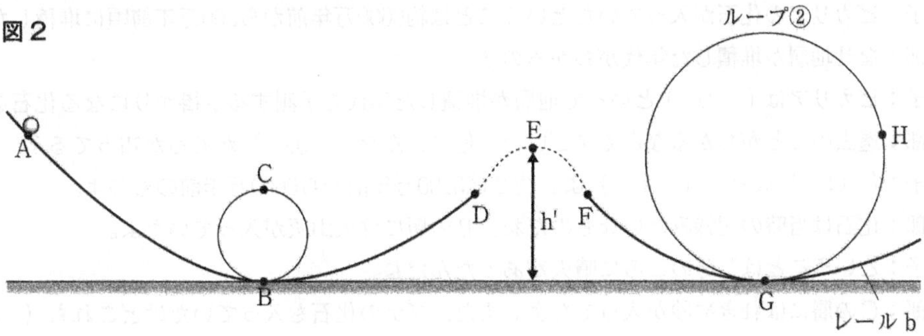

図３

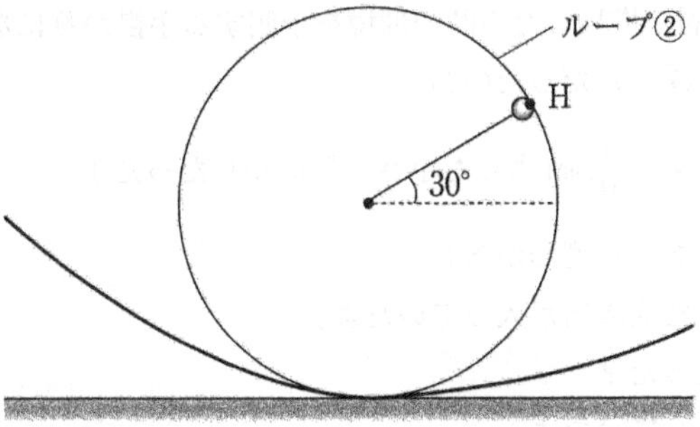

次の(1)から(5)までの問いに答えなさい。

(1)　Ｂ点で小球が持つ運動エネルギーは何Ｊか答えなさい。

(2)　Ｃ点で小球の持つ運動エネルギーは何Ｊか答えなさい。

(3)　Ｅ点での運動エネルギーは20Ｊであった。この時の高さをｈ'とし，ｈ'をｈを用いて答えなさい。

(4)　小球の速度が最も速い地点をＡからＨまでの中からすべて選んで答えなさい。

(5)　ループ②の半径をｈを用いて答えなさい。

4　次の文章は，太郎さんと花子さんがある露頭を観察した後で，地層を作る岩石を調べたときの会話である。下の**図１**は，その地層を表した図であり，上にある地層ほど新しい地層であった。

図１

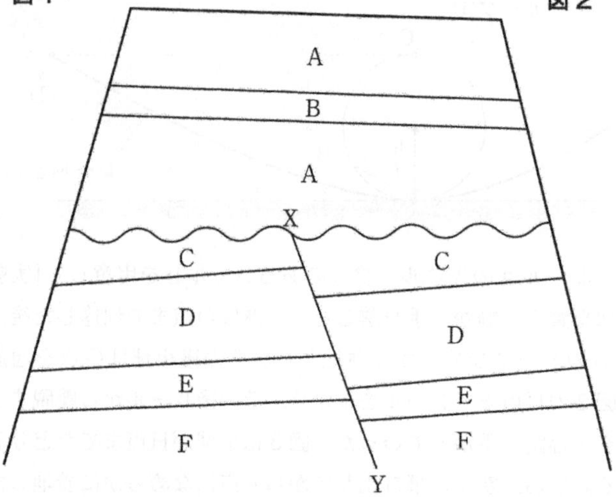

図２

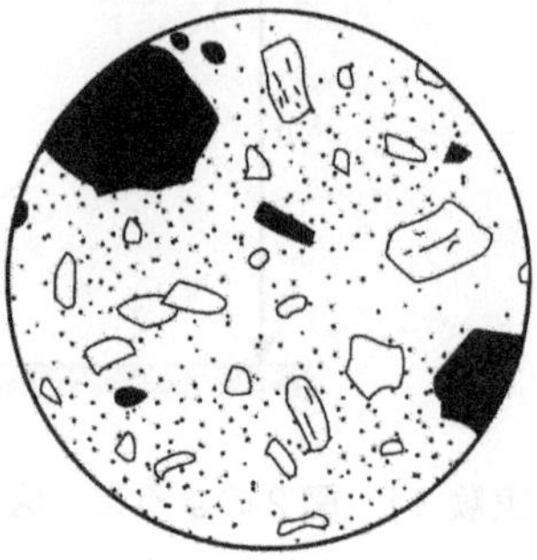

太郎：Aの層は砂でできた地層で，ビカリアの化石が入っていたよ。

花子：ビカリアの化石が入っていたということは約6600万年前から260万年前頃に堆積した地層ね。

太郎：なぜ地層が堆積した年代がわかるの？

花子：ビカリアは（　①　）といって地層が堆積した年代を予測する手掛かりになる化石なんだよ。

太郎：過去のことがわかるなんてすごいな。他にどんな（　①　）があるか知ってる？

花子：（　②　）なども（　①　）よ。約２億5100万年前から6600万年前のものよ。

太郎：化石は当時の記録みたいなものだね。Bの層には火山灰が入っていたよ。

花子：ということは，そのころに噴火があったんだね。

太郎：Cの層にはれきや砂が入ってたよ。また，ブナの化石も入っていたけどこれも（　①　）なの？

花子：ブナは（　③　）といって，地層が堆積した当時の環境を予測する手掛かりになる化石なの。その当時は堆積した場所は（　④　）だったのね。

太郎：Dの層は細かい粒ばかりだったよ。$\frac{1}{16}$mmよりも小さい粒ばかりだったよ。

花子：粒の大きさでも堆積した環境がある程度わかるわ。

太郎：Eの層では粒の大きさがそろった火成岩が入っていたよ。

花子：その火成岩はどのような特徴だった？

太郎：黒っぽくて**図２**のような表面をしていたよ。

花子：おそらくその岩石は玄武岩ね。

太郎：Fの層には生物の死骸がたくさん入っていたよ。うすい塩酸をかけてみよう。

花子：二酸化炭素が発生したわ。つまり，石灰岩が含まれているね。主成分は（　⑤　）ね。

⑴　会話文の（①）から（④）にあてはまる語句の組み合わせとして，最も適当なものを，次のページの**ア**から**ク**までの中から選んで，そのかな符号を書きなさい。

	①	②	③	④
ア	示相化石	ホタテガイ	示準化石	冷たくて浅い海
イ	示準化石	ホタテガイ	示相化石	やや寒冷な気候
ウ	示相化石	ホタテガイ	示準化石	やや寒冷な気候
エ	示準化石	ホタテガイ	示相化石	冷たくて浅い海
オ	示相化石	アンモナイト	示準化石	冷たくて浅い海
カ	示準化石	アンモナイト	示相化石	やや寒冷な気候
キ	示相化石	アンモナイト	示準化石	やや寒冷な気候
ク	示準化石	アンモナイト	示相化石	冷たくて浅い海

(2)　Ｂの火山灰が堆積したのはいつごろか。最も適当なものを，次の**ア**から**エ**までの中から選んで，そのかな符号を書きなさい。

ア　約15万年前　　**イ**　約150万年前　　**ウ**　約1500万年前　　**エ**　約１億5000万年前

(3)　Ｅの層に入っていた火成岩を構成する鉱物として間違っているものを次の**ア**から**オ**までの中からすべて選んで答えなさい。

ア　クロウンモ　　**イ**　チョウ石　　**ウ**　セキエイ　　**エ**　キ石　　**オ**　カンラン石

(4)　(⑤) に入る物質として正しいものを答えなさい。

(5)　前のページの**図１**のＸ－Ｙ面の上側の地層がずり落ちている。このような地層のずれを何というか。

5　次の**図１**はカエルの精子と卵が合体をし，受精卵ができ，その受精卵が細胞分裂を繰り返し，オタマジャクシの体ができる過程を表している。

図１

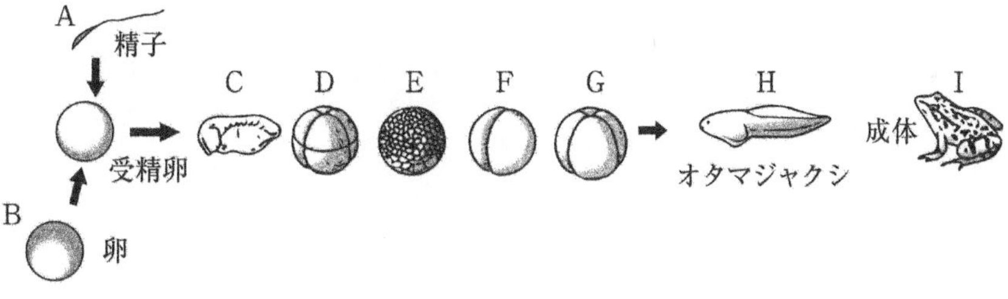

(1)　**図１**のＣからＧを，受精卵が変化していく順に並びかえなさい。

(2)　次の文の（①）から（③）にあてはまる語句の組み合わせとして，最も適当なものを，あとの**ア**から**ク**までの中から選んで，そのかな符号を書きなさい。

> １個の細胞であるカエルの受精卵はＡ，Ｂの２つの生殖細胞が合体してできたものである。このようなＡ，Ｂのような細胞は（　①　）をして作られる。カエルの受精卵は細胞分裂により細胞数を増やし，やがて体の部位ができてＨのようなオタマジャクシになる。受精卵が分裂を始めてから食物をとれるようになるまでまでの個体を（　②　）という。その後に体の組織や器官が作られていく。このように，受精卵から生物のからだができる過程を（　③　）という。

ア　①　体細胞分裂，　②　幼生，　③　発生　　**イ**　①　減数分裂，　②　幼生，　③　発生

ウ　①　体細胞分裂，　②　幼生，　③　生殖　　**エ**　①　減数分裂，　②　幼生，　③　生殖

オ ① 体細胞分裂，② 胚，③ 発生　**カ** ① 減数分裂，② 胚，③ 発生
キ ① 体細胞分裂，② 胚，③ 生殖　**ク** ① 減数分裂，② 胚，③ 生殖

(3) 前のページの図１のＨのオタマジャクシからＩのカエルのように成長の過程で大きく形が変化することを何というか。

(4) 次の文の（①）と（②）にあてはまる語句の組み合わせとして，最も適当なものを，下のアからケまでの中から選んで，そのかな符号を書きなさい。

図１のＤの細胞１個の核の中に含まれる染色体の数が24本であったとき，細胞Ａの細胞１個の核の中に含まれる染色体の数は（　①　）であり，Ｇの細胞１個の核の中に含まれる染色体の数は（　②　）である。

ア ① 12，② 12　**イ** ① 12，② 24　**ウ** ① 12，② 48
エ ① 24，② 12　**オ** ① 24，② 24　**カ** ① 24，② 48
キ ① 48，② 12　**ク** ① 48，② 24　**ケ** ① 48，② 48

(5) カエルのある形質について，顕性形質を表す遺伝子をＡ，潜性形質を表す遺伝子をａとする。Ａａの遺伝子を持つ両親から100匹の子が生まれた場合，Ａａの遺伝子を持つ子は何匹生まれると考えられるか。なお，カエルのこの形質の遺伝は，遺伝の規則性に当てはまるものとする。

【社　会】（45分）　＜満点：100点＞

1　次の年表は，日本における明治維新以降の主なできごとを表したものである。あとの(1)から(9)までの問いに答えなさい。

年代	主なできごと	年代	主なできごと
1868	A戊辰《ぼしん》戦争（～1869）	1931	満州事変
	五箇条の誓文	1932	満州国建国
	五榜《ごぼう》の掲示		五・一五事件
1869	版籍奉還	1933	国際連盟脱退
1871	廃藩置県	1936	二・二六事件
	日清修好条規	1937	日中戦争（～1945）
	岩倉使節団出発	1938	国家総動員法公布
1872	学制発布	1940	日独伊三国同盟
1873	徴兵令発布		大政翼賛会発足
	B地租改正	1941	日ソ中立条約締結
1874	民撰《みんせん》議院設立建白書		H太平洋戦争（～1945）
1876	日朝修好条規	1945	沖縄戦
1877	西南戦争		広島・長崎へ原子爆弾投下
1881	国会開設の勅諭		ソ連対日参戦
1889	C大日本帝国憲法発布		ポツダム宣言受諾
1894	領事裁判権の撤廃		無条件降伏
	日清戦争（～1895）		
1895	下関条約		
1901	八幡《やはた》製鉄所操業開始		
1902	日英同盟締結		
1904	D日露戦争（～1905）		
1905	ポーツマス条約		
1910	韓国併合		
1911	E関税自主権回復		
1912	第一次護憲運動		
1914	F第一次世界大戦参戦		
1915	二十一か条の要求		
1918	シベリア出兵（～1922）		
1920	国際連盟加盟		
1922	全国水平社結成		
1925	治安維持法公布		
	G普通選挙実現（25歳以上の男性）		

⑴　年表の下線部Aについて，倒幕に至るまでに起きたできごとを年の古い順に並べたものとして最も適当なものを，次の**ア**から**カ**までの中から選んで，そのかな符号を書きなさい。

①　薩英《さつえい》戦争

②　鳥羽伏見の戦い

③　五稜郭《ごりょうかく》の戦い

④　江戸城無血開城

⑤　大政奉還

ア　⑤　→　①　→　④　→　③　→　②

イ　⑤　→　①　→　②　→　④　→　③

ウ　②　→　⑤　→　④　→　③　→　①

エ　②　→　⑤　→　①　→　③　→　④

オ　①　→　③　→　②　→　⑤　→　④

カ　①　→　⑤　→　②　→　④　→　③

⑵　次の文は，年表の下線部Bの背景をまとめたものである。文中の①，②，③にあてはまる語句の組み合わせとして最も適当なものを，次の**ア**から**エ**までの中から選んで，そのかな符号を書きなさい。

> 富国強兵を実現するために，新政府は安定した歳入を得る必要があった。そのため新政府は，まず土地の面積を調査して（　①　）を定め，農民たちによる土地の所有権・売買権を認めて所有者に（　②　）を与え，（　③　）の納税者とした。

ア　①　地租，②　地券，③　地価　　**イ**　①　地租，②　地価，③　地券

ウ　①　地価，②　地租，③　地券　　**エ**　①　地価，②　地券，③　地租

⑶　次の文は，下線部Cの内容をまとめたものである。文中の空欄にあてはまる最も適当なことばを漢字２字で書きなさい。

> 第１条　大日本帝国ハ万世一系《ばんせいいっけい》ノ天皇之《これ》ヲ統治《とうち》ス
> 第３条　天皇ハ［　　　］ニシテ侵《おか》スヘカラス
> 第11条　天皇ハ陸海軍ヲ統帥《とうすい》ス
> 第13条　天皇ハ戦《たたかい》ヲ宣《せん》シ和ヲ講《こう》シ及諸般《およびしょはん》ノ条約ヲ締結《ていけつ》ス
> 第29条　日本臣民《しんみん》ハ法律ノ範囲《はんい》内ニ於《おい》テ言論著作印行《いんこう》集会及結社《けっしゃ》ノ自由ヲ有ス

⑷　次の文は，下線部Dを巡る様々な意見を一部要約して抜粋したものである。文のような意見を述べた人物として最も適当なものを，次の**ア**から**エ**までの中から選んで，そのかな符号を書きなさい。

> （～中略）日本・ロシア両政府は自分たちの過失を認めず戦争の責任を押しつけ合っている。
> （～中略）私たち平民は何の責任もないのにその負担をすべて請け負わなければならない。
> （～中略）だから私たちはできる限りに戦争反対を叫び続けるべきである。

（『平民新聞』1904年２月24日より）

ア　内村鑑三　　**イ**　与謝野晶子　　**ウ**　幸徳秋水　　**エ**　吉田松陰

(5) 次の絵は，ペリー来航の際に描かれたものである。年表の下線部Eについて，関税自主権をはじめとする不平等条約の締結は，ペリーが日本へ来航して以降のものである。ペリー来航前後に起きたできごととして誤っているものを，次の**ア**から**エ**までの中から選んで，そのかな符号を書きなさい。

ア アメリカの東インド艦隊司令長官ペリーは，1853年に浦賀に来航し，開国を求める国書を差し出した。

イ 1854年にペリーは再び来航し，日本は日米和親条約を結び，長崎と函館の２ヶ所を開港した。

ウ 幕府の大老井伊直弼《なおすけ》は，1858年にアメリカとの間に日米修好通商条約を結ぶ。その後，開国に反対する運動を行った大名や公家など多くの人々を処罰し，これに反発した水戸藩などの元藩士らによって，1860年に江戸城桜田門外で暗殺された。

エ 日米修好通商条約には，日本にとって関税自主権がなく，領事裁判権を認めることなど不平等な側面があり，明治時代になって大きな外交問題となった。

(6) 年表の下線部Fについて，誤っているものを，次の**ア**から**エ**までの中から選んで，そのかな符号を書きなさい。

ア ドイツがオーストリア・ロシアと三国同盟を結ぶと，これに対抗してイギリスはフランス・イタリアと三国協商を結んだ。

イ 1914年にオーストリアの皇太子夫妻が，サラエボでセルビアの青年によって暗殺される事件が起きた。

ウ 1917年になると，ドイツが中立国の船までも攻撃するようになったことから，中立を保っていたアメリカもドイツに宣戦布告した。

エ オーストリアは，同じゲルマン民族のドイツの助けを得てバルカン半島に勢力を伸ばそうとしたため，半島は争いが絶えず「ヨーロッパの火薬庫」とよばれた。

(7) 年表の下線部Gについて，右の写真は，投票する女性を撮影したものである。女性参政権が認められた年が最も遅い国として適当なものを，次の**ア**から**エ**までの中から選んで，そのかな符号を書きなさい。

ア ニュージーランド　　**イ** アメリカ

ウ 日本　　**エ** スイス

(8) 次の文は，年表の下線部Hの時期に起こったできごとについてまとめたものである。文中の①，②，③にあてはまる国名として最も適当なものを，次のアからオまでの中から選んで，そのかな符号を書きなさい。

> 1941年12月8日，日本軍は（　①　）領であったマレー半島に上陸する一方，ハワイの真珠湾にあるアメリカ海軍基地を攻撃した。日本はアメリカ・（　①　）に宣戦布告し太平洋戦争が始まった。日本軍は，初めは勝ち進み，シンガポールやインドネシア・フィリピン・ビルマ（現在のミャンマー）などを占領していったが，1942年6月のミッドウェー海戦で敗北以後，戦局は次第に悪化した。1943年2月，南太平洋のガダルカナル島での戦いで敗北して撤退し，戦争の主導権を完全に連合国軍に奪われた。ヨーロッパ戦線でも，連合国軍が反撃を開始し，1943年2月，（　②　）軍は攻め込んできたドイツ軍を撃退した。また，9月，イタリアではムッソリーニが失脚して降伏した。1944年にはアメリカ・（　①　）軍が北（　③　）のノルマンディーに上陸した。そして1945年4月，ドイツではヒトラーが自殺して，翌5月に降伏した。

ア ① 中国，② タイ，③ オーストリア
イ ① イギリス，② オーストリア，③ タイ
ウ ① フランス，② ソ連，③ イギリス
エ ① イギリス，② ソ連，③ フランス
オ ① 中国，② オーストリア，③ フランス

(9) 右の写真は，GHQによる戦後の占領統治が実施される中で，昭和天皇が神の子孫でないことを広く国民に伝えることを目的の一つとして撮影されたものである。この後，天皇自らが神格化を否定する詔書を出したがこれを何というか，漢字4字で答えなさい。

2 次の文は，2014年にノーベル平和賞を受賞したマララ・ユサフザイさんの国連本部でのスピーチ（2013）を一部抜粋したものである。あとの(1)から(8)までの問いに答えなさい。

マララ・ユサフザイさんの国連本部でのスピーチ（2013年7月12日，マララ・デー）

> （～中略～）どこからお話を始めたらよいかわかりません。人々が私にどのような話を期待しているのかもわかりません。しかし最初に，私たちをすべて平等にお造りいただいた神に，そして私が早く元気になり，新しい生活を始められるよう祈ってくださった皆さんに感謝します。人々は私に信じられないほどの愛情を示してくれました。私のところには全世界から，何千もの回復を祈るカードや贈り物が届きました。そのすべてに感謝します。その素直な言葉で私を元気づけてくれた子どもたちに感謝します。そして，その祈りで私に力を与えてくださった年長者の皆さんに感謝します。（～中略～）

親愛なる兄弟姉妹の皆さん，ひとつ覚えていてほしいことがあります。マララ・デーは私の日ではありません。きょうは権利を求めて声を上げたすべての女性，すべての少年少女の日です。何百人もの人権活動家やソーシャルワーカーが，その権利を言葉で主張するだけでなく，A平和，B教育，C平等という目標を達成するために日々闘っています。テロリストによって命を奪われた人々は数千人，負傷した人々は数百万人に上ります。私はその１人にすぎません。ですから私は，多くの少女たちの１人としてここに立っています。私の役割は，自分の権利を主張することではなく，声なき人々の声を伝えることにあります。それは自分たちの権利，つまり平和に暮らす権利，尊厳のある取り扱いを受ける権利，均等な機会を得る権利，教育を受ける権利を求めて闘ってきた人々に他なりません。(～中略～)

事務総長殿，教育には平和が必要です。パキスタンやDアフガニスタンをはじめ，世界各地ではEテロや戦争，紛争によって子どもたちが学校に通えなくなっています。こんな戦争はもうたくさんです。女性と子どもは世界各地で，さまざまな苦しみを抱えています。インドでは，罪のない貧しい子どもたちが児童労働の犠牲になっています。ナイジェリアでは多くの学校が破壊されました。アフガニスタンの人々は数十年間にわたり，過激主義に苦しめられてきました。幼い女の子たちが家事労働に使われ，早婚を強いられています。貧困，無知，不正，F人種主義，そしてG基本的権利の剥奪《はくだつ》は，男性にとっても女性にとっても重大な問題です。

親愛なる仲間の皆さん，私はきょう，女性の権利と女児の権利を中心にお話ししています。それは女性が最も大きな苦しみを抱えているからです。女性の社会活動家たちはかつて，女性の権利のために立ち上がるよう男性に求めていました。しかし今度は，私たちが自ら立ち上がる番です。男性に女性の権利の代弁をやめるよう求めているのではありません。女性が独立し，自力で闘うことが大事だと言っているのです。(～中略～) 私たちはすべてのコミュニティに対し，寛容の心でカースト，信条，宗派，人種，宗教，ジェンダーによる偏見を拒絶するよう呼びかけます。それはまた，女性の自由と平等を確保し，豊かな暮らしを送れるようにすることでもあります。半数の人間が抑圧されている世の中が，うまく行くはずなどないからです。私たちは全世界の姉妹の皆さんに対し，勇気を持って自分の強さを認め，その能力を最大限に発揮するよう呼びかけます。(～中略～) １人の子ども，１人の教師，１冊の本，そして１本のペンが，世界を変えられるのです。教育以外に解決策はありません。教育こそ最優先です。

(国際連合広報センターホームページより)

(1) 下線部Aについて，日本国憲法第９条には，次のように記されている。空欄X・Y・Zにあてはまる語句の組み合わせとして最も適当なものを，次のページの**ア**から**エ**までの中から選んで，そのかな符号を書きなさい。

① 日本国民は，正義と秩序を（　X　）とする国際平和を誠実に（　Y　）し，国権の発動たる戦争と，武力による威嚇《いかく》又は武力の行使は，国際紛争を解決する手段としては，永久にこれを放棄する。

② 前項の目的を達成するため，陸海空軍その他の戦力は，これを（　Z　）しない。国の交戦権は，これを認めない。

ア X　基調，Y　希求，Z　保持　**イ** X　希求，Y　基調，Z　保持

ウ X　保持，Y　希求，Z　基調　**エ** X　基調，Y　保持，Z　希求

(2)　下線部Bについて，日本における教育に関して述べた文として誤っているものを，次の**ア**から**エ**までの中から選んで，そのかな符号を書きなさい。

ア　国民には，生存権とともに，教育を受ける権利，勤労の権利，労働基本権が社会権として保障されている。

イ　教育を受ける権利は，人間らしい豊かな生活を送るために教育は不可欠である，という考えに基づいて保障されている。

ウ　現在，義務教育となっている小学校及び中学校では教科書が無償となっており，教育によって社会で必要とされる能力を身につけ，実質的な平等が広まることが期待されている。

エ　日本国憲法では，国民の義務として三つを定めており，その一つが普通教育を受ける義務である。

(3)　下線部Cについて，日本国憲法に記されているもので，平等権に含まれる自由権の中で，生命・身体の自由にあたらないものを，次の**ア**から**カ**までの中から選んで，そのかな符号を書きなさい。

ア　奴隷的拘束及び苦役からの自由　**イ**　法定手続の保障

ウ　逮捕，拘禁などに対する保障　**エ**　拷問及び残虐刑の禁止

オ　刑事被告人の権利　**カ**　居住・移転及び職業選択の自由

(4)　下線部Dに関連して，次の資料は，外務省による後発開発途上国（LDC）についてまとめたものである。これらに関して述べた文として誤っているものを，次のページの**ア**から**エ**までの中から選んで，そのかな符号を書きなさい。

1　定義

国連開発計画委員会（CDP）が認定した基準に基づき，国連経済社会理事会の審議を経て，国連総会の決議により認定された特に開発の遅れた国々。3年に一度LDCリストの見直しが行われる。

2　基準（2021年）

以下3つの基準を満たした国がLDCと認定される。ただし，当該国の同意が前提となる。

(1)　一人あたり国民総所得（GNI）（3年間平均）：1,018米ドル以下

(2)　HAI（Human Assets Index）：人的資源開発の程度を表すために国民開発政策委員会（CDP）が設定した指標で，栄養不足人口の割合，5歳以下乳幼児死亡率，妊産婦死亡率，中等教育就学率，成人識字率を指標化したもの。

(3)　EVI（Economic Vulnerability Index）：外的ショックからの経済的脆弱《ぜいじゃく》性を表すためにCDPが設定した指標。人口規模，地理的要素，経済構造，環境，貿易のショック，自然災害のショックから構成。

3　現在のLDC（2022年8月現在）

以下の46か国。

・アフリカ(33)：

アンゴラ（2024年に卒業予定），ベナン，ブルキナファソ，ブルンジ，中央アフリカ，チャ

ド，コモロ，コンゴ民主共和国，ジブチ，エリトリア，エチオピア，ガンビア，ギニア，ギニアビサウ，レソト，リベリア，マダガスカル，マラウイ，マリ，モーリタニア，モザンビーク，ニジェール，ルワンダ，サントメ・プリンシペ（2024年に卒業予定），セネガル，シエラレオネ，ソマリア，南スーダン，スーダン，トーゴ，ウガンダ，タンザニア，ザンビア

・アジア(9)：

アフガニスタン，バングラデシュ，ブータン（2023年に卒業予定），カンボジア，ラオス，ミャンマー，ネパール，イエメン，東ティモール

・大洋州(3)：

キリバス，ソロモン諸島（2024年に卒業予定），ツバル

・中南米(1)：

ハイチ

（外務省ホームページより）

ア　日本は，政府開発援助（ODA）では世界でトップクラスの支出を行っている。

イ　開発協力は国際機関や政府の行う援助活動ばかりではなく，非政府組織（NGO）や一般市民が国境を越えて連携している。

ウ　経済的に豊かな先進国が西側に多く，開発途上国が東側に多かったことから，東西問題と呼ばれている。

エ　近年アフリカでは，アフリカ連合（AU）が紛争や貧困の解消に努めている。

(5)　下線部Eについて，次の図にある紛争や反政府運動などが起きた年が最も古いものを，図の中のアからエまでの中から選んで，そのかな符号を書きなさい。

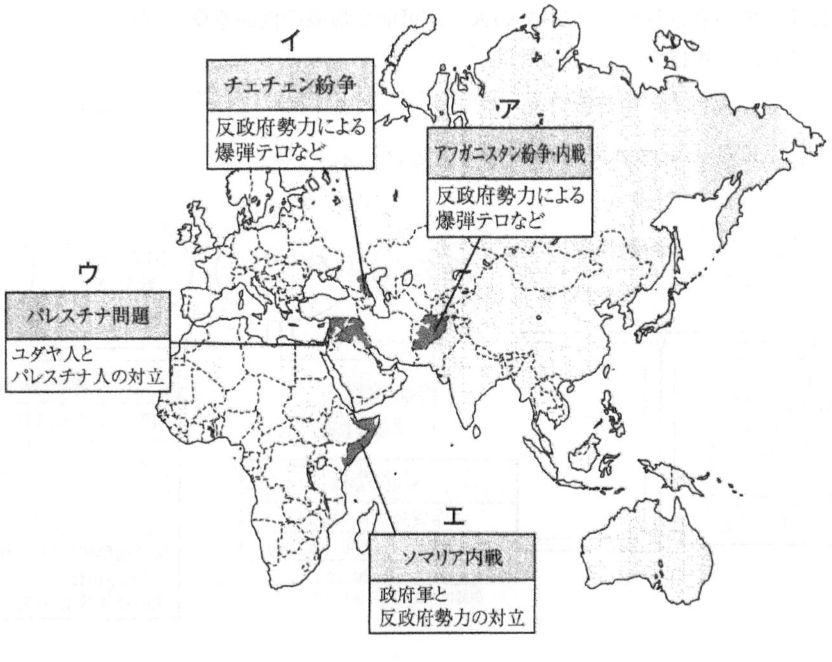

(6) 下線部Ｆについて，人権に関する主な条約として，日本が批准した年が最も新しいものを，次のアからオまでの中から選んで，そのかな符号を書きなさい。

ア　女子差別撤廃条約
イ　国際人権規約
ウ　児童（子ども）の権利に関する条約
エ　障害者の権利に関する条約
オ　難民の地位に関する条約

(7) 下線部Ｇについて，日本国憲法では，「基本的人権の尊重」「国民主権」「平和主義」を三大原則としており，この中の「国民主権」の原則に基づき，憲法改正の手続きが厳格に定められている。憲法改正の手続きを述べた文として正しいものを，次のアからエまでの中から選んで，そのかな符号を書きなさい。

ア　憲法改正の発議には，各議院の総議員の３分の２以上の賛成が必要であり，発議を受けて行われる国民投票では，有効投票の過半数の賛成が必要である。
イ　憲法改正の発議には，各議院の総議員の過半数の賛成が必要であり，発議を受けて行われる国民投票では，有効投票の３分の２以上の賛成が必要である。
ウ　憲法改正の発議には，衆議院の総議員の３分の２以上の賛成が必要であり，発議を受けて行われる国民投票では，有権者の過半数の賛成が必要である。
エ　憲法改正の発議には，衆議院の総議員の過半数の賛成が必要であり，発議を受けて行われる国民投票では，有権者の３分の２以上の賛成が必要である。

(8) 次の図は，マララ・ユサフザイさんがスピーチをおこなった国際連合（UN）についてのものである。図中にある［Ａ］にあてはまる機関は次のような目的を掲げている。

1946年，ニューヨークで開かれた国際保健会議が採択した世界保健憲章（1948年４月７日発効）によって設立された。「すべての人々が可能な最高の健康水準に到達すること」（憲章第１条）を目的に掲げている。

（外務省ホームページより）

この機関の名称をアルファベット３文字で答えなさい。

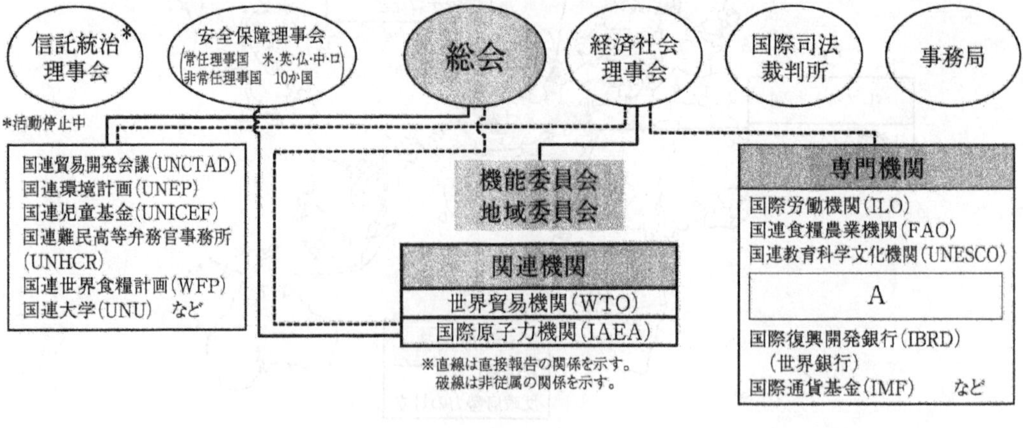

3　次の地形図は，国土地理院刊行のものを２万５千分の１に縮尺したものである。この地形図を見て，あとの(1)から(5)までの問いに答えなさい。

（編集の都合により95％に縮小してあります。）

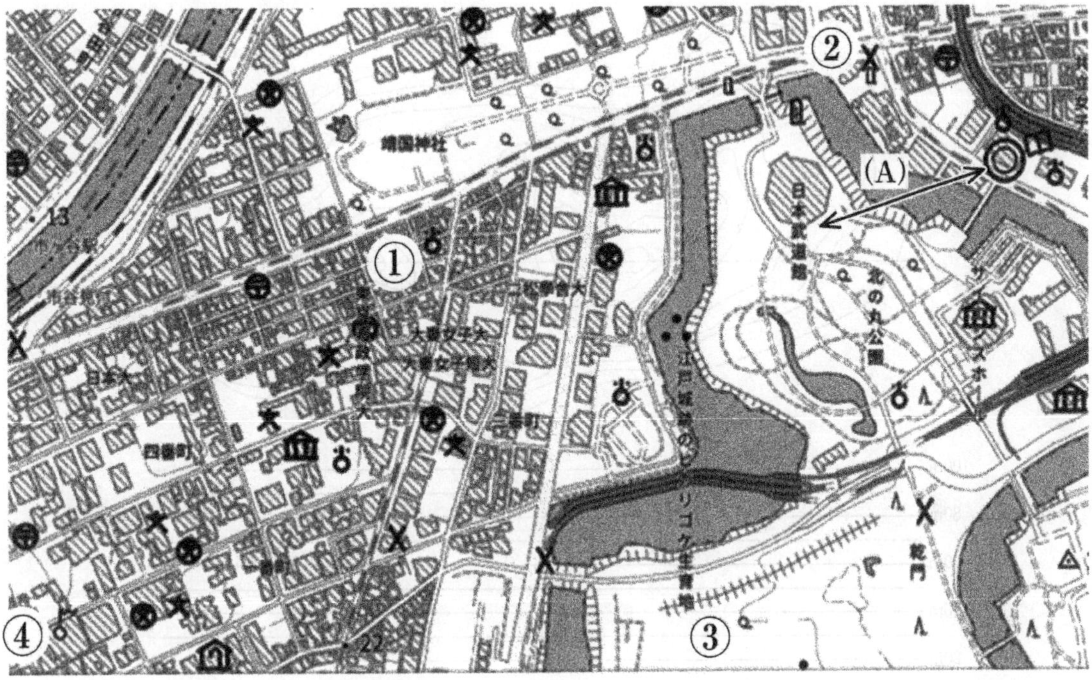

(1)　図中にある①から④までの地図記号の組み合わせとして最も適当なものを，次の**ア**から**エ**までの中から選んで，そのかな符号を書きなさい。

ア　①　保健所，　②　消防署，　③　針葉樹林，　④　発電所

イ　①　官公署，　②　交番，　③　広葉樹林，　④　電波塔

ウ　①　果樹園，　②　税務署，　③　針葉樹林，　④　気象台

エ　①　記念碑，　②　警察署，　③　広葉樹林，　④　裁判所

(2)　図中にあるＡの距離は2.5㎝であった。実際の距離として最も適当なものを，次の**ア**から**エ**までの中から選んで，そのかな符号を書きなさい。

ア　625m　　**イ**　1.5㎞　　**ウ**　3.2㎞　　**エ**　4.8㎞

(3)　次の地形図には，土地の起伏を表すために，地形と同じ高さのところを線で結んだ等高線が描かれている。この図上にある直線ｘｙの断面図として正しいものを，後の**ア**から**エ**までの中から選んで，そのかな符号を書きなさい。

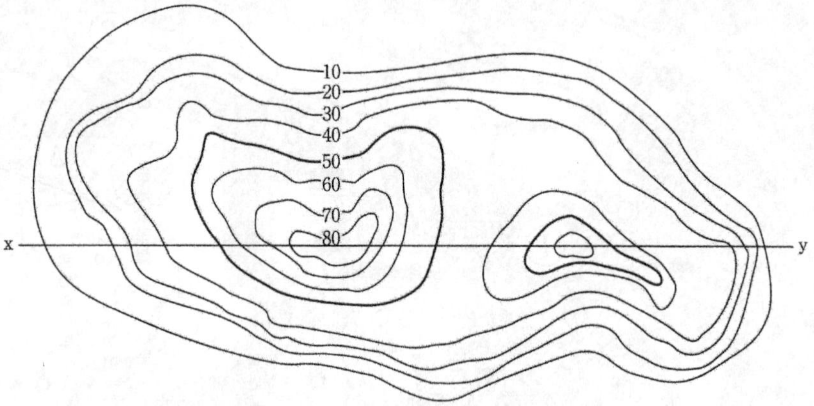

ア

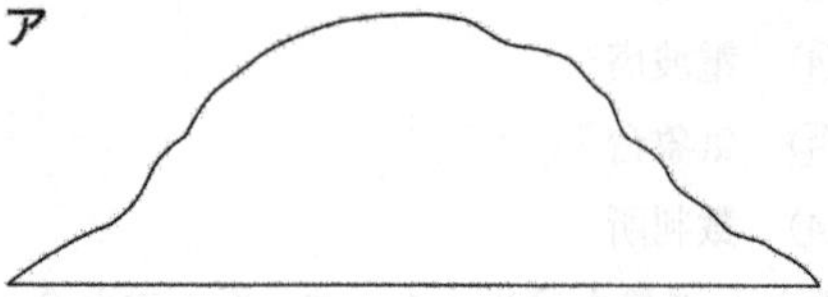

イ

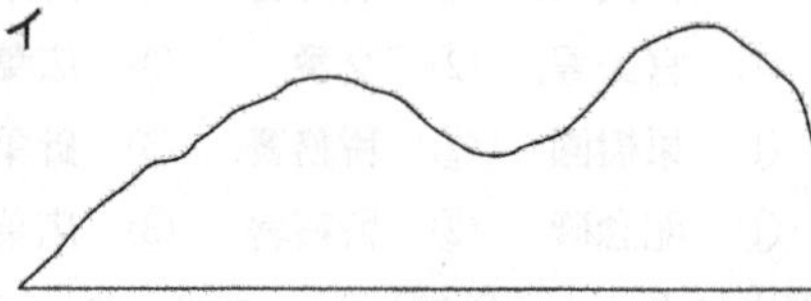

ウ

エ

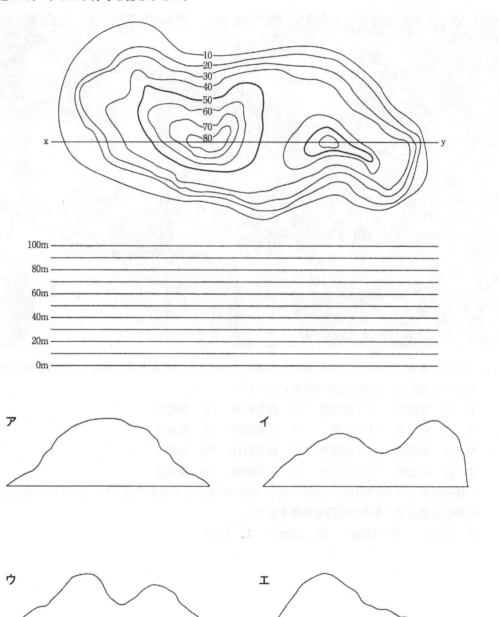

4　次の雨温図ＡからＦと気候区ⅠからⅣの文の組み合わせとして最も適当なものを，次の**ア**から**オ**までの中から選んで，そのかな符号を書きなさい。

A
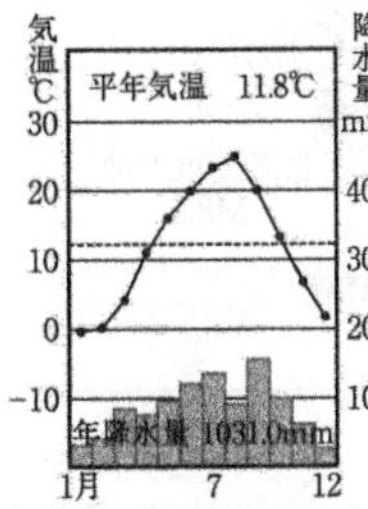

B
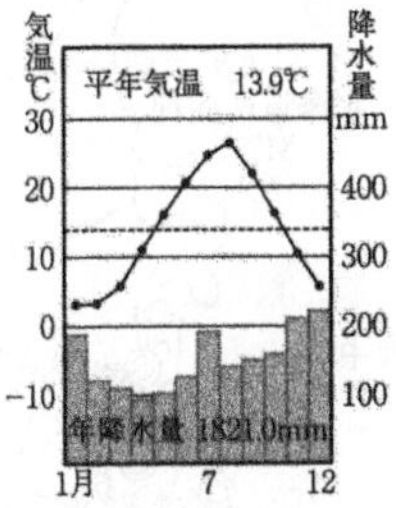

C
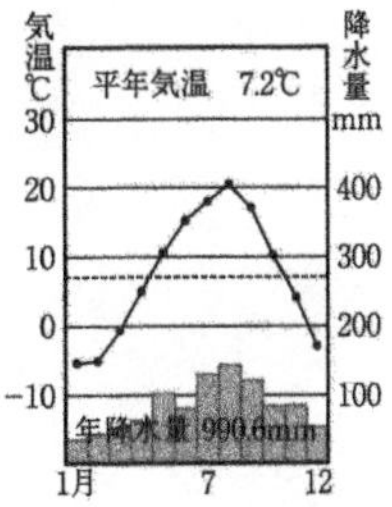

D
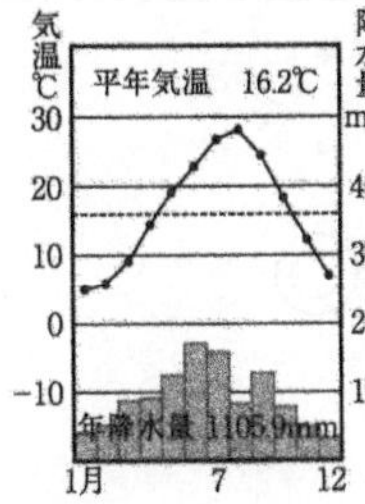

E
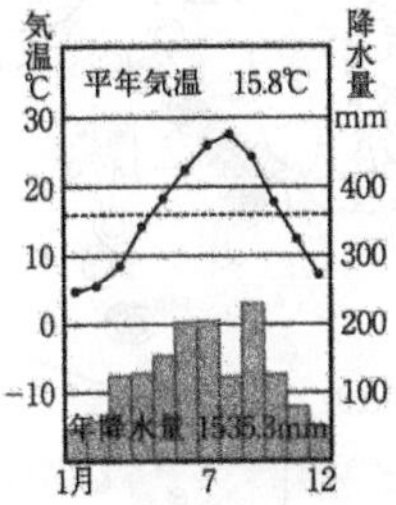

F
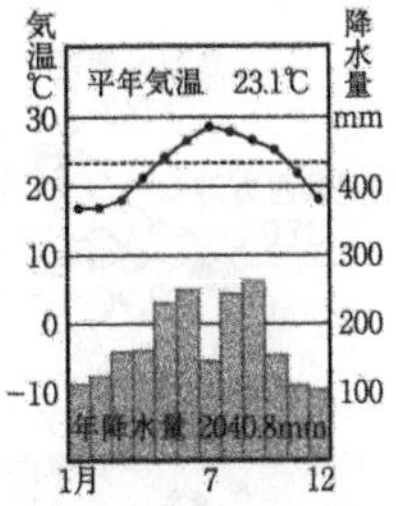

Ⅰ　この地域の気候は，冬の季節風が中国山地に，夏の季節風が四国山地に遮られるため，１年中温暖で降水量が少ないのが特徴である。

Ⅱ　この地域の気候は，１年を通して雨が多く，台風の通り道にあるため，秋の降水量も多いことが特徴である。夏の気温は本州とそれほど変わらないが，沿岸に黒潮が流れていて冬でも温暖である。

Ⅲ　この地域の気候は，冬は季節風の風下となるため晴天の日が多く，夏は太平洋から湿った季節風によって雨が多い気候である。

Ⅳ　この地域の気候は，海から離れているため季節風によって運ばれる水分が少なく，１年を通して降水量の少ない気候である。加えて，夏と冬の気温差，昼と夜の気温の差が大きいことが特徴である。

Ⅴ　この地域の気候は，冬に雪が多いことが特徴である。これは，大陸から吹いてくる北西の季節風が，日本海を渡るときに水分を含んで雲をつくり，日本の山地にぶつかって雪を降らせるためで，夏には南東の季節風の風下となるため，乾燥する。

Ⅵ　この地域の気候は，全般的に冷涼で，特に冬の寒さが厳しい気候である。この地域には梅雨がなく，１年を通して降水量が少ないという特徴がある。

ア　Ａ－Ⅴ，　Ｂ－Ⅰ，　Ｃ－Ⅲ，　Ｄ－Ⅳ，　Ｅ－Ⅱ，　Ｆ－Ⅵ

イ　Ａ－Ⅳ，　Ｂ－Ⅴ，　Ｃ－Ⅵ，　Ｄ－Ⅰ，　Ｅ－Ⅲ，　Ｆ－Ⅱ

ウ　Ａ－Ⅱ，　Ｂ－Ⅵ，　Ｃ－Ⅳ，　Ｄ－Ⅲ，　Ｅ－Ⅰ，　Ｆ－Ⅴ

エ　Ａ－Ⅳ，　Ｂ－Ⅰ，　Ｃ－Ⅵ，　Ｄ－Ⅲ，　Ｅ－Ⅴ，　Ｆ－Ⅱ

オ　Ａ－Ⅵ，　Ｂ－Ⅲ，　Ｃ－Ⅴ，　Ｄ－Ⅱ，　Ｅ－Ⅳ，　Ｆ－Ⅰ

5　次の図は，日本の主な火山と地震の震源地を示したものである。この図を見て，あとの(1)から(4)までの問いに答えなさい。

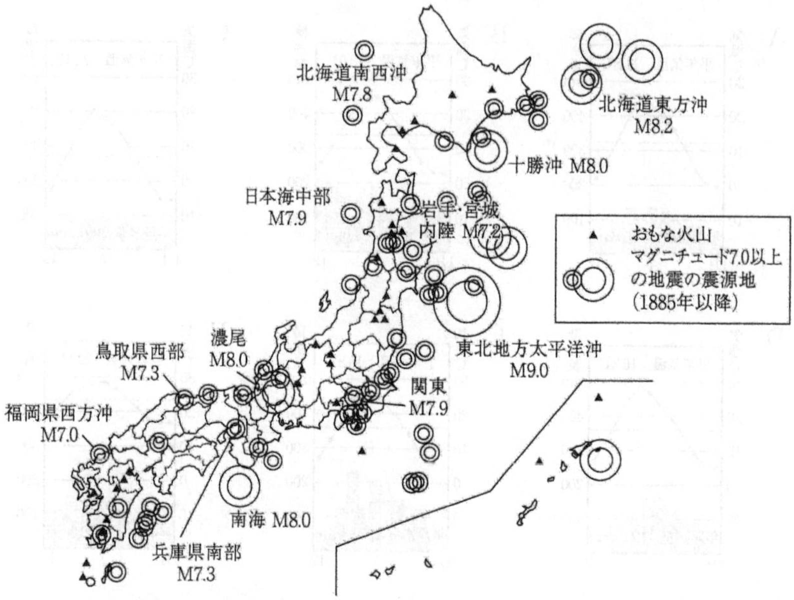

(1)　図中にある活火山の中で，1990年から1995年にかけて噴火し，火砕流などで大きな被害をもたらした活火山として最も適当なものを，次の**ア**から**オ**までの中から選んで，そのかな符号を書きなさい。

ア　桜島　　**イ**　伊豆大島火山　　**ウ**　浅間山　　**エ**　富士山　　**オ**　雲仙岳

(2)　次の文は，地震の発生メカニズムをまとめたものである。AからDに入ることばの組み合わせとして最も適当なものを，次の**ア**から**エ**までの中から選んで，そのかな符号を書きなさい。

地震の種類は主に２つに分けられる。 ①　プレートの境界付近で発生する（　A　）地震である。（　B　）地震のような巨大地震はこれにあたる。 ②　プレート内部の岩盤に生じた亀裂（活断層）がずれ動くことで発生する（　C　）地震である。（　D　）地震のような巨大地震はこれにあたる。

ア　A　海溝型，　B　東北地方太平洋沖，　C　直下型，　D　兵庫県南部
イ　A　直下型，　B　東北地方太平洋沖，　C　海溝型，　D　兵庫県南部
ウ　A　海溝型，　B　兵庫県南部，　C　直下型，　D　東北地方太平洋沖
エ　A　直下型，　B　兵庫県南部，　C　海溝型，　D　東北地方太平洋沖

(3)　次のページの図のEに入ることばは，ラテン語で「大きな溝」という意味であり，地盤の割れ目がずれ動いた状態である断層が集まっている。このことばをカタカナで答えなさい。

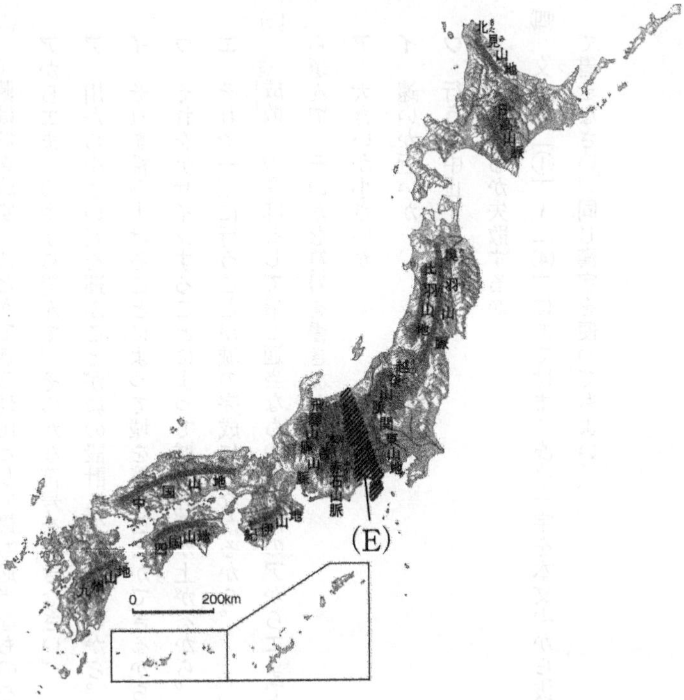

⑷　次の図は，日本列島を７つの地方に区分したものである。中部地方に属する県の数として最も適当なものを，次の**ア**から**オ**までの中から選んで，そのかな符号を書きなさい。

ア　6　　**イ**　7　　**ウ**　8　　**エ**　9　　**オ**　10

ア　大きな垂れ幕をつくることができる。
イ　大きな垂れ幕をつくるだろう。
ウ　大きな垂れ幕を私がつくろう。
エ　大きな垂れ幕をつくるべきだ。

(二)　②菓は城を成す　ことができる理由として最も適当なものを、次のアからエまでの中から選んで、そのかな符号を書きなさい。
ア　川から小さい石を運ぶことが城の設計に欠かせないから。
イ　それを積み上げることによって城を築くことができるから。
ウ　それをデザインすることによって城の評判が上がるから。
エ　それで一気に行うことが城の完成につながるから。

(三)　③成敗　の意味として最も適当なものを、次のアからエまでの中から選んで、そのかな符号を書きなさい。
ア　大きいか小さいか
イ　遠いか近いか
ウ　行うか中止するか
エ　成功するか失敗するか

(四)　文中の［①］～［④］にあてはまる漢字一字を本文中から抜き出して書きなさい。同じ漢字を使ってもよい。

い出し、自分のペースでどんどん調理していくから。

イ　一学年上の増淵くんが容姿端麗・文武両道で自分が好きになってもどう考えても釣り合わないと思えてしまったから。

ウ　一学年上の増淵くんの彼女の存在を知り、自分と比較したときに、到底かなわない自分が嫌になってしまったから。

エ　自分が進んで始めたダイエットだったが、栄養管理をしすぎて偏った味ばかりとなり、味覚がわからなくなったから。

(六)　次の**ア**から**オ**までは、この文章を読んだ生徒五人が要約を述べ合ったものである。その内容が本文に書かれていることに近いものを一つ選び、そのかな符号を書きなさい。

ア　（Aさん）　ピザ作りの過程で五感を刺激して妹にできたてのピザを食べてもらおうとした、年の離れたお兄さんの作戦が功を奏して妹が過激なダイエットをやめたという、涙ぐましい兄妹の物語でした。

イ　（Bさん）　両親が離婚して家の中で孤独を感じていたために拒食症になった妹を心配して兄が帰省し、自分と一緒にピザを作ることで妹の気持ちを紛らせようとする、心にしみるお話でした。

ウ　（Cさん）　年の離れた妹が食事をとらなくなり、友人に相談してアドバイス通りに二人で料理をしたら、思いがけないダイエットの理由がわかり、兄妹の絆も深まったというお話でした。

エ　（Dさん）　実家で引きこもる妹を心配して帰省した兄が、妹と一緒に料理をしてみたが、妹に心を開いてもらえず、魅力も引き出せず、散々な休暇になってしまったというお話でした。

オ　（Eさん）　調理師を目指している兄が、実家で食事をしなくなった妹のために帰省し、腕をふるって妹の好物を作り、精一杯励まそうとする、兄から妹への愛情がたくさんつまった物語でした。

四　次の漢文（書き下し文）を読んで、あとの(一)から(四)までの問いに答えなさい。（本文の点線部の左側は現代語訳です。）

針を先にして縷《る》［糸］を後にすれば、①以《もっ》て帷《ゐ》［垂れ幕］を成《な》す可《べ》し。縷を先にして針を後にすれば、以て衣《ころも》を成す可からず［作ることができない］。針は幕を成し、②蔂《ら》は城を成す。事の③成敗《せいばい》は、必ず小由《よ》り生ず。漸《ぜん》［だんだん］有るを言ふなり。染《そ》むる者、青を先にして黒を後にすれば則《すなは》ち可《か》なり。黒を先にして青を後にすれば則ち不可なり。工人《こうじん》、漆《うるし》を「　①　」にして丹を「　②　」にすれば則ち可なり。丹を「　③　」にして漆を「　④　」にすれば則ち不可なり。萬事《ばんじ》［あらゆること］此《か》くの由《ごと》く、先後《せんご》上下する所は、審《つまびら》か［ことごとこまか］にせざる可からず。

（『淮南子《えなんじ》』より）

（注）　○蔂＝もっこ。土を盛った籠。

(一)　①以て帷を成す可し　の意味として最も適当なものを、次の**ア**から**エ**までの中から選んで、そのかな符号を書きなさい。

ニングテーブルに着く。菜摘はピザをじっと見おろしている。ごくんと唾を飲みこむ音が、尚哉にも聞こえた。いただきます。ちいさくつぶやくと、菜摘はピザを手に取った。

「あち、あち、あち」口の端にトマトソースをつけて菜摘が言う。尚哉も手を伸ばした。あつあつのそれを口に入れると、さくっとした生地と、トマトソースの適度な酸っぱさ、三種のチーズの濃厚な味が、口いっぱいに広がった。

「うんめー」思わず言った。

「ピザって作れるんだね、しかもかんたんに。びっくりしたね」菜摘は言う。が、尚哉は思う。まだ肝心な言葉を聞いていない。

「味、思い出したか」尚哉は訊《き》いた。

菜摘はひとつちいさくうなずくと、「おいしい」と言い、照れくさそうに笑った。

よっしゃ。尚哉は心の内でガッツポーズを作る。そして口には出さず、ちいさな妹に話しかける。

菜摘。その彼女ってのがどんなか知らないけど、おまえだって、すんげーきれいだよ。モデルとは言わないまでも、おいしいと笑う菜摘は、だれが見ても魅力的だと思うよ。

（角田光代《かくたみつよ》『彼女のこんだて帖《ちょう》』による）

(一) ①姑息な技　とあるが、その説明として最も適当なものを次の**ア**から**エ**までの中から選んで、そのかな符号を書きなさい。

ア　ダイエットに有効で、かつおいしい料理を作って食べさせる作戦。

イ　ホームパーティで葉山さんが出した料理を作ってもらい食べさせる作戦。

ウ　健康に良い食材だけを使って料理を作り食べさせる作戦。

エ　昔ママが作ってくれたピザパンを再現して食べてもらう作戦。

(二) ②効力　とあるが、これを「**A**に**B**せることができる力」に言い換えたとき、**A**と**B**にあてはまる語を本文中から抜き出して答えなさい。ただし**A**は二字、**B**は五字とする。

(三) ③さもしく　の意味として最も適当なものをそれぞれ次の**ア**から**エ**までの中から選んで、そのかな符号を書きなさい。

ア　気が違ったように　　**イ**　心がとても汚く下品に

ウ　邪魔に感じられて　　**エ**　ぞっとするほど気味悪く

(四) ④尚哉はなんだか泣きたくなった　とあるが、その理由として最も適当なものを次の**ア**から**エ**までの中から選んで、そのかな符号を書きなさい。

ア　自分の指示通りに調理作業ができない妹の菜摘は、ダイエットで体力が落ちてしまい、いくら言っても仕方がないと思えたから。

イ　懸命にちいさな手で生地を練る妹を見ているうちに、幼少時代の健康で幸せに食べられていた頃の記憶がよみがえってきたから。

ウ　妹の様子が心配で帰省したが、調理を一緒にしてもなかなか心を開いてくれない妹の菜摘の心の闇を悲しく思ったから。

エ　今はほとんど食べなくなってしまった妹が、幼い頃は母の手作りパンをおいしく食べていたことを思い出したから。

(五) ⑤ごほんの味、しなくなった　とあるが、そのようになった理由として最も適当なものをそれぞれ次の**ア**から**エ**までの中から選んで、そのかな符号を書きなさい。

ア　予告もなく突然帰省した兄が自分を巻き込んでピザを作ろうと言

葉山ちかげにもらったメモを冷蔵庫にはりつけて、手順通り、強力粉と薄力粉、ドライイースト、砂糖と塩をまぜていく。物珍しげに眺めている菜摘に、「おまえ、やってみろ」尚哉はボウルを渡した。「えー、やだよ、手が汚れる」菜摘は唇を尖《とが》らせる。

「じゃ、トマトソース作れ。まずオリーブオイルでにんにくを炒めて……」尚哉が説明をはじめると、「じゃ、こねるほうがいい」菜摘はしぶしぶ言い、手を洗った。

父と母は、邪魔しないほうがいいと察したのか、台所には入ってこなかった。家のなかはしんとしている。菜摘が力を入れるたび、ボウルがかたかた鳴る音だけが響いた。尚哉は鍋を熱し、オリーブオイルでにんにくを炒め、トマト缶を開ける。煮詰めればトマトソースができあがる。鍋のなかのホールトマトを潰しながら、尚哉はちらちらと妹を見る。ちいさな手で、懸命に生地を練っている。

「これ、本当にピザになるのかなあ」ぽつりとつぶやく。

「ビーフシチュウにはなんないだろうなあ」尚哉が言うと、菜摘は笑った。ずいぶんひさしぶりに見る妹の笑顔だった。

「耳たぶのかたさになったら、少しねかすぞ」それを聞くと、菜摘は片手を洗い、真顔で自分の耳たぶを触っている。④尚哉はなんだか泣きたくなった。おにいちゃん、ママにピザパンもらったからわけっこしよう。そう言って尚哉の部屋のドアから顔をのぞかせたちいさな妹。いいよ、おまえピザのパン好きだろ、ひとりで食べろよ。えー、いいの？　じゃあ食べるところ見せてあげる。わざとらしく目の前に顔を突き出して、大きな口を開け、パンに食らいついていた菜摘。

ダイニングテーブルに新聞紙、その上にオーブンシートを広げ、小麦粉をぱらぱらとまく。練った生地を二等分して、ひとつずつ、のばしていく。菜摘は真剣な顔で、めん棒を使う兄を見ている。きれいな円にはならず、どうやっても四角くなってしまう。

「私なら、うまくできるかも」菜摘は立ち上がってめん棒を手にする。

「けっこう力がいるね」今度は尚哉が菜摘の手元を眺めた。

「好きな人いたんだ」ふいに菜摘が言った。消え入るようなちいさな声で。

「一学年上の、増淵《ますぶち》くんって人。内緒だよ。おにいちゃんだけに言うんだから。その人、でも、彼女がいてさ。その彼女ってのが、すんげーきれいなの。モデルみたい。すらっと脚長くて、おなかなんかぺたんこ」

確かに菜摘のピザはきちんと丸くなる。やっぱり好物はうまく作れるのだろうかと尚哉は思う。

「告《こく》るとかつきあうとかあり得ないけど、なんか、その彼女さん見てたら、超自己嫌悪。私もきれいになれば、話くらいしてもらえるかなって考えてたら、⑤ごはんの味、しなくなった」

オーブンの電子音が鳴り、予熱が完了したことを知らせる。

「よし、菜摘、その丸いほう先に焼こう。急げ」尚哉はピザ台を鉄板にのせ、トマトソースを塗り、菜摘とともに、モッツァレラ、コーダ、ゴルゴンゾーラとチーズを大量にばらまいていく。具をのせようとすると、チーズだけでいいと菜摘が言うので、そのままオーブンに入れた。七分にタイマーをセットする。菜摘は子どものころのように、オーブンのなかをのぞきこんでいる。

できたて、あつあつのピザをピザカッターで切り、菜摘と二人、ダイんで、そのかな符号を書きなさい。

ドローンを遠［ ③ ］操作して配達する。

ア 覚　イ 隔　ウ 確　エ 各

三　次の文章を読んで、あとの㈠から㈥までの問いに答えなさい。

年の離れた尚哉《なおや》の妹は、現在高校二年生である。夏から急にダイエットをはじめたらしく、まったくといっていいほど食事をとらない。豚カツも鯵《あじ》フライも残し、つけあわせのキャベツだけ食べる。弁当はそっくりそのまま持って帰る。盆に帰省したとき、尚哉も見た。妹の菜摘《なつみ》は確かに、生野菜かりんごしか口にしなかった。そんな状態が、母親によればもう三ヶ月も続いているらしい。

「それで、こないだのホームパーティに呼んでもらったとき、葉山さんの料理があまりにもおいしかったんで、この人なら、何か、ダイエットに有効で、かつおいしい料理を知っているんじゃないかと思いまして」尚哉は思いきって言った。ちかげはちらりと尚哉を見、運ばれてきたチヂミを頬張り、「おいひーい」と顔をゆるめ、しかしすぐに厳しい顔つきで尚哉を見、「だめ、そんなの」と言った。「だめだ、そんな①姑息《こそく》な技。あのね、食べものってのはね、おいしーい、って思って食べなきゃいけないの。痩せようと思って食べるとか、まずいと思いながら食べるとか、健康にいいって理由だけで食べるとか、そんなのだめだめ。食べものの神さまが怒って、絶対に仕返ししてくんの。病気でもないのに高校生がダイエット食なんか食べてたら、貧相な顔になるよ、惨めよ、大人になって欠食児童みたいな顔してんのは」

「じゃああの、どうすれば」

「その子の好物って何？」ちかげは、焼けた肉を尚哉の皿にも入れる。

「ぼくが覚えているのは、ピザとかドリアとか」

「ピザ！　それ、いい、いい。あのね、ピザをその子に作らせなさい。もしくはあなたが一緒に作りなさい。かんたんな作り方を教えるから。料理してるとおなかも減る。自分で作ればその料理が魔法みたいにぽんと出てくるものじゃないってわかる。自分で作ればなんだっていとしいし、おいしい。ダイエット食なんて姑息なものより、自分で作った好物のほうが絶対に②効力あるよ。ねえ、食べないの？　こーんなにおいしいのに。全部食べちゃうよ？」

いらいらと言うちかげを、尚哉はもはや崇拝の視線で眺めている。

十四歳年下の菜摘は、尚哉にとって、妹というより子どもに近かった。喧嘩《けんか》をしたこともない菜摘を、尚哉は未だに赤ん坊のように思っている。おにいちゃん、おにいちゃんと、ぴったりあとをついてくるちいさな妹。頬のふっくらしていた彼女が、げっそりとこけ、乾燥した湯葉みたいな肌をしているのは、尚哉には耐え難くつらいことだった。しかも、つけあわせの野菜だけもそもそ食べている菜摘は、尚哉から見ても、何か凄絶なほど③さもしく見えた。不思議なことに、食べないという行為は、本来隠しておくべき欲望が、剝《む》き出しになっているような印象を与えた。

盆暮れでもないのに突然（スーパーの袋を両手に提げて）帰省した兄を、家族はびっくりして迎えた。菜摘、今からピザ作るぞ。命令口調で言うと、菜摘はぽかんとした顔のまま、それでもおとなしく兄について台所に入ってきた。

(六) [⑤] にあてはまるものを、次の**ア**から**エ**までの中から選んで、そのかな符号を書きなさい。

ア 少し条件の悪いところにこそ、チャンスはあるのだ。

イ 変化する環境に対応して自らも変化することが重要なのだ。

ウ 一つの場所に二つのピースが入ることはないのだ。

エ 競争になれば弱者は追い出されるのだ。

(七) ⑥ナンバーワン以外の生物はどうすれば良いのか？ の答えに当たる部分を本文中から三十五字以内で抜き出して、始めと終わりの三字を書きなさい。ただし、句読点も一字に数えるものとする。

(八) 次の一文が本文から抜いてある。この一文が入る最も適当な箇所を、本文中の〈1〉から〈4〉までの中から選んで、その番号を書きなさい。

だとすればナンバーワンになれるニッチを何が何でも探すしかない。

(九) 次の**ア**から**オ**は、この文章を読んだ生徒五人が意見を述べ合ったものである。その内容が本文に書かれていることに近いものを二つ選んで、そのかな符号を書きなさい。

ア （Aさん） ニッチとは、小さなマーケットとマーケットの間にある大きなマーケットを意味して使われることが多いとありました。ニッチは、もともとは生物学で使われていた言葉がマーケティング用語として広まったことがわかります。

イ （Bさん） 絶滅危惧種である動物にもニッチはあるし、個体数が少ない小動物や単純でつまらない存在に見える動物にもニッチがあると思います。空を飛べない鳥でも足が速いということがニッチになることがわかります。

ウ （Cさん） SMAPのヒット曲「世界に一つだけの花」では、「№1にならなくてもいい もともと特別なOnly one」と歌っていますが、アフリカのサバンナでも同じで、小動物でもオンリーワンになれば生き残れるということがわかります。

エ （Dさん） ナンバーワンしか生きられない自然界で多種多様な生物が共存しているように見えますが、実は生存競争に勝った大型動物とその餌となる動物と植物だけが存在しているということがわかります。

オ （Eさん） 生物の世界ではナンバーワンしか生き残れないと言っています。でも、それでは自然界に多種多様の生物が存在している現実が説明できません。もしかすると、生物も棲み分けをすることで共存できるということではないでしょうか。

二 次の(一)、(二)の問いに答えなさい。

(一) 次の①、②の文中の傍線部について、漢字はその読みをひらがなで書き、カタカナは漢字で書きなさい。

① 委員会新聞の編集に携わった。

② 月曜日にカネン物のゴミを出す。

(二) 次の文の [③] にあてはまる漢字をあとの**ア**から**エ**までの中から選

い。どんなに小さい場所でも、そこでは、強者を含めたすべてのライバルに勝利しなければならないのだ。

SMAPが歌うように、すべての人は「世界に一つだけの花」であり、もともとオンリーワンである。歌詞にあるように、「花屋の店先に並んだ」花であるなら、それでもいい。

しかし、自然界であれば、ナンバーワンになることのできるオンリーワンの場所を見出さなければ生き残ることはできないのだ。オンリーワンとは、自分が見出した場所のことなのである。

どんなに小さくとも、ニッチを勝ち取った生物が、この自然界を埋め尽くしている。世界のどこかの場所で、すべての生物はナンバーワンなのである。

（稲垣栄洋《いながきひでひろ》『競争「しない」戦略』による）

（注）○ルデラル＝雑草。
○示唆＝それとなく気づかせること。

㈠ [A]・[B]のそれぞれにあてはまる最も適当なことばを、次のアからエまでの中から選んで、そのかな符号を書きなさい。

ア かつて　イ しかし　ウ こうして　エ ところで

㈡ 本文の内容をふまえ、[①]にあてはまる最も適当な言葉を、漢字二字で書きなさい。

㈢ ②ルデラルの考え方は、そんなに単純なものではない とあるが、ルデラルの考え方はどのようなものか。〈4〉以降の段落を要約する形で六十字以上七十字以下で書きなさい。ただし、「ナンバーワン」「オンリーワン」「場所」の三つのことばを全て使って、「生物は……」という書き出しで書き、「……になる。」で結ぶこと。ことばはどのような順序で使ってもよろしい。

〈注意〉・句読点も一字に数えて、一字分のマスを使うこと。
・文は、一文でも、二文以上でもよい。
・次の枠を、下書きに使ってもよい。

※ 左の枠は、下書きに使ってもよろしい。ただし、解答は必ず解答用紙に書くこと。

生物は

60　70

㈣ ③ガウゼの法則 について説明している部分を本文中から二十五字で抜き出して、解答欄に合うように始めと終わりの三字を書きなさい。ただし、句読点も一字に数えるものとする。

㈤ ④ニッチの条件を分け合う について、直前のシマウマとキリンの例はどのような条件を分け合っていると言えるか。あてはまる事柄すべてを、次のアからエまでの中から選んで、そのかな符号を書きなさい。

ア 時間によるニッチ　イ 空間によるニッチ
ウ 季節によるニッチ　エ 餌によるニッチ

ナンバーワンしか生きられないということはどういうことか。たとえば、アフリカのサバンナを考えてみよう。

サバンナには、草原の草を食べるシマウマがいる。同じ草原にいるキリンは、地面に生える草ではなく、高い木の葉を食べている。

彼らにとってのニッチは、サバンナという単なる場所ではない。シマウマは「サバンナで草を食べる」というニッチを持っている。キリンは「サバンナで木の葉を食べる」というニッチを持っている。また、ライオンは、「サバンナで草食動物を食べる」というニッチを持っている。

［　A　］、④ニッチの条件を分け合うことによってサバンナという場所を共有しているのである。

サバンナにはシマウマの他にもヌーがいるし、ライオンの他にもハイエナがいるではないかと思うかもしれない。しかし、草食動物の中でもシマウマは草の先端の穂の部分を食べて、ヌーはその下の茎や葉を食べる。トムソンガゼルはさらに背丈の低い草を食べている。

同じサバンナの草食動物でも、食べる部分が異なり、ニッチをずらしているのである。ハイエナはライオンと獲物を争うこともあるが、ライオンのおこぼれに与《あずか》るという点ではナンバーワンである。

すべての生物はニッチをずらしながら、自分の居場所を確保しているのである。たとえるなら、まるでジグソーパズルのピースのように、すべての生物がニッチを奪い合いながら、生息場所を確保している。

［　⑤　］

その結果、自然界の環境は、さまざまな生物のニッチで埋め尽くされているのである。〈1〉

マーケティングの世界では、ニッチは大きなマーケットのすきまを指す。［　B　］、そもそも生物学でいうニッチはすべての生物の居場所を指す言葉である。強者も弱者もそれぞれのニッチを持つから、ニッチには大きいものもあれば、小さいものもある。

ニッチが大きいということは、ジグソーパズルの大きなピースがあるようなものだ。そのニッチを一つの種が占めると、他の種は入ることができない。〈2〉

まさにゾウリムシの実験が示したとおりだ。

それでは、⑥ナンバーワン以外の生物はどうすれば良いのか？

どんなに弱い生き物であってもナンバーワンにならなければ生き残れない。〈3〉

ニッチが広い方が生息範囲は広がる。だが、だからニッチは大きい方がいいというのは、強い生物の論理だ。

弱い生物はニッチを欲張ってはいけない。ジグソーパズルのピースは大きいよりも、できるだけ小さい方がいい。小さいピースの方がはめ込むスペースが見つかりやすいというものなのだ。

百獣の王として、サバンナでナンバーワンになることはできなくても、他の動物が寝静まった夜に行動し、シマウマもライオンも見向きもしない土の中のミミズを食べるサバンナのハリネズミのようなニッチもある。〈4〉

このように条件を小さく、細かくして、細分化されたニッチの中でナンバーワンとなるのである。

すべての生物はオンリーワンである。しかし、ナンバーワンになれない生物は生存が許されないという鉄則もある。そのため、生き残るには、どんなに小さくともナンバーワンになれる場所がなければならな

【国　語】（四五分）〈満点：一〇〇点〉

一　次の文章を読んで、あとの㈠から㈨までの問いに答えなさい。

人気グループだったＳＭＡＰのヒット曲「世界に一つだけの花」では、「№１にならなくてもいい　もともと特別なＯｎｌｙ　ｏｎｅ」と歌われている。この歌詞に対しては二つの意見があるだろう。

一つは、この歌詞で言うことはもっともだという意見である。常に競争を強《し》いられる現代社会である。しかし、ナンバーワンだけに価値があるわけではない。私たち一人ひとりは個性のある存在なのだから、それで良いではないかというものだ。

もう一つは、ナンバーワンにならなくて良いと言ってしまっては、努力することの価値がなくなってしまうのではないか。やはりナンバーワンを目指さなければならないのではないかという意見である。

どちらの意見も［　①　］あり、説得力がある。

じつは、この「世界に一つだけの花」の歌詞は、ルデラルの哲学にとって示唆《しさ》的である。

それでは、ルデラルは、ナンバーワンとオンリーワンのどちらを選ぶのだろうか。

どうやら、②ルデラルの考え方は、そんなに単純なものではないようだ。

ルデラルは弱者の戦略である。人間のマーケティングの世界では、弱者の戦略として（ニッチ（niche）」という言葉が使われる。強者のいない環境と聞いたとき、「ニッチ」という言葉を思い浮かべた方もいるだろう。

ニッチとは、大きなマーケットとマーケットの間の、すきまにある小さなマーケットを意味して使われることが多いが、この「ニッチ」は、もともとは生物学で使われていた言葉がマーケティング用語として広まったものである。

ニッチという言葉は、もともと装飾品を飾るために寺院などの壁面に設けたくぼみを意味する。しかし、やがてそれが転じて、生物学の分野で「ある生物種が生息する範囲の環境」を指す言葉として使われるようになった。生物学では、ニッチは「生態的地位」と訳されている。

一つのくぼみに一つの装飾品を飾るように、一つのニッチには一つの生物種しか住むことができないとされている。

有名なのは、生態学者ゲオルギー・ガウゼが行ったゾウリムシの実験である。

ニッチを同じくする二種類のゾウリムシを一つの水槽で飼うと、餌《えさ》を十分与えているにもかかわらず、最終的にはどちらか一方のゾウリムシだけが増殖し、もう一方のゾウリムシを滅ぼしてしまう。飼育条件によってどちらのゾウリムシが生き残るかは異なるが、両方のゾウリムシが共存することはないのである。

種類の異なる生物どうしは、このように激しく餌を奪い合い、生活空間を奪い合う。そのため、一つのニッチには一つの種しか棲《す》むことが許されない。それが③ガウゼの法則と呼ばれるものである。

ナンバーワンしか生きられない。それが自然界の厳しい掟《おきて》なのである。

しかし、自然界を見れば多種多様な生物が共存しているように見える。ナンバーワンしか生きられない自然界で、どのようにして多くの生物が存在しているのだろうか？

2023年度

解 答 と 解 説

《2023年度の配点は解答欄に掲載してあります。》

＜数学解答＞

1 (1) -30 (2) 0 (3) 240 (4) $x=1$ (5) $\mathrm{V}=\frac{4}{3}\pi r^3\left[\frac{4\pi r^3}{3}\right]$
(6) 2, 3, 5, 7 (7) $\angle x=49°$ (8) 100(円) (9) ① 6(点) ② 6(点)

2 (1) 17[18, 270, 271](通り) (2) $\frac{9}{71}$ (3) $30°$ (4) イ, エ

3 (1) (6, 3) (2) 3 (3) 9

4 (1) ア $\frac{\mathrm{BD}}{\mathrm{CD}}\left[\frac{\mathrm{DB}}{\mathrm{DC}}, \frac{\mathrm{BD}}{\mathrm{DC}}, \frac{\mathrm{DB}}{\mathrm{CD}}\right]$ イ $\frac{\triangle\mathrm{BPC}の面積}{\triangle\mathrm{APB}の面積}\left[\frac{\triangle\mathrm{BPC}}{\triangle\mathrm{APB}}, \frac{\mathrm{BPC}}{\mathrm{APB}}, \frac{\mathrm{PBC}}{\mathrm{PAB}}\right]$
ウ 1 (2) 3：4 (3) $\frac{35}{8}$(倍)

○配点○
各5点×20(1(6), 2(4), 4(1)各完答) 計100点

＜数学解説＞

基本 **1** (数式の計算, 平方根, 式の値, 2次方程式, 文字式, 素数, 平行線と角, 方程式の応用, 資料の整理)

(1) $7\times(-3)-(3-6)\times(-3)=7\times(-3)-(-3)\times(-3)=-21-9=-30$

(2) $\frac{4}{\sqrt{2}}+\sqrt{50}-\sqrt{98}=\frac{4\sqrt{2}}{2}+5\sqrt{2}-7\sqrt{2}=2\sqrt{2}+5\sqrt{2}-7\sqrt{2}=7\sqrt{2}-7\sqrt{2}=0$

(3) $x^2+8x=x(x+8)$ $x=12$を代入して, $12\times(12+8)=12\times20=240$

(4) $(x-1)(x+1)=(3x-1)(x-1)$ $(3x-1)(x-1)=(x-1)(x+1)$ $(3x-1)(x-1)-(x-1)(x+1)=0$ ここで$x+1=\mathrm{A}$とすると, $(3x-1)\times\mathrm{A}-\mathrm{A}\times(x+1)=0$ $\mathrm{A}\{(3x-1)-(x+1)\}=0$ $\mathrm{A}(3x-1-x-1)=0$ $\mathrm{A}(2x-2)=0$ $2\mathrm{A}(x-1)=0$ 置きもどして$2(x-1)(x-1)=0$ $x=1$

(5) $\mathrm{V}=r^3\times\pi\times\frac{4}{3}=\frac{4}{3}\pi r^3$ または$\mathrm{V}=r^3\times\pi\times\frac{4}{3}=\frac{4\pi r^3}{3}$

(6) 10以下の素数とは, 1とその数自身でしかわりきれない10以下の整数なので, 2, 3, 5, 7

(7) 右図のように, 直線ℓ, mに平行で各頂点を通る直線a, bをつくると, 平行線の錯角が等しいことから, 各部の角度は右図のように決まる。このとき, $\angle x$の大きさは直線b上の$24°$と$25°$の和となるので, $\angle x=24°+25°=49°$

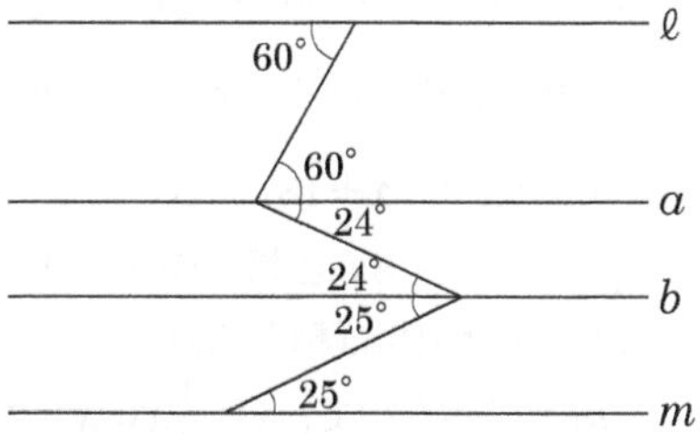

(8) りんご1個の値段をx円, みかん1個の値段をy円とする。りんご3個, みかん4個を買うと540円なので, $3x+4y=540$…① りんご4個, みかん7個を買うと820円なので, $4x+7y=820$…② ①の両辺を7倍して$21x+28y=3780$…③ ②の両辺を4倍して$16x+28y=3280$…④ ③の両辺から④の両辺をひいて, $5x=500$ $x=100$ よって, りんご1個の値段は100円

(9) ① $(8+9+3+4+7+6+6+1+10+6)\div10=6$ よって, 10人の点数の平均値は6点となる。 ② 点数ごとの人数は, 0点が0人, 1点が1人, 2点が0人, 3点が1人, 4点が1人, 5点が0人,

6点が3人，7点が1人，8点が1人，9点が1人，10点が1人となる。よって，10人のテストの点数のモードすなわち最頻値は6点となる

2 (複数硬貨と支払える金額，規則性，円と弧と角，一次関数の性質)

重要 (1) 本問は，お釣りをもらうことを考えに入れないか入れるかで解答が異なる。お釣りをもらうことを考えに入れず，5枚の硬貨で作れる支払い金額だけを挙げる場合，硬貨5枚を使うとき，270円の1通り。硬貨4枚を使うとき，10円，50円，100円のどれか1枚を使わない分を270円から差し引いて，260円，220円，170円の3通り。硬貨3枚を使うとき，250円，210円，160円，120円，70円の5通り。硬貨2枚を使うとき，200円，150円，110円，60円，20円の5通り。硬貨1枚を使うとき，100円，50円，10円の3通り。よって，$1+3+5+5+3=17$(通り)　また，お釣りをもらうことを考えに入れてもよい場合，10円玉2枚，50円玉1枚，100円玉2枚の合計金額は270円なので，1円から270円までの270通りの金額を支払うことができる。なお，硬貨を1枚も使わない場合は，0円を作ることができるので，18通りまたは271通りとなる。

(2) 分母は素数が小さい方から順に並んでいる。ここで，素数を小さい方から順に20個並べていくと，2，3，5，7，11，13，17，19，23，29，31，37，41，43，47，53，59，61，67，71となるので，20番目の分数の分母は71　また，分子の列に[1]，[1，3]，[1，3，5]，[1，3，5，7]…のような区切りをつけると，各区切り内は1から始まる奇数の列になっている。この規則で区切りを最初から20個目の数字が現れるまで並べると，[1]，[1，3]，[1，3，5]，[1，3，5，7]，[1，3，5，7，9]，[1，3，5，7，9，11]となり，20番目の分数の分子は9　よって，20番目の分数は$\frac{9}{71}$

重要 (3) $\overset{\frown}{AB}=\overset{\frown}{BC}=\overset{\frown}{CA}$のとき，$\overset{\frown}{BC}$は円周の$\frac{1}{3}$の長さなので，$\angle BOC=360°\times\frac{1}{3}=120°$　さらに，OB=OCより，△BOCはOB=OCの二等辺三角形なので，$\angle OBC=\angle OCB$　このとき，$\angle OBC=(180°-\angle BOC)\div2=(180°-120°)\div2=60°\div2=30°$

基本 (4) 関数$y=-2x+5$は一次関数であり，変化の割合はxの値に関わらず一定なので，アは誤り。一次関数$y=-2x+5$の傾きは-2，切片は5なので，イは正しい。$y=-2x+5$に$x=3$を代入すると，$y=-2\times3+5=-6+5=-1$となるので，関数$y=-2x+5$のグラフは点(3，2)を通らず，ウは誤り。一次関数$y=-2x+5$の傾き-2は負の値なので，xが増加するとyは減少し，エは正しい。$y=x-1$に$x=2$を代入すると，$y=2-1=1$となるので，関数$y=x-1$のグラフ上に点P(2，2)は存在せず，オは誤り。

3 (1次関数のグラフと図形)

基本 (1) 点Bは直線mと直線nの交点なので，$y=\frac{1}{2}x$と$y=-\frac{1}{4}x+\frac{9}{2}$を連立方程式として解いた解が点Bの座標となる。$y=\frac{1}{2}x$と$y=-\frac{1}{4}x+\frac{9}{2}$から$y$を消去して，$\frac{1}{2}x=-\frac{1}{4}x+\frac{9}{2}$　両辺を4倍して，$2x=-x+18$　$3x=18$　$x=6$　さらに，$y=\frac{1}{2}x$に$x=6$を代入して，$y=\frac{1}{2}\times6=3$　よって，点Bの座標はB(6，3)

重要 (2) 線分APはx軸と垂直なので，点Pのx座標は点Aのx座標と同じ2となる。さらに，点Pは直線m上の点なので，$y=\frac{1}{2}x$に$x=2$を代入して，$y=\frac{1}{2}\times2=1$となることから，点Pの座標はP(2，1)となる。このとき，線分APの長さは，点Aのy座標と点Pのy座標の差に等しいので，$AP=4-1=3$

重要 (3) △OAPを底辺が線分APとなる三角形とみると，△OAPの高さは点Aまたは点Pのx座標と点Oのx座標の差となり，$2-0=2$　このとき，△OAPの面積は$3\times2\div2=3$…①　同様に，△BAPを底辺が線分APとなる三角形とみると，△BAPの高さは点Bと点Aまたは点Pのx座標の差とな

り，6−2=4　このとき，△BAPの面積は3×4÷2=6…②　さらに，△OAPと△BAPは△OABを線分APで区切ってできた図形なので，△OABの面積は△OAPの面積と△BAPの面積の和となり，3+6=9

4 (三角形と線分の比・面積の比)

重要 (1)　点Aから直線CFにおろした垂線と直線CFの交点を点A′，点Bから直線CFにおろした垂線と直線CFの交点を点B′とすると，AA′//BB′　このとき，△AFA′と△BFB′において，AA′//BB′より平行線の錯角は等しいので∠FAA′=∠FBB′　対頂角は等しいので∠AFA′=∠BFB′　よって，2組の角がそれぞれ等しいので△AFA′∽△BFB′となり，AA′：BB′=AF：BF　ここで，△APCと△PBCそれぞれの底辺を辺PCとみると，高さはそれぞれ線分AA′，線分BB′にあたり，底辺が共通な三角形どうしの面積の比は高さの比に等しいので，△APCの面積：△BPCの面積=AA′：BB′=AF：BF=AF：FB　よって，△APCと△BPCにおいて，辺PCが共有であるため，$\dfrac{\triangle\text{APCの面積}}{\triangle\text{BPCの面積}}=\dfrac{\text{AF}}{\text{FB}}$…①と表すことができる。また，同様に，△APBと△APCにおいて，辺PAが共有であるため，$\dfrac{\triangle\text{APBの面積}}{\triangle\text{APCの面積}}=\dfrac{\text{BD}}{\text{DC}}$…②　△BPCと△APBにおいて，辺PBが共有であるため，$\dfrac{\triangle\text{BPCの面積}}{\triangle\text{APBの面積}}=\dfrac{\text{CE}}{\text{EA}}$…③と表すことができる。以上のことから，①，②，③の左辺どうし，右辺どうしをそれぞれかけて，$\dfrac{\text{AF}}{\text{FB}}\times\dfrac{\text{BD}}{\text{DC}}\times\dfrac{\text{CE}}{\text{EA}}=\dfrac{\triangle\text{APCの面積}}{\triangle\text{BPCの面積}}\times\dfrac{\triangle\text{APBの面積}}{\triangle\text{APCの面積}}\times\dfrac{\triangle\text{BPCの面積}}{\triangle\text{APBの面積}}=1$となるため，$\dfrac{\text{AF}}{\text{FB}}\times\dfrac{\text{BD}}{\text{DC}}\times\dfrac{\text{CE}}{\text{EA}}=1$が成り立つ。

基本 (2)　AF：FB=2：1より$\dfrac{\text{AF}}{\text{FB}}=2$　AE：EC=3：2より$\dfrac{\text{CE}}{\text{EA}}=\dfrac{2}{3}$　このとき，(1)より$\dfrac{\text{AF}}{\text{FB}}\times\dfrac{\text{BD}}{\text{DC}}\times\dfrac{\text{CE}}{\text{EA}}=1$なので，$2\times\dfrac{\text{BD}}{\text{DC}}\times\dfrac{2}{3}=1$　$\dfrac{\text{BD}}{\text{DC}}\times\dfrac{4}{3}=1$　$\dfrac{\text{BD}}{\text{DC}}=\dfrac{3}{4}$　よって，BD：DC=3：4

やや難 (3)　△AEFと△AEBを共通な頂点Eを持ち，それぞれの底辺AF，底辺ABが同じ線分AB上にある三角形どうしとみると，(2)よりAF：FB=2：1なので，$\dfrac{\triangle\text{AEFの面積}}{\triangle\text{AEBの面積}}=\dfrac{\text{AF}}{\text{AB}}=\dfrac{\text{AF}}{\text{AF+FB}}=\dfrac{2}{2+1}=\dfrac{2}{3}$…①　また，△AEBとと△ABCを共通な頂点Bを持ち，それぞれの底辺AE，底辺ACが同じ線分AC上にある三角形どうしとみると，(2)よりAE：EC=3：2なので，$\dfrac{\triangle\text{AEBの面積}}{\triangle\text{ABCの面積}}=\dfrac{\text{AE}}{\text{AC}}=\dfrac{\text{AE}}{\text{AE+EC}}=\dfrac{3}{3+2}=\dfrac{3}{5}$…②　①，②の左辺どうし，右辺どうしをそれぞれかけて，$\dfrac{\triangle\text{AEFの面積}}{\triangle\text{AEBの面積}}\times\dfrac{\triangle\text{AEBの面積}}{\triangle\text{ABCの面積}}=\dfrac{2}{3}\times\dfrac{3}{5}$　$\dfrac{\triangle\text{AEFの面積}}{\triangle\text{ABCの面積}}=\dfrac{2}{5}$　△AEFの面積=$\dfrac{2}{5}$×△ABCの面積…③　同様にして，(2)より，$\dfrac{\triangle\text{BDFの面積}}{\triangle\text{ABCの面積}}=\dfrac{\text{FB}}{\text{AB}}\times\dfrac{\text{BD}}{\text{BC}}=\dfrac{\text{FB}}{\text{AF+FB}}\times\dfrac{\text{BD}}{\text{BD+DC}}=\dfrac{1}{1+2}\times\dfrac{3}{3+4}=\dfrac{1}{3}\times\dfrac{3}{7}=\dfrac{1}{7}$より，△BDFの面積=$\dfrac{1}{7}$×△ABCの面積…④　$\dfrac{\triangle\text{CDEの面積}}{\triangle\text{ABCの面積}}=\dfrac{\text{DC}}{\text{BC}}\times\dfrac{\text{EC}}{\text{AC}}=\dfrac{\text{DC}}{\text{BD+DC}}\times\dfrac{\text{EC}}{\text{AE+EC}}=\dfrac{4}{3+4}\times\dfrac{2}{3+2}=\dfrac{4}{7}\times\dfrac{2}{5}=\dfrac{8}{35}$より，△CDEの面積=$\dfrac{8}{35}$×△ABCの面積…⑤　このとき，△DEFは△ABCから△AEFと△BDFと△CDEを除いた図形なので，③，④，⑤より，△DEFの面積=△ABCの面積−△AEFの面積−△BDFの面積−△CDEの面積=△ABCの面積−$\dfrac{2}{5}$×△ABCの面積−$\dfrac{1}{7}$×△ABCの面積−$\dfrac{8}{35}$×△ABCの面積=$\left(1-\dfrac{2}{5}-\dfrac{1}{7}-\dfrac{8}{35}\right)$×△ABCの面積=$\left(\dfrac{35}{35}-\dfrac{14}{35}-\dfrac{5}{35}-\dfrac{8}{35}\right)$×△ABCの面積=$\dfrac{8}{35}$×△ABCの面積　よって，△ABCの面積=$\dfrac{35}{8}$×△DEFの面積となり，△ABCの面積は△DEFの$\dfrac{35}{8}$倍となる。

★ワンポイントアドバイス★

難度の高い問題は一部で，大部分は基本から標準レベルの問題である。応用題を考える時間を増やすためにも，基本題については手を止めずに解きこなしていく実力を持たなければならない。普段から意識して取り組もう。

＜英語解答＞

1 第1問 (1) a 誤　b 誤　c 誤　d 正　(2) a 誤　b 誤　c 正　d 誤　(3) a 誤　b 正　c 誤　d 誤　第2問 (1) a 誤　b 誤　c 正　d 誤　(2) a 誤　b 誤　c 誤　d 正

2 ① Women usually give chocolate[presents] to men　② because they do not have to buy presents[gifts / chocolate]

3 ① ready, order　② here　③ pay

4 (1) which he saw around the world　(2) became　(3) ア　(4) イ　(5) ウ，エ

5 (1) b ア　d イ　(2) ① told[ordered]　② there　(3) ウ　(4) X is[sounds]　Y easy[simple]

○配点○

2 各10点×2　他 各4点×20(4(5)完答)　計100点

＜英語解説＞

1 聞き取り問題解説省略。

重要 **2** (会話文読解問題：英作文，接続詞，不定詞)

(大意) A：あなたはバレンタインデーが待ちきれないでしょう？／B：うん，待ちきれないよ。僕はジェーンにバレンタインデーの贈り物をあげるつもりだよ。／A：どうして彼女にプレゼントをあげるの？／B：ヨーロッパでは男性が女性にプレゼントをあげるのが当然だよ。日本でも同じじゃないの？／A：いいえ，同じじゃないわ。日本では<u>①女性がふつう男性にチョコレート(プレゼント)をあげるの</u>。／B：日本の男性はラッキーだ，<u>②なぜならプレゼント(チョコレート)を買う必要がないからね</u>。

① ヨーロッパとは異なり，Women give chocolate to men「女性がチョコレートを男性にあげる」という文を作る。usually「ふつうは，たいてい」は一般動詞の前に置くので，Woman usually give ~となる。　② 空所の前に「日本の男性はラッキーに違いない」とあるので，その理由を述べる。because「なぜなら」 <don't have to ＋動詞の原形>「～しなくてもよい」

基本 **3** (会話文読解問題：語句補充，口語表現)

(大意) 店員：ご用件を伺います。<u>①ご注文はよろしいですか</u>。／客：ハンバーガーとMサイズのコーヒーをお願いします。／店員：<u>②店内用ですかお持ち帰りですか</u>。／客：持ち帰りでお願いします。<u>③支払いはいくらですか</u>。／店員：6ドルです。

① <Are you ready to ＋動詞の原形 ?>「～する準備はできていますか」 Are you ready

to order?「注文する準備はできていますか」店員が客に注文を聞く時の決まった言い方。
② For here or to go?「店内用ですか，それとも持ち帰り用ですか」 ③ pay「支払う」

4 （長文読解問題・伝記：語句整序，関係代名詞，語句補充，内容吟味，内容一致）

（大意） ウィンストン・チャーチルは非常に才能があり，1953年にノーベル文学賞を受賞した。兵士や政治家だけでなく画家の才能もあったが，第二次世界大戦中の英国首相として最も有名である。チャーチルは20歳の時に軍に入り，①自分が世界中で見た戦闘について新聞用の記事を書いた。南アフリカの戦争では英雄に(A)なった。彼は捕らえられたが脱出し，安全な場所まで480kmも移動したのだ。チャーチルは政治の世界でキャリアを始めるため，1899年に軍を離れた。第二次世界大戦が始まると，1940年に首相になった。英国はドイツに対し厳しい戦いをしていたが，チャーチルは国民を勇気づけ続けた。チャーチルの政治家として能力とアメリカ大統領フランクリン・ルーズベルトとの友情のおかげで，彼はアメリカから重要な支援を得て，連合国は枢軸国②を破ることができた。チャーチルは首相を2期務めて1955年に辞職した。1953年にはナイトの称号を与えられ，1963年には初のアメリカ合衆国名誉市民になった。彼はまた，英国紙幣に描かれた，初めての国王ではない人物だった。

(1) which は目的格の関係代名詞。which he saw around the world「彼が世界中で見た」が battles を後ろから修飾する。 (2) 空所(A)の直後の：(コロン)以下を参照する。このような行動により，英雄になった。become「～になる」 become－became－become
(3) <be able to +動詞の原形>「～することができる」 過去のことなので be 動詞は were
重要 となる。beat「～を打ち負かす」 (4) イ「彼はとても才能豊かだったので，作家，兵士，政治
重要 家として多くの分野で活躍した」(○) (5) ウ「ウィンストン・チャーチルは第二次世界大戦中，自分の言葉を通じて，英国の人々に元気になってもらいたかった」(○) エ「ウィンストン・チャーチルの政治家としての才能，アメリカ大統領との友情，そして国からの支持により，英国は生き延びた」(○)

5 （会話文読解問題：文補充・選択，語句補充，要旨把握）

（大意） A：ボブ，日本にはどのくらい滞在しているの？／B：約1年間いるよ。／A：日本では旅行をした？／B：実は，しなかった。／A：[a]あなたは旅行をするべきよ。／B：どの場所を勧める？／A：京都は行くべきたくさんの場所があるわ。たくさんの歴史的建造物がある。／B：京都は昔から多くの戦争を経験しているそうだね。[b]どうして京都には今でもたくさんの古い歴史的建造物があるの？／A：①第二次世界大戦中，アメリカのパイロットさえ京都を爆撃しないように言われたの，なぜならたくさんの文化財があるから。京都は空襲を逃れて多くの貴重な建物が残った。②京都にはいくつ世界遺産があるか知っている？／B：5か6？／A：17よ。[c]京都には桜や紅葉で有名な場所もある。たとえば清水寺，三千院，嵐山などは桜や紅葉を楽しむ多くの人に訪問されているわ。／B：[d]京都について君は他にどんなことを知っているの？／A：京都には独特の方言や表現がある。最もよく知られているのは「おいでやす」と「おおきに」よ。京都の人は明確な意味を持たない言葉や表現を使う傾向がある。なぜなら他人に恥ずかしい思いをさせたくないから。でも在住者は自己を(A)強く主張することで知られているわ。これはとても穏やかに聞こえる遠回しの話し方と対照的ね。／B：[e]僕たちは京都にいる時は彼らの言葉によく注意するべきだね。／A：京都はたくさんの戦争を経験した歴史的な街よ。だから敵を作らないことは社会でうまくやっていく上で重要なことだったの。

(1) 大意下線部参照。 (2) ① <be told not to +動詞の原形>「～しないように言われる」
やや難 ② <There are +複数名詞>「～がある」 (3) 直後の文参照。sound very gentle「非常に穏やかに聞こえる」ことと in contrast「対照的である」ということから strongly「強く」

が適切。assert ~ strongly「~を強く主張する」 (4) (大意)「お母さん，お父さんへ 先週，僕はホストファミリーと京都に行ったよ。僕たちはたくさんの歴史的な寺や神社を楽しんだ。たくさんの戦争を経験した後でも京都が美しいままなのは奇跡だ。古い寺だけでなく，京都の人々が話す方言も興味深い。京都の人々は穏やかに話すが，実際に思っていることは違うそうだ。僕のような外国人にとって彼らの本当の気持ちを理解するのは$_{(Y)}$簡単ではなかった」 (X) 空所の前の people in Kyoto speak「京都の人々が話す」は dialect「方言」を後ろから修飾する関係代名詞節。文全体の主語は the dialectであるから，(X)には動詞が入る。その後ろには形容詞 interesting があるので，be 動詞 is を入れるか，soundsを入れる。< sound +形容詞>「~に聞こえる」 (Y) 形式主語構文<It is +形容詞+ for +人+ to +動詞の原形>「(人)にとって~することは…だ」 ここでは空所の前に not があるので easy または simple を入れて「簡単ではなかった」とする。

★ワンポイントアドバイス★

5(4)のメール文は，会話文の内容をまとめた要約文の役割を果たしている。

＜理科解答＞

1 (1) 825m (2) 15.3g (3) キ (4) (番号) ④ (かな符号) エ
(5) 32%
2 (1) $2H_2O \rightarrow 2H_2 + O_2$ (2) 水に電流を流れやすくするため。 (3) イ (4) エ
(5) $18cm^3$
3 (1) 100J (2) 50J (3) $\frac{4}{5}$h (4) B，G (5) $\frac{2}{3}$h
4 (1) カ (2) ウ (3) ア，ウ (4) 炭酸カルシウム (5) 正断層
5 (1) F→G→D→E→C (2) カ (3) 変態 (4) イ (5) 50匹

○配点○
各4点×25 計100点

＜理科解説＞

重要 1 (小問集合—小問集合)

(1) 反射音が聞こえた地点での船の位置から岸までの距離をx(m)とすると，汽笛を鳴らしてから反射音が聞こえるまでに船が10×5＝50(m)進んでいるので，音の移動距離は$2x$＋50(m)になる。また，音の速さが340m/秒で5秒間に340×5(m)進むので，$2x$＋50＝340×5 x＝825(m)である。

(2) 塩化ナトリウム水溶液中の塩化ナトリウムは25g，水は75gであり，硝酸カリウム水溶液中の硝酸カリウムも25gで水が75gである。100gの水を蒸発させるので，水溶液中の水の重さは50gになる。20℃で50gの水に塩化ナトリウムは37.8÷2＝18.9(g)，硝酸カリウムは31.6÷2＝15.8(g)まで溶けるので，25－18.9＝6.1(g)の塩化ナトリウムと25－15.8＝9.2(g)の硝酸カリウムが溶けきれずに出てくる。合計の質量は6.1＋9.2＝15.3(g)である。

(3)　矢印の方向にリニアモーターカーを進ませるには，①のコイルの下側がS極，②の下側はN極，③の下側はS極，④，⑤，⑥の上側はそれぞれN極，S極，N極になればよい。右ねじの法則より，①はB，②はA，③はB，④はB，⑤はA，⑥はBの向きに電流を流す。

(4)　反射とは，刺激に対して無意識に起こる反応で，刺激が脊髄から運動器官へ直接伝わるため，大脳を経由するときより素早く反応が起こる。④の例は，お化けだと大脳で認識してからの反応で，反射の例ではない。このとき，刺激はエの順序で伝わる。

(5)　山頂での気温が6℃で，山頂では雨が降っているので水蒸気量は飽和水蒸気量に達しており7.3g/m³である。この空気が山を下り山のふもとの気温が25℃なので，このときの湿度は(7.3÷23.1)×100＝31.6≒32(%)になる。

2 (電気分解とイオン—水の電気分解)

基本 (1)　水の電気分解では，陰極に水素，陽極に酸素が発生する。このとき化学反応式は$2H_2O \rightarrow 2H_2 + O_2$となる。

(2)　水はほとんどイオンに電離してないので，電流を流しにくい。それで水酸化ナトリウム水溶液を用いると，水溶液中にイオンがあるので電流が流れやすくなる。

基本 (3)　陽極で発生する気体は酸素である。酸素は他の物質が燃えるのを助ける性質がある。

基本 (4)　陰極で発生する気体は水素である。水素はマグネシウムリボンにうすい塩酸を加えると発生する。アではアンモニア，イでは二酸化炭素，ウでは酸素が発生する。

(5)　空気中の窒素の体積は20×0.78＝15.6(cm³)，酸素は20×0.21＝4.2(cm³)，その他の気体は20×0.01＝0.2(cm³)である。4.0cm³の水素と反応する酸素は2.0cm³なので，反応せずに残る酸素は4.2−2.0＝2.2(cm³)である。発生する水は液体なので，反応後に残る気体の体積は15.6＋2.2＋0.2＝18(cm³)である。

3 (運動とエネルギー—力学的エネルギーの保存)

基本 (1)　Aの地点にある小球がもつエネルギーを位置エネルギーといい，運動している小球がもつエネルギーを運動エネルギーという。各地点における位置エネルギーと運動エネルギーの和は一定に保たれる。これを力学的エネルギー保存の法則という。B地点での高さが0になるので位置エネルギーが0になり，Aでの位置エネルギーはすべて運動エネルギーに変わっている。このとき運動エネルギーの大きさは100Jになる。

基本 (2)　C点の高さは$\frac{h}{2}$なので，位置エネルギーは50Jである。よって運動エネルギーは50Jになる。

(3)　Eの運動エネルギーが20Jなので，位置エネルギーは80Jである。高さと位置エネルギーの大きさは比例するので，$h : h' = 100 : 80$より，$h' = \frac{4}{5}h$である。

(4)　小球の速度は運動エネルギーが大きいほど速くなる。BとGで運動エネルギーが最大になるので，速度が最も速い。

(5)　ループ②の半径をrとすると，Hの高さは$r + \frac{r}{2}$になる。また，Hで小球が止まるので，運動エネルギーが0となり，Aと同じ高さになるので，$r + \frac{r}{2} = h$より$r = \frac{2}{3}h$である。

4 (地層と岩石—地層と岩石)

重要 (1)　地層ができた年代を特定するのに役立つ化石を示準化石という。2億5100万年前から6600万年前までを中生代という。中生代の代表的な示準化石はアンモナイトである。地層ができた当時の環境が推定できる化石を示相化石という。ブナの成長に適した環境はやや寒冷な気候である。

(2)　Bの火山灰層はビアリカの化石を含むA層の間に堆積しているので，ビアリカが繁栄した6600万年前から260万年前までの間に形成された。これに適するのはウの1500万年前である。

(3)　玄武岩にはクロウンモ，セキエイは含まれない。

基本 (4) 石灰石の主成分は，炭酸カルシウムである。

重要 (5) 地層が両側に引っ張られて，断層の上側の地層がずれ落ちた形の断層を正断層という。逆に，地層が両側から押し合って，断層の上側の地層がずれ上がったものを逆断層という。

5 (生殖と遺伝―発生・生殖)

重要 (1) 受精卵は初めに2つに分裂し，さらに4つ，8つと分裂を繰り返す。この間1個の細胞の大きさは小さくなっていく。この過程を卵割という。その後，体の器官が徐々にできてくる。

重要 (2) 生殖細胞は減数分裂によってできる。受精卵から食物が取れるようになるまでの固体を胚という。受精卵から生物の体ができる過程を発生という。

(3) この変化を変態という。

基本 (4) 生殖細胞中の染色体の数は，体細胞の染色体の数の半分(12)である。精子と卵が受精して，染色体数が体細胞の染色体数(24)になる。

重要 (5) Aaの遺伝子の親どうしから生まれる子供の遺伝子型の比は，AA：Aa：aa＝1：2：1になる。100匹の子供のうち遺伝子の型がAaのものは，$100\times\frac{2}{4}=50$(匹)である。

★ワンポイントアドバイス★

理科全般のしっかりとした基礎知識が問われている。それぞれの分野の確かな理解が重要である。問題集等で標準レベルの練習問題を繰り返し解いておきたい。

＜社会解答＞

1 (1) カ　(2) エ　(3) 神聖　(4) ウ　(5) イ　(6) ア　(7) エ　(8) エ　(9) 人間宣言

2 (1) ア　(2) エ　(3) カ　(4) ウ　(5) ウ　(6) エ　(7) ア　(8) WHO

3 (1) イ　(2) ア　(3) ウ

4 イ

5 (1) オ　(2) ア　(3) フォッサマグナ　(4) エ

○配点○

各4点×25　　計100点

＜社会解説＞

1 (日本と世界の歴史―各時代の特色，政治・外交・社会・経済史，日本史と世界史の関連)

(1) ① 薩英戦争(1863年7月)→⑤ 大政奉還(1867年10月)→② 鳥羽伏見の戦い(1868年1月)→④ 江戸城無血開城(1868年4月)→③ 五稜郭の戦い(1869年5月)。

(2) 地租改正によって土地の所有者をはっきりさせ，その人たちから税を取るしくみを完成させた。その目的は現金で税を集めることで安定した収入を確保するためであり，政府が全国で同じ基準で実施した。

(3) 明治憲法においては，天皇は神聖不可侵のものとされ，皇室を律する皇室典範も，国民や議会の関与を許さない不可侵のものであった。

(4) 資料にある『平民新聞』は，幸徳秋水を中心として発行された週刊新聞である。

(5) 1854年の日米和親条約(神奈川条約)により開かれた港は下田と函館であるので，イが誤りとなる。

(6) 当時の三国同盟は，ドイツ，オーストリア，イタリアであり，三国協商は，イギリス，フランス，ロシアなので，アが誤りとなる。

(7) 女性参政権が認められたのは，ニュージーランドは世界初の1893年，アメリカは1920年，日本は1945年，スイスは1971年である。

やや難 (8) 1941年12月8日のマレー半島上陸，真珠湾攻撃などで，太平洋戦争が開始された。1942年2月，独・ソ軍の間で行われたスターリングラードの戦いで，ソ連軍が全面反撃に転じ，戦局は大きく変わった。1944年ノルマンディー上陸作戦後，連合軍が勝利した。

(9) 1946年(昭和21)1月1日，昭和天皇が発した自己の神格否定の宣言を「人間宣言」という。太平洋戦争の敗戦後，教育民主化の一環として，連合国最高司令部(GHQ)が中心となって，天皇が神格否定の詔書を発表する構想がたてられて，それが実行されたのである。

2 (公民―憲法，政治のしくみ，国際政治，その他)

重要 (1) 日本国憲法第9条は，前文とともに三大原則の一つである平和主義を規定しており，この条文だけで憲法の第2章「戦争の放棄」を構成する。この条文は，憲法第9条第1項の内容である「戦争の放棄」(戦争放棄)，憲法第9条第2項前段の内容である「戦力の不保持」(戦力不保持)，憲法第9条第2項後段の内容である「交戦権の否認」の3つの規範的要素から構成されている。

(2) エは普通教育を受ける義務が，普通教育を受ける権利の間違いである。

基本 (3) 居住・移転及び職業選択の自由は，経済活動の自由に属している。

(4) ウは南北問題の説明であるので，西側が北半球，東側が南半球，東西問題が南北問題，それぞれの誤りとなる。

(5) パレスチナ問題が1948年～で最も古い。アフガニスタン紛争内戦(1979年～2001年)，チェチェン紛争(1994年～1996年，1999年～)，ソマリア内戦(1988年～)。

やや難 (6) 日本が批准した年は，女子差別撤廃条約が1985年，国際人権規約が1979年，児童(子ども)の権利に関する条約が1994年，障害者の権利に関する条約が2014年，難民の地位に関する条約が1981年である。

重要 (7) 憲法改正の手続きは，日本国憲法は96条で「この憲法の改正は，各議院の総議員の3分の2以上の賛成で，国会が，これを発議し，国民に提案してその承認を経なければならない」と定めている。

(8) 世界保健機関(World Health Organization：WHO)は1948年4月7日に，すべての人々の健康を増進し保護するため互いに他の国々と協力する目的で設立された。WHO憲章において，健康の定義として，病気の有無ではなく，肉体的，精神的，社会的に満たされた状態にあることを掲げ，人種，宗教，政治信条や経済的･社会的条件によって差別されることなく，最高水準の健康に恵まれることが基本的人権であるしている。

3 (地理―地形図)

(1) それぞれの地図記号を，国土地理院のHPで確認しておこう。

(2) 縮尺25000分の1の地形図上の2.5cmの実際の距離は，25000×2.5＝62500(cm)＝625(m)となる。

(3) 等高線の断面図を考察すると，山の頂上が2つあり，西側の山の頂上の高度の方が高いことがわかる。したがって，正解はウである。

4 **(日本の地理―気候，諸地域の特色)**

Aは内陸の気候，Bは日本海側の気候，Cは北海道の気候，Dは瀬戸内の気候，Eは太平洋側の気候，Fは南西諸島の気候である。

5 **(日本の地理―地形，その他)**

(1) 雲仙岳の噴火は1990年から始まり，1995年まで活発な活動が続いていた。

(2) 海溝型地震は，陸側のプレートと海側のプレートの境界である海溝やトラフ付近で発生する地震で，東北地方太平洋沖地震が有名である。直下型地震とは，人の住む土地の真下で発生する地震で内陸型地震とも呼ばれる。兵庫県南部地震が有名である。

(3) 日本列島の真ん中には，大地をつくる地層を知ると見えてくる「大きな溝」がある。ドイツ人地質学者のナウマン博士がこの「大きな溝」を発見し，フォッサマグナと名づけた。フォッサマグナとは，ラテン語で「大きな溝」を意味する。

基本 (4) 中部地方に属する県は，新潟県，富山県，石川県，福井県，山梨県，長野県，岐阜県，愛知県，静岡県の9県である。

★ワンポイントアドバイス★

1(4) 平民新聞は，平民社(非戦論を中核として結成された社会主義結社)によって発行されたもので，平民社の中心人物は幸徳秋水と堺利彦であった。 2(7) 「発議」とは，国会議員が議案を提出して審議を求めることをいう。

<国語解答>

一 (一) A ウ B イ (二) 一理 (三) (例) (生物は)ナンバーワンになることのできるオンリーワンになれる場所がないと生き残ることはできない。ニッチを勝ち取った生物がナンバーワンになる。 (四) (始め)一つの (終わり)きない(という法則)
(五) イ・エ (六) ウ (七) (始め)条件を (終わり)となる (八) 〈3〉
(九) イ・オ

二 (一) ① たずさ ② 可燃 (二) イ

三 (一) ア (二) A 菜摘 B 食事をとら (三) イ (四) イ (五) ウ
(六) ウ

四 (一) ア (二) イ (三) エ (四) ① 下 ② 上 ③ 下 ④ 上

○配点○

一 (三) 8点 他 各4点×9 二 各4点×3 三 各4点×6
四 (四) 各2点×4 他 各4点×3 計100点

<国語解説>

一 **(論説文―大意・要旨，内容吟味，文脈把握，接続語の問題，脱文・脱語補充，ことわざ・慣用句)**

(一) A 直前の段落の，それぞれの動物が「ニッチを持っている」という内容を受けて，後で「ニッチの条件を分け合うことによって……場所を共有している」と述べているので，前の内容の結果を述べる意味を表すことばがあてはまる。 B 「ニッチは大きなマーケットのすきまを指す」という前に対して，後で「ニッチはすべての生物の居場所を指す」と相容れない内容を述べているので，逆接の意味を表すことばがあてはまる。

(二) 直後の「説得力がある」に着目する。一応の理由という意味の言葉があてはまる。

やや難 (三) 〈4〉以降の段落で「ナンバーワン」「オンリーワン」「場所」の三つの指定語が含まれている部分に着目する。「しかし，自然界であれば」で始まる段落で「ナンバーワンになることのできるオンリーワンの場所を見出さなければ生き残ることはできない」，最終段落で「ニッチを勝ち取った生物が……ナンバーワンなのである」と説明しており，この内容を「生物は」を主語にして，簡潔にまとめる。

基本 (四) 直前の「それ」は，直前の文の「一つのニッチには一つの種しか棲むことが許されない」を指し示しており，この内容が「ガウゼの法則」を説明している。

(五) 直前の段落の「シマウマは『サバンナで草を食べる』」，「キリンは『サバンナで木の葉を食べる』」「ライオンは『サバンナで草食動物を食べる』」という具体例に着目する。「草」と「木の葉」「草食動物」は，イの「空間」とエの「餌」によるニッチの条件である。アの「時間」やウの「季節」については述べていない。

(六) 直前の文の「まるでジグゾーパズルのピースのように」という比喩に，ウがあてはまる。

(七) 直後の文に「どんなに弱い生き物であってもナンバーワンにならなければ生き残れない」とあるので，「ナンバーワン」になる方法を述べている部分を探す。「百獣の王として」で始まる段落で「シマウマもライオンも見向きもしない土の中のミミズを食べる……ハリネズミ」の例を挙げ，その後の「このように」で始まる段落で「このように条件を小さく，細かくして，細分化されたニッチの中でナンバーワンとなる」と説明している。ここから，適当な部分を抜き出す。

(八) 挿入文の冒頭に「だとすれば」とあるので，「ナンバーワンになれるニッチを何が何でも探すしかない」根拠を述べている後に入る。〈3〉の直前の「どんなに弱い生き物であってもナンバーワンにならなければ生き残れない」が根拠にあたる。

重要 (九) 「すべての生物は」で始まる段落に書かれていることにイのBさんの意見が近い。「しかし，自然界を」で始まる段落に書かれている内容をふまえて，オのEさんは意見を述べている。Aさんは「ニッチ」の意味を取り違えている。Cさんの意見は，「ナンバーワンしか生きられない」という内容に合わない。Dさんの意見は，「しかし，自然界を見れば」で始まる段落の「多種多様な生物が共存しているように見える」という内容に合わない。

二 (漢字の読み書き，熟語)

(一) ① 音読みは「ケイ」で，「提携」「必携」などの熟語がある。 ② 燃やすことができること。「燃」を使った熟語には，他に「燃焼」「不燃」などがある。

(二) 「遠[③]」で，遠く離れているという意味になる。

三 (小説―主題・表題，情景・心情，内容吟味，文脈把握，語句の意味)

(一) 尚哉の「何か，ダイエットに有効で，かつおいしい料理を知っているんじゃないか」という言葉を受けて，ちかげは「姑息な技」と言っている。「姑息」は，その場しのぎという意味。

(二) 「自分で作った好物」には，どのような「効力」があるのか。冒頭で，尚哉は妹の菜摘が「食事をとらない」と心配している。この内容を「AにBせることができる力」に言い換える。

(三) 同じ文の「つけあわせの野菜だけをもそもそ食べている菜摘」の様子にふさわしい意味を選ぶ。直後の文の「本来隠しておくべき欲望が，剥き出しになっているような印象」という表現もヒントになる。

やや難 (四) 菜摘が「ちいさな手で，懸命に生地を練っている」様子を見ているうちに，「尚哉はなんだか泣きたくなった」のである。直後の文以降で，尚哉は幼い頃の菜摘が幸せそうにパンを食べていた様子を思い出しており，ここからイの理由が読み取れる。菜摘は手伝っているので，アの「調理作業ができない」は適当ではない。菜摘は笑顔を見せているので，ウの「心を開いてくれない」も適当ではない。エの「母の手作り」とは書かれていない。

（五）　前の会話で菜摘は「好きな人いたんだ」「彼女がいてさ。その彼女ってのが，すんげーきれいなの。」「なんか，その彼女さん見てたら，超自己嫌悪。」と言っている。この会話の内容から，ウの理由が読み取れる。アとエは「自己嫌悪」という言葉に合わない。「増渕くん」の「彼女」を見て「自己嫌悪」になっているので，イの理由も適当ではない。

重要　（六）　本文では食事をとらなくなった妹を心配した兄が，妹といっしょに妹の好物のピザを作る様子が描かれている。妹は兄に食事をとらなくなった理由を語り，最終場面では二人でピザを食べており，この内容にウのCさんの要約が近い。妹は兄にダイエットの理由を語ったことで心が晴れてピザを食べており，アの「五感を刺激」されたことがピザを食べた主な理由ではない。イの「両親が離婚」，エの「妹に心を開いてもらえず」、オの「調理師を目指している兄」とは書かれていない。

四　（漢文―文脈把握，脱文・脱語補充，語句の意味，口語訳）

〈口語訳〉　針を先にして糸を後にすれば，大きな垂れ幕をつくることができる。糸を先にして針を後にすれば，衣を作ることができない。針は垂れ幕を作り，もっこは城を作る。事が成功するか失敗するかは，必ずささいなものから生ずる。だんだん起こっていくことを言うのだ。染色をする者は，青を先にして黒を後にすればそれはよい。黒を先にして青を後にするのはよくない。職人は，漆を下にして丹を上にすればそれはよい。丹を下にして漆を上にするのはよくない。あらゆることはこのように，先か後か上か下かは，ことこまかにしなくてはならない。

重要　（一）　それによって「帷」を「成」すことができる，という意味になる。

（二）　「土を盛った籠」を積み上げることによって城ができる。「もっこ」は城を築く際に必要なもので，アの「城の設計」に必要なものではない。「もっこ」では，エの「一気に行う」ことはできない。

（三）　前の，針を先にして糸を後にすれば垂れ幕はできるが，反対にすれば衣さえ作ることができないという内容から，物事が成功するかどうかという意味だと判断する。

やや難　（四）　最終文の「先後上下する所は，審かにせざる可からず」をいうために，「染むる者」と「工人」の例を挙げている。「染むる者」は「先後」について言っており，「工人」は「上下」について言っている。「丹」は赤い顔料のことなので，「漆」の「上」に塗る。

★ワンポイントアドバイス★

昨年に引き続き漢文が出題されている。漢文で用いられる基本的な表現を確認しておこう。

2022年度

★★★★★★★★★★★★★★★★★★★★★★★★

入　試　問　題

2022年度

名古屋経済大学高蔵高等学校入試問題

【数　学】（45分）　＜満点：100点＞

1　次の⑴から⑼までの問いに答えなさい。

⑴　$4+7\div(-3.5)$ を計算しなさい。

⑵　$\dfrac{4x-y}{3}-\dfrac{2x+3y}{5}$ を計算しなさい。

⑶　$(\sqrt{3}-2)^2+\dfrac{4}{\sqrt{12}}$ を計算しなさい。

⑷　連立方程式 $\begin{cases}3x+y=-1\\ x=\frac{1}{2}y+3\end{cases}$ を解きなさい。

⑸　二次方程式 $(3x-5)(x+1)=2$ を解きなさい。

⑹　$x=\dfrac{3}{2}$，$y=-\dfrac{1}{3}$ のとき，$4x^2+12xy+9y^2$ の値を求めなさい。

⑺　関数 $y=-\dfrac{6}{x}$ について，x の値が１から３まで増加するときの変化の割合を求めなさい。

⑻　５枚の硬貨を同時に投げたとき，ちょうど３枚が表になる確率を求めなさい。

⑼　８人のボール投げの記録が下の表のようになった。あとの①，②の問いに答えなさい。

20	26	13	18	32	24	16	23

（単位：m）

①　８人の記録の平均値を求めなさい。

②　８人の記録の中央値を求めなさい。

2　図で，四角形ABCDは平行四辺形である。

点E，Fは線分BCを三等分する点であり，点Gは辺CDの中点である。また，点H，Iは線分BG上にあり，それぞれ線分AE，AFとの交点である。このとき，次の⑴から⑶までの問いに答えなさい。

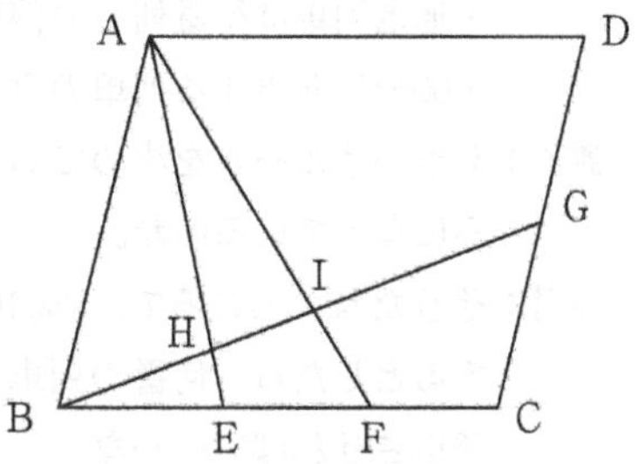

⑴　BI：IGを最も簡単な整数比で表しなさい。

⑵　BH：HIを最も簡単な整数比で表しなさい。

⑶　△AHIの面積は平行四辺形ABCDの面積の何倍か，求めなさい。

3　次の会話文を読んで，あとの⑴から⑺までの問いに答えなさい。

《会話文１》

高男：地元の鉄道のダイヤグラムや乗車料金について資料を集めてきたよ。

　　　Ⅰはある時間の特急列車のダイヤグラムで，縦軸はＡ駅からの距離を，横軸は時間を表して

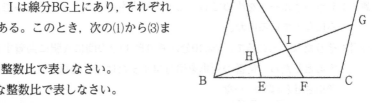

いて，Ⅱ はA駅からの距離を表しているよ。

E駅を出発した特急列車は４分後にC駅を通過するらしいね。

蔵子：へえ，ダイヤグラムって一次関数で表せるのね。そうすると，この特急列車の速さは時速 ア ㎞になるわね。

そして，A駅からC駅までの距離は イ ㎞ということになるわね。

高男：この鉄道会社の乗車料金は，基本料金と距離に比例する料金の合計で決められていて，料金は必ず10円単位で設定されているんだって。

Ⅲ はA駅からの乗車料金を表しているよ。

蔵子：じゃあ，A駅からの距離を x ㎞，乗車料金を y 円とすれば，式で表すと $y=$ ウ になるのね。

そうするとB駅からD駅までの乗車料金は エ 円になるわね。

高男：Ⅳ を見てごらん。９時00分から９時35分までのダイヤグラムをE駅発A駅着の電車だけ抜き出してみたよ。B，C，D駅が始発駅になる電車はなくて，ダイヤグラムの上下に書いてある目盛り以外の数字は各列車の発着時刻を表しているんだよ。それから①，③，⑥は普通列車　②，④は急行列車　⑤は特急列車だよ。

これを見ると，特急列車はA駅からE駅まで停車駅がなく，急行列車はC駅にのみ停車することがわかるよ。ちなみに，この鉄道会社の線路上下線ともは全区間複線で，待避路線は１本のみだよ。

蔵子：普通列車は各駅停車ね。どの列車も駅での停車時間は基本的には１分なのね。

高男：そうだよ。ただ，C駅やD駅で追い越し列車を待つ場合は，停車時間は１分でなく３分になっているなど，この鉄道会社ではいくつかのルールが決められているよ。

蔵子：他にはどんなルールがあるの？

高男：そうだね，主なのは４つあるよ。

・普通列車の速さは時速60㎞，急行列車の速さは時速75㎞

・同じ駅で同時刻に発車および到着はできない

・通過列車は待避列車の停車時間３分のうち，真ん中の１分間のうちに通過する

・00分に発車する列車のみ発車時刻を早くすることはできない

蔵子：そういうルールを決めておくことで何人もの人がダイヤグラムを調整することができる仕組みになっているのね。

高男：そうだね。ところで，9時10分から９時30分の間にA駅に到着する臨時特急列車を１本増便するとしたら，何番の列車を何分早くまたは遅く発車させ，何時何分に特急列車をE駅から発車させればいいかな。

蔵子：それなら a じゃないかな。

Ⅰ　特急列車のダイヤグラム

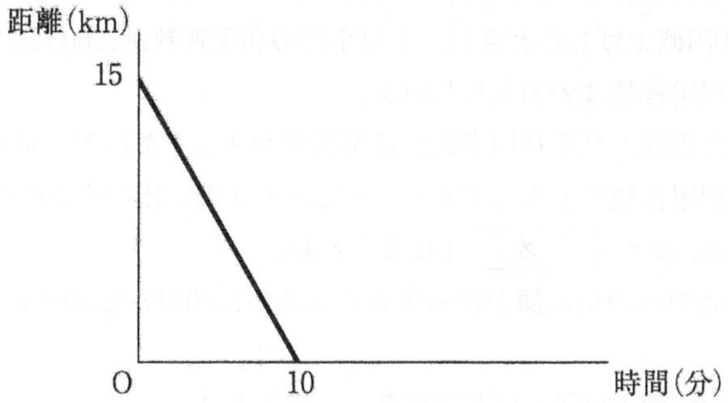

Ⅱ

駅	A	B	C	D	E
A駅からの距離（km）	0.0	4.0	イ	13.5	15.0

Ⅲ

駅	A	B	C	D	E
A駅からの乗車料金（円）			360		480

Ⅳ　9時00分から9時35分までのダイヤグラム

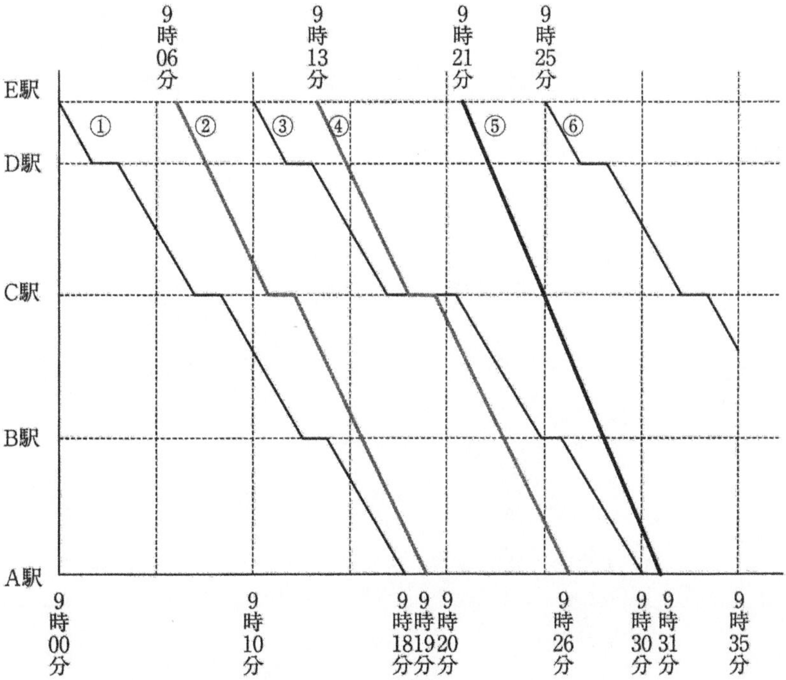

《会話文２》

高男：今度は乗車料金と利用者数の関係について調べたよ。過去のデータからこの鉄道会社は乗車料金を一律で100円値上げしたときに，１日平均の利用者数が2500人も減ったんだって。
今の１日平均の利用者数は5000人らしいよ。
そして値上げした値段と減る利用者数には関係性があるみたいだ。乗車料金を$10x$円値上げしたときの減る利用者数をy人とすると，yはxの２乗に比例するそうだよ。

蔵子：それを式で表すと，$y=$［ **オ** ］になるわね。

高男：単純に，乗車料金のみの増益額が最も大きくなるのは10円から100円の間でいくら値上げしたときだろう。

蔵子：それは（増益額）＝(値上げ額)×(利用者数) ってこと？

高男：そうだよ。

蔵子：じゃあ，［ **カ** ］円値上げしたときじゃないかな。

⑴ 《会話文１》中の**ア**に当てはまる数を求めなさい。

⑵ 《会話文１》中の**イ**に当てはまる数を求めなさい。ただし，**イ**は小数第１位まで答えること。

⑶ 《会話文１》中の**ウ**に当てはまる式を答えなさい。

⑷ 《会話文１》中の**エ**に当てはまる数を求めなさい。

⑸ 《会話文１》中の高男の問いに対する答えaとして，適切な数，言葉を解答欄に入れなさい。

⑹ 《会話文２》中の**オ**に当てはまる式を答えなさい。

⑺ 《会話文２》中の**カ**に当てはまる数を求めなさい。

【英　語】（50分）　＜満点：100点＞

外国語（英語）聞き取り検査

1　指示に従って，聞きとり検査の問題に答えなさい。

〈答え方〉

問題は第１問と第２問の二つに分かれています。

第１問

第１問は，1番から３番までの三つあります。それぞれについて，最初に対話を聞き，続いて，対話についての問いと，問いに対する答え，a，b，c，dを聞きます。そのあと，もう一度，その対話，問い，問いに対する答えを聞きます。必要があればメモをとってもよろしい。

問いの答えとして正しいものは解答欄の「正《せい》」の文字を，誤っているものは解答欄の「誤《ご》」の文字を，それぞれ○《まる》でかこみなさい。正しいものは，各問いについて一つしかありません。

第２問

第２問は，最初に英語のスピーチを聞きます。続いて，文章についての問いと，問いに対する答え，a，b，c，dを聞きます。問いは問１と問２の二つあります。そのあと，もう一度，スピーチ，問い，問いに対する答えを聞きます。必要があればメモを取ってもよろしい。

問いの答えとして正しいものは解答欄の「正《せい》」の文字を，誤っているものは解答欄の「誤《ご》」の文字を，それぞれ○《まる》でかこみなさい。正しいものは，各問いについて一つしかありません。

＜リスニングテスト放送台本＞

第１問。

Question one

Mother : Ken, you are watching TV again. Have you done your homework?
Ken : No, not yet.
Mother : Then why are you watching TV?
Question : What will Ken say next?

a. Mom, it's sunny, isn't it?
b. Mom, that would be a nice idea.
c. Please go and do your homework.
d. Please...this is my favorite show.

Question two

（電話のベルが鳴る ...rrr）

Husband : Hello?
Wife : Hi, honey. What do you want to eat for dinner?
Husband : Anything is fine. You decide.
Wife : Mmm. Let's eat out tonight. I'm too tired.
Husband : That's a good idea. I don't want to wash the dishes, either.
Question : Who usually does the dishes?

a. The husband does.

b．The wife does.
c．Their son does.
d．Their daughter does.

Question three

Father : Good morning, Anna. You look so sleepy.
Anna : Yes. Last night, I was so worried that I couldn't sleep.
Father : What made you so worried?
Anna : I kept thinking about my new position. I became a class leader yesterday.
Father : Come on...just take it easy. Always be yourself. I'm sure you can handle it.

Question : Why couldn't Anna sleep?
a．Because Anna was very happy about her new job.
b．Because Anna was very proud of being a class leader.
c．Because Anna couldn't handle her new job.
d．Because Anna couldn't stop thinking about her new job.

第2問。

Today, I'd like to tell you about a member of my family, Kota. Look at this picture. This is Kota. As you can see, Kota is a *Shiba* dog. He is about eight years old and he has been with us since he was a puppy. He is really cute. He understands everything I say and is always waiting for me when I get back from school. He loves to catch the ball I throw. He likes me to throw it very far. He gives me the ball he has caught and he looks very happy. But the problem is, he never gets tired of this game. I always have to keep throwing the ball until my arm hurts.

Well, now you know Kota. He is something like a brother for me. If you have any pets, let's talk about them together. I'm sure it would be a lot of fun. Thank you.

Question one : What is the speaker talking about?
a : She is talking about her school life.
b : She is talking about the character of Shiba dogs.
c : She is talking about her pet.
d : She is talking about playing catch.

Question two : Which is true about the speech?
a : The speaker picked up a Shiba dog and named it Kota when it was a puppy.
b : Kota is really cute and the speaker must go back home very quickly.
c : Kota loves to play Frisbee with the speaker.
d : The speaker cannot stop throwing the ball until her arm hurts.

外国語（英語）筆記検査

2 次のピクトグラム（pictogram 案内用図記号）を見て，あとの問いに答えなさい。

説明文
Look at this pictogram.
You can see it anywhere near the sea.
Japan has a lot of earthquakes.
Some of them can make a big wave called "tsunami."
To be safe, [①] when you are near the sea.
If a big earthquake happens, [②] as quickly as possible.

（問い） あなたは次の週末に，外国人留学生と海岸近くのキャンプ場へ行く予定です。そこでこのピクトグラムの説明をすることになりました。説明文の [①] には，災害が起こる前に行うことを，[②] には実際の災害時に行動することを，6語以上の英語で書き，英文を完成させなさい。ただし [①] には should，[②] には must を必ず使うこと。また下の語句を参考にしてもよい。

〈語句〉
～に対して備える prepare against ～　　高台 higher ground

3 ニキ（Niki）とエイミー（Amy）が会話をしています。2人の会話が成り立つように，下線部①から③までのそれぞれの（ ）内に最も適当な語を入れて，英文を完成させなさい。ただし（ ）内に文字が示されている場合は，その文字で始まる語を解答すること。

Niki : I love that new T-shirt you're wearing!
Amy : Thanks! My sister gave it to me for my birthday.
Niki : She has good taste. How old is she?
Amy : ① Actually, she is the (　　)(a　　) as me, 18. We're twins. Look, here's a photo of us together.
Niki : Wow, you really look alike! And who's that?
Amy : That's my brother, Matt. ② He is a (n　　).
Niki : Is he working at a hospital?
Amy : Yes, he is. And he has two children, Jackie and Mike.
Niki : Really? ③ You look (　　) young to be an aunt!

（注） twins 双子　　alike 似ている

4 次の文章を読んで，あとの⑴から⑸までの問いに答えなさい。

Young Wangari Maathai lived in a small house in a village in Kenya. Later, she left Kenya and studied in the United States of America. But she never forgot her love for the rivers and forests in the country around her village.

She came back to Kenya and continued studying. In 1971, she became the first woman in East Africa to get a doctorate - a special award for studying. And after this she got an important teaching job.

She taught her students about animals and their different environments. ①【people / protect / wanted / the animals / she / to】.

Wangari also fought for the environment and spoke about deforestation. In Kenya, companies took thousands of trees from forests for wood and buildings. She also helped poor people in Kenya. "Many women cannot work and have no money," she said. She wanted to change these things, and, in 1977, she started the Green Belt Movement. This organization taught women about planting trees, and （ A ） them money for doing it.

The organization also taught women about protecting the land around them. "People need to work together," said the organization, and it asked the government to protect the environment more. The Green Belt Movement started by planting seven trees in a park in Nairobi, but [②]. Next, the Green Belt Movement started in more parts of Africa. The organization taught people about the environment and stopping deforestation in lots of places. It also helped women to make money from planting trees. In 2004, there were 30 million more trees because of this work.

Sometimes, Wangari's work could be dangerous. In 1989, some people were very angry with her because she tried to stop a company from building in the middle of a city park. She also fought against politicians.

But many people in the world loved Wangari. She spoke at many large conferences and wrote books. In 2004, she became the first black African woman to get the Nobel Peace Prize.

Wangari died in 2011, at the age of seventy-one. But the Green Belt Movement continues. It is protecting forests, animals and land across Africa, and fighting for a cleaner, greener future.

（注） Kenya ケニア　doctorate 博士号　award 賞　deforestation 森林破壊
the Green Belt Movement グリーンベルト運動　organization 組織，団体
Nairobi ナイロビ　politician 政治家　conference 会議
the Nobel Peace Prize ノーベル平和賞

⑴ 下線①のついた文が，本文の内容に合うように，【 】内の語句を正しい順序に並べかえなさい。ただし文頭にくる語も小文字になっているので，正しく直して書くこと。

⑵ （A）にあてはまる最も適当な語を，次の5語の中から選んで，正しい形にかえて書きなさい。

get　cost　have　pay　make

⑶ [②] にあてはまる最も適当な英語を，あとのアからエまでの中から一つ選んで，そのかな符号を書きなさい。

ア this was only the beginning
イ this was not the beginning
ウ this was the end of the Movement

エ this was only the end of the Movement

(4) 本文中では，the Green Belt Movement についてどのように述べられているか。最も適当なものを，次のアからエまでの文の中から一つ選んで，そのかな符号を書きなさい。

ア The Green Belt Movement started in Kenya in 1977 and spread to the United States.

イ The government did not listen to the Green Belt Movement and helped the companies.

ウ The Green Belt Movement supported women in Africa and let them earn more money.

エ In 2004 more than 30 million trees were planted only in Nairobi by the Green Belt Movement.

(5) 次のアからカまでの文の中から，その内容が本文に書かれていることと一致するものを全て選んで，そのかな符号を書きなさい。

ア Wangari Maathai loved the rivers and forests in Kenya very much because she was born in a village in the country and grew up there and never went abroad.

イ Thousands of trees were cut down by companies for wood and buildings in those days and Wangari worried about it.

ウ In the 1970s a large number of women could not work and lived poor lives in Kenya and Wangari wanted to change their lives.

エ The Green Belt Movement asked the government to teach women about planting trees and protecting the environment more.

オ Wangari fought against people who wanted to build. That could be dangerous work.

カ After the death of Wangari, the Green Belt Movement was passed on to the Kenyan government, and they continued its work.

5 日本の家庭にホームステイ中のKateと，ホストマザーが会話をしています。次の会話文を読んで，(1)から(4)までの問いに答えなさい。

Mom : Hi, Kate, please come and try this on.

Kate : What's this? Is it a yukata? For me?

Mom : Yes. 【 a 】 And I am planning to take you to the Gujo Odori Bon Dance Festival.

Kate : What is the Gujo Odori Bon Dance Festival?

Mom : 【 b 】 At Gujo Hachiman in Gifu about 30 dance events are held in the nights from July to September.

Kate : From July to September? About 30 dance events?

Mom : ①<u>Some are held at the shrines or the temples, and (　　) in a public square or streets.</u> ②<u>There are some stalls and shops which sell snacks</u>

and drinks, so people can take a (　) when they get tired. Tens of thousands of people come to Gujo Hachiman to join the Bon Dance every summer.

Kate : Can visitors join the dancing?

Mom : Yes. Sure. 【 c 】 If you don't know how to dance, you can copy the motion from someone dancing around you. You can see a lot of visitors and locals enjoy dancing together. That's why this event attracts many people from Nagoya, Osaka, and so on.

Kate : Wow...that sounds like a big event. Just talking about it makes me want to dance!

Mom : Yes, certainly. 【 d 】

Kate : Really? Do they have a dress code?

Mom : No. They don't have any dress code, but if you see a lot of people wearing yukatas, you will surely feel like wearing a yukata. And when people kick the ground, the geta clatter. The clattering makes people more excited. Some dancers kick the ground so much that their geta are worn down in one night.

Kate : 【 e 】

Mom : Surprisingly, the dance music is live music played by a group of singers and musicians. The instruments include the shamisen, bamboo flute, and taiko drum.

Kate : You know the Gujo Odori Festival very well!

Mom : Well, when I was younger, I often joined the Gujo Odori. So, this is one of my hottest memories. I danced through the night at the "tetsuya odori."

Kate : You danced through the night!

Mom : Yes. That is the highlight of the Gujo Odori. 'Tetsuya' (A) doing something all night long. At the "tetsuya odori" people continue dancing all night long. It is held only four nights in mid August which is Obon season in Japan.

Kate : You were an energetic dancer! I want to dance all night long, too!

Mom : Kate, you are a teenager. Please wait until you become an adult.

Kate : Oh, I see.

（注） public square　広場　　stall　露店　　tens of thousands of　何万もの　　locals　地元の人たち
attract　引きつける　　clatter　カランコロンと音が鳴る　　worn down　履きつぶされて
instrument　楽器　　highlight　ハイライト　　mid August　8月中旬　　energetic　元気な

(1) 次のアからオまでの英文を，会話文中の【a】から【e】までのそれぞれにあてはめて，会話の文として最も適当なものとするには，【b】と【d】にどれを入れたらよいか，そのかな符号を書きなさい。ただし，いずれも一度しか用いることができません。

ア Anyone can join the dance. Local people are very friendly.

イ　And a yukata and geta will help you to be a good dancer!
ウ　I would like you to put on this yukata at a summer festival.
エ　Well...I can imagine the clattering, people's voices and dance music.
オ　It is a kind of traditional dance festival.

⑵　下線①，②のついた文が，会話の文として最も適当なものとなるように，（　）にあてはまる語を書きなさい。

⑶　（A）にあてはまる最も適当な語を，次のアからエまでの中から選んで，そのかな符号を書きなさい。

ア knows　イ tells　ウ says　エ means

⑷　この会話が行われた後，Kate は郡上踊りに行き，その様子を次のように Email に書いて家族に送りました。このメールが会話文の内容に合うように，次の（X），（Y）のそれぞれにあてはまる最も適当な語を書きなさい。

Dear Mom and Dad,
Last night I went to the Gujo Odori Bon Dance Festival with my host family. Look at the picture. I wore a yukata and geta. They are a (X) Japanese bon dance costume and footwear. At first I didn't know how to dance at all, but it was easy to learn the Gujo Odori by watching others, and locals were very kind and showed us how to dance. Now I am a good (Y).
I heard some could dance through the night! Don't worry I didn't dance all night. I am a teenager. Anyway, it was wonderful. I hope I can take you to the Gujo Odori someday. Please wait until I become an adult.
With Love,
Kate

【理　科】（45分）　＜満点：100点＞

1　次の⑴から⑸までの問いに答えなさい。

⑴　図1のように，動滑車と定滑車を組み合わせた装置を組み立てた。手でロープをゆっくりと真下に引き，質量15kgの物体Aを床から引き上げた。物体Aを2.0m引き上げたときの仕事率が30Wであったとすると，物体を2.0m引き上げるのに何秒かかったか。滑車の質量や摩擦は無視できるものとし，100gの物体にはたらく重力を1Nとして答えよ。

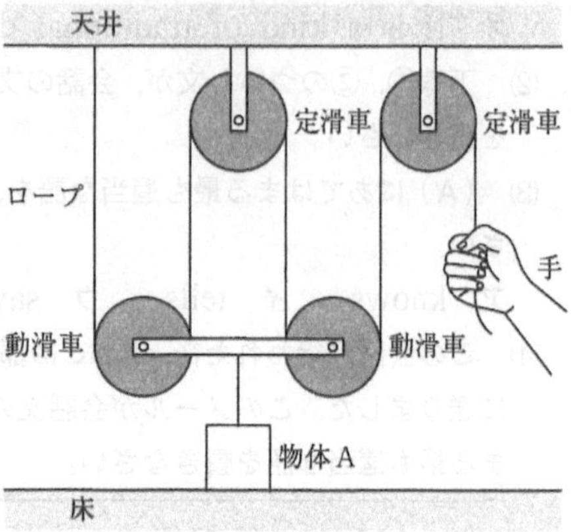

図1

⑵　日本が春分のころ，北極付近での太陽の日周運動がどのようになるか，次のアからエまでの中から選んで，そのかな符号を書きなさい。

ア

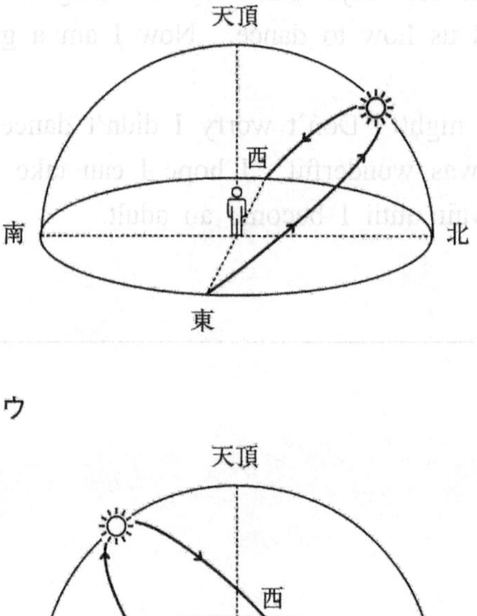

イ

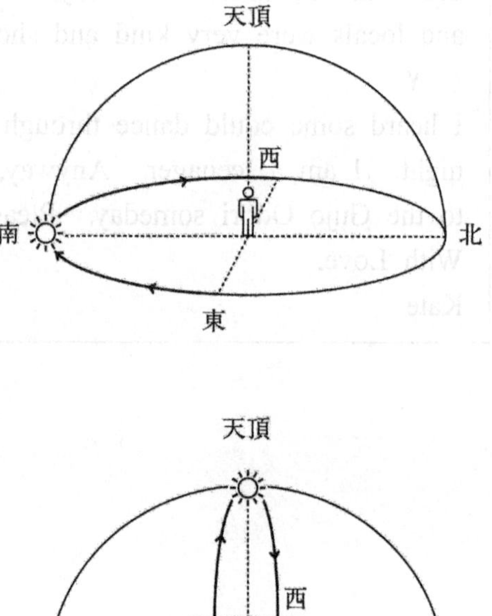

ウ

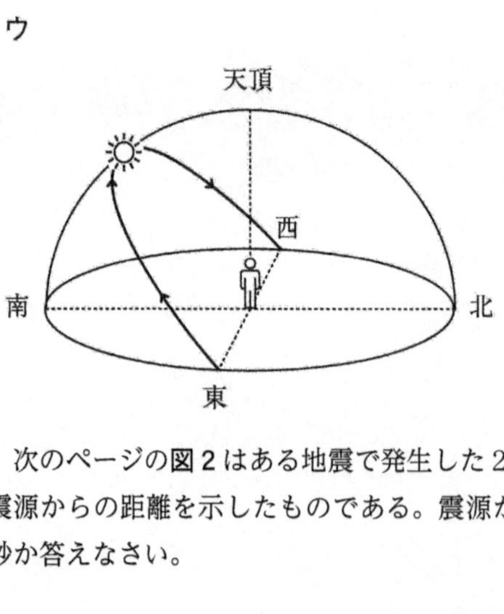

エ

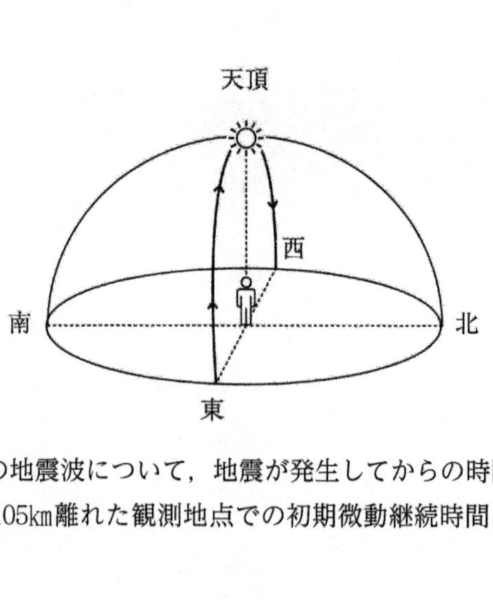

⑶　次のページの図2はある地震で発生した2つの地震波について，地震が発生してからの時間と震源からの距離を示したものである。震源から105㎞離れた観測地点での初期微動継続時間は何秒か答えなさい。

図２

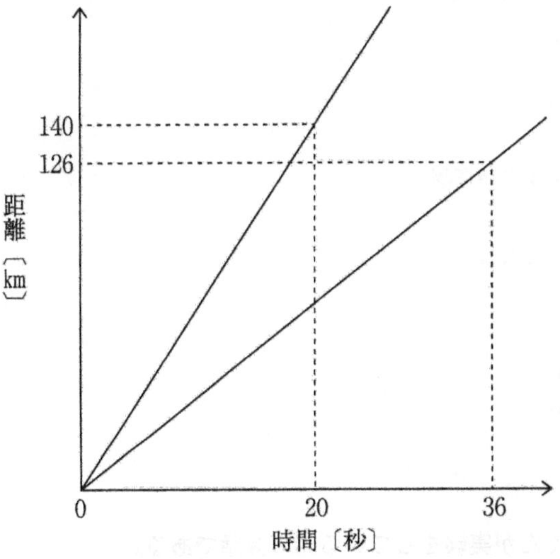

(4) 次の**表１**は５種類の脊椎動物ＡからＥの特徴をまとめたものである。**表１**の中の（Ⅰ）と，Ｃに該当する生物として適する組み合わせとして最も適当なものを，次の**ア**から**ク**までの中から選んで，そのかな符号を書きなさい。

表１

特徴	A	B	C	D	E
呼吸	えら	肺	えら・肺	肺	肺
生活	水中	陸上	水中・陸上	陸上	陸上
体表	うろこ	うろこ	しめった皮膚	羽毛	毛
体温	変温動物	（Ⅰ）	変温動物	恒温動物	恒温動物
子の産み方	卵生	卵生	卵生	卵生	胎生

ア　Ⅰ　変温動物，Ｃ　カブトムシ
イ　Ⅰ　変温動物，Ｃ　イモリ
ウ　Ⅰ　変温動物，Ｃ　ヤモリ
エ　Ⅰ　変温動物，Ｃ　メダカ
オ　Ⅰ　恒温動物，Ｃ　カブトムシ
カ　Ⅰ　恒温動物，Ｃ　イモリ
キ　Ⅰ　恒温動物，Ｃ　ヤモリ
ク　Ⅰ　恒温動物，Ｃ　メダカ

(5) 次のページの**図３**のように容器の中に石灰石とうすい塩酸を入れ，うすい塩酸と石灰石が混ざらないように注意しながら，ふたをして密閉し，容器全体の質量を測定した。次に容器をかたむけて，うすい塩酸と石灰石を混ぜると気体を発生させながら石灰石が溶けていった。石灰石が完全に溶けてから，容器全体の質量を測定したところ，うすい塩酸と石灰石を混ぜ合わせる前と同じ質量であった。この実験から，化学変化の前後で，化学変化に関係している物質全体の質量は変わらないことが分かる。このことが成り立つ理由を説明した次の文章中の空欄Ａに10字以内の言葉を入れ，文章を完成させよ。ただし，句読点は含まない。

化学変化では，反応の前後で原子の組み合わせは変わるが，反応にかかわった原子の［　空欄Ａ　］から。

図３

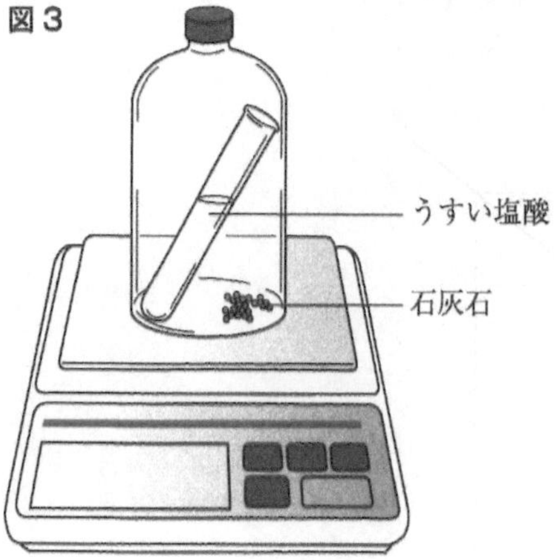

2 次の文章は，高子さんと蔵男くんが実験をしている時の会話である。

蔵男くん：ここに水溶液ＡからＤがあって，それぞれの水溶液が塩酸，食塩水，水酸化ナトリウム水溶液，アンモニア水のどれか分からなくなっちゃったよ。調べる方法はないかな？

高子さん：それなら，それぞれの水溶液を別のビーカーにとって緑色のBTB溶液を数滴加えて色を見てみましょう。

蔵男くん：緑色のBTB溶液を加えたらそれぞれの水溶液に色がついたから表１にまとめてみたよ。ついでに①リトマス紙を使って確認してみるね。

表１

	A	B	C	D
水溶液の色	黄色	青色	青色	緑色

蔵男くん：これで水溶液Ａと水溶液Ｄが何かは分かったけど，水溶液Ｂと水溶液Ｃが何か分からないね。

高子さん：それを調べるために水溶液Ｂと水溶液Ｃを蒸発皿に入れて，ガスバーナーで熱して蒸発させてみましょう。

蔵男くん：蒸発させたら水溶液Ｂを入れた蒸発皿には固体が残ったけど，水溶液Ｃを入れた蒸発皿には何も残らなかったね。

高子さん：これで②全ての水溶液が何か分かったわね。

蔵男くん：うん，ありがとう。それぞれの水溶液が何か分かったから，ここにある塩酸と水酸化ナトリウム水溶液を混ぜてpHメーターを使って③pHを調べてみよう。

高子さん：分かったわ。それなら次の表２にある量で塩酸と水酸化ナトリウム水溶液を混ぜて，水溶液Ｕから水溶液Ｚをつくってみましょう。

表２

	U	V	W	X	Y	Z
塩酸〔mL〕	15	30	15	30	15	30
水酸化ナトリウム水溶液〔mL〕	10	20	30	40	50	60

蔵男くん：つくった水溶液のうち水溶液WをpHメーターで調べたら，pHが7だったよ。
高子さん：それが分かったら，水溶液Uから水溶液Zが酸性なのか，中性なのか，アルカリ性なのか全て分かるわね。

次の(1)から(5)までの問いに答えなさい。

(1) 下線部①について，水溶液Aから水溶液Dを青色リトマス紙につけたときにリトマス紙の色が変わるものはいくつあるか，次の**ア**から**エ**までの中から選んで，そのかな符号を書きなさい。

ア 1　**イ** 2　**ウ** 3　**エ** 4

(2) 下線部②について水溶液A，C，Dの組み合わせとして最も適当なものを，次の**ア**から**カ**までの中から選んで，そのかな符号を書きなさい。

ア A 食塩水，　C アンモニア水，D 塩酸
イ A 食塩水，　C 塩酸，　D アンモニア水
ウ A アンモニア水，C 食塩水，　D 塩酸
エ A アンモニア水，C 塩酸，　D 食塩水
オ A 塩酸，　C 食塩水，　D アンモニア水
カ A 塩酸，　C アンモニア水，D 食塩水

(3) 下線部③に関して，水溶液V，X，YのpHをそれぞれv，x，yとすると，その数値の関係はどうなるか。最も適当なものを，次の**ア**から**ク**までの中から選んで，そのかな符号を書きなさい。

ア $v > x > y$　**イ** $x > v > y$　**ウ** $v = x > y$　**エ** $y > v = x$
オ $y > v > x$　**カ** $y > x > v$　**キ** $x > y > v$　**ク** $v = x = y$

(4) 混ぜ合わせたときに中性になる水溶液の組み合わせとして最も適当なものを，次の**ア**から**ク**までの中から全て選んで，そのかな符号を書きなさい。

ア 水溶液UとW　**イ** 水溶液VとW　**ウ** 水溶液UとY
エ 水溶液VとY　**オ** 水溶液XとY　**カ** 水溶液XとZ
キ 水溶液WとZ　**ク** 水溶液YとZ

(5) 実験の中で用いた塩酸100mLと水酸化ナトリウム水溶液を混ぜ合わせて水溶液Eをつくった。水溶液EのpHをpHメーターで調べると，pHが7であった。このとき，水溶液Eの体積は何mLか答えなさい。ただし，混ぜ合わせた後の水溶液の体積は，混ぜ合わせる前の2つの水溶液の体積の和に等しいとする。

3 エンドウの遺伝について次の〔実験1〕から〔実験3〕を行った。

〔実験1〕 丸い種子をつくる純系のエンドウEのめしべに，しわのある種子をつくる純系のエンドウFの花粉を受粉させると，**図1**のように子の代では①すべての個体が丸い種子をつくった。子の代の1個体をエンドウGとする。

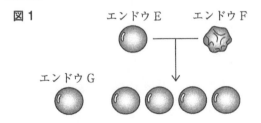

図1

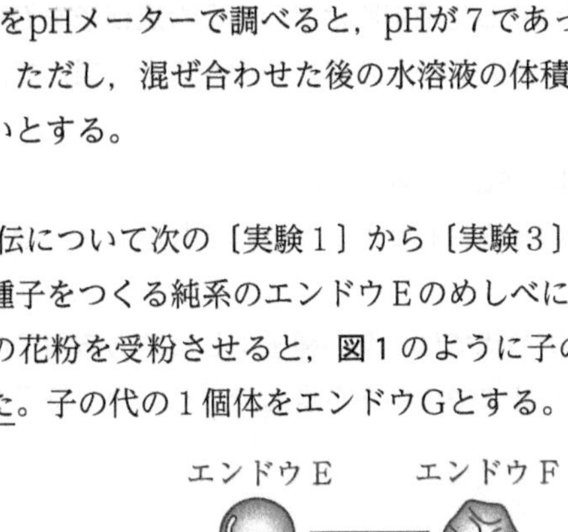

［実験２］［実験１］で得た②エンドウGを自家受粉させて，次の代の丸い種子としわのある種子を調べた。

［実験３］［実験２］で得られた丸い種子から育ったエンドウHのめしべに，エンドウGの花粉を受粉させた。また，丸い種子かしわのある種子か分からない種子から育ったエンドウＩのめしべにエンドウGの花粉を受粉させた。それぞれの次の代の丸い種子としわのある種子の数は表１のようになった。

表１

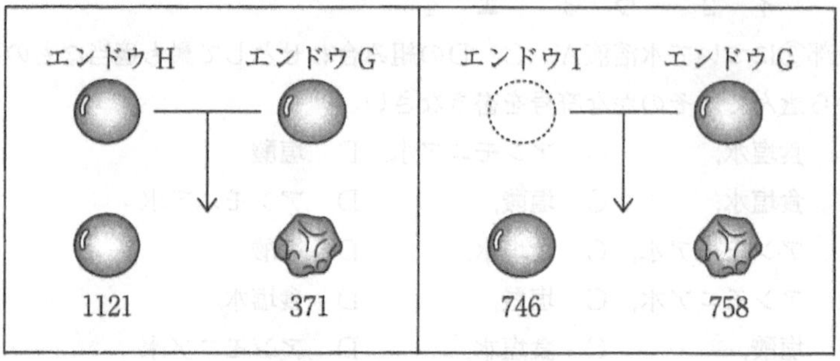

ある個体がつくる種子は，必ず丸い種子かしわのある種子のどちらかであることがわかっており，丸い種子をつくる形質を伝える遺伝子をA，しわのある種子をつくる形質を伝える遺伝子をaとして，次の⑴から⑸までの問いに答えなさい。

⑴　エンドウの種子の形などの形質を伝える遺伝子は，細胞の中の何にふくまれているか。最も適当なものを，次の**ア**から**オ**までの中から選んで，そのかな符号を書きなさい。

ア　葉緑体　　**イ**　核　　**ウ**　液胞　　**エ**　細胞膜　　**オ**　細胞壁

⑵　下線部①に関して説明した次の文章中の（Ｉ）と（Ⅱ）のそれぞれにあてはまる最も適当な語句を答えなさい。

異なる遺伝子をもった純系の親どうしをかけ合わせたとき，子は両親の一方の形質だけが現れる。エンドウの種子の形については，丸い種子をつくる形質を（　Ｉ　）形質，しわのある種子をつくる形質を（　Ⅱ　）形質という。

⑶　下線部②について，エンドウGがつくる生殖細胞はどのような遺伝子をもっているか，可能性があるものとして最も適当なものを，次の**ア**から**オ**までの中から全て選んで，そのかな符号を書きなさい。

ア　A　　**イ**　a　　**ウ**　AA　　**エ**　Aa　　**オ**　aa

⑷　エンドウG，H，Ｉがもつ遺伝子の組み合わせとしてそれぞれ最も適当なものをA，aの記号を使って答えなさい。

⑸　エンドウＩを自家受粉させて得た次の代では，丸の種子：しわのある種子の形質の比はどうなるか，最も適当なものを，次の**ア**から**オ**までの中から選んで，そのかな符号を書きなさい。

ア　3：1
イ　1：3
ウ　1：1
エ　丸い種子のみ
オ　しわの種子のみ

4 電流について次の〔実験1〕から〔実験4〕を行った。

〔実験1〕 図1のような回路をつくり，抵抗Aに加える電圧を変化させていき，抵抗Aに流れる電流の変化を調べると図2の①のグラフになった。続いて，図1の回路で，抵抗Aから抵抗Bに変えて同じ実験をしたところ，図2の②のグラフになった。

図1

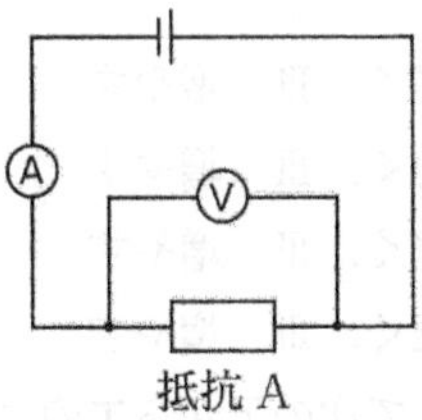

図2

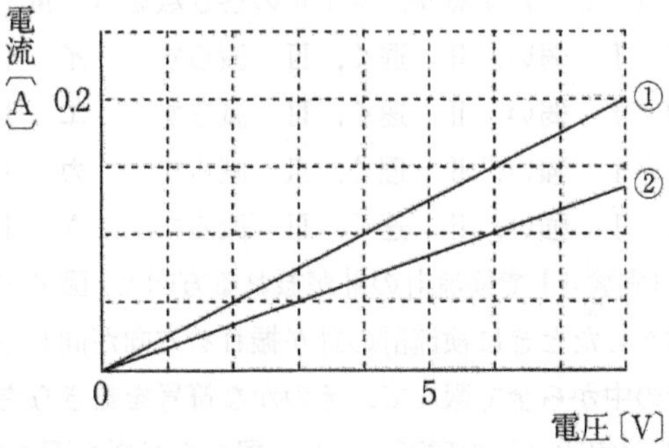

〔実験2〕 図3のように抵抗A，抵抗B，抵抗C，電源装置，電流計をつないだ回路をつくり，電流計に流れる電流の大きさを調べた。

図3

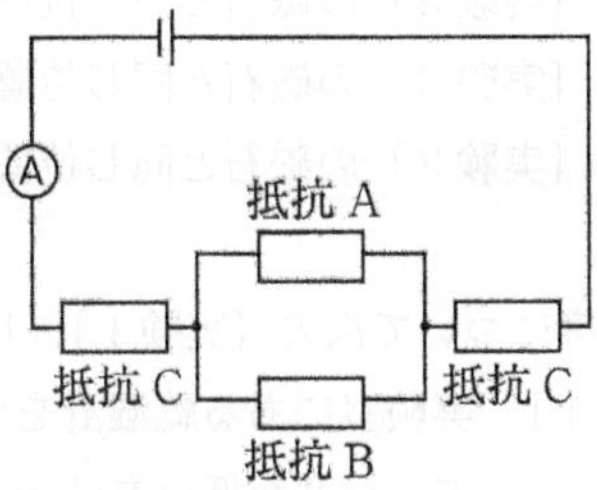

〔実験3〕 図4のようにコイルAと検流計をつないで回路をつくったものに，棒磁石のS極をコイルに近づけると，検流計の針が左に振れた。

図4

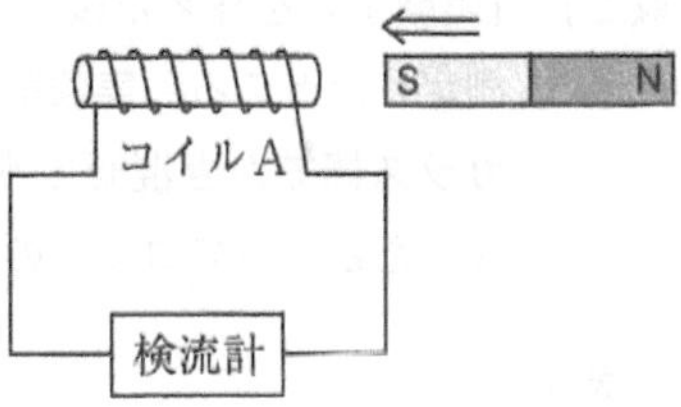

〔実験4〕 図4のコイルAと検流計は変えずに，図5のように，電源装置とコイルBとスイッチをつないで回路をつくったものを横に並べた。スイッチを入れて電流を流したときに検流計の針が振れたことを確認し，左右のどちらに振れるかを調べた。

図5

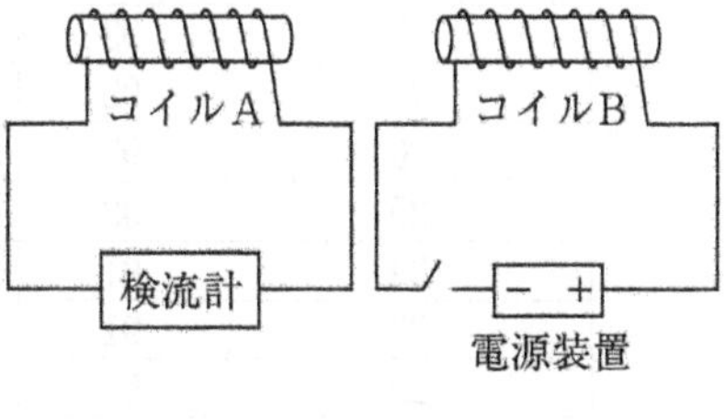

あとの⑴から⑸までの問いに答えなさい。

⑴ 抵抗Aの抵抗の大きさは何Ωか答えなさい。

⑵ 〔実験1〕で，抵抗Bに45Vの電圧を加えたとすると，抵抗Bに流れる電流は何mAになるか答えなさい。

⑶ 〔実験2〕で使った電源装置の電圧が100Vであり，電流計が示した値が1.0Aであった。このとき，抵抗Cの抵抗の大きさは何Ωか答えなさい。

(4) ［実験３］で検流計の針の振れを大きくするにはどうしたらいいかを説明した次の文章中の（Ⅰ）から（Ⅲ）にあてはまる語句の組み合わせとして最も適当なものを，次の**ア**から**ク**までの中から選んで，そのかな符号を書きなさい。

検流計の針の振れを大きくするためには，磁力の（　Ⅰ　）磁石を使うか，磁石を動かす速さを（　Ⅱ　）するか，コイルの巻き数を（　Ⅲ　）とよい。

ア　Ⅰ　弱い，Ⅱ　遅く，Ⅲ　減らす　　**イ**　Ⅰ　弱い，Ⅱ　遅く，Ⅲ　増やす
ウ　Ⅰ　弱い，Ⅱ　速く，Ⅲ　減らす　　**エ**　Ⅰ　弱い，Ⅱ　速く，Ⅲ　増やす
オ　Ⅰ　強い，Ⅱ　遅く，Ⅲ　減らす　　**カ**　Ⅰ　強い，Ⅱ　遅く，Ⅲ　増やす
キ　Ⅰ　強い，Ⅱ　速く，Ⅲ　減らす　　**ク**　Ⅰ　強い，Ⅱ　速く，Ⅲ　増やす

(5) ［実験４］で検流計の針が振れる方向と，**図４**のコイルＡに対して次の**ア**から**エ**のように磁石を動かしたときに検流計の針が振れる方向が同じものはどれか最も適当なものを，次の**ア**から**エ**までの中から全て選んで，そのかな符号を書きなさい。

ア　［実験３］の磁石と同じ位置からＮ極を近づける。
イ　［実験３］の磁石と同じ位置からＮ極を遠ざける。
ウ　［実験３］の磁石と同じ位置からＳ極を近づける。
エ　［実験３］の磁石と同じ位置からＳ極を遠ざける。

5　湿度について次の［実験１］，［実験２］を行った。

［実験１］　実験室にある乾湿計を見て，乾球と湿球の示度を確認したところ，示度が高い方は23℃で，示度が低い方は20℃であった。そこで，次の**表１**を参考にして湿度を調べた。

［実験２］　［実験１］を終えた後すぐに同じ場所で，金属製のコップに水を半分ほど入れ，水温を測定したところ，実験室の気温と同じであった。そのコップに，０℃の水を少し加え，ガラス棒でかき混ぜて水温を少し下げる操作を繰り返していったところ，ある温度になったところでコップの表面に水滴がかすかにつきはじめた。

表１

乾球の示度〔℃〕	乾球と湿球の示度の差〔℃〕					
	1	2	3	4	5	6
28	92	85	77	70	64	57
27	92	84	77	70	63	56
26	92	84	76	69	62	55
25	92	84	76	68	61	54
24	91	83	75	68	60	53
23	91	83	75	67	59	52
22	91	82	74	66	58	50
21	91	82	73	65	57	49
20	91	81	73	64	56	48
19	90	81	72	63	54	46
18	90	80	71	62	53	44
17	90	80	70	61	51	43
16	89	79	69	59	50	41

表２

気温〔℃〕	14	15	16	17	18	19	20	21	22	23	24	25
飽和水蒸気量〔g/m^3〕	12.1	12.8	13.6	14.5	15.4	16.3	17.3	18.3	19.4	20.6	21.8	23.1

図１

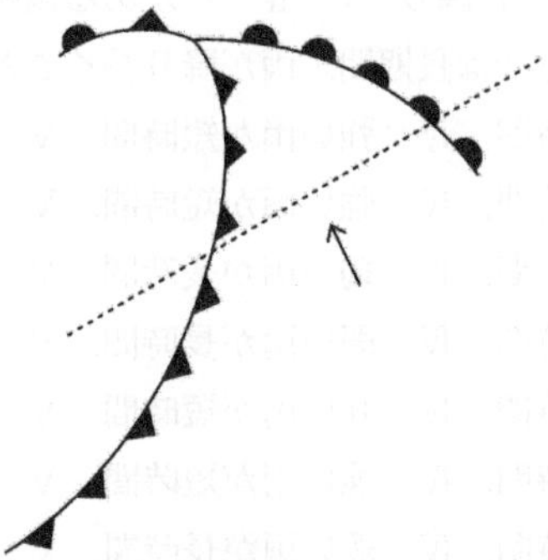

コップの水温とコップに接している空気の温度は等しく，実験室内の湿度は均一であるとして，次の⑴から⑸までの問いに答えなさい。

⑴ 〔実験１〕で湿度を調べる手順を説明した次の文章中の（Ⅰ）から（Ⅲ）にあてはまる語句の組み合わせとして最も適当なものを，次のアからクまでの中から選んで，そのかな符号を書きなさい。

〔実験１〕で乾湿計の示度が低い方が（　Ⅰ　）で示度が高い方が（　Ⅱ　）である。乾球の示度と湿球の示度の差から表１を使って湿度を求めると（　Ⅲ　）％となる。

ア　Ⅰ　乾球，Ⅱ　湿球，Ⅲ　76　　**イ**　Ⅰ　乾球，Ⅱ　湿球，Ⅲ　75
ウ　Ⅰ　乾球，Ⅱ　湿球，Ⅲ　74　　**エ**　Ⅰ　乾球，Ⅱ　湿球，Ⅲ　73
オ　Ⅰ　湿球，Ⅱ　乾球，Ⅲ　76　　**カ**　Ⅰ　湿球，Ⅱ　乾球，Ⅲ　75
キ　Ⅰ　湿球，Ⅱ　乾球，Ⅲ　74　　**ク**　Ⅰ　湿球，Ⅱ　乾球，Ⅲ　73

⑵ 空気中の飽和水蒸気量についてまとめた**表２**を参考にして，〔実験２〕でコップの表面に水滴がかすかにつきはじめたときの温度として最も近いものを，次の**ア**から**カ**までの中から選んで，そのかな符号を書きなさい。

ア　15℃　　**イ**　16℃　　**ウ**　17℃　　**エ**　18℃　　**オ**　19℃　　**カ**　20℃

⑶ ⑵の温度を何というか，用語を書きなさい。

⑷ **図１**の前線について，図中の点線で切った断面を矢印の方向から見たときのようすを表した図として最も適当なものを，次の**ア**から**エ**までの中から選んで，そのかな符号を書きなさい。

ア

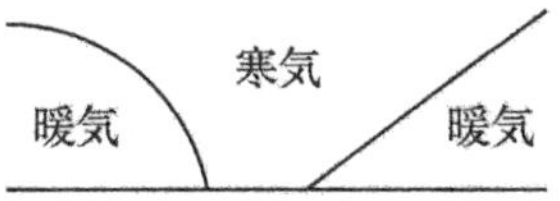

イ

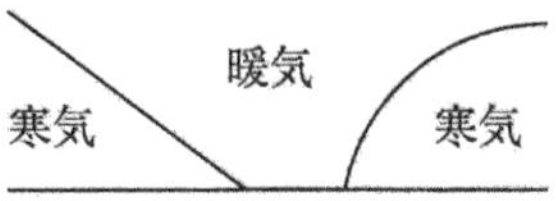

ウ

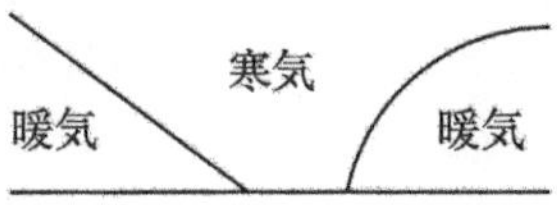

エ

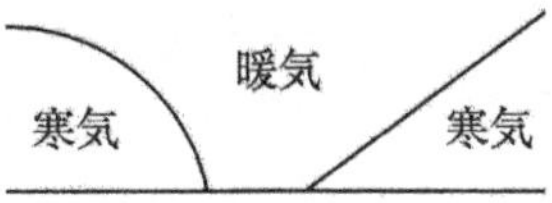

⑸ 前線付近で発生する雲について説明した次の文章中の（Ⅰ）から（Ⅴ）にあてはまる語句の組み合わせとして最も適当なものを，次のアからタまでの中から選んで，そのかな符号を書きなさい。

温暖前線付近には（ Ⅰ ）や高層雲ができ，寒冷前線が通過するときには（ Ⅱ ）ができることがある。（ Ⅰ ）がある場所では（ Ⅲ ）降り，（ Ⅱ ）がある場所では（ Ⅳ ）降る。梅雨前線や秋雨前線などの（ Ⅴ ）付近では長期間，雨が降り続くことが多い。

ア Ⅰ 積乱雲，Ⅱ 乱層雲，Ⅲ 弱い雨が長時間，Ⅳ 強い雨が短時間，Ⅴ 停滞前線
イ Ⅰ 積乱雲，Ⅱ 乱層雲，Ⅲ 弱い雨が長時間，Ⅳ 強い雨が短時間，Ⅴ 閉そく前線
ウ Ⅰ 積乱雲，Ⅱ 乱層雲，Ⅲ 強い雨が短時間，Ⅳ 弱い雨が長時間，Ⅴ 停滞前線
エ Ⅰ 積乱雲，Ⅱ 乱層雲，Ⅲ 強い雨が短時間，Ⅳ 弱い雨が長時間，Ⅴ 閉そく前線
オ Ⅰ 高積雲，Ⅱ 乱層雲，Ⅲ 弱い雨が長時間，Ⅳ 強い雨が短時間，Ⅴ 停滞前線
カ Ⅰ 高積雲，Ⅱ 乱層雲，Ⅲ 弱い雨が長時間，Ⅳ 強い雨が短時間，Ⅴ 閉そく前線
キ Ⅰ 高積雲，Ⅱ 乱層雲，Ⅲ 強い雨が短時間，Ⅳ 弱い雨が長時間，Ⅴ 停滞前線
ク Ⅰ 高積雲，Ⅱ 乱層雲，Ⅲ 強い雨が短時間，Ⅳ 弱い雨が長時間，Ⅴ 閉そく前線
ケ Ⅰ 高積雲，Ⅱ 積乱雲，Ⅲ 弱い雨が長時間，Ⅳ 強い雨が短時間，Ⅴ 停滞前線
コ Ⅰ 高積雲，Ⅱ 積乱雲，Ⅲ 弱い雨が長時間，Ⅳ 強い雨が短時間，Ⅴ 閉そく前線
サ Ⅰ 高積雲，Ⅱ 積乱雲，Ⅲ 強い雨が短時間，Ⅳ 弱い雨が長時間，Ⅴ 停滞前線
シ Ⅰ 高積雲，Ⅱ 積乱雲，Ⅲ 強い雨が短時間，Ⅳ 弱い雨が長時間，Ⅴ 閉そく前線
ス Ⅰ 乱層雲，Ⅱ 積乱雲，Ⅲ 弱い雨が長時間，Ⅳ 強い雨が短時間，Ⅴ 停滞前線
セ Ⅰ 乱層雲，Ⅱ 積乱雲，Ⅲ 弱い雨が長時間，Ⅳ 強い雨が短時間，Ⅴ 閉そく前線
ソ Ⅰ 乱層雲，Ⅱ 積乱雲，Ⅲ 強い雨が短時間，Ⅳ 弱い雨が長時間，Ⅴ 停滞前線
タ Ⅰ 乱層雲，Ⅱ 積乱雲，Ⅲ 強い雨が短時間，Ⅳ 弱い雨が長時間，Ⅴ 閉そく前線

【社　会】(45分)　　<満点：100点>

1　次のⅠ，Ⅱ，Ⅲは，日本における信仰と関係の深い歴史遺産や遺物の写真とその説明である。あとの⑴から⑷までの問いに答えなさい。

Ⅰ

(説明)
これは，法隆寺の金堂に安置されている釈迦三尊像の写真である。6世紀ころ，新しい宗教として大陸から伝来した仏教は，当時の支配層によって日本に受け入れられました。その考え方は（　①　）にも反映されています。

Ⅱ

(説明)
これは，鎌倉時代に成立した『北野天神縁起絵巻』第5巻の一場面である。藤原氏によって（　②　）から大宰府に追いやられた菅原道真が903年に無念のうちに亡くなった。この事件を尚泰の変という。その後，道真は雷神となって都にのぼり，清涼殿に雷を落としたと当時の人々は信じていた。

Ⅲ

(説明)
これは，江戸時代に行われた絵踏に使用された，真ちゅう製の踏絵の写真である。$_A$ザビエルによって伝えられたキリスト教は，江戸時代にはいると徹底的に排除する政策が行われ，貿易の統制と結びついて$_B$鎖国とよばれる政策が行われた。しかし，信仰を保ち続けた人々は隠れキリシタンとしてその信仰を守った。

⑴　Ⅰ，Ⅱの説明の中の（①），（②）に当てはまることばの組み合わせとして最も適当なものを，次の**ア**から**エ**までの中から選んで，そのかな符号を書きなさい。

ア　①大宝律令，②平城京　　**イ**　①十七条の憲法，②平城京

ウ　①大宝律令，②平安京　　**エ**　①十七条の憲法，②平安京

⑵　Ⅰ，Ⅱの説明の中の「6世紀」から「903年」の間に起こったできごととして誤っているものを，あとの**ア**から**エ**までの中から一つ選んで，そのかな符号を書きなさい。

ア　中国では隋がほろび，唐が成立した。

イ　ローマ帝国では，キリスト教が国教となった。

ウ　アラビア半島でムハンマドがイスラム教を始めた。

エ　新羅が朝鮮半島で統一をはたした。

⑶　次の文章はⅢの説明の中のAの背景を述べたものである。文章中のX，Yにあてはまる文の組み合わせとして最も適当なものを，下の**ア**から**エ**までの中から選んで，そのかな符号を書きなさい。

> 16世紀のドイツでは，［　X　］，宗教改革が始まった。一方，大航海時代で［　Y　］がフィリピンのマニラを中心にアジア貿易にのりだす中，カトリック教会もイエズス会を中心に海外布教に力を入れ，アジアでの布教活動をもくろんだ。

ア　X　ルターが聖書に基づいた信仰の大切さを説いて，　Y　オランダ

イ　X　ルターが聖書に基づいた信仰の大切さを説いて，　Y　スペイン

ウ　X　カルバンが神の救いを信じ，職業にはげむべきだと説いて，　Y　オランダ

エ　X　カルバンが神の救いを信じ，職業にはげむべきだと説いて，　Y　スペイン

⑷　Ⅲの説明の中の「鎖国とよばれる政策」が確立する過程で起きたできごとを時代の古い順に並べたとき最も適当なものを，下の**ア**から**カ**までの中から選んで，そのかな符号を書きなさい。

X　日本人の帰国・海外渡航を禁止する。

Y　イギリスが平戸の商館を閉鎖し，日本から撤退する。

Z　ポルトガル船の来航を禁止する。

ア　X→Y→Z　　**イ**　X→Z→Y

ウ　Y→X→Z　　**エ**　Y→Z→X

オ　Z→X→Y　　**カ**　Z→Y→X

2　次の略年表をみて，あとの⑴から⑶までの問いに答えなさい。

年代	できごと
1792	ラクスマンが根室に来航する。
1858	A日米修好通商条約と同等の条約を結ぶ。（安政の五カ国条約）
1904 ┐	日露戦争がおこる。
B	
1917 ┘	ロシア革命がおこる。
1945	［　C　］を破り，ソ連が対日参戦する。
1956	Dソ連と国交が回復し，日本が国連に加盟する。

⑴　Aの条約が日本にとって不平等条約であった理由を「関税自主権」「領事裁判権」の２つの語を使って15字以上20字以下で書きなさい。

⑵　Bの間に起こったできごととして誤っているものを，あとの**ア**から**エ**までの中から一つ選んで，そのかな符号を書きなさい。

ア　日本が韓国を併合する。

イ　官営の八幡製鉄所が完成し，操業をはじめる。

ウ　幸徳秋水ら社会主義者が処刑される大逆事件がおこる。

エ　日本が中国の袁世凱政権に対して，二十一か条の要求を突きつける。

⑶　［C］に当てはまることばとDのときの日本の首相の組み合わせとして最も適当なものを，下の**ア**から**エ**までの中から選んで，そのかな符号を書きなさい。

ア　C：日ソ共同宣言，D：岸信介　　**イ**　C：日ソ共同宣言，D：鳩山一郎

ウ　C：日ソ中立条約，D：岸信介　　**エ**　C：日ソ中立条約，D：鳩山一郎

3　次の表は，東海道・山陽新幹線が通る都道府県の米の生産量，茶の生産量，漁業生産量（漁業・養殖業），鉄鋼の生産量を示したものである。あとの⑴から⑷までの問いに答えなさい。なお，表中のA，B，C，Dは，岡山県，京都府，静岡県，広島県のいずれかである。

都道府県名	米の生産量（t）	茶の生産量（t）	漁業生産量（t）	鉄鋼の生産額（億円）
愛知県	137,200	3,630	754	25,210
A	155,600	228	225	10,144
B	72,700	11,200	94	869
C	81,200	112,600	1,786	2,364
兵庫県	182,900	185	1,055	19,308
D	113,300	48	1,160	13,237

（農林水産省ホームページ，工業統計などから作成）

⑴　表中のB，C，Dに当てはまる都道府県名の組み合わせとして最も適当なものを，あとの**ア**から**カ**までの中から選んで，そのかな符号を書きなさい。

ア　B：静岡県，C：京都府，D：広島県　　**イ**　B：静岡県，C：京都府，D：岡山県

ウ　B：京都府，C：静岡県，D：岡山県　　**エ**　B：京都府，C：静岡県，D：広島県

オ　B：広島県，C：静岡県，D：京都府　　**カ**　B：岡山県，C：静岡県，D：京都府

⑵　次の文章は，兵庫県の地形と産業について述べたものである。文章中の（Ⅰ）に当てはまる適当なことばを，下の**ア**から**エ**までの中から選んで，そのかな符号を書きなさい。また，（a）にあてはまる最も適当なことばを，漢字４字で答えなさい。

> 上の表からみられるように兵庫県は米の生産量が比較的多いことで知られており，（　Ⅰ　）の生産量は日本一をほこる。また，（　Ⅰ　）をつくるのに欠かせない中国山地からもたらされる清流は（　a　）に注いでおり，赤穂など沿岸地域では製塩が盛んであった。

ア　清酒　　**イ**　醤油　　**ウ**　味噌　**エ**　酢

⑶　次のページのX，Y，Zはそれぞれ岡山県岡山市，静岡県静岡市，広島県広島市の雨温図で，表中のA，C，Dのいずれかのものである。X，Y，Zの雨温図とA，C，Dの組み合わせとして最も適当なものを，次のページの**ア**から**カ**までの中から選んで，そのかな符号を書きなさい。

X

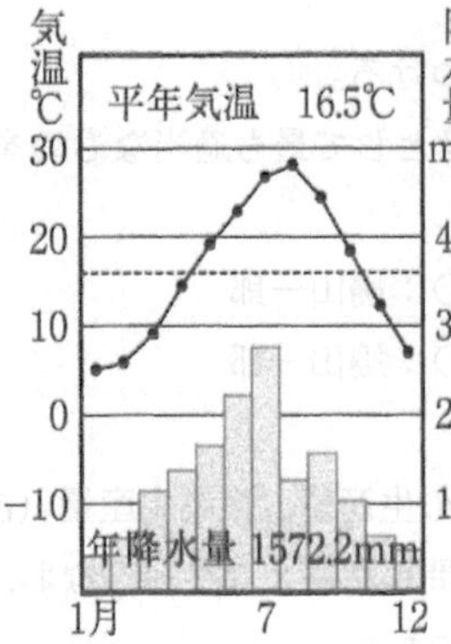

Y

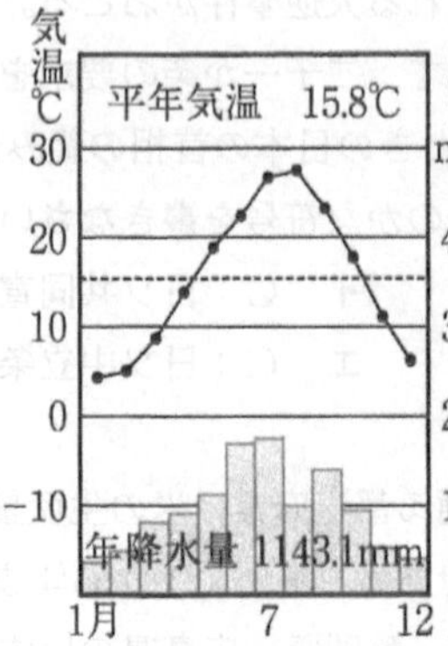

Z

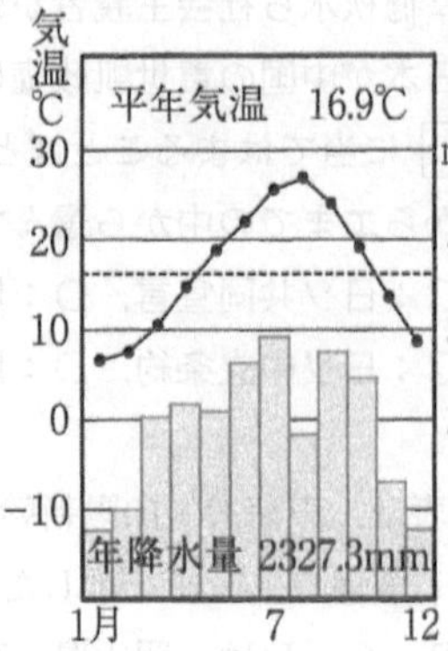

(1991年～2020年の気象庁のデータなどをもとに作成)

ア　X：A，Y：C，Z：D　　**イ**　X：A，Y：D，Z：C

ウ　X：C，Y：A，Z：D　　**エ**　X：C，Y：D，Z：A

オ　X：D，Y：A，Z：C　　**カ**　X：D，Y：C，Z：A

⑷　次の写真Ⅰ，Ⅱ，Ⅲは，東京駅から福岡県の博多駅まで新幹線で途中下車し，観光することのできる世界遺産を撮影したのものである。東京駅から最短のコースで訪れた時の順番として最も適当なものを，下の**ア**から**カ**までの中から選んで，そのかな符号を書きなさい。また，その際に途中下車しない都道府県をAからDのうちから一つ選びなさい。

Ⅰ

Ⅱ

Ⅲ

ア　Ⅰ→Ⅱ→Ⅲ　　**イ**　Ⅰ→Ⅲ→Ⅱ　　**ウ**　Ⅱ→Ⅰ→Ⅲ

エ　Ⅱ→Ⅲ→Ⅰ　　**オ**　Ⅲ→Ⅰ→Ⅱ　　**カ**　Ⅲ→Ⅱ→Ⅰ

4　次のページの地図を見て，あとの⑴から⑶までの問いに答えなさい。なお，地図中の緯線は赤道を基準として，また，経線は本初子午線を基準として，いずれも15度間隔で表している。

⑴　愛知県名古屋市が2022年2月2日午前11時のとき，アメリカ合衆国ロサンゼルスは2月何日の何時ころと考えられるか。最も適当なものを，次の**ア**から**カ**までの中から選んで，そのかな符号を書きなさい。

ア　2月1日午後3時ころ　　**イ**　2月1日午後6時ころ　　**ウ**　2月1日午後10時ころ

エ　2月2日午後6時ころ　　**オ**　2月2日午後11時ころ　　**カ**　2月3日午前3時ころ

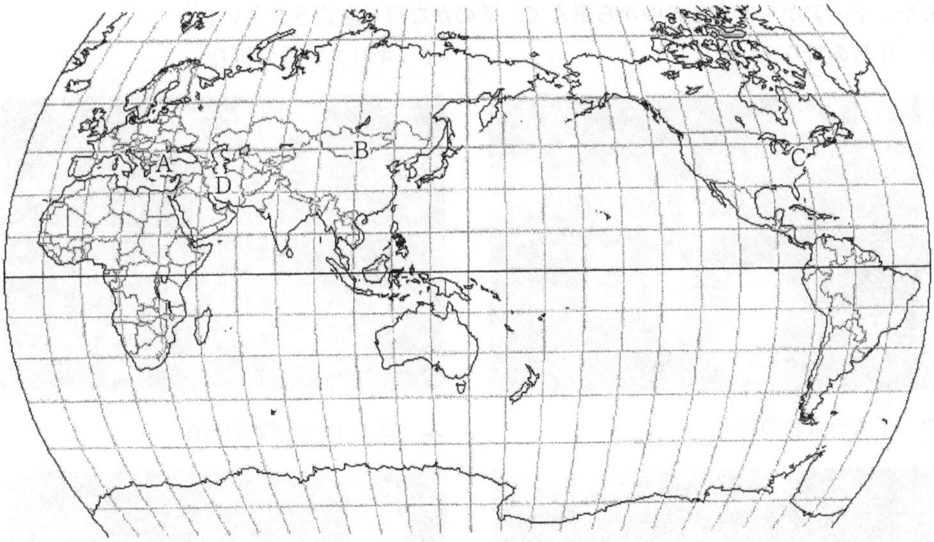

⑵　次の写真は地図中のある地点でみられる住居である。この住居がみられる地点をA，B，Cのうちから，また，その地点の雨温図を下のX，Y，Zから選び，組み合わせとして最も適当なものを，あとの**ア**から**ケ**までの中から選んで，そのかな符号を書きなさい。

X

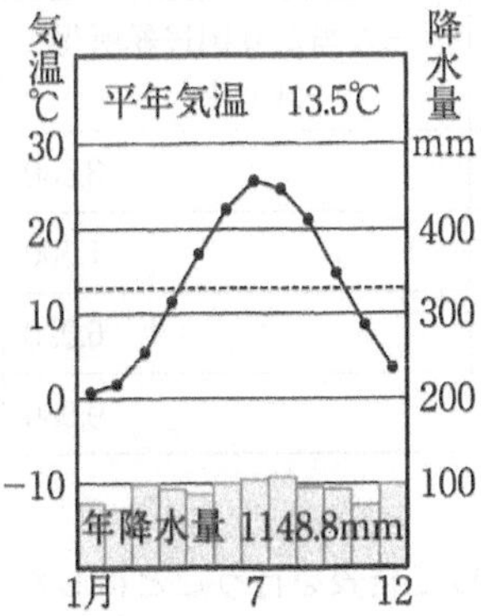

Y

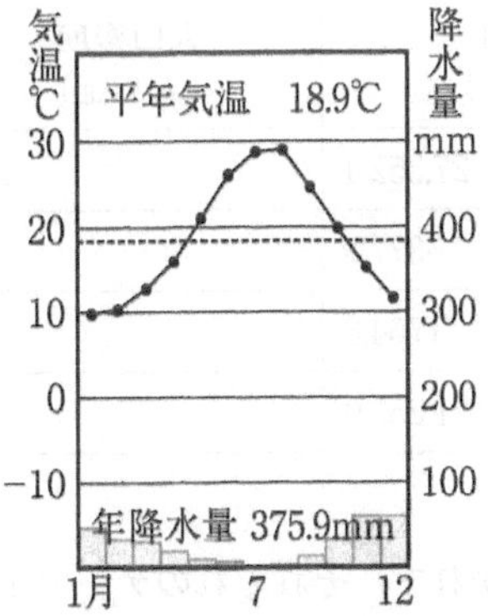

Z

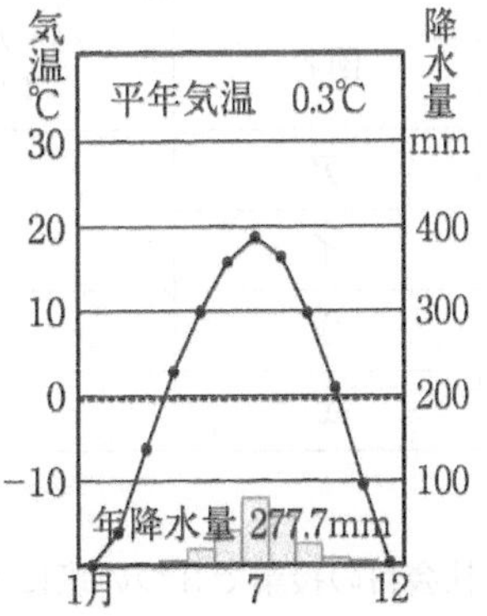

（1991年～2020年の気象庁のデータなどをもとに作成）

ア　地点：A，雨温図：X　　**イ**　地点：A，雨温図：Y　　**ウ**　地点：A，雨温図：Z
エ　地点：B，雨温図：X　　**オ**　地点：B，雨温図：Y　　**カ**　地点：B，雨温図：Z
キ　地点：C，雨温図：X　　**ク**　地点：C，雨温図：Y　　**ケ**　地点：C，雨温図：Z

⑶　地図中Dの国の人々が信仰している宗教でおこなわれる宗教的行為の様子として最も適当なも

のを，下のアからエまでの中から選んで，そのかな符号を書きなさい。

ア　仏教の祈り

イ　キリスト教の祈り

ウ　イスラム教の祈り

エ　ヒンドゥー教の沐浴

⑷　次の表Ⅰは地図中の赤道を通過する国の人口，人口密度，一人当たりの国民総所得を示したものである。このうち，ブラジルにあたるものを，表Ⅰの**ア**から**エ**までの中から選んで，そのかな符号を書きなさい。なお，表中の**ア**，**イ**，**ウ**，**エ**は，インドネシア，エクアドル，ケニア，ブラジルのいずれかである。

表Ⅰ

国名	人口（万人）	人口密度（人／㎢）	一人当たり国民総所得（ドル）
ア	27,352.4	143	3,850
イ	5377.1	91	1,600
ウ	1764.3	69	6,090
エ	21,255.9	25	9,080

5　社会科の授業で３つの班に分かれて，それぞれのテーマを決めて発表を行うことにした。次の資料は，班ごとに作成した発表原稿の一部である。この資料を見て，あとの⑴から⑸までの問いに答えなさい。

1班：テーマ『日本国憲法と国民の権利』
日本国憲法では，永久不可侵の権利として，私たちのA基本的人権が保障されています。そのため，国は　B　に反しない限り，個人の自由を侵害してはいけないとされています。

2班：テーマ『地方自治と政治参加』

C地方公共団体が行う行政サービスは，住民の声を生かし，私たちの生活により深くかかわっていると考えられます。そのため，住民の意思をより反映させられるように，D直接請求権が認められています。

3班：テーマ『市場のはたらきと経済』

商品が売買される市場は常に変動しています。もし，好景気が行き過ぎた場合に政府は，　E　を実施して均衡を保ちます。また，国際的な為替相場も市場に大きな影響を与えます。例えば，１ドル＝110円から１ドル＝100円になった場合，　F　なります。

⑴　Aについて，日本国憲法が規定している，勤労の権利は，日本国憲法が保障する基本的人権を次の五つのうちに分類した場合，どの権利に属するか。最も適当なものを，あとの**ア**から**オ**までの中から選んで，そのかな符号を書きなさい。

ア　自由権　　**イ**　平等権　　**ウ**　社会権　　**エ**　参政権　　**オ**　請求権

⑵　Bに最も適当な語句を５字で書きなさい。

⑶　Cを行うために，国が使いみちを指定して支出する財源を何というか。

⑷　Dについて，下の表は有権者が300,000人のT市で，条例の制定や改廃の請求を行う場合に必要な有権者の署名数と，請求先を示したものである。　X　と　Y　に当てはまる語句の組み合わせとして，最も適当なものを，下の**ア**から**エ**までの中から選んで，そのかな符号を書きなさい。

必要な有権者の署名数	請求先
X　以上	T市の　Y

ア　X：6000，　Y：市長　　**イ**　X：6000，　Y：選挙管理委員会

ウ　X：100000，Y：市長　　**エ**　X：100000，Y：選挙管理委員会

⑸　　E　と，　F　に当てはまることばの組み合わせとして最も適当なものを，下の**ア**から**エ**までの中から選んで，そのかな符号を書きなさい。

ア　E：増税するなどの財政政策，F：円高になったので，輸出がしやすく

イ　E：増税するなどの財政政策，F：円高になったので，輸入がしやすく

ウ　E：国債などを買う金融政策，F：円安になったので，輸出がしやすく

エ　E：国債などを売る金融政策，F：円安になったので，輸入がしやすく

6　次の文章は，日本の司法制度について述べたものである。あとの⑴から⑶までの問いに答えなさい。

法に基づいて，争いを解決する裁判所は最高裁判所と下級裁判所に分けられている。また，一つの事件につき３回まで裁判を受けることができるA三審制が認められている。裁判を慎重に行い，人権を守るためであり，他にもB人権を保障する仕組みがととのえられています。また，日本では　C　ため，2009年から　D　に裁判員制度が導入された。

⑴　Aについて，ある裁判の判決が高等裁判所で出たときに，不服を最高裁判所に申し立てること

を何というか。漢字２字で答えなさい。

⑵　Ｂについて述べた文として誤っているものを，次のアからエまでの中から選んで，そのかな符号を書きなさい。

ア　被疑者であっても，裁判官の出す令状がなくては逮捕されることは絶対にない。

イ　被疑者や被告人は，刑事事件において答えたくないことに対しては黙秘をする権利を持っている。

ウ　経済的な理由などで弁護士を依頼できない場合は，国選弁護人を付けることができる。

エ　いったん判決を受けた人が再審を受けることができ，無罪となった例もある。

⑶　Ｃ と Ｄ に当てはまることばの組み合わせとして最も適当なものを，下のアからエまでの中から選んで，そのかな符号を書きなさい。

ア　Ｃ：裁判官の負担を減らす，　　　Ｄ：刑事裁判のみ

イ　Ｃ：裁判官の負担を減らす，　　　Ｄ：民事裁判のみ

ウ　Ｃ：司法への国民の理解を深める，Ｄ：刑事裁判のみ

エ　Ｃ：司法への国民の理解を深める，Ｄ：民事裁判のみ

(三) ③遂に携拯すること初めの如し の意味として最も適当なものを、次の**ア**から**エ**までの中から選んで、そのかな符号を書きなさい。

ア 最初に断るべきであったと改めて考えたということ。
イ 最初に乗船した場所まで送り届けたということ。
ウ 最初に心配した通り、敵に追いつかれたということ。
エ 最初に約束した通り、最後まで連れていったということ。

(四) ④世此れを以て華・王の優劣を定む とあるが、世間の評価として正しいものを、次の**ア**から**エ**までの中から選んで、そのかな符号を書きなさい。

ア 眼前の課題に誠実に取り組む王朗の方が優れている。
イ 状況判断の際に先見の明がある華歆の方が優れている。
ウ 考え方は異なるが、弱者を助ける心は華歆・王朗とも優れており、優劣はつけがたい。
エ 途中で方策がぶれる点から、華歆・王朗ともに優れているとは言いがたい。

エ　自分が好きなように時間を使うと、簡単に昼夜逆転生活に舞い戻ってしまうことがわかったため。

㈥　次の**ア**から**カ**までは、この文章を読んだ生徒六人が、意見を述べ合ったものである。その内容が本文に書かれていることに近いものを二つ選んで、そのかな符号を書きなさい。

ア（桜子）「僕」の視点から描かれている物語であり、母の死も含めて家族の強い絆《きずな》が築かれていく過程が静かに語られていました。

イ（松子）自分の死を笑いながら告げる母親の姿からは、子どもたちへの配慮とともに家族一丸となっての闘病を決意した様子が伝わってきました。

ウ（梅子）「僕」にとっては「わずかな養育費」しか送ってこない父親の存在も引きこもりの一因であるとして、不満と嫌悪の対象となっていました。

エ（桐子）引きこもる弟や中学生の妹を残しての結婚をためらった姉に対して、彼女の幸せを願う弟がひそかに話を進めていた姿には感動しました。

オ（楓子）ビデオカメラに縋るように生きる「僕」が、家の中でひっそりと生きながらも自分に嫌気がさしている様子をうかがうことができました。

カ（桃子）幼くして母を亡くした妹が、引きこもりの兄との生活の中でも自分を見失うことなく成長している様子に兄自身も感嘆しているようでした。

四

次の漢文（書き下し文）を読んで、あとの㈠から㈣までの問いに答えなさい。（本文の点線部の左側は現代語訳です。）

華歆《くわきん》・王朗《わうらう》倶《とも》に船に乗りて難（戦乱）を避《さ》く。一人《いちにん》依附《いふ》せん（道連れになろう）と欲《ほつ》するもの有り。①歆輒《すなは》ち之《これ》を難《かた》しとす。朗曰《い》はく、「幸ひ尚は寛《ひろ》し、②何為《なんす》れぞ可《か》ならざらん。」と。後、賊追ひて至るに、王携へし所の人を捨てん（船から下ろそう）と欲す。歆曰はく、「本《もと》疑ひし所以《ゆゑん》は、正に此《こ》れが為《ため》のみ。既に已《すで》に其の自託（我が身を委ねようという頼み）を納《い》る、寧《なん》ぞ急なるを以《もつ》て相棄《あいす》つべけんや。」と。③遂《つひ》に携拯《けいしやう》すること初めの如し。④世此れを以て華・王の優劣を定む。

（『世説新語』より）

（注）○華歆・王朗　人名。中国後漢末から三国時代に活躍した政治家。

㈠　①歆輒ち之を難し　と考えた理由として最も適当なものを、次の**ア**から**エ**までの中から選んで、そのかな符号を書きなさい。

ア　敵かもしれない人物を同船させることは危険であるため。

イ　依頼に対して最後まで責任を持てるかどうかが不明なため。

ウ　船に乗せた荷物や武具の重量は大きく、余裕はないため。

エ　身分の卑しい人物と行動を共にすることに抵抗があったため。

㈡　②何為れぞ可ならざらん　の意味として最も適当なものを、次の**ア**から**エ**までの中から選んで、そのかな符号を書きなさい。

ア　何としても可能にするべきだ　　**イ**　どうしたら可能だろうか

ウ　どうして駄目なのか　　**エ**　何としても駄目に違いない

課せられたたったひとつの約束は、夜十時には蒲団《ふとん》に入ること。

「午後十時から午前二時の間に成長ホルモンが出るのよ」

妹はなぜか得意そうに教えてくれた。

「だから、その時間は眠っていてちょうだい」

今さら成長ホルモンもないだろう。どこの十八歳が夜十時に蒲団に入っているのかと思うが、普段献身的なまでに僕を助けてくれる妹からそれだけは守ってほしいといわれれば反論もできなかった。

家から出ない兄の生活時間帯がどんどんずれていくのを見るのが怖かったのかもしれない。僕自身、明け方に寝て夕方近くに起きていた日々の自己嫌悪は自分ひとりでは支え切れないほど重かった。部屋から出たくない、人に会いたくない自分に、すでに嫌悪感でいっぱいだったのだ。昼夜逆転によって無駄な追い打ちをかけたくはなかった。だいたい、何時に寝ようが起きようが、することなど最初からない。それなら⑤妹との約束を守ろうと思った。

（宮下《みやした》奈都《なつ》『誰かが足りない』による）

(一) ①発端は三年前だった　とあるが、「僕」にとっては何の発端であるのか、その説明として最も適当なものを次の**ア**から**エ**までの中から選んで、そのかな符号を書きなさい。

ア　母が自分の病気と死が間近にあることを告白したこと。

イ　自分自身も含めて、何も信じられない状態になったこと。

ウ　母の死の意味を考え続けた結果、部屋から出られなくなったこと。

エ　姉が結婚し、妹との二人暮らしが始まったこと。

(二) ②億劫になって　の意味として最も適当なものをそれぞれ次の**ア**から**エ**までの中から選んで、そのかな符号を書きなさい。

ア　わずらわしく気が進まなくて　**イ**　恐怖心から足が重くなって

ウ　その必要性が感じられなくて　**エ**　興味を失って

(三) ③鍵　とあるが、ここでいう「鍵」とは具体的に何を表しているのか、文中より十四字で抜き出し、書きなさい。

(四) ④ビデオを撮るようになって、僕は部屋から出られるようになった　とあるが、その理由として最も適当なものを次の**ア**から**エ**までの中から選んで、そのかな符号を書きなさい。

ア　ビデオカメラを回している間は、苦手な他人との会話を避ける理由ができるため。

イ　ビデオカメラで撮影したものを後から見直すことで、その時の自分自身を客観視でき落ち着くことができるため。

ウ　現実を、離れた外から眺めることができるビデオカメラが自分自身を守ってくれる道具となったため。

エ　母の最後の言葉をビデオに撮影しておかなかった後悔が、姉や妹を撮影することで少し癒やされると気づいたため。

(五) ⑤妹との約束を守ろうと思った　とあるが、そのように決意した理由として最も適当なものをそれぞれ次の**ア**から**エ**までの中から選んで、そのかな符号を書きなさい。

ア　成長ホルモンの排出時間を調べるなど、兄の成長を心から心配している妹の気持ちに応えたいと思ったため。

イ　引きこもり状態の兄の生活時間帯がどんどんずれていくのを怖がる妹の気持ちが痛いほど伝わってきたため。

ウ　部屋から出たくない自分自身への嫌悪感が、昼夜逆転によってさらに増加されることを恐れたため。

付いている。

「ずっとビデオカメラを回していれば、いつかどこかで必ず出会うはず。この閉ざされた日々の変わり目が映るはず。そう信じて、僕はビデオを手放さない。それがいつ来るのか、どこに映っているのか、わからないから用心深くなる。どこかにこっそり変化の兆しが紛れ込んでいないか、何度も再生して確かめる。

　いつかこの画面の中に③鍵を見つける。鍵が、もしも僕の目の端を通り過ぎても、ビデオには映っている。そう思うと安心する。映画と違う。物語がない。演出もない。音楽もない。それでも、映るはずの鍵を思えば映画よりよほどぞくぞくした。

　④ビデオを撮るようになって、僕は部屋から出られるようになった。右手でビデオを撮りながらではあるけれど、たとえば小包を受け取ったり、電話に出たりもできるようになった。姉には少しでも安心してこの家を出てほしかった。母の保険金と、父からのわずかな養育費と、姉からの援助で僕たちの暮らしは賄われていた。

　妹にしてみれば、こんな兄は相当厄介な大荷物だったに違いない。ほんとうなら自分が庇護《ひご》されたい立場だったはずだ。悪いとは思っていた。姉にも、妹にも。きっと妹は僕をなんとかしたいと思っている。僕も僕をなんとかしようと思っている。でも、何もできない。できないことが最初からわかってしまっている。もう一度やり直せるチャンスをもらえたとしても、それでもきっと僕はやっぱり何もできずに家の中でビデオだけを頼りにこっそりと呼吸をしている生き物だったと思う。

　今は高校生になった妹は、まったくあっぱれだ。思うこともいいたいことも山ほどあったろう。それなのに、ビデオを回し続ける僕に文句をいったことがないばかりか、買い物のついでにビデオテープを買ってきてくれさえする。

　せっかく一緒に暮らしているのだから、ごはんはなるべく一緒に食べようと妹はいう。

「あと何回ごはん食べられると思ってるの」

　そういってから自分の言葉の重々しさに気づいたらしく、照れたように笑った。

「何百回だか何千回だかわからないけど、もしかしたら何十回か何回かもしれないじゃない」

　妹がごはんをつくり、僕は掃除をする。掃除機をかけ、テーブルを拭き、シンクを磨き、風呂を洗う。掃除の間は、人とかかわらないからビデオはいらない。

　昔ながらの古い家は、使い勝手があまりよくない。一階にキッチンと居間とトイレと風呂、それに六畳の和室。二階は階段を上がったところに両側からドアがついていて、それぞれが六畳の部屋になっているだけだ。トイレもなければ洗面所もない。いちいち一階へ下りなければ用は足せない造りだった。

　そのせいもあってか、妹は自分の部屋を二階の部屋から下の和室に移した。もうふたりしか住んでいない家なのだから、わざわざ不便な二階の隣り合った部屋にいることもない。でも、一階の和室には、以前、母がいた。その部屋に今、人の気配があることに、僕はいまだに慣れることができないでいる。

（中略）

　ビデオを再生していると、いつのまにか時間が経ってしまう。妹から

二　次の㈠、㈡の問いに答えなさい。

㈠　次の①、②の文中の傍線部について、漢字はその読みをひらがなで書き、カタカナは漢字で書きなさい。

①　斬新なアイデアに驚く。

②　社会の発展にコウケンする。

㈡　次の文中の［③］にあてはまる最も適当なことばを、次のアからエまでの中から選んで、そのかな符号を書きなさい。

私の失敗例など［　③　］にいとまがない。

ア　除去　　イ　融通　　ウ　制限　　エ　枚挙

三　次の文章を読んで、あとの㈠から㈥までの問いに答えなさい。

①発端は三年前だった。

夕食の後に母が僕たち子供を呼んだ。当時短大生だった姉と、高校生だった僕、それに中学生の妹。母は笑顔だった。笑いながら、自分の病気について話した。それは母なりの精いっぱいの気遣いだったのだと思う。子供たちを泣かせぬよう、自分はだいじょうぶだから安心するよう伝えたかったのだろう。頭ではわかる。でも、気持ちが受け付けなかった。笑いながら、もうすぐ死んでいく話をするなんて。

あのとき、もっと真剣な顔をしてくれていたらよかった。

母に罪はない。配慮がなかったのでもない。それなのに、母のあの笑顔を恨んでいる。恨みたいのかもしれない。誰にも、どこにもぶつけようのない怒りを、あのときの母の笑顔にぶつける。それから半年も経たずに母が亡くなったときも、僕は最後まで母を許せないような気持ちでずっと天井を睨《にら》んでいた。

母の病気以来、人の顔が信じられない。顔だけではない。人そのものを信じられない。

人を信じられないのは自分を信じられないからよ、とため息をつくような声で姉はいった。それは正しいのだろう。僕は自分自身を含めて、いったい何を信じればいいのかわからなかった。人と会うのが嫌になって、外に出るのも②億劫《おっくう》になって、高校を休み続けた。姉や妹と話すのも面倒になって部屋にこもるようになって。そのうちに風に吹かれただけで恐ろしくなって、ぶるぶる震えたり涙が出たりして、さすがに自分でもまずいと思ったのだけど。

姉の結婚が次の転機だった。こんな状態の弟と、まだ中学生の妹を置いて結婚するわけにいかないと思っているのを知って、ともかく部屋から出ようと僕は思った。

鎧《よろい》。盾。杖《つえ》。そんなふうにも呼べる道具に縋《すが》るようにして僕は部屋を出た。ビデオカメラだ。姉の婚約者と会食の機会があったときも、僕はビデオ係を買って出て、全身に冷や汗をだらだらかきながらビデオを回し続けた。ビデオを覗《のぞ》いていれば、現実から離れていられる。外から眺めていることができる。姉のにこやかな笑顔を撮影しながら、液晶画面に向かっておめでとうとつぶやくこともできた。姉には結婚して自分のしあわせを求めてもらわなくては困る。そうでなければ僕はますます動けなくなる。

このときの姉の笑顔に果たして一点の曇りもなかったどうか、僕にはわからない。ただ、笑顔の裏に隠されたものを映したいと思う反面、何も映らなければいいと願っているのも事実だった。ビデオには映っていない、あのときの母のただただやさしかった笑顔だけが今も脳裏に焼き

(八) 本文の内容をふまえ、[⑦] に当てはまる最も適当な言葉を、次のアからオまでの中から選んで、そのかな符号を書きなさい。

ア 数　**イ** 存在　**ウ** 返信　**エ** 言葉　**オ** 態度

(九) 次の文章は、ある生徒が本文の内容に触発され、自分が考えたことをまとめたものであるが、文の順序が入れ替えてある。筋道が通る文章とするために**ア**から**オ**までを並べ替えるとき、二番目と四番目にくるものをそれぞれ選び、そのかな符号を書きなさい。

　この文章を読んで、私は孤独を恐れる若者に共感しました。かつての若者は、群れるのは弱い人間といったイメージを共有していたようです。ところが、現代では一人でいる方が格好悪いといった印象を持たれがちです。

ア ペルソナは周囲に溶け込むためには大事な要素ですが、本当の自分を見せることも必要ではないでしょうか。適度な柔軟性を持ち、時にはペルソナを外した友人関係を構築したいと考えました。

イ しかし、仲間と一緒ならば心から快適で満足かというと、そうではない現実もあります。友人との会話が盛り上がっても、内に満たされない思いを抱えることもあります。それでも、皆が繋がることに必死で、本来の自分を偽って仮面をかぶることもあるのです。

ウ このような、人間関係を円滑にするための仮面を心理学では「ペルソナ」と言うそうです。たとえば場の盛り上げ役との仮面を身に着けた者は、常に明るく元気で、気軽に冗談を言う態度をとります。

エ その一因がSNSにあることも理解できます。いつでも、どこでも、簡単に誰かと繋がれることが、逆に一人でいることの不安を増加させているのも確かでしょう。

オ ただ、心理学者河合隼雄氏は「ペルソナの形成に力を入れすぎ、それとの同一視が強くなると、ペルソナはその人の全人格をおおってしまって、もはやその硬さと強さを変えることができなくなり、個性的な生き方がむずかしくなる」と言っています。

※ 左の枠は、(六)の下書きに使ってもよろしい。ただし、解答は必ず解答用紙に書くこと。

SNSは

60
70

（注）○ 1～22は段落符号である。

㈠ ［A］・［B］のそれぞれにあてはまる最も適当なことばを、次の**ア**から**エ**までの中から選んで、そのかな符号を書きなさい。

ア だから　**イ** 結局　**ウ** 一方　**エ** でも

㈡ ［①］にあてはまる最も適当なことばを、次の**ア**から**エ**までの中から選んで、そのかな符号を書きなさい。

ア 看過できない　**イ** 潔しとしない
ウ 徒労に終わる　**エ** 言い得て妙である

㈢ ②このような思い の内容をまとめた次の文の［　］に当てはまる語を文中より三十五字以内で抜き出して、始めと終わりの三字を書きなさい。ただし、句読点も一字に数えるものとする。

［　　　　］するような思い。

㈣ ［③］にあてはまる作品名を、次の**ア**から**エ**までの中から選んで、そのかな符号を書きなさい。

ア 海の声　**イ** 一握の砂　**ウ** 春と修羅　**エ** 月に吠《ほ》える

㈤ ④自分がひとりぼっちだという現実を突きつけられる の説明として最も適当なものを次の**ア**から**エ**までの中から選んで、そのかな符号を書きなさい。

ア 地方から出てきて下宿をしているため、家族と会話することもなく一人で過ごさざるを得ない状況から逃れられないということ。
イ 仲むつまじいカップルやほのぼのとした雰囲気の家族連れを羨ましく思い、せめてグループを組みたくなるということ。
ウ 群集の中にいても、彼らにとって自分は無関係な存在であり、単なる景色の一部であることを嫌でも実感させられるということ。
エ 多くの人たちが自分の存在を排除しようとする都会生活を目の当たりにし、切実な孤独感に苦しんでいるということ。

㈥ ⑤今どきのＳＮＳがもたらす孤独 とあるが、筆者はその原因を大きく二つ挙げており、一つは「恒常的につながっていないと不安な心理に陥るため」としている。もう一つの原因を第17段落以降を要約して六十字以上七十字以下で書きなさい。ただし、「浅い関係」「繋がり」「心の隙間」という三つのことばを全て使って、「ＳＮＳは」という書き出しで書き、「孤独感を生じさせるため」で結ぶこと。三つのことばはどのような順序で使ってもよろしい。

〈注意〉・句読点も一字に数えて、一字分のマスを使うこと。
・文は、一文でも、二文以上でもよい。
・次のページの枠を、下書きに使ってもよい。

㈦ ⑥その人物は、四六時中ＳＮＳで無数の友だちとやりとりしており とあるが、その理由として、最も適当なものを次の**ア**から**エ**までの中から選んで、そのかな符号を書きなさい。

ア ＳＮＳを利用すれば本音を語ることができるため、目の前の友だちより親密な時間が過ごせるから。
イ 多くの若者と同じように退屈を恐れ、隙間時間はＳＮＳでのやりとりに熱中して過ごすことを求めたから。
ウ 多くの友だち一人一人と、ＳＮＳを通じてじっくり向き合い語る時間を持つため。
エ 限られた時間で無数の友だちと交流するためには、薄い内容であっても常に繋がることが必要だから。

は会えない夜中でも、さみしくなったらスマートフォンをいじり、友だちとやりとりすることもできる。学校にいるときも、アルバイト先の友だちとSNSでやりとりができる。転校していった遠くに住む友だちのことを懐かしく思ったときは、SNSでいつでもやりとりすることができる。

12 それによって孤独が癒されるという声がある一方で、SNSのせいで常にだれかとつながっているのが当たり前になっており、つながっていないと不安な心理に陥ってしまい、さみしさを感じやすくなったという声もある。

13 自分はSNS依存ではないかという学生は、SNSで友だちにメッセージを送り、向こうからメッセージが返ってくると、すぐにまたメッセージを送り、相手から返事が返ってくるまでずっと気にしている自分に気づき、これはちょっとまずいなと思ったという。

14 SNSでだれかとつながっていないと孤独感に襲われ、相手から返信がないと気持ちが落ち着かず、別の相手にメッセージを送りまくってしまうという声もけっこう聞く。

15 SNSでだれからもメッセージがないと、みんなから嫌われているのではないか、仲間外れにされているのではないかと不安になり、ものすごい孤独感に襲われるという学生も少なくない。数分返信が来ないだけで落ち込んでしまうということもあるようだ。

16 [B]、つながることでさみしさが消えるわけではなく、恒常的につながっていないとダメな感じになり、その合間に絶えずさみしさがつきまとうのだ。

17 さらには、SNSはつながりをたくさん生み出すものの、ほとんどがお互いのことをそんなに知らない浅い関係なので、繋《つな》がりが多いからといって孤独感が癒されることはないようだ。

18 SNSでいくらつながっていても、目の前にいないから存在感が薄く、それで孤独感が増すということもあるが、そもそもSNSでは簡単に友だちになるため、そんなに親しくないことが多く、それがまた孤独感につながるということもある。

19 実際、いろいろな友だちとSNSでやりとりしていても、心の隙間を埋めることができず、だれかとつながることでさみしさを紛らそうと、ますますSNSの世界にはまっていく者も少なくないようだ。

20 SNSだと何人もの人とつながることが可能なため、友だちが一〇〇人とか、極端な場合五〇〇人とかいう人もいる。五〇〇人以上仲間がいるという学生によれば、⑥その人物は、四六時中SNSで無数の友だちとやりとりしており、現実に目の前の友だちと話しているときもしょっちゅうSNSで目に見えない友だちとやりとりし、授業中でさえもSNSでどこかにいる友だちとやりとりしているという。

21 その中の一人一人とじっくり向き合って語り合うことなど、どう考えても不可能だ。そうなると、友だちとは言っても、お互いに相手のことをほとんど理解していないということにならざるを得ないだろう。

22 SNSをやるようになってから一人でいるときに落ち着けなくなったという者が非常に多いが、心の隙間を友だちの[⑦]で埋める感じになり、結局のところ浅い関係ばかりなため、いくら友だちを増やしたところで孤独感が癒されることはないのだろう。

（榎本博明《えのもとひろあき》「『さみしさ』の力　孤独と自立の心理学」による）

【国　語】（四五分）〈満点：一〇〇点〉

一　次の文章を読んで、あとの㈠から㈨までの問いに答えなさい。

1　かつて群集の中の孤独ということが注目を浴びた時代もあった。孤独感を紛らわそうとして、街に出かけ、群集の中に紛れ込む。みんなの中に溶け込むことで、疑似的な一体感が味わえることを期待してのことだ。

2　一人でいるとき、ふとさみしさを感じて、街に繰り出し、人混みの中に紛れ込もうとする。そうした経験は、だれにでもあるのではないか。都会の繁華街には、そのような人がたくさん彷徨《さまよ》っているのではないだろうか。

3　だが、結局のところ、そのような試みは［　①　］。人の流れに身を任せて歩いていても、賑《にぎ》わう店に入ってみても、周囲に人はたくさんいるものの、何のかかわりもないわけで、水の中に浮かぶ一滴の油のように周囲から浮いている自分を意識せざるを得ない。

4　②このような思いに誘われることは、ずっと昔からあったようだ。

浅草《あさくさ》の夜《よ》のにぎはひに
まぎれ入《い》り
まぎれ出《い》で来《き》しさびしき心《こころ》

（『石川啄木全集』第一巻、筑摩書房）

5　これは啄木の『［　③　］』に収録されている短歌である。さみしさを紛らそうと浅草のにぎわいの中に紛れ込み、歩き回るうちに気持ちも変わることを期待したが、にぎわいから出てくると、より一層さみしい気持ちになっていた。そんな経験はないだろうか。

6　地方から出てきて下宿をし、週末に下宿で一人で過ごしていると人恋しくなることがあり、繁華街に出かけることが多いという学生もいるが、それも群集の中に身を置くことで孤独感を紛らわそうという試みだろう。

7　［　A　］、飲食店に入っても、カップルが仲むつまじくしていたり、家族連れがほのぼのした雰囲気を醸《かも》し出していたり、グループで賑やかにしていたりするのを見るにつけ、④自分がひとりぼっちだという現実を突きつけられる。

8　ある学生は、電車に一人で乗っているとき、無性にさみしくなることがあるという。電車にはたくさんの人が乗っており、なかには連れと親しげにしゃべっている人もいるのに、だれもこっちには関心がなく無視している。それがたまらなくさみしい。そうした気持ちに共感できる人が少なくないのではないか。

9　一人でいるときに感じる孤独も辛《つら》いだろうが、多くの人たちの中にいて感じる孤独も切実に身にしみる。周りに多くの人たちがいるのに、その人たちは自分の気持ちとはまったく無関係に存在しているのだ。心の上での何の接点もない。周囲の人たちにとって、自分は単なる景色のようなものなのだ。

10　このような群集の中の孤独は、⑤今どきのＳＮＳがもたらす孤独に通じるものがある。

11　ＳＮＳにより、目の前にいない友だちともつながることができる。学校から帰っても学校の友だちとＳＮＳでやりとりができる。実際に

MEMO

大切なことはメモしておこうネ！

2022年度

解 答 と 解 説

《2022年度の配点は解答欄に掲載してあります。》

＜数学解答＞

1 (1) 2　(2) $\frac{14x-14y}{15}\left[\frac{14}{15}x-\frac{14}{15}y\right]$　(3) $7-\frac{10\sqrt{3}}{3}\left[\frac{21-10\sqrt{3}}{3}\right]$

(4) $(x,\ y)=(1,\ -4)$　(5) $x=\frac{1\pm\sqrt{22}}{3}$　(6) 4　(7) 2　(8) $\frac{5}{16}$

(9) ① $21.5\left[\frac{43}{2}\right]$(m)　② $21.5\left[\frac{43}{2}\right]$(m)

2 (1) 1：1　(2) 4：3　(3) $\frac{3}{28}$(倍)

3 (1) 時速90(km)　(2) 9.0(km)　(3) $y=20x+180$　(4) 370(円)

(5) ③の列車を2分早く発車させ，9時10分にE駅を発車させればよい。　(6) $y=25x^2$

(7) 80(円)

○配点○

各5点×20　計100点

＜数学解説＞

基本 **1** (数式の計算，平方根，連立方程式，2次方程式，式の値，変化の割合，確率，資料の整理)

(1) $4+7\div(-3.5)=4-7\div3.5=4-2=2$

(2) $\frac{4x-y}{3}-\frac{2x+3y}{5}=\frac{5(4x-y)-3(2x+3y)}{15}=\frac{20x-5y-6x-9y}{15}=\frac{14x-14y}{15}$

(3) $(\sqrt{3}-2)^2+\frac{4}{\sqrt{12}}=(3-4\sqrt{3}+4)+\frac{4}{2\sqrt{3}}=(7-4\sqrt{3})+\frac{2}{\sqrt{3}}=7-4\sqrt{3}+\frac{2}{3}\sqrt{3}=7-\frac{10}{3}\sqrt{3}$

(4) $3x+y=-1$に$x=\frac{1}{2}y+3$…①を代入して，$3\left(\frac{1}{2}y+3\right)+y=-1$　$\frac{3}{2}y+9+y=-1$　両辺を2倍して$3y+18+2y=-2$　$5y=-20$　$y=-4$　さらに，①に$y=-4$を代入して，$x=\frac{1}{2}\times(-4)+3$　$x=-2+3$　$x=1$　よって，$x=1$，$y=-4$

(5) $(3x-5)(x+1)=2$　$3x^2-2x-5=2$　$3x^2-2x-7=0$　解の公式より，$x=\frac{-(-2)\pm\sqrt{(-2)^2-4\times3\times(-7)}}{2\times3}=\frac{2\pm\sqrt{4+84}}{6}=\frac{2\pm\sqrt{88}}{6}=\frac{2\pm2\sqrt{22}}{6}=\frac{1\pm\sqrt{22}}{3}$

(6) $4x^2+12xy+9y^2=(2x+3y)^2$　ここで，$x=\frac{3}{2}$，$y=-\frac{1}{3}$を代入して，$\left\{2\times\frac{3}{2}+3\times\left(-\frac{1}{3}\right)\right\}^2=(3-1)^2=2^2=4$

(7) $y=-\frac{6}{x}$において，$x=1$のとき$y=-6$　$x=3$のとき，$y=-2$　このとき，xの増加量は，$3-1=2$　yの増加量は$-2-(-6)=-2+6=4$　よって，変化の割合は$\frac{4}{2}=2$

(8) 5枚の硬貨をそれぞれA，B，C，D，Eとよぶと，ちょうど3枚が表になるときの硬貨の組み合わせは(A，B，C)，(A，B，D)，(A，B，E)，(A，C，D)，(A，C，E)，(A，D，E)，(B，C，D)，(B，C，E)，(B，D，E)，(C，D，E)の10通り。また，5枚の硬貨の表裏の出方は全部で$2\times2\times2\times2\times2=32$(通り)なので，ちょうど3枚が表になる確率は$\frac{10}{32}=\frac{5}{16}$

(9) ① 8人の記録の平均値は，$(20+26+13+18+32+24+16+23)\div8=172\div8=21.5$(m)

② 8人の記録を値が小さい方から順に並べると，13，16，18，20，23，24，26，32となる。このとき，4番目の20と5番目の23の平均値は(20＋23)÷2＝43÷2＝21.5　よって，8人の記録の中央値は21.5(m)

2 (平行四辺形，相似)

重要 (1) 直線AFと直線DCの交点を点Jとする。ここで，△ABFと△JCFにおいて，対頂角は等しいので∠AFB＝∠JCF…①　AB//DJより，平行線の錯角は等しいので∠BAF＝∠CJF…②　①，②より，2組の角がそれぞれ等しいので，△ABF∽△JCF　ここで，点E，Fは線分BCを三等分する点なので，AB：JC＝BF：CF＝2：1となり，JC＝$\frac{1}{2}$AB…③　さらに，点Gは線分CDの中点なので，CG＝$\frac{1}{2}$CD＝$\frac{1}{2}$AB…④　③，④より，AB：JG＝AB：(JC＋CG)＝AB：$\left(\frac{1}{2}\text{AB}+\frac{1}{2}\text{AB}\right)$＝AB：AB＝1：1…⑤　また，△ABIと△JGIにおいて，対頂角は等しいので∠AIB＝∠JIG…⑥　AB//CDより平行線の錯角は等しいので∠ABI＝∠CGI＝∠JGI…⑦　⑥，⑦より，2組の角がそれぞれ等しいので，△ABI∽△JGI　よって，⑤よりBI：IG＝AB：JG＝1：1

重要 (2) 直線AEと直線DCの交点を点Kとする。ここで，△ABEと△KCEにおいて，対頂角は等しいので∠AEB＝∠KEG…①　AB//DKより，平行線の錯角は等しいので∠ABE＝∠KCE…②　①，②より，2組の角がそれぞれ等しいので，△ABE∽△KCE　ここで，点E，Fは線分BCを三等分する点なので，AB：KC＝BE：CE＝1：2となり，KC＝2AB…③　さらに，点Gは線分CDの中点なので，CG＝$\frac{1}{2}$CD＝$\frac{1}{2}$AB…④　③，④より，AB：KG＝AB：(KC＋CG)＝AB：$\left(2\text{AB}+\frac{1}{2}\text{AB}\right)$＝AB：$\frac{5}{2}$AB＝1：$\frac{5}{2}$＝2：5…⑤　また，△ABHと△KGHにおいて，対頂角は等しいので∠AHB＝∠KHG…⑥　AB//CDより平行線の錯角は等しいので∠ABH＝∠KGH…⑦　⑥，⑦より，2組の角がそれぞれ等しいので，△ABH∽△KGH　よって，⑤よりBH：GH＝AB：KG＝2：5…⑥　このとき，(1)よりBI：IG＝1：1＝7：7　⑥よりBH：HG＝2：5＝4：10となるので，BH：HI：IG＝4：3：7　よって，BH：HI＝4：3

やや難 (3) 線分BDは平行四辺形ABCDの対角線なので，△ABDの面積は平行四辺形ABCDの面積の$\frac{1}{2}$となる。このとき，△ABGと△ABDは同じ底辺ABを持ち，高さの等しい三角形どうしなので，面積が等しく，△ABGの面積も平行四辺形ABCDの面積の$\frac{1}{2}$となるので，(△ABGの面積)＝(平行四辺形ABCDの面積)×$\frac{1}{2}$…①　また，△AHIを底辺が線分HIの三角形とみると，△AHIと△ABGは底辺が同じ直線上にあり，頂点も同じ三角形どうしなので，△AHIの面積と△ABGの面積の比はHI：BGに等しい。さらに，(2)よりBH：HI：IG＝4：3：7なので，HI：BG＝HI：(BH＋HI＋IG)＝3：(4＋3＋7)＝3：14となり，(△AHIの面積)＝(△ABGの面積)×$\frac{3}{14}$…②　①，②より(△AHIの面積)＝(平行四辺形の面積)×$\frac{1}{2}$×$\frac{3}{14}$＝(平行四辺形の面積)×$\frac{3}{28}$　よって，△AHIの面積は平行四辺形ABCDの面積の$\frac{3}{28}$倍

3 (1次関数の利用)

基本 (1) Ⅰより特急列車は10分すなわち$\frac{1}{6}$時間で15km進むので，特急列車の速さは15÷$\frac{1}{6}$＝15×6＝90より，時速90kmとなる。よって，アは90

基本 (2) イ Ⅳのダイヤグラム⑤より，特急列車は9時21分にE駅を発車して4分後の9時25分にC駅を通過し，9時31分にA駅に到着するので，C駅を通過してからA駅まで到着するまで6分かかることがわかる。このとき，A駅からC駅までの距離は90×$\frac{6}{60}$＝9より，9.0kmとなる。よって，イ

は9.0

重要 (3) (2)より，A駅からC駅までの距離は9.0kmで，ⅡのA駅からの距離の表より，A駅からE駅までの距離は15kmとなる。また，ⅢのA駅からの乗車距離の表より，A駅からC駅までの料金は360円で，A駅からE駅までの料金は480円となる。ここで，乗車料金は基本料金と距離に比例する料金の合計で決められているので，A駅からの距離を$x$km，乗車料金をy円，基本料金をt円とすると，$y=kx+t$（kは比例定数）…$\boxed{1}$と表せる。このとき，A駅からC駅までの距離は9.0km，料金は360円なので，$\boxed{1}$に$x=9.0$，$y=360$を代入して$360=9k+t$…$\boxed{2}$　また，A駅からE駅までの距離は15km，料金は480円なので，$\boxed{1}$に$x=15$，$y=480$を代入して$480=15k+t$…$\boxed{3}$　$\boxed{3}$の両辺から$\boxed{2}$の両辺をひいて$120=6k$より$k=20$　さらに，$\boxed{1}$に$k=20$，$x=9.0$，$y=360$を代入して，$360=20\times9+t$　$t=360-180=180$となり，A駅からの距離と乗車料金の関係を式で表すと$y=20x+180$　よって，ウは$y=20x+180$

重要 (4) ⅡのA駅からの距離の表より，B駅からD駅までの距離は$13.5-4.0=9.5$(km)となる。(3)より，乗車料金は$y=20x+180$の式で決められるので，$x=9.5$を代入して$y=20\times9.5+180=190+180=370$となり，B駅からD駅までの乗車料金は370円。よって，エは370

やや難 (5) 特急列車がE駅を出発してから各駅に到着するまでの時間は，D駅が1分後，C駅が4分後，B駅が7分20秒後，A駅が10分後となる。ここで，まず，E駅を9時に発車する①の普通列車がD駅，C駅，B駅のどこかで臨時特急列車の追い越しを待つとすると，いずれかの駅での停車時間が1分間から3分間になるので，A駅への到着が9時18分から9時20分に変更となる。このとき，②の急行列車がA駅に到着するのが9時19分なので，①のA駅への到着を9時18分のままにするためには，①がE駅を2分早く8時58分に発車しなければならない。そうすると，9時00分からのダイヤグラムという条件に合わないので，①は追い越しを待たない。同様に，E駅を9時06分に発車する②の急行列車がC駅で臨時特急列車の追い越しを待つとすると，C駅での停車時間が1分間から3分間になるので，②がC駅に到着する時間を早くするか，②がC駅を発車する時間を遅くするかのどちらかになるが，いずれの場合も，C駅で臨時特急列車が②を追い越す時間は9時10分～11分位となり，そこから6分後にはA駅に到着してしまうので，9時18分にA駅に到着する①について，B駅で①も追い越されるようにするか，臨時特急列車のA駅到着前に①がA駅に到着できるようにE駅発車を早めるかしなければならない。そうすると，①も②もダイヤグラムを変更しなければならないので条件に合わず，②も追い越しを待たない。さらに，E駅を9時10分に発車する③の普通列車がD駅で臨時特急列車の追い越しを待つとすると，D駅での停車時間が1分から3分になるため，③のE駅を発車する時間を変更しない場合，C駅での④の急行列車の追い越しの時間にも影響が出るので，③も④もダイヤグラムの変更をしなければならなくなる。そのため，③のダイヤグラム変更だけで済ますには，③のE駅発車時間を2分早めればよい。その場合，③は9時09分30秒から9時12分30秒の間，D駅に停車するので，臨時特急列車はD駅を9時10分30秒から9時11分30秒の間に通過すればよく，臨時特急列車はE駅を発車してから1分後にD駅を通過するので，D駅を9時11分に通過するならば，E駅を9時10分に発車すればよいことがわかる。また，その場合，臨時特急列車は9時20分にA駅に到着するので，③以外の列車のダイヤグラムの変更の必要は無い。よって，aは「③の列車を2分早く発車させ，(臨時特急列車は)9時10分にE駅を発車させればよい。」

重要 (6) 乗車料金を$10x$円値上げすると利用者数がy人減るとき，yはxの2乗に比例する関係を$y=ax^2$（aは比例定数）と表す。ここで，乗車料金を100円値上げしたときに，1日平均の利用者数が2500人減ったので，$100=10x$より$x=10$のとき，$y=2500$となり，$y=ax^2$に代入して$2500=a\times10^2$　$100a=2500$　$a=25$　よって，オは$y=25x^2$

やや難　(7)　(値上げ額)＝$10x$とすると，(値上げ額)÷10＝xとなる。さらに(6)より，xと利用者数減の人数を表すyの関係は$y=25x^2$と表せるので，今の1日平均の利用者数を5000人とすると，(利用者数)＝$5000-y=5000-25x^2$と表せる。このとき，(増益額)＝(値上げ額)×(利用者数)＝$10x\times(5000-25x^2)=50000x-250x^3$と表せる。ここで，乗車料金は10円単位なので，値上げ額が10円から100円まで変わったときの増益額は次の表のようになり，増益額が最も大きくなるのは80円値上げしたときとなる。よって，カは80

値上げ額(円)	値上げ額÷10	利用者減(人)	利用者数(人)	増益額(円)	
10	1	25	4975	49750	
20	2	100	4900	98000	
30	3	225	4775	143250	
40	4	400	4600	184000	
50	5	625	4375	218750	
60	6	900	4100	246000	
70	7	1225	3775	264250	
80	8	1600	3400	272000	最大
90	9	2025	2975	267750	
100	10	2500	2500	250000	

★ワンポイントアドバイス★

1の小問集合は基本重視の問題が並ぶが，2以降の大問では問題文の読み取り自体が大変な問題が並ぶ。数度の読み取りで順々に問題をこなしていけるような練習が必要となる。過度に困難な作業ではないので，慣れてしまおう。

＜英語解答＞

1　第1問　(1)　a　誤　b　誤　c　誤　d　正　(2)　a　正　b　誤　c　誤　d　誤　(3)　a　誤　b　誤　c　誤　d　正　第2問　(1)　a　誤　b　誤　c　正　d　誤　(2)　a　誤　b　誤　c　誤　d　正

2　①　(例)　you should prepare against a big earthquake
②　(例)　you must run to (a) higher ground

3　①　same, age　②　nurse　③　too

4　(1)　She wanted people to protect the animals.　(2)　paid　(3)　ア　(4)　ウ　(5)　イ・ウ・オ

5　(1)　b　オ　d　イ　(2)　①　others[some]　②　rest[break]　(3)　エ　(4)　(X)　popular[traditional]　(Y)　dancer

○配点○

2　各10点×2　他　各4点×20(3①・4(5)各完答)　計100点

＜英語解説＞

1 聞き取り問題解説省略。

やや難 **2** **(資料読解：英作文)**

(解答例全訳) 「この案内用図記号を見なさい。あなたは海の近くのどこででもそれを見ることができる。日本にはたくさんの地震がある。それらのいくつかは『津波』と呼ばれる大波を起こしうる。安全であるために，海の近くにいるとき，①あなたは大地震に対して備えるべきだ。もし大きな地震が起これば，できるだけ素早く②あなたは高台へ走らなければならない」 ① 助動詞 should は「～するべきだ」の意味。助動詞がある英文では主語に関係なく動詞は原形になる。 ② 助動詞 must は「～しなければならない」の意味。

3 **(長文読解・会話文：語句補充)**

(大意) ニキ(以下N)：私はあなたが着ている新しいTシャツが大好きよ。／エイミー(以下A)：私の姉妹が私の誕生日にくれたの。／N：彼女は何歳なの？／A：①実は，彼女は私と同じ年齢，18歳なの。双子よ。見て，私たちの写真よ。／N：本当に似ているわ。そちらは誰？／A：兄のマットよ。②彼は看護師なの。／N：彼は病院で働いているの？／A：そうよ。彼には2人の子ども，ジャッキーとマイクがいるわ。／N：本当に。③あなたは若すぎて叔母に見えないわ。

① the same age 「同じ年齢」

基本 ② nurse 「看護師」

③ ＜too ～ to ＋動詞の原形＞「～すぎて…できない」

4 **(長文読解・伝記：語句整序，空欄補充，内容吟味)**

(大意) 若いワンガリ・マータイはケニアの小さな村に住んでいた。後に，彼女はケニアを去ってアメリカ合衆国で勉強したが，彼女の村の周りの田舎の川や森への愛を忘れなかった。彼女はケニアに帰って，重要な教職を得た。彼女は生徒に動物や様々な環境について教えた。①彼女は人々に動物を守ってほしかった。ワンガリは環境のために戦い，森林破壊について話した。ケニアでは，企業が材木や建物のために森から何千も木を持っていった。彼女はケニアの貧しい人々を助けもした。「たくさんの女性たちが働くことができず，お金を持っていない」と彼女は言った。彼女はこれらのことを変えたかったので，1977年に，彼女はグリーンベルト運動を始めた。これは女性たちに木を植えることについて教え，それをすることに対して彼らにお金(A)を払った。その組織は女性たちに周りの土地を守ることを教えもした。その組織は政府に，環境をもっと守るように頼んだ。グリーンベルト運動はナイロビの公園に7本の木を植えることによって始められた。しかし，②これは始まりでしかなかった。次に，グリーンベルト運動はアフリカのより多くの地域で始まった。その組織はたくさんの人々に森林破壊を止めることについて教えた。それは女性が木を植えることでお金を稼ぐことを助けもした。2004年に，この活動のお陰であと3千万本の木があった。ときには，ワンガリの仕事は危険でありえた。1989年に，企業が都市公園の真ん中に建設することを止めようとしたので，彼女をとても怒った人々もいた。彼女は政治家と戦いもした。ワンガリは2011年に71歳で死んだが，グリーンベルト運動は続く。

(1) She wanted people to protect the animals(.) ＜want ＋A＋ to ＋動詞の原形＞で「Aに～してほしい」の意味。

(2) 「たくさんの女性たちが」「お金を持っていない」(第4段落第4文)「ことを変えたかった」(第4段落第5文)から，「木を植え」た「ことに対して」(第4段落最終文)お金を「払った」のである。直前の and は語と語，句と句，節と節などを文法上対等な関係でつなぐ。ここでは主語 this organization に過去形の動詞 taught と paid が and を挟んで続いていると考える。

(3) ア 「これは始まりでしかなかった」(○) 「グリーンベルト運動はナイロビ」で「始められ」

(空欄2の直前部),「アフリカのより多く地域で始まった」(空欄2の直後の1文)のだから，ナイロビでの植樹は始まりだったと考えられる。　イ「これは始まりではなかった」(×)　ウ「これは運動の終わりだった」(×)　エ「これは運動の終わりでしかなかった」(×)

(4)　ア「グリーンベルト運動は1977年にケニアで始まり，アメリカ合衆国に広まった」(×)　空欄2の直後の1文参照。アフリカの多くの地域に広まったのである。　イ「政府はグリーンベルト運動の言うことを聞かず，企業を助けた」(×)　政府が企業を助けた，という記述はない。

ウ「グリーンベルト運動はアフリカの女性たちを支援し，彼らにより多いお金を稼がせた」(○)　第5段落最後から2文目参照。　エ「2004年に，グリーンベルト運動によってナイロビだけに3千万本より多い木が植えられた」(×)　第5段落最後から4文目・最終文参照。ナイロビだけではない。

(5)　ア「ワンガリ・マータイは田舎の村で生まれてそこで育ち，海外へ行ったことがなかったので，ケニアの川や森をとても愛していた」(×)　第1段落第2文参照。アメリカ合衆国で学んだのである。　イ「当時，材木や建物のために何千もの木が企業によって切り倒され，ワンガリはそれを心配した」(○)　第4段落第1文・第2文参照。　ウ「1970年代に，ケニアでは多くの数の女性たちが働くことができず，貧しい生活を送っていて，ワンガリは彼らの生活を変えたかった」(○)　第4段落第4文・第5文参照。　エ「グリーンベルト運動は政府に，女性たちに木を植えることやもっと環境を守ることについて教えるように頼んだ」(×)　第5段落第2文参照。教えるように頼んではない。　オ「ワンガリは建設したい人々と戦った。それは危険な仕事でありえた」(○)　第6段落参照。　カ「ワンガリの死後，グリーンベルト運動はケニア政府に受け継がれ，彼らはその活動を続けた」(×)　政府に受け継がれた，という記述はない。

5 (長文読解・会話文：語句補充，内容吟味)

(大意)　お母さん(以下M)：あら，ケイト，来てこれを着てみてちょうだい。／ケイト(以下K)：これは何。それは浴衣。私の。／M：そうよ。a私はあなたに夏祭りでこの浴衣を着てほしいの。そして私はあなたを郡上おどりに連れていくつもりよ。／K：郡上おどりとは何。／M：bそれは伝統的な踊りの祭りの1種よ。岐阜の郡上八幡では，7月から9月まで，夜に約30の踊りの催しが開催されるの。／K：約30の踊りの催し。／M：①神社や寺で開催されるものもあれば，広場や通りでのものもある。②軽食や飲み物を売る露店や店があるから，人々は疲れたとき，休憩することができる。／K：訪問者もその踊りに参加することができるの。／M：もちろん。c誰でもその踊りに参加することができるわ。地元の人々はとても友好的よ。もし踊り方を知らなければ，周りで踊っている人の動きを真似することができる。／K：それについて話しているだけで私を踊りたくさせるわ。／M：dそして，浴衣と下駄はあなたが良い踊り手になることを助けるわ。／K：本当に。服装の規程があるの。／M：いいえ。服装の規程はないけれど，浴衣を着ているたくさんの人々を見れば，あなたは浴衣を着たくなるわ。人々が地面を蹴ると，下駄はカランコロンと音が鳴るの。／K：eへえ…私はカランコロンと音が鳴るのや，人々の声，踊りの音楽を想像することができる。／M：若かったとき，私はよく郡上おどりに参加したの。「徹夜おどり」で夜通し踊ったわ。それは郡上おどりのハイライトなの。「徹夜」は一晩中何かをすることA を意味するのよ。

(1)　大意参照。

重要　(2)　①　some ~ others …で「~な人(物)もあれば，…な人(物)もある」，some ~ some …で「~な人(物)もあれば，…な人(物)もある」の意味。1つの語句が2つ以上の語句にどれも同じようにかかるとき，共通した要素を省略することができる。ここでは語と語，句と句，節と節などを文法上対等な関係でつなぐ and が，some are held at the shrines or temples と others[some]are held in a public squire or streets を対等につなぎ，共通した要素である are held が省略されている。 ② take a rest[break]「ひと休みする」

(3) ア 「～を知っている」(×) イ 「～を言う」(×) ウ 「～を言う」(×) エ 「～を意味する」(○)

(4) 「お母さんとお父さんへ，昨夜，私はホストファミリーと一緒に郡上おどりに行ったの。写真を見て。私は浴衣と下駄を身に着けたわ。それらは日本のX一般大衆の盆踊りの衣装とはき物なの。最初は，全く踊り方がわからなかったけれど，地元の人はとても親切で，踊り方を教えてくれたわ。今では，私は良いY踊り手よ。私はいつの日か，あなた方を郡上おどりに連れてくることができると良いと思う。 ケイト」 (X) 直前の they は複数の3人称の名詞を指す代名詞。ここでは直前の1文にある a yukata and geta を指す。 (Y) 「地元の人はとても親切で，踊り方を教えてくれた」(空欄Yの直前の1文)結果である。

★ワンポイントアドバイス★

語句整序問題は，1語目から並べていくことにこだわらず，構文や熟語，不定詞などの文法事項や文型に注目し，小さいまとまりを作っていくことから始めるとよい。

＜理科解答＞

1 (1) 10秒 (2) イ (3) 15秒 (4) イ (5) 数(量)と種類は変化しない

2 (1) ア (2) カ (3) カ (4) ウ，オ，キ (5) 300mL

3 (1) イ (2) [Ⅰ] 優性[顕性] [Ⅱ] 劣性[潜性] (3) ア，イ

(4) [G] Aa [H] Aa [I] aa (5) オ

4 (1) 40Ω (2) 750mA (3) 38Ω (4) ク (5) ア，エ

5 (1) カ (2) エ (3) 露点[露点温度] (4) エ (5) ス

○配点○

各4点×25(2(4)，3(2)～(4)，4(5)各完答) 計100点

＜理科解説＞

重要 **1** (小問集合―小問集合)

(1) 物体Aにはたらく重力は150Nであり，これを2.0m引き上げるときの仕事は150×2.0＝300(J)である。仕事率が30Wなので，かかった時間は300÷30＝10(秒)である。

(2) 北極付近の太陽の日周運動は，地平線に沿って時計回りに見える。

(3) P波の速度は140÷20＝7.0(km/秒)であり，S波の速度は126÷36＝3.5(km/秒)である。105km地点にP波とS波が到達するのにかかる時間は105÷7＝15(秒)と105÷3.5＝30(秒)なので，初期微動継続時間は30－15＝15(秒間)である。

(4) 表のAは魚類，Bはハ虫類，Cは両生類，Dは鳥類，Eはホ乳類である。ハ虫類は変温動物であり，その例はヤモリである。

(5) 化学反応では，反応の前後で原子の組み合わせが変化する。しかし，原子の種類と数は変化しないので，反応の前後で質量の合計は変化しない。これを質量保存則という。

2 (酸とアルカリ・中和―中和反応)

基本 (1) BTB溶液の色は，酸性で黄色，中性で緑色，アルカリ性で青色である。水溶液Aは酸性，B，Cはアルカリ性，Dは中性である。青色リトマス紙が赤色に変化するのは酸性の溶液であり，Aだけがこの変化を示す。

重要 (2) Aは塩酸であり，Dは食塩水である。水分を蒸発させるとCで固体が残るので，Cは水酸化ナトリウム水溶液であり，Bはアンモニアである。

重要 (3) WのpHが7なので中性である。このとき塩酸と水酸化ナトリウム水溶液の体積比は1：2である。Vは塩酸の割合がWのときより多いので酸性であり，Xも同様に酸性を示すがVとXでは塩酸の量が等しく，水酸化ナトリウム水溶液の量がXの方が多いのでVより酸性は弱い。Yでは水酸化ナトリウム水溶液の割合がWより多くアルカリ性である。よって，pHの大きい順に，y＞x＞vとなる。

(4) 混ぜ合わせたときに塩酸と水酸化ナトリウム水溶液の体積比が1：2になるものを探すと，UとY，XとY，WとZの3つになる。

(5) 100mLの塩酸とちょうど中和する水酸化ナトリウム水溶液の体積は200mLなので，水溶液Eの体積は300mLである。

3 (生殖と遺伝―メンデルの法則)

基本 (1) 遺伝情報は，核の中の染色体に含まれるDNAに収められてる。

基本 (2) 異なる遺伝子をもつ純系の親どうしを掛け合わせたとき，子供に現れる方の形質を優性(顕性)形質といい，現れない方の形質を劣性(潜性)形質という。

(3) エンドウEの遺伝子型はAAであり，Fの遺伝子型はaaである。子供のGの遺伝子型はAaのみである。生殖細胞には染色体が二つに分かれて入るので，Gの生殖細胞の遺伝子はAとaである。

重要 (4) Gの遺伝子型はAaであり，実験2のGの自家受粉で生まれる子供の遺伝子型はAA，Aa，aaの3種類である。このうち実験3でGと掛け合わせてできる子供の形質が，丸形：しわ形＝3：1になるので，エンドウHの遺伝子型はAaとわかる。また，エンドウIとGを掛け合わせると丸形：しわ形＝1：1になったので，Iの遺伝子型はaaである。

(5) エンドウIを自家受粉させると子供の遺伝子型はすべてaaになるので，形質はすべてしわ形になる。

4 (電流と電圧―回路と抵抗の大きさ・オームの法則・電磁誘導)

基本 (1) 抵抗Aでは4Vで0.1Aの電流が流れるので，抵抗の大きさは4÷0.1＝40(Ω)である。

基本 (2) 抵抗Bの大きさは6÷0.1＝60(Ω)である。これに45Vの電圧をかけると，45÷60＝0.75(A)の電流が流れる。答えは750mAと答える。

重要 (3) 並列部分の抵抗の合計の大きさをRとすると，$\frac{1}{R}=\frac{1}{40}+\frac{1}{60}$　R＝24(Ω)になる。100Vで1.0Aの電流が流れるので全抵抗は100Ωであり，抵抗Cの大きさは(100－24)÷2＝38(Ω)である。

(4) 誘導電流を大きくするには，磁力の強い磁石を用いて，磁石を速く動かし，コイルの巻き数を多くする。

重要 (5) 右ねじの法則により，コイルBの左側はN極になる。この電磁石によりコイルAの右がN極となるように電流が発生する。このとき検流計の針の振れは実験3と逆方向の右になる。それで，実験3の磁石と同じ位置からN極を近づけるか，S極を遠ざけると針が右に振れる。

5 (天気の変化―湿度・前線)

重要 (1) 湿球の温度は，水が蒸発するときに蒸発熱を奪うので乾球の温度より低くなる。乾球の温度が23℃で示度の差が3℃なので，湿度は75％になる。

(2) このときの空気中の水蒸気量は20.6×0.75＝15.45(g/m^3)であり，温度を下げてコップの表面に水滴がつき始めるのは，室内の水蒸気量が飽和水蒸気量に等しくなる時なので，18℃で凝縮が始まる。

重要 (3) 凝縮の起きる温度を露点という。

基本 (4) 温暖前線では暖気団は寒気団の上をはい上がるように進み，寒冷前線では寒気団が暖気団の下にもぐりこむように進む。

重要 (5) 温暖前線が近づくと巻雲，巻層雲が生じ，しだいに高層雲，乱層雲が多くなり，しとしととした雨が広い範囲に長時間降る。寒冷前線が近づくと積乱雲や積雲が発生し，西または北寄りの風が強まり気温が急激に低下し，激しい雨が狭い範囲で短時間降る。梅雨前線や秋雨前線は停滞前線と呼ばれ，この付近では長時間，雨が降り続く。

★ワンポイントアドバイス★

理科全般のしっかりとした基礎知識が問われている。それぞれの分野の確かな理解が重要である。問題集等で標準レベルの練習問題を繰り返し解いておきたい。

＜社会解答＞

1 (1) エ　(2) イ　(3) イ　(4) ウ

2 (1) (例) 関税自主権がなく，領事裁判権を認めたこと　(2) イ　(3) エ

3 (1) エ　(2) (かな符号) ア　(ことば) 瀬戸内海　(3) オ

(4) (かな符号) イ　(記号) A

4 (1) イ　(2) カ　(3) ウ　(4) エ

5 (1) ウ　(2) 公共の福祉　(3) 国庫支出金　(4) ア　(5) イ

6 (1) 上告　(2) ア　(3) ウ

○配点○

各4点×25　計100点

＜社会解説＞

1 (日本と世界の歴史―各時代の特色，政治・外交・社会・経済史，日本史と世界史の関連)

(1) 当時の支配層の代表格は聖徳太子である。聖徳太子は仏教における考え方を十七条の憲法で示した。菅原道真は敵対する藤原氏の陰謀によって太宰府に追いやられた。

(2) ローマ帝国でキリスト教が国教となったのは392年であるから，イが誤りとなる。

(3) 宗教改革と大航海時代は同時進行であった。

(4) X：イギリス平戸商館封鎖(1623年)→Y：日本人の帰国・海外渡航禁止(1635年)→Z：ポルトガル船来航禁止(1629年)

2 (日本の歴史―政治・外交史)

(1) 日米修好通商条約は，外国製品に関税をかける権限である関税自主権がなかった。また，罪を犯した外国人を日本の法律で裁くことができず，外国の領事が裁く領事裁判権を認めてしまった。

基本 (2) 八幡製鉄所が操業を始めたのは1901年であるから，イが誤りとなる。

(3) 1945年8月8日，ソ連が日ソ中立条約を無視して日本に宣戦布告し，満州・朝鮮に一挙に侵入した。1956年10月鳩山一郎首相みずからモスクワを訪れ，日ソ共同宣言に調印した。

3 (日本の地理一気候，諸地域の特色，産業，交通)

(1) Aは兵庫県についで米の生産量が多い岡山県，Bは静岡県に次いで茶の生産が多い京都府，Cは茶の生産量全国第一の静岡県，Dは静岡県に次いで漁業生産量が多い広島県である。

(2) 兵庫県は，清酒の生産量は日本1位である。清酒をつくるのに必要ないくつかの清流が，中国山地から瀬戸内海に流れ出ている。

やや難 (3) X，Yは，いずれも，一年中温暖で降水量の少ない瀬戸内の気候であるが，年降水量と平年気温，いずれも高いほうのXが広島市となる。Yは岡山市である。Zは，冬には，季節風の風下になるために晴れることが多くなり，夏は太平洋からふく湿った季節風によって降水量が多くなる太平洋側の気候で静岡市が該当する。

(4) 東京駅から近い順にⅠ静岡県伊豆の国市にある韮山反射炉→Ⅲ京都府京都市にある二条城→Ⅱ広島県廿日市市にある厳島神社となる。

4 (地理一人々の生活と環境，世界の地形・気候・人口，諸地域の特色)

やや難 (1) 経度15度で1時間の時差がある。名古屋市とロサンゼルスの経度差は135度＋120度で255度である。したがって，時差は255÷15＝17(時間)である。名古屋市が2月2日午前11時の時，ロサンゼルスでは，それよりも17時間前であるから2月1日午後6時ということになる。

(2) この画像は，砂漠でみられる遊牧民の移動式住居ゲルである。砂漠気候の雨温図は，ほどんど雨が降らず，気温差が激しいZが該当する。

重要 (3) Dの国々の宗教は，メッカのある西アジアを中心として，アフリカ北部から中央アジア，東南アジアまで広がっているイスラム教である。

(4) アは人口が1番多く，人口密度が1番高いインドネシア，イは一人当たりの国民総所得が1番少ないケニア，ウは人口が1番少ないエクアドル，エは一人当たりの国民所得が1番多いブラジルとなる。

5 (公民一憲法，社会生活，政治のしくみ，経済生活，国際経済，その他)

(1) 勤労の権利は，労働基本権とともに，働く人たちのために認められた権利であり，社会権に属する。

重要 (2) 社会生活においては，人権には他人の人権を侵害してはならないという限界がある。また，社会では共同生活のために制約を受けることがある。このような人権の限界のことを日本国憲法では「公共の福祉」とよんでいる。

(3) 国庫支出金は，国が使い道を指定して支出するもので，義務教育や道路整備など特定の費用の一部について支払われる。

(4) 条例の制定・改廃の請求は，有権者の50分の1以上の署名で有効になり首長に提出する。したがって，300000人の50分の1は6000人となる。提出先は市の場合は市長となる。

(5) 好景気が行き過ぎた場合，政府は増税などで，貨幣を回収する引き締めを行う。1ドル＝110円から1ドル＝100円になった場合は，ドル安円高である。円高の場合，外国製品の方が日本製品より安くなるので，輸入がしやすくなるのである。

6 (公民一政治のしくみ)

基本 (1) 高等裁判所から最高裁判所へ申し立てるのは上告である。

(2) 令状がなくとも現行犯逮捕というものがある。

(3) 裁判員制度によって，国民が刑事裁判に参加することで，裁判の内容に国民の視点や感覚が反映されるようになり，司法に対する理解と信頼が深まることが期待される。

★ワンポイントアドバイス★

1(3)　宗教改革において，ルターやカルバンの改革派をプロテスタント(新教)，ローマ教会派をカトリック(旧教)という。　2(2)　八幡製鉄所は日清戦争後の下関条約によって清から得た賠償金をもとに建設した。

＜国語解答＞

一　(一)　A　エ　　B　イ　　(二)　ウ　　(三)　(始め)みんな　　(終わり)を期待
(四)　イ　　(五)　ウ　　(六)　(例)　SNSは多くの繋がりを生み出すが，お互いをよく理解していない浅い関係は心の隙間を埋めることができず，逆にさらなる孤独感を生じさせるため。　(七)　エ　　(八)　ア　　(九)　(二番目)　イ　　(四番目)　オ

二　(一)　①　ざんしん　　②　貢献　　(二)　エ

三　(一)　イ　　(二)　ア　　(三)　この閉ざされた日々の変わり目　　(四)　ウ　　(五)　ウ
(六)　オ・カ

四　(一)　イ　　(二)　ウ　　(三)　エ　　(四)　イ

○配点○

一　(六)　8点　　他　各4点×23(一(三)・(九)各完答)　　計100点

＜国語解説＞

一　**(論説文一大意・要旨，内容吟味，文脈把握，段落・文章構成，指示語の問題，接続語の問題，脱文・脱語補充，ことわざ・慣用句，文学史)**

(一)　A「群集の中に身を置くことで孤独感を紛らわそう」という前に対して，後で「飲食店に入っても……自分がひとりぼっちだという現実を突きつけられる」と相反する内容を述べているので，逆接の意味を表すことばがあてはまる。　B「SNSで……数分返信が来ないだけで落ち込んでしまう」という前の状態を経て，ついには「つながることでさみしさが消えるわけではなく，恒常的につながっていないとダメな感じになり，その合間に絶えずさみしさがつきまとう」状態になるという文脈なので，最終的には，という意味を表すことばがあてはまる。

(二)　直前の「そのような試み」は，[2]段落の「さみしさを感じて」「人混みの中に紛れ込もうとする」ことを指し示している。このような試みがもたらす結果を考える。[　①　]の直後の文に「人の流れに身を任せて歩いていても……周囲から浮いている自分を意識せざるを得ない」とあることから，さみしさは解消されず，無駄になるという意味のことばがあてはまる。

(三)　直後の「浅草の夜のにぎはひに／まぎれ入り／まぎれ出で来しさびしき心」という啄木の短歌は，夜のにぎわいに紛れ込んでも寂しい心情を詠んでいる。[2]段落の「一人でいるとき，ふとさみしさを感じて，街に繰り出し，人混みの中に紛れ込もうとする」と同じ心情を述べているが，指定字数に合わない。「～するような思い。」に続く部分であることを意識して，同様の内容を述べている部分を探すと，[1]段落に「みんなの中に溶け込むことで，疑似的な一体感が味わえることを期待してのことだ」とあるのに気づく。ここから，適当な部分を抜き出す。

(四)　啄木の作品はイの「一握の砂」。アは若山牧水の歌集。ウは宮沢賢治の詩集，エは萩原朔太郎の詩集。

(五) 直後の[8]段落で電車に乗っているときにさみしく感じる学生の例を挙げ，その後の[9]段落で「多くの人たちの中にいて感じる孤独も切実に身にしみる。周りに多くの人たちがいるのに，その人たちは自分の気持ちとはまったく無関係に存在している……周囲の人たちにとって，自分は単なる景色のようなものなのだ」と説明している。この内容を述べているのはウ。他の選択肢は，[9]段落の内容をふまえていない。

やや難 (六) 指定語句の「繋がり」「浅い関係」「心の隙間」を含む[17]段落と[22]段落に着目する。SNSが孤独をもたらす原因を問われているので，[17]段落の「SNSはつながりをたくさん生み出すものの，ほとんどがお互いのことをそんなに知らない浅い関係なので，繋がりが多いからといって孤独感が癒されることはない」や，[22]段落のSNSでは「心の隙間」を埋めることができず，「結局のところ浅い関係ばかりなため，いくら友だちを増やしたところで孤独感が癒されることはない」などの表現を用いてまとめる。

(七) 傍線部⑥の「その人物」は，SNSで「五百人以上仲間がいるという学生」である。直後の[21]段落に「その中の一人一人とじっくり向き合って語り合うことなど，どう考えても不可能だ」とあるように，限られた時間の中で「五百人以上の仲間」と交流するためには，薄い内容であっても常に繋がる必要があるからだとわかる。アの「目の前の友だちより親密な時間が過ごせる」，ウの「多くの友だち一人一人と……じっくり向き合い語る時間を持つ」の部分が適当ではない。イの「退屈を恐れ」に通じる叙述はない。

(八) 「SNSをやるようになってから一人でいるときに落ち着けなくなったという者」は，「心の隙間」を「友だち」の何で埋めようとしているのか。後の「いくら友だちを増やしたところで」に通じるのは，アの「数」。

重要 (九) 提示された冒頭の文章の「一人でいる方が格好悪いという印象を持たれがち」を受けて，「その一因がSNSにある」と原因を述べるエが続く。エの「一人でいることの不安を増加させている」に対して，「しかし，仲間と一緒ならば心から快適で満足かというと，そうではない現実もあります」と相反する内容を述べるイが続く。イの「仮面をかぶる」を受けて，ウで「ペルソナ」という語を提示し，オで「ペルソナ」について詳しく説明している。オをふまえて，「適度な柔軟性を持ち，時にはペルソナを外した友人関係を構築したい」という自分の考えをまとめたアが最後となる。

二 (漢字の読み書き，ことわざ・慣用句)

(一) ① 発想などがきわだって新しい様子。「斬」の訓読みは「き(る)」。 ② 役立つように力を尽くすこと。「貢」の訓読みは「みつ(ぐ)」。「献」の他の音読みは「コン」で，「献立」などの熟語がある。

(二) 「枚挙にいとまがない」で，たくさんありすぎて数えきれないという意味になる。

三 (小説―主題・表題，情景・心情，内容吟味，文脈把握，語句の意味)

やや難 (一) 傍線部①の「三年前」の出来事は，直後の段落の「夕食の後に母が僕たち子供を呼んだ……笑いながら，自分の病気について話した」ことである。母の病気をきっかけに，「僕」に何が起こったのかを考える。「母の病気以来」で始まる段落に「母の病気以来……人そのものを信じられない」，「人を信じられない」で始まる段落に「僕は自分自身を含めて，いったい何を信じればいいのかわからなかった」とあり，この内容を述べているイが最も適当。「発端」は「母の病気以来」という語に置き換えられ，その後の「人そのものを信じられない」「僕は自分自身を含めて，いったい何を信じればいいのかわからなかった」という描写に，他の選択肢は合わない。

(二) 意味がわからない場合には，「人と会うのが嫌に」なると「外に出る」のがどう思われるのかを推察する。「億劫」という意味に，イの「恐怖心」は含まれない。

(三) 前後の文脈から,「鍵」はビデオの「画面の中に」映っており,「僕」が見つけたいと思っているものを意味する。直前の段落に「ずっとビデオカメラを回していれば,いつかどこかで必ず出会うはず。この閉ざされた日々の変わり目が映るはず。そう信じて,僕はビデオを手放さない。」とあり,ここから,「鍵」について具体的に述べている部分を抜き出す。

(四) 「ビデオ」と「僕」の関係について述べている部分を探す。「鎧。盾。杖。」で始まる段落に「鎧。盾。杖。そんなふうにも呼べる道具に縋るようにして僕は部屋を出た。ビデオカメラだ……ビデオを覗いていれば,現実から離れていられる。外から眺めていることができる」とあり,この「鎧。盾。杖」を,「自分自身を護ってくれる道具」と言い換えているウが最も適当。「ビデオ」を「鎧。盾。杖。」とたとえる表現に,他の選択肢は適当ではない。

(五) 「妹との約束」は,具体的には「午後十時から午前二時の間に成長ホルモンが出る」から「その時間は眠っていてちょうだい」というものである。傍線部⑤と同じ段落の「部屋から出たくない,人に会いたくない自分に,すでに嫌悪感でいっぱいだったのだ。昼夜逆転によって無駄な追い打ちをかけたくはなかった」という「僕」の心情から,「妹との約束を守ろうと思った」理由を読み取る。自分自身への嫌悪感を昼夜逆転によって追い打ちをかけたくない,と述べているウが最も適当。この「僕」の心情に,アの「妹の気持ちに応えたい」,エの「簡単に昼夜逆転生活に舞い戻ってしまう」は合わない。「家から出ない」で始まる段落に「怖かったのかもしれない」とあるが,イの「怖がる妹の気持ちが痛いほど伝わってきた」とまでは言っていない。

重要 (六) オは最終段落に書かれていることに近い。カも「今は高校生になった妹は」で始まる段落に書かれていることに近い。

四 (漢文ー大意・要旨,文脈把握,古文の口語訳)

〈口語訳〉 華歆と王朗はいっしょに船に乗って戦乱を逃れた。(そこに)一人道連れになろうと願う者がいた。華歆はすぐにこれを難しいと断った。王朗が言うには,「幸いなことにまだ場所がある。どうして駄目なのか。」と(言ってその男を乗せた)。後で,賊が追ってきたので,王朗は先ほど乗せた男を船から下ろそうとした。華歆が言うには,「最初にためらった理由は,まさにこのためなのだ。すでにその我が身を委ねようという頼みを引き受けたからには,どうして(事態が)急変したからといって(その人を)捨てることができるだろうか(そんなことはできない)。」と。(男を見捨てず)最後まで連れて行ったのは最初に約束した通りだった。世間(の人々)はこれを聞いて華歆と王朗の優劣を決めた。

やや難 (一) 後の「本疑ひし所以は,正に此れが為のみ。」という華歆の言葉に着目する。「此れ」は,前の「賊追ひて至るに,王携へし所の人を捨てんと欲す」を指し示している。華歆は「既に已に其の自託を納る,寧ぞ急なるを以て相棄つべけんや」と続けて言っていることから,依頼を引き受けたからには最後まで責任を持つべきだと考えていることが読み取れる。最後まで責任を持てるかどうかがわからなかったから,男を乗せることをためらったとあるイが最も適当。

(二) 船に乗せてくれと頼む男に対して,華歆は「之を難し」と断ったことに対して,王朗が尋ねている部分である。「何為れぞ」は,どうして,なぜ,という疑問の意味を表す。

やや難 (三) 船に乗せた男を最後まで「携拯する」のは,「初め」に約束した通りだった,と考える。この内容にふさわしい意味は,エ。他の選択肢は,「遂に携拯する」に合わない。

重要 (四) 船に乗せてほしいと依頼してきた男に対して,華歆は断ったにも関わらず,王朗は男を船に乗せ,賊に追われると男を船から下ろそうとしている。「本疑ひし所以は,正に此れが為のみ」という言葉から,華歆は最後まで責任を持って男の依頼を受けられるかどうかを心配していたことが読み取れる。世間は「先見の明がある華歆の方が優れている」と評価したと推察できる。世間は華歆の行為を評価しているので,ア,ウ,エは正しくない。

★ワンポイントアドバイス★

漢文は難解な内容を含んでいるが，それぞれの選択肢の内容が大きなヒントになる。選択肢の内容からどのようなことが書かれているかを推察した上で，問題にあたることがポイントだ。

2021年度

入試問題

2021年度

名古屋経済大学高蔵高等学校入試問題

【数　学】（45分）　＜満点：100点＞

1　次の(1)から(10)までの問いに答えなさい。

(1)　$2-6\div(-3)$ を計算しなさい。

(2)　$\dfrac{5-a}{10}-\dfrac{3-a}{15}$ を計算しなさい。

(3)　$(\sqrt{7}+\sqrt{3})(\sqrt{7}-\sqrt{3})-(\sqrt{3}-1)^2$ を計算しなさい。

(4)　方程式 $(x-3)^2=x-3$ を解きなさい。

(5)　ショートケーキ4個と120円の缶コーヒーを10本買い，3000円を支払った。そのときに出たおつりを子ども3人に均等になるように配ったら1人あたり180円となった。このときのショートケーキ1個の値段は何円か，求めなさい。

(6)　次の**ア**から**エ**までの中から y が x の一次関数であるものをすべて選んで，そのかな符号を書きなさい。

ア　時速10kmで x 時間歩いたときの距離 y km

イ　面積が12cm^{2}の長方形において縦 x cmのときの横 y cm

ウ　縦の長さが x cm，横の長さが2cmの長方形の周の長さ y cm

エ　半径 x cmの円の面積 y cm^2

(7)　一の位の数が0でない2けたの自然数Aがある。Aの十の位の数と一の位の数を入れかえた数をBにすると，A＋Bはどんな数の倍数になるか，答えなさい。

(8)　6人の数学のテストの点数は下の表のようになり，このときの中央値が54点であった。このとき a は何点か，求めなさい。

72	43	57	24	60	a

(9)　一歩で1段もしくは2段のいずれかで階段をのぼる。このとき，6段ののぼり方は何通りあるか，求めなさい。ただし，2回以上連続して2段のぼれないこととする。

(10)　下の図のように同じ大きさのアルファベットが書かれた6枚のカードが並んでいる。この中から2枚カードを選ぶとき，そのカードがお互いに接していない確率を求めなさい。

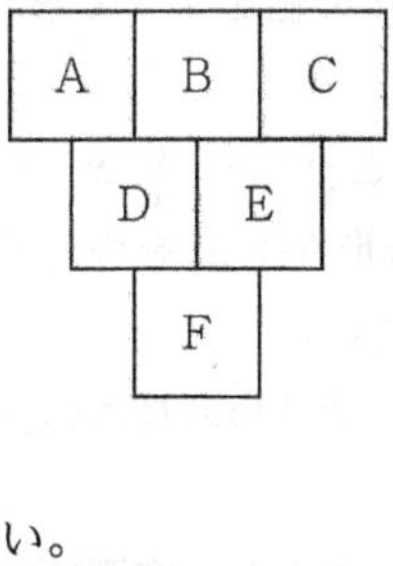

2　次の(1)から(3)までの問いに答えなさい。

(1)　連立方程式 $\begin{cases}2x+y=5\\3x-2y=4\end{cases}$ をグラフを使って解きなさい。ただし，グラフはフリーハンドでよい。

(2) 下の図のような平行四辺形ABCDを直線 ℓ を軸として1回転させてできる立体の体積は何 cm^3 か，求めなさい。ただし，円周率は π とする。

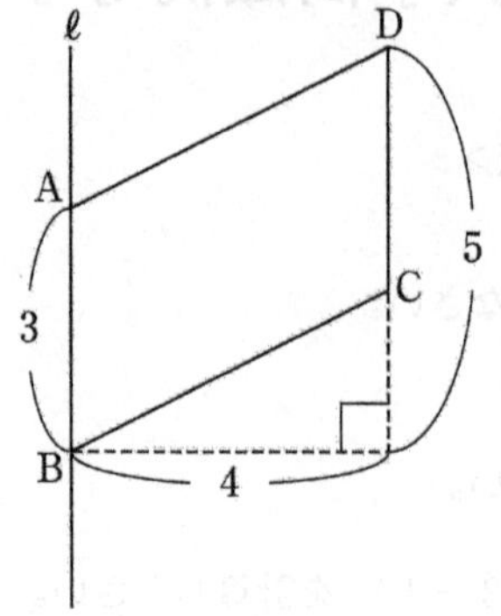

(3) 長方形の帯状のテープを下の図のように折ったとき，$\angle x$ の大きさは何度か，求めなさい。

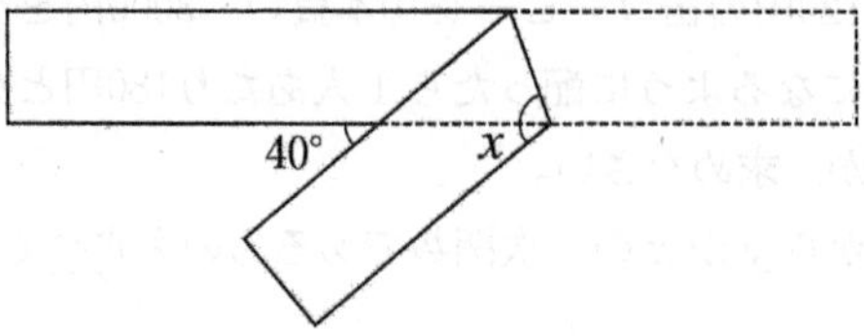

3 縦3cm，横 n cmの長方形がある。この長方形をできるだけ少ない個数の正方形に分割する。ただし，n は自然数とする。例えば，$n=5$ の場合は下の図のように4個の正方形に分割すればよい。あとの(1)，(2)の問いに答えなさい。

$n=5$ のとき

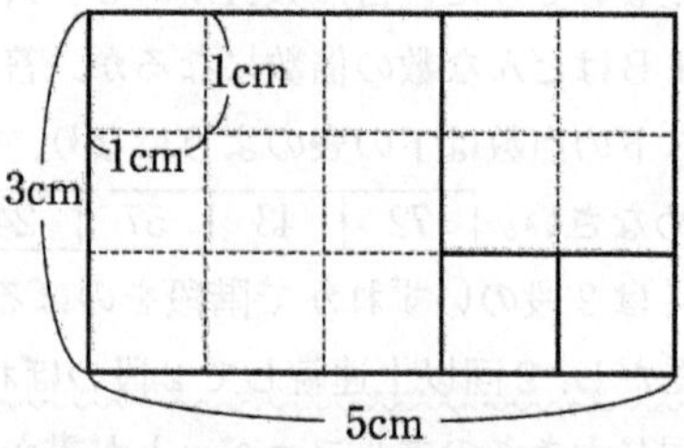

(1) $n=7$ のとき，上の図の例にならい，分割された図をわかりやすく書きなさい。

(2) 15個の正方形に分割されるときの n の値をすべて求めなさい。

4 右の図のように，$y=x^2$ のグラフと $y=-\frac{1}{4}x^2$ のグラフ上に4点A，B，C，Dをとり，長方形ABCDをつくる。このとき，あとの(1)，(2)の問いに答えなさい。

(1) 点Aの x 座標が3のとき，ABの長さとADの長さの比を最も簡単な整数の比で表しなさい。

(2) 長方形ABCDが正方形になるとき，点Aの x 座標はいくつか，求めなさい。

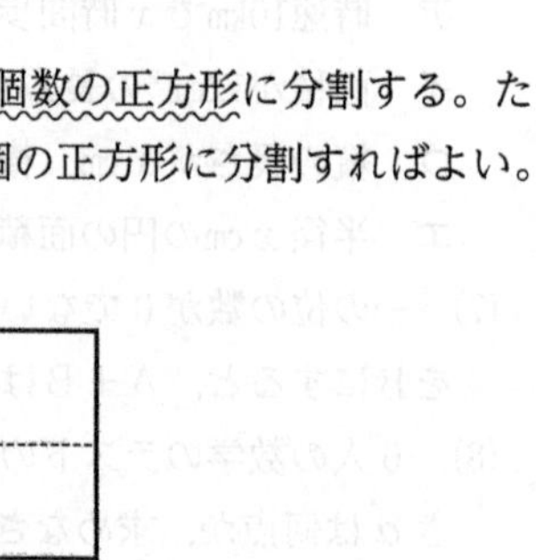

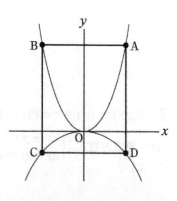

5　下の図で，直線ℓは$y=2x+2$，直線mは$y=-x+2$，点Aは直線ℓとmの交点，点B，Cは直線ℓ，mとx軸との交点である。また，四角形DEFGは1辺の長さが1の正方形とする。この正方形DEFGの辺DGはx軸上にあり，点Dのx座標をtとする。このtが-1から2まで動いたとき，三角形ABCと正方形DEFGの重なった部分の面積をSとする。このとき，あとの(1)から(3)までの問いに答えなさい。

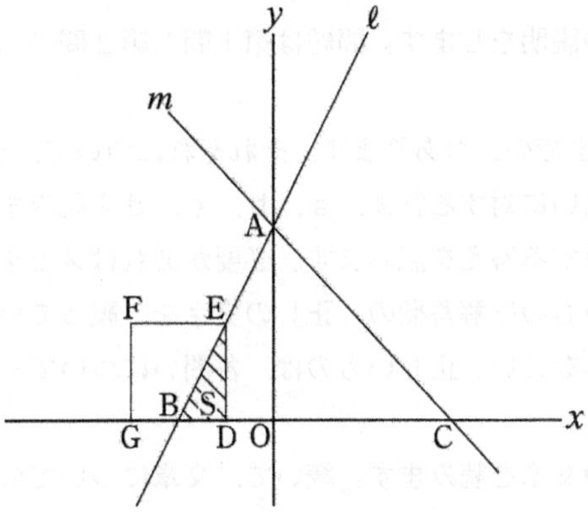

(1)　$S=1$となるtの範囲はいくつか，求めなさい。

(2)　$0<t<\frac{1}{2}$のとき，Sはいくつか，tを用いて表しなさい。

(3)　三角形ABCと正方形DEFGの重なった部分が五角形となり，その面積Sが$S=\frac{15}{16}$であるとき，tの値はいくつか，すべて求めなさい。

【英　語】（50分）　　＜満点：100点＞

外国語（英語）聞き取り（リスニング）

1　指示に従って，聞き取り（リスニング）の問題に答えなさい。

〈答え方〉

それでは，聞き取り検査の説明をします。問題は第１問と第２問の二つに分かれています。

第１問

第１問は，１番から３番までの三つあります。それぞれについて，最初に会話文を読み，続いて，会話についての問いと，問いに対する答え，ａ，ｂ，ｃ，ｄを読みます。そのあと，もう一度，その会話文，問い，問いに対する答えを読みます。必要があればメモをとってもよろしい。

問いの答えとして正しいものは解答欄の「正《せい》」の文字を，誤っているものは解答欄の「誤《ご》」の文字を，それぞれ○《まる》でかこみなさい。正しいものは，各問いについて一つしかありません。

第２問

第２問は，最初に英語の文章を読みます。続いて，文章についての問いと，問いに対する答え，ａ，ｂ，ｃ，ｄを読みます。問いは問１と問２の二つあります。そのあと，もう一度，文章，問い，問いに対する答えを読みます。必要があればメモをとってもよろしい。

問いの答えとして正しいものは解答欄の「正《せい》」の文字を，誤っているものは解答欄の「誤《ご》」の文字を，それぞれ○《まる》でかこみなさい。正しいものは，各問いについて一つしかありません。

＜リスニングテスト放送台本＞

第１問

１番

Mike:　Hi, Emi.
Emi:　Hi, Mike.　Shall we play tennis if it’s sunny tomorrow?
Mike:　That sounds good.　But I don’t have a racket.
Emi:　Don’t worry.　I have two rackets.

Question: What will Mike say next?

ａ．That’s too bad.　　　ｂ．You’re welcome.
ｃ．Can I borrow one?　　ｄ．Can you play tennis?

２番

Father: Hello?
Girl:　Hi, Dad.　Can you come and pick me up?
Father: Sure.　Are you at school?
Girl:　No, I’m at my friend Cindy’s house.
Father: I’ll be there soon.

Question: Where is the girl calling from?

ａ．Her room.　　　ｂ．Her school.
ｃ．Her house.　　　ｄ．Her friend’s house.

3番

Man: Welcome to Blue Apple Books. May I help you find some books?

Woman: Yes. Do you have the new novel by Roald Dahl?

Man: I'm sorry, but we just sold the last one. We'll get more on Thursday.

Woman: OK, I'll come back then.

Question: What will the woman do on Thursday?

a. She will find another bookstore.

b. She will read a different novel.

c. She will return to the bookstore.

d. She will sell a new novel.

第2問

Hello, everyone. I'm Ken Yamada. Today I'd like to talk about my new friend, Jim in my speech. He came to Japan with his father, Henry. Henry and my father have been good friends since they were young. Jim and Henry stayed with my family for three days from July 15.

On the first day, Henry and my father went out for sightseeing. Jim was tired after his long trip, so I stayed home with him. He showed me some nice pictures. He said, "I like playing the guitar. Are you interested in playing the guitar, Ken?" I said, "Yes. I've been practicing it since I was seven." We enjoyed playing the guitar and singing songs together.

On the second day, Jim and I went to a CD shop. I bought a CD, one of my favorites, and gave it to Jim. He liked it and listened to it again and again. I was happy.

On the last day, it was Jim's birthday. My mother made a birthday cake for him. Jim and Henry were very happy to see it. Then, we sang the song, "Happy Birthday to You" for Jim. He said, "I really enjoyed staying in Japan. I'd like to come back again." I was very happy to hear that. Thank you.

問1 Who went out with Henry on the first day?

a. Ken did.

b. Ken's mother did.

c. Ken's father did.

d. Jim did.

問2 Which is true about the speech?

a. Henry and Ken have been good friends since they were young.

b. Jim went sightseeing with Ken's father.

c. Ken isn't interested in playing the guitar.

d. July 17th is Jim's birthday.

外国語（英語）筆記

2 次のグラフを見て，あとの問いに答えなさい。

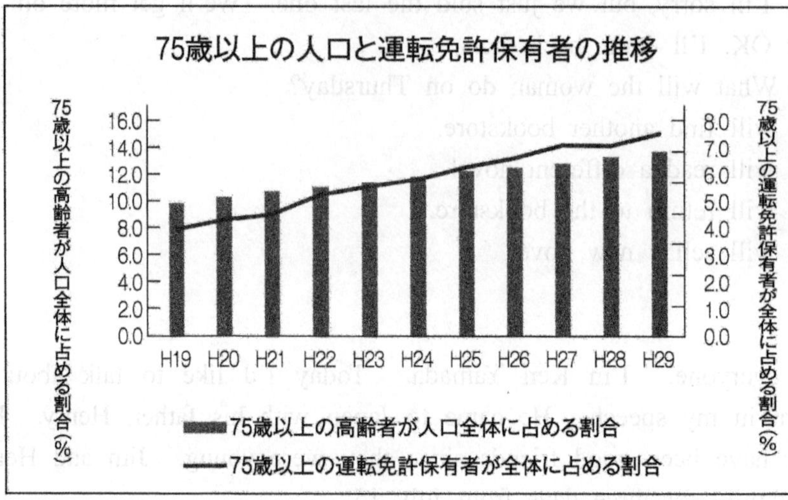

（問い） このグラフから読み取れることは何か。また，あなたはなぜそう思うのか。次に示す答え方により，英語で述べなさい。ただし，前半の下線部にはsenior drivers （高齢者ドライバー）を必ず使うこと。

〈答え方〉

下線部をそれぞれ4語以上の英語で書く。

The number of ＿＿＿＿＿＿＿, because ＿＿＿＿＿＿＿.

なお，下の語句を参考にしてもよい。

〈語句〉

increase（増加する）　population（人口）　older than 75（75歳以上）

3 グレース（Grace）と兄のアンドリュー（Andrew）が会話をしています。二人の会話が成り立つように，下線部①から③までのそれぞれの（　）内に最も適当な語を入れて，英文を完成させなさい。（　）内に文字が示されている場合は，その文字で始まる語を解答すること。

Grace　: Andrew, do you have time now?
Andrew: Yes, but why?
Grace　: I really want you to help me.
Andrew: What's the matter?
Grace　: I ①(　　　)(f　　　) the homework my teacher gave to me yet.
Andrew: What subject is it?
Grace　: Math.　I don't know ②(　　　)(　　　) answer this question.
Andrew: Let me see.　Well, it's hard for me to explain this kind of question.
Grace　: Well, I know you are good at math.　Father also says that you can

③ ( ) ( ) with my homework.

Andrew: Ok, I'll do my best.

Grace : Thanks a lot, Andrew.

（注） the matter 困ったこと explain 説明する

4 次の文章を読んで，あとの(1)から(5)までの問いに答えなさい。

Archaeologists have uncovered the bones of 60 mammoths near Mexico City, Mexico. The fossils were found under an airport that's under construction. In October, Mexico's National Institute of Anthropology and History began digging at the site. Since then, archaeologists have dug out the bones of 60 mammoths. Experts say there are many more in the ground.

"There are too many, there are hundreds," says the institute's Pedro Sánchez Nava. Archaeologists have been able to find about 10 mammoths a month since their work began. They will continue to dig until 2022, when construction at the airport is ended. So far, nothing has been (A) that they would need to stop work on the airport.

Mammoths were huge, elephant-like herbivores. They disappeared from the area that is now Mexico some 10,000 years ago. They became extinct around 4,000 years ago. Scientists say the new fossils could [①].

Some of the bones were found on the shores of an ancient body of water. The large, shallow lake is gone, but it was once surrounded by grass and reeds. This was a good place to live for mammoths, each of which ate up to 330 pounds of plants every day. "It was like paradise for them," Sánchez Nava says.

The excavations are happening about six miles from San Antonio Xahuento, where mammoth fossils were found in 2019. Scientists discovered two holes there that were six feet deep. They were dug by humans, about 15,000 years ago.

Scientists ②【 the holes / to trap / believe / mammoths / used / hunters 】. People may have chased the animals into these traps. The bones of 14 animals were found in them.

At the new site, the mammoths probably died after getting caught in mud. Sánchez Nava says it's possible that humans chased the animals into the soft ground. After doing so, they may have eaten the mammoths. The large number of fossils shows that prehistoric humans may have regularly eaten mammoths. "In fact, it may have been part of their daily diet," Sánchez Nava says.

（注） Archaeologist(s) 考古学者 mammoth(s) マンモス under construction 建設中

Mexico's National Institute of Anthropology and History　メキシコ国立人類学歴史学研究所
herbivore(s)　草食動物　extinct　絶滅した　shallow　浅い　reed(s)　アシ（葦）
excavation(s)　発掘　mud　ぬかるみ　prehistoric　先史時代の

(1) （A）にあてはまる最も適当な語を，次の5語の中から選んで，正しい形にかえて書きなさい。

think　discover　experience　look　make

(2) ① にあてはまる最も適当な英語を，次のアからエまでの中から選んで，そのかな符号を書きなさい。

ア tell them how people drew mammoths
イ show them how the mammoths slept
ウ help them understand why mammoths died out
エ help them study how the earth was born

(3) 本文の内容に合うように，下線部②の【　】内の語句を正しい順序に並べかえなさい。

(4) 本文中では，マンモスについてどのように述べられているか。最も適当なものを次のアからエまでの文の中から一つ選んで，そのかな符号を書きなさい。

ア Mammoths made holes to catch animals.
イ The number of mammoths were increasing some 10,000 years ago.
ウ The relationship between mammoths and humans were just like friends.
エ Mammoths were possibly eaten by humans in everyday life.

(5) 次のアからカまでの文の中から，その内容が本文に書かれていることと一致するものを全て選んで，そのかな符号を書きなさい。

ア Archaeologists have uncovered the bones of 60 mammoths, and scientists say there are no more.
イ Archaeologists will keep digging until 2022.
ウ Mammoths were huge, elephant-like animals, and they ate plants.
エ All of the bones were found under the seawater.
オ Sánchez Nava says it's possible that people ran after the mammoths and trapped them in mud.
カ The large number of fossils shows that mammoths and humans lived together in harmony.

5 ナンシー（Nancy）とスーザン（Susan）が会話をしています。次の会話文を読んで，あとの(1)から(4)までの問いに答えなさい。

Susan : Hi Nancy!　Where are your kids?
Nancy :【　a　】
Susan : Really?　Wow.　I also want my kids to clean their rooms.
Nancy : We made a new list of rules for the kids.　If they obey all of the rules, they get a $5.00 allowance on Sunday.
Susan : ① What are the (　ア　)?

Nancy: They have to clean their rooms once a week, do their homework every day, and they have a different housecleaning job each week. ② One week they clean the bathrooms, (イ) week they vacuum the living room, each week it's a different chore.

Susan :【 b 】I'd like my kids to help me around the house.

Nancy: Oh, and they have to wash dishes once a week too.

Susan : How's it working so far?

Nancy: So far it's working out pretty well. They complained a lot at first about the work but they like the allowance. It really helps me a lot because I used to do all of the housework myself.

Susan : I think it's a great idea. 【 c 】

Nancy: Me too. I had to do my homework right when I got home from school. After that I had to help my mom get dinner ready.

Susan :【 d 】We helped my parents a lot on the farm. When I was older I had to help milk the cows too.

Nancy: I think it's important for kids to help around the house. It teaches them (A).

Susan :【 e 】When Bill and I got married he knew all about how to do housework. His mom was a high school teacher and very busy so Bill had to help her. Thanks to that experience, now he helps me a lot.

Nancy: Why don't you ask your kids to help you with the same system?

Susan : Ok, I'll try it tonight.

(注) obey 守る　allowance おこづかい　vacuum 掃除機をかける
chore （家庭内で行う）仕事　complain 文句を言う　milk the cows 牛の乳をしぼる

(1) 以下のアからオまでの英文を，会話文中の【a】から【e】までのそれぞれにあてはめて，会話の文として最も適当なものとするには，【b】と【d】にどれを入れたらよいか，そのかな符号を書きなさい。ただし，アからオまでの英文は，いずれも一度しか用いることができません。

ア I remember when I was little I had to help my parents with housework.

イ I grew up on a farm so we had to feed the chickens every morning before school.

ウ They're at home cleaning their rooms.

エ Yeah, and they learn how to do housework.

オ That's great.

(2) 下線①，②のついた文が，会話の文として最も適当なものとなるように（ア），（イ）のそれぞれにあてはまる語を書きなさい。

(3) （A）にあてはまる最も適当な語を，次のアからエまでの中から選んで，そのかな符号を書きなさい。

ア dream　イ happiness　ウ responsibility　エ strength

(4) 次の英文は，この会話が行なわれた数日後，スーザンがナンシーに送ったメールです。このメールが会話文の内容に合うように次の（X），（Y）のそれぞれにあてはまる語を書きなさい。

Hi, Nancy.

That evening, I talked with my sons about making a (X) of rules for them.

I asked them to clean their own room and bathroom for the first week.

At first, they complained a lot about the chores.

However, they are happy to know they can get a weekly (Y) for doing so.

I hope it's going to work very well.

If not, I'd like you to give me some advice.

Talk to you later.

Susan

【理　科】（45分）　＜満点：100点＞

1　葉のつくりやはたらきについて，次の〔実験１〕から〔実験３〕を行った。

〔実験１〕　葉の枚数や表面積，くきの長さや太さも同じ植物の枝を使い，**図１**のＡからＥのようにして数時間置いた後，減った水の量を調べた結果，**表**のようになった。ただし，**図１**のＡからＥは以下のようにしてあり，ワセリンをぬった部分からは水蒸気は出ない。

図１

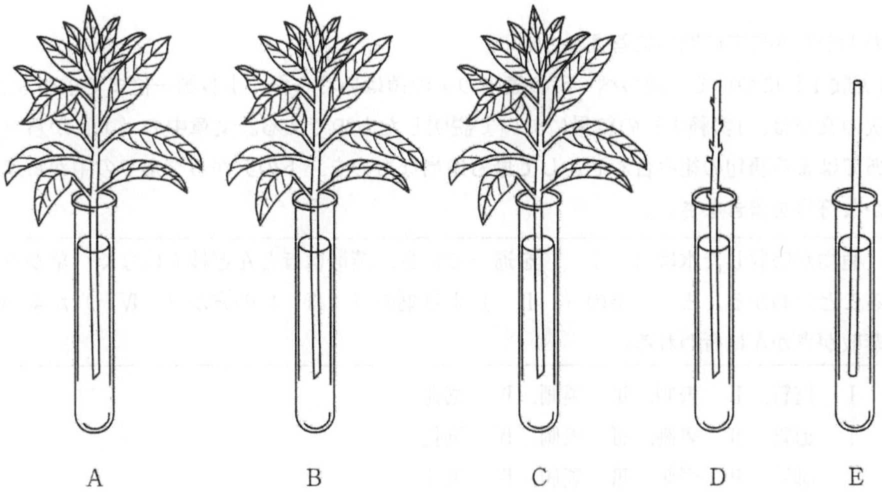

Ａ　何もしないでそのまま試験管に入れる。

Ｂ　すべての葉の表側にワセリンをぬって試験管に入れる。

Ｃ　すべての葉の裏側にワセリンをぬって試験管に入れる。

Ｄ　葉をすべて切りとり，切り口にワセリンをぬって試験管に入れる。

Ｅ　枝と同じ太さのガラス棒を入れる。

表

試験管	A	B	C	D	E
減った水の量〔cm^3〕	x	11.8	2.3	0.3	0.1

〔実験２〕　**図２**のように，同じ大きさの葉Ｘ，Ｙ，Ｚにそれぞれポリエチレンの袋をかぶせ，密閉し，日の当たる場所で数時間，日光を当てた。その後，Ｘ，Ｙ，Ｚの葉をつみとり，ヨウ素液を使ってデンプンのでき方を調べた。**図３**は葉の断面図である。

図２

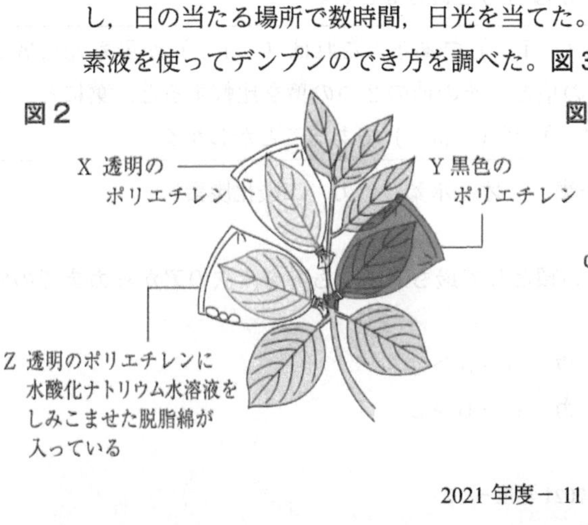

図３

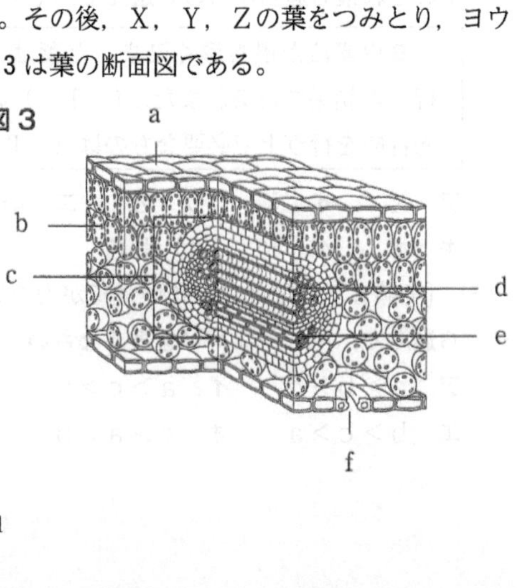

［実験３］　次の３つの測定を行った。実験に用いた葉の枚数や表面積は同じものとする。（乾燥重量とは，葉の重量から水分含量を除いた重量のことで，葉が光合成や呼吸により，生産し蓄積した重量を調べることができる。）

a　日中，日光に当てていた植物から葉をつみ取り計った，葉の乾燥重量。

b　夜間，植物を暗室に置き，日の出前に植物から葉をつみ取り計った，葉の乾燥重量。

c　夜間，植物から葉をつみ取り，その葉を乾燥しないよう水にさして暗室に置き，日の出前に計った，葉の乾燥重量。

次の(1)から(5)までの問いに答えなさい。

(1)　［実験１］について，前のページの**表**中のｘの値はいくらか，小数第一位まで求めなさい。

(2)　次の文章は，［実験１］の結果について説明したものである。文章中の（Ⅰ）から（Ⅳ）までにあてはまる語句の組み合わせとして最も適当なものを，下の**ア**から**ク**までの中から選んで，そのかな符号を書きなさい。

植物が吸収した水は（　Ⅰ　）を通っていき，蒸散はほとんど枝ではなく，葉から行われることがわかる。また，葉の（　Ⅱ　）より葉の（　Ⅲ　）の方が（　Ⅳ　）が多いため，蒸散がさかんに行われる。

ア　Ⅰ　道管，Ⅱ　表側，Ⅲ　裏側，Ⅳ　気孔
イ　Ⅰ　道管，Ⅱ　裏側，Ⅲ　表側，Ⅳ　気孔
ウ　Ⅰ　師管，Ⅱ　表側，Ⅲ　裏側，Ⅳ　気孔
エ　Ⅰ　師管，Ⅱ　裏側，Ⅲ　表側，Ⅳ　気孔
オ　Ⅰ　道管，Ⅱ　表側，Ⅲ　裏側，Ⅳ　維管束
カ　Ⅰ　道管，Ⅱ　裏側，Ⅲ　表側，Ⅳ　維管束
キ　Ⅰ　師管，Ⅱ　表側，Ⅲ　裏側，Ⅳ　維管束
ク　Ⅰ　師管，Ⅱ　裏側，Ⅲ　表側，Ⅳ　維管束

(3)　ヨウ素液が最もよく染まる部分は前のページの**図３**のどこか。最も適当な箇所を，ａからｆまでの中から選んで，その記号を書きなさい。

(4)　次の文章は，［実験２］の結果について説明したものである。文章中の（Ⅰ）には下の**ア**から**ウ**までの中から，（Ⅱ）には下の**エ**から**カ**までの中から，（Ⅲ）には下の**キ**から**ケ**までの中から，それぞれ最も適当なものを選んで，そのかな符号を書きなさい。

ヨウ素液が最も濃く染まった葉は（　Ⅰ　）である。これは（　Ⅰ　）が最も光合成を行った結果である。また，（　Ⅰ　）の葉と，その他の２つの葉を比較すると，葉にとって光合成を行う上で必要なものは（　Ⅱ　）と（　Ⅲ　）であることがわかる。

ア　Ｘ　　**イ**　Ｙ　　**ウ**　Ｚ　　**エ**　酸素　　**オ**　水素　　**カ**　二酸化炭素
キ　水　　**ク**　光　　**ケ**　肥料

(5)　［実験３］について，乾燥重量が大きい順として最も適当なものを，次の**ア**から**カ**までの中から選んで，そのかな符号を書きなさい。

ア　ａ＞ｂ＞ｃ　　**イ**　ａ＞ｃ＞ｂ　　**ウ**　ｂ＞ａ＞ｃ
エ　ｂ＞ｃ＞ａ　　**オ**　ｃ＞ａ＞ｂ　　**カ**　ｃ＞ｂ＞ａ

2 うすい塩酸とうすい水酸化ナトリウム水溶液を用いて，次の〔実験１〕と〔実験２〕を行った。

〔実験１〕 ① **図１**のように，亜鉛板と銅板をうすい塩酸が入ったビーカーの中に入れた。

② **図２**のように，亜鉛板と銅板をうすい塩酸が入ったビーカーの中に入れ，亜鉛板と銅板を豆電球につなぐと点灯した。

図１

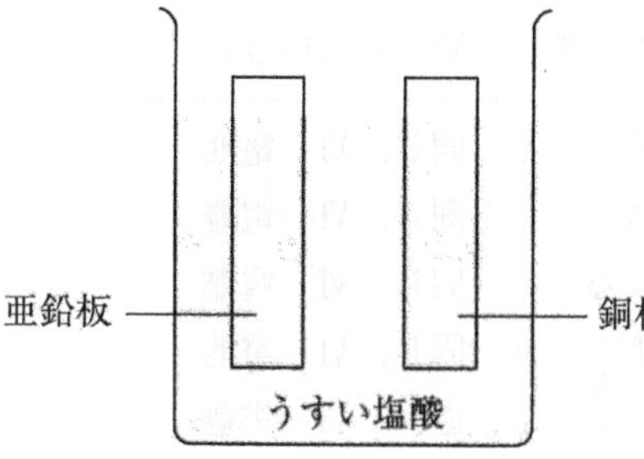

図２

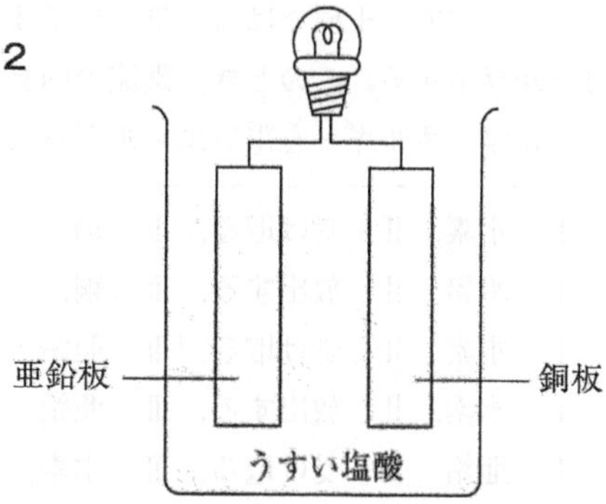

〔実験２〕 **図３**ではうすい塩酸を，**図４**ではうすい水酸化ナトリウム水溶液を電気分解した。

図３

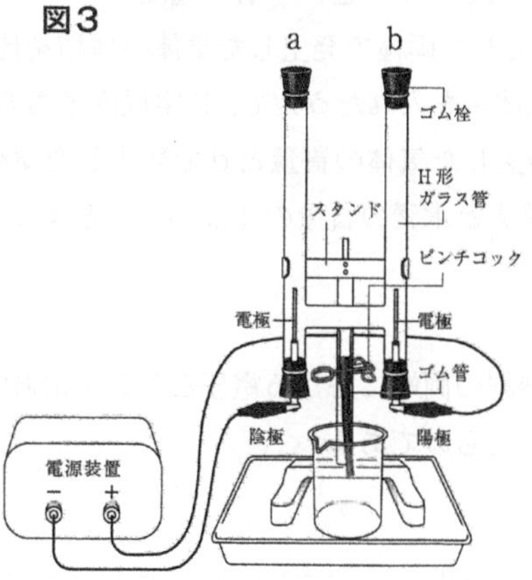

図４

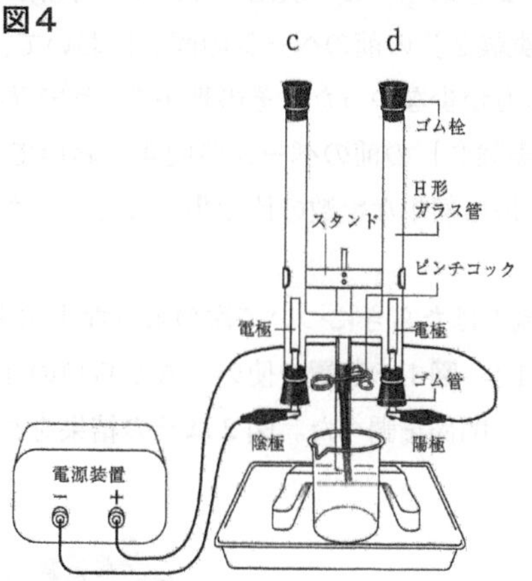

次の(1)から(5)までの問いに答えなさい。

(1) 〔実験１〕の①でみられた変化について説明した文として最も適当なものを，次の**ア**から**エ**までの中から選んで，そのかな符号を書きなさい。

ア 亜鉛板と銅板からともに水素が発生した。

イ 亜鉛板と銅板ともに変化はなかった。

ウ 亜鉛板からは水素が発生し，銅板は変化がなかった。

エ 亜鉛板は変化がなく，銅板からは水素が発生した。

(2) 〔実験１〕の②で用いた亜鉛板と銅板のかわりに，鉄板と銀板を用いて同じ実験を行うと，－極になるのはどちらの金属板か，答えなさい。また，うすい塩酸のかわりに用いても電流が取り出せる液体を，次の**ア**から**カ**までの中から３つ選んで，そのかな符号を書きなさい。

ア うすい水酸化ナトリウム水溶液 **イ** うすい硫酸 **ウ** 砂糖水

エ エタノール **オ** ブドウ糖水溶液 **カ** 食塩水

(3) 次の文章は，［実験１］の②の結果について説明したものである。文章中の（Ⅰ）から（Ⅳ）までにあてはまる語句の組み合わせとして最も適当なものを，下のアからクまでの中から選んで，そのかな符号を書きなさい。

－極では（　Ⅰ　）原子が（　Ⅰ　）イオンとなって電子を（　Ⅱ　）化学変化が起こっている一方で，＋極では（　Ⅲ　）イオンが電子を（　Ⅳ　）化学変化が起こり，（　Ⅲ　）分子が発生する。このとき，電流の向きと電子の流れる向きは（　Ⅴ　）である。このように，化学エネルギーを電気エネルギーに変えるしくみを（　Ⅵ　）という。

ア　Ⅰ　水素，Ⅱ　受け取る，Ⅲ　銅，　Ⅳ　放出する，Ⅴ　同じ，Ⅵ　電池
イ　Ⅰ　水素，Ⅱ　放出する，Ⅲ　銅，　Ⅳ　受け取る，Ⅴ　同じ，Ⅵ　電離
ウ　Ⅰ　水素，Ⅱ　受け取る，Ⅲ　亜鉛，Ⅳ　放出する，Ⅴ　同じ，Ⅵ　電離
エ　Ⅰ　水素，Ⅱ　放出する，Ⅲ　亜鉛，Ⅳ　受け取る，Ⅴ　同じ，Ⅵ　電池
オ　Ⅰ　亜鉛，Ⅱ　受け取る，Ⅲ　水素，Ⅳ　放出する，Ⅴ　逆，　Ⅵ　電離
カ　Ⅰ　亜鉛，Ⅱ　放出する，Ⅲ　水素，Ⅳ　受け取る，Ⅴ　逆，　Ⅵ　電池
キ　Ⅰ　銅，　Ⅱ　受け取る，Ⅲ　水素，Ⅳ　放出する，Ⅴ　逆，　Ⅵ　電池
ク　Ⅰ　銅，　Ⅱ　放出する，Ⅲ　水素，Ⅳ　受け取る，Ⅴ　逆，　Ⅵ　電離

(4) ［実験２］の前のページの**図３**において，しばらくして両極で発生した気体の体積を比べると，ｂの方が少なかった。その理由を，ｂで発生した気体名を入れたうえで，15字以内で書きなさい。

(5) ［実験２］の前のページの**図４**において，ｃで発生した気体の質量とｄで発生した気体の質量を，最も簡単な整数の比で書きなさい。ただし，酸素と水素の質量の比は16：１とする。

3　電流のはたらきについて次のような実験を行った。

［実験１］　**図１**の装置を使い，ＡからＤの４つの電熱線の両端にかかる電圧とそこを流れる電流の関係を調べた。**図２**はその結果をグラフにしたものである。

図１

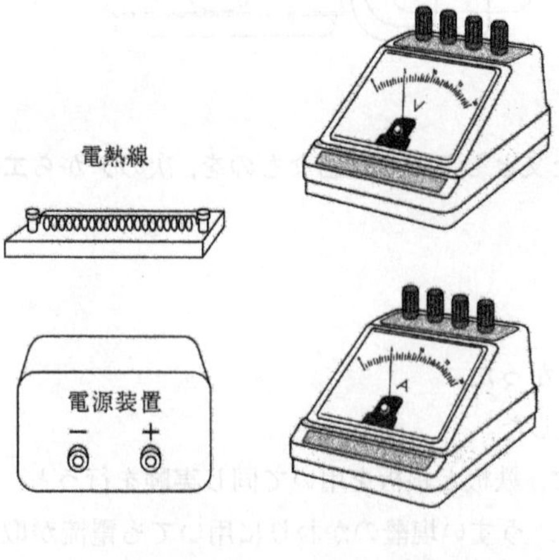

図２

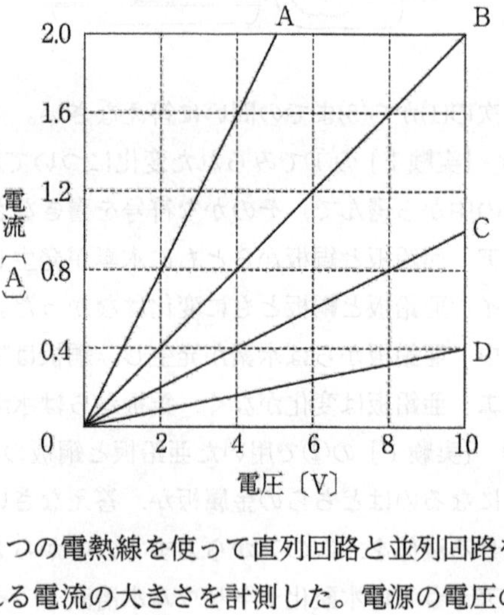

［実験２］　電熱線ＡからＤの中から２つ選び，その２つの電熱線を使って直列回路と並列回路をそれぞれつくり，電圧を加えて回路全体を流れる電流の大きさを計測した。電源の電圧の大きさは一定で行った。

〔実験３〕 図３のように，10Ｖの電源装置につなぎ，ＡからＤの４つの電熱線を水の中に入れ，水の温度を計測した。

図３

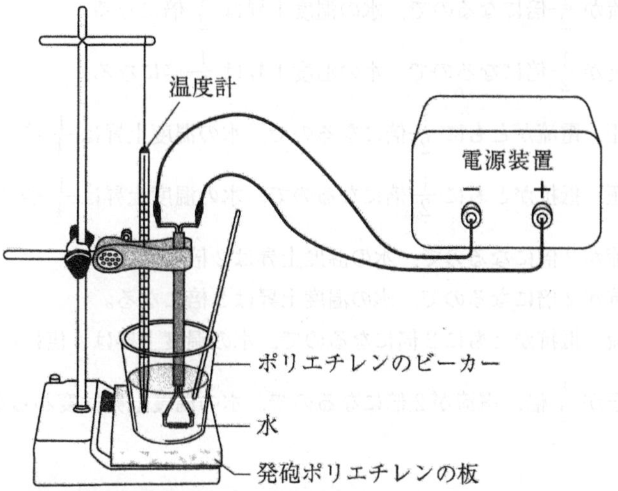

次の(1)から(5)までの問いに答えなさい。

(1) ［実験１］を行う際，電流計と電圧計を取り付けるときに注意する点がある。次の文章中の（Ⅰ）から（Ⅲ）までにあてはまる語句の組み合わせとして最も適当なものを，下のアからクまでの中から選んで，そのかな符号を書きなさい。

電流計も電圧計も＋端子は電源の＋極側に，－端子は電源の－極側につなぐ。そのとき，電流計は電流の大きさをはかろうとする部分に（　Ⅰ　）に，電圧計は電圧の大きさをはかろうとする部分に（　Ⅱ　）につなぎ，ともに－端子は，はじめ（　Ⅲ　）につないでおく。

ア　Ⅰ　直列，Ⅱ　直列，Ⅲ　最大値
イ　Ⅰ　直列，Ⅱ　直列，Ⅲ　最小値
ウ　Ⅰ　直列，Ⅱ　並列，Ⅲ　最大値
エ　Ⅰ　直列，Ⅱ　並列，Ⅲ　最小値
オ　Ⅰ　並列，Ⅱ　直列，Ⅲ　最大値
カ　Ⅰ　並列，Ⅱ　直列，Ⅲ　最小値
キ　Ⅰ　並列，Ⅱ　並列，Ⅲ　最大値
ク　Ⅰ　並列，Ⅱ　並列，Ⅲ　最小値

(2) ［実験１］において，ＡからＤの電熱線の抵抗が最も大きいものは，最も小さいものの何倍になるか，整数で答えなさい。

(3) ［実験２］において，回路全体の電流の大きさが最も大きくなるのは，どの電熱線の組み合わせで，直列回路か並列回路のどちらでつないだときか。ＡからＤまでの中から２つ記号で選んで，直列か並列かも合わせて書きなさい。

(4) ［実験３］において，水の温度上昇が最も大きくなるのはどの電熱線か。ＡからＤまでの中から最も適当なものを選んで，その記号を書きなさい。

(5) ［実験３］で，電源装置の大きさを５Ｖにかえて同様に行うと，10Ｖのときと比較して水の温度上昇はどの電熱線においても同じ結果になった。電源装置の大きさを５Ｖにしたときの実験結果として最も適当なものを，次の**ア**から**ク**までの中から選んで，そのかな符号を書きなさい。

ア　電流が$\frac{1}{2}$倍になるので，水の温度上昇は$\frac{1}{2}$倍になる。

イ　抵抗が$\frac{1}{2}$倍になるので，水の温度上昇は$\frac{1}{2}$倍になる。

ウ　電圧，電流がともに$\frac{1}{2}$倍になるので，水の温度上昇は$\frac{1}{4}$倍になる。

エ　電圧，抵抗がともに$\frac{1}{2}$倍になるので，水の温度上昇は$\frac{1}{4}$倍になる。

オ　電流が２倍になるので，水の温度上昇は２倍になる。

カ　抵抗が２倍になるので，水の温度上昇は２倍になる。

キ　電流，抵抗がともに２倍になるので，水の温度上昇は４倍になる。

ク　電圧が$\frac{1}{2}$倍，電流が２倍になるので，水の温度上昇は変わらない。

4　次の文章は，地震についての高子さんと蔵男くんとの会話である。

高子：日本は本当に地震が多い国だよね。そういえば先週も①震度３の地震が起こったばかりだわ。突然かたかたと②小さなゆれがきたかと思うと，その後ぐらぐらと③大きなゆれがきて本当にこわかったよ。世界中でもこんなに頻繁に起こっているのかな。

蔵男：そんなことないよ。地球上どこでも均一に起こるのではなくて，とてもかたよった地域で集中的に起こっているみたい。その地域がほぼ帯のように分布しているから地震帯とも呼ばれているよ。

高子：そうなんだ。その地震帯はどういった地域に多いの？

蔵男：地球の表面はプレートと呼ばれる十数枚の巨大な岩盤でおおわれていて，地震はこのプレートの境界付近に多いよ。④日本列島はユーラシアプレートとよばれる大陸プレートの上にあって，太平洋側の海洋プレートがこのプレートの下に，年に数cmから10cm程度の速さで沈み込んでいってるの。このとき，大陸プレートも一緒に境界部分が引きずりこまれていって，たえきれなくなったプレートが元に戻るようにはね返る。これが地震を引き起こす原因だよ。

高子：（下敷き２枚使い）簡単に言うと，こういうことかしら。

蔵男：そうだね。東海地方では何年も前から，駿河湾から静岡県の内陸部を想定震源域とする⑤マグニチュード８クラスの大地震がいつ起きてもおかしくないと言われていて，それ以外の地震もいつどこで起きるかわからないよ。2007年10月１日からは緊急地震速報が始まったり，避難訓練も学校や地域で積極的に行われていたり，ぼくたち自身が自分の身を守るため，日頃から地震について学び，その対策を考えておくことが大切だね。

次の(1)から(5)までの問いに答えなさい。

(1)　下線部①のゆれのようすを説明した文として最も適当なものを，あとの**ア**から**エ**までの中から選んで，そのかな符号を書きなさい。

ア　屋内にいる人の多くがゆれを感じる。電灯などのつり下げ物がわずかにゆれる。

イ　屋内にいる人のほとんどがゆれを感じる。たなにある食器類が音をたてることがある。

ウ　眠っている人のほとんどが目を覚ます。つり下げ物は大きくゆれ，たなにある食器類は音をたてる。

エ　一部の人は行動に支障を感じる。つり下げ物は激しくゆれ，たなの食器類が落ちることがある。

(2)　下線部②と下線部③について，ゆれの名称とその性質を説明した文として最も適当なものを，次のアからクまでの中からそれぞれ選んで，そのかな符号を書きなさい。

ア　初期微動とよばれ，波の進行方向と同じ方向に振動する縦波である。

イ　初期微動とよばれ，波の進行方向と同じ方向に振動する横波である。

ウ　初期微動とよばれ，波の進行方向に対して垂直方向に振動する縦波である。

エ　初期微動とよばれ，波の進行方向に対して垂直方向に振動する横波である。

オ　主要動とよばれ，波の進行方向と同じ方向に振動する縦波である。

カ　主要動とよばれ，波の進行方向と同じ方向に振動する横波である。

キ　主要動とよばれ，波の進行方向に対して垂直方向に振動する縦波である。

ク　主要動とよばれ，波の進行方向に対して垂直方向に振動する横波である。

(3)　震源からの距離が，名古屋市では28km，豊橋市では76km離れていて，下線部②が始まった時刻に6秒の差があった。下線部②の速さは何km/秒か，整数で答えなさい。

(4)　下線部④より，日本付近の震源の深さについて説明した文として最も適当なものを，次のアからエまでの中から選んで，そのかな符号を書きなさい。

ア　太平洋側と日本海側は，ともに浅くなっている。

イ　太平洋側と日本海側は，ともに深くなっている。

ウ　太平洋側では深く，日本海側に行くにしたがって浅くなっている。

エ　太平洋側では浅く，日本海側に行くにしたがって深くなっている。

(5)　下線部⑤について説明した文として最も適当なものを，次のアからエまでの中から選んで，そのかな符号を書きなさい。

ア　マグニチュード8はマグニチュード6の約1000倍のエネルギーになる。

イ　マグニチュードが小さくても震源が深いと，震度は大きくなる。

ウ　日本で最大マグニチュードの地震は，1923年の関東地震である。

エ　震度は10段階に分けられているが，マグニチュードは8段階に分けられている。

5　次の文章は，高子さんと蔵男くんが家で生活しているときの様子である。

高子と蔵男は今日一日，家で過ごすことになった。蔵男は少し退屈をしていたが，高子がホットケーキを作ろうとしていたので手伝うことにした。ホットプレートで①ホットケーキの生地を焼き出すとふんわりとふくらんできたので，ひっくり返そうとすると蔵男が②ホットプレートに手が触れてしまったため，思わず引っ込めてしまった。その様子を横で見ていた高子は手慣れた感じでひっくり返し，ホットケーキが完成した。飲み物を冷やし忘れていた二人は，コップに氷を入れ飲み物を注ぐと，まもなく③コップの表面に水滴がつき始め，十分冷えたところでホットケーキと一緒においしくいただいた。食べ終えた後，洗い物をすべて済ませ，④高子は台を押してきて，その上に蔵男が乗り，ホットプレートを棚に置いた。そして，⑤高子はゴミの分別をし，蔵男は台所の電気とテレビの電源を切り，二人は自分たちの部屋に戻っていった。

次の(1)から(5)までの問いに答えなさい。

(1)　下線部①について，ホットケーキがふくらむのは，炭酸水素ナトリウムがふくまれていて，それが分解し，その際に二酸化炭素が発生するためである。炭酸水素ナトリウムが8.4ｇ分解すると，二酸化炭素が発生すると同時に，炭酸ナトリウムが5.3ｇと水0.9ｇが生じる。二酸化炭素の密度が1.96ｇ/Ｌとすると，何mLの二酸化炭素が発生したか，小数第１位まで求めなさい。

(2)　下線部②について，刺激が伝わって反応が起こるまでの経路として最も適当なものを，次の**ア**から**エ**までの中から選んで，そのかな符号を書きなさい。

ア　皮膚 → 運動神経 → 脊髄 → 感覚神経 → 筋肉
イ　皮膚 → 感覚神経 → 脊髄 → 運動神経 → 筋肉
ウ　皮膚 → 運動神経 → 脊髄 → 大脳 → 脊髄 → 感覚神経 → 筋肉
エ　皮膚 → 感覚神経 → 脊髄 → 大脳 → 脊髄 → 運動神経 → 筋肉

(3)　下線部③のとき，コップ内の温度を計ると14℃であった。この部屋の温度が26℃であるとすると，湿度は何％か，小数第１位まで求めなさい。**表１**は，それぞれの温度のときの飽和水蒸気量を表している。

表１

温度〔℃〕	飽和水蒸気量〔g/m³〕	温度〔℃〕	飽和水蒸気量〔g/m³〕
0	4.8	16	13.6
2	5.6	18	15.4
4	6.4	20	17.3
6	7.3	22	19.4
8	8.3	24	21.8
10	9.4	26	24.4
12	10.7	28	27.2
14	12.1	30	30.4

(4)　下線部④について，高子と蔵男が行った仕事はそれぞれ**図１**，次のページの**図２**であり，二人の仕事をした量は同じであった。**図２**で蔵男はホットプレートを真上に何m持ち上げたか，小数第１位まで求めなさい。ただし，質量100ｇの物体にはたらく重力は１Ｎとし，床と台との間に摩擦はないものとする。

図１

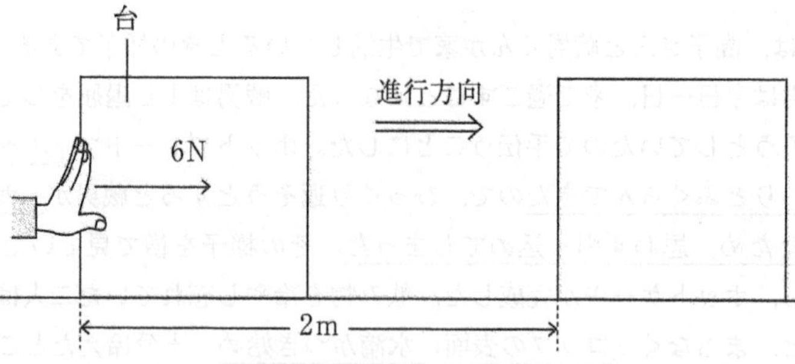

図２

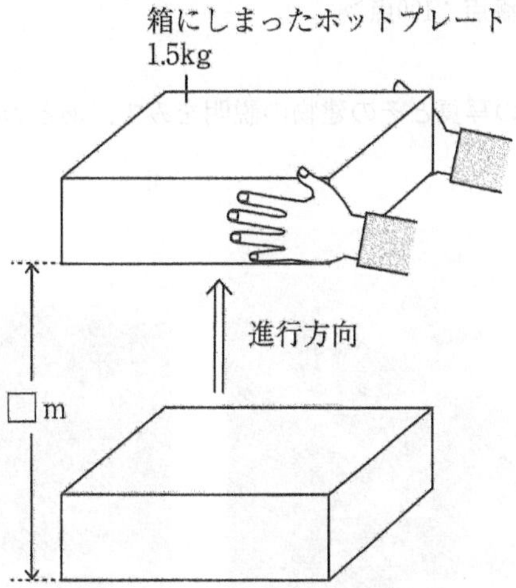

(5)　下線部⑤は，地球環境を考える上で一人ひとりがいつでもできる大切なことである。次のＡからＤのそれぞれの環境問題の要因となる，関連が深い語句の組み合わせとして最も適当なものを，下の**表２**の**ア**から**ク**までの中から選んで，そのかな符号を書きなさい。

Ａ　海洋汚染

Ｂ　酸性雨

Ｃ　オゾン層の破壊

Ｄ　地球温暖化

表２

	A	B	C	D
ア	プラスチックごみ	窒素・硫黄酸化物	メタンガス	一酸化炭素
イ	サンゴ	窒素・硫黄酸化物	メタンガス	一酸化炭素
ウ	プラスチックごみ	塩酸・炭酸	フロンガス	一酸化炭素
エ	サンゴ	塩酸・炭酸	フロンガス	一酸化炭素
オ	プラスチックごみ	窒素・硫黄酸化物	フロンガス	二酸化炭素
カ	サンゴ	窒素・硫黄酸化物	フロンガス	二酸化炭素
キ	プラスチックごみ	塩酸・炭酸	メタンガス	二酸化炭素
ク	サンゴ	塩酸・炭酸	メタンガス	二酸化炭素

【社　会】（45分）　＜満点：100点＞

1　次のⅠ，Ⅱ，Ⅲ，Ⅳの写真とその建物の説明をみて，あとの(1)から(3)までの問いに答えなさい。

Ⅰ

Ⅱ

Ⅲ

Ⅳ

Ⅰ	金堂や五重塔などは現存する世界最古の木造建築物といわれている。
Ⅱ	3層からなる建物で，層ごとに異なる建築様式を取り入れている。
Ⅲ	幕府の初代将軍が神格化され，まつられている。
Ⅳ	被爆建造物として原子爆弾の悲惨さを今に伝えている。

(1)　Ⅰが建てられた時代とⅡの建てられた時代との間に起こったできごとについて誤っているものを，次の**ア**から**エ**までの中から一つ選んで，そのかな符号を書きなさい。

ア　イスラム勢力を追い払うために，十字軍の派遣が開始された。

イ　キリシタン大名により少年使節がローマ教皇のもとに派遣された。

ウ　高麗が新羅をほろぼし，朝鮮半島を統一した。

エ　唐の勢力が衰えたので，遣唐使が廃止された。

(2)　Ⅲの建てられた時代に行われた改革の内容①から③と，その改革を行った中心人物ＡからＣの組み合わせとして最も適当なものを，次の**ア**から**カ**までの中から選んで，そのかな符号を書きなさい。

〈内容〉　①公事方御定書という法律を整え，裁判の基準とした。

②昌平坂学問所をつくり，人材の育成を図った。

③風紀や出版を統制し，株仲間を解散させた。

〈人物〉 A　徳川吉宗　B　松平定信　C　水野忠邦

ア　①とA，②とB，③とC　**イ**　①とA，②とC，③とB

ウ　①とB，②とA，③とC　**エ**　①とB，②とC，③とA

オ　①とC，②とA，③とB　**カ**　①とC，②とB，③とA

(3)　次の文章はⅣの建物が被爆したあとの日本経済について述べたものである。文章中の［A］にあてはまることばを書きなさい。また，［B］にあてはまる文章を「アメリカ」「軍需物資」の2つの語を用いて，15字以上20字以下で書きなさい。

> 日本はアジア・太平洋戦争の敗戦により経済の立て直しを図ったが，財政の引きしめや増税政策が行われ多くの中小企業が倒産し，失業者も増大しました。1950年から［A］が始まると［B］，戦後の日本経済の復興を早めました。

2　次の皇室の系図をみて，あとの(1)から(4)までの問いに答えなさい。

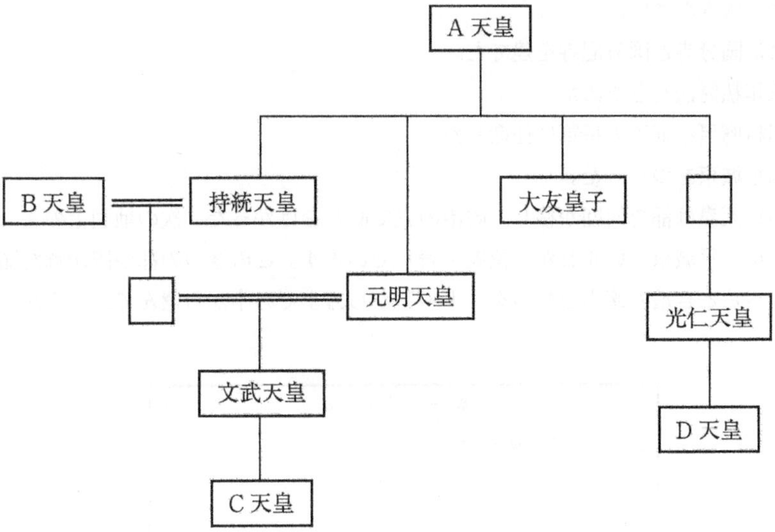

※系図の一重線は親子・兄弟姉妹関係，二重線は婚姻（結婚）関係をあらわしています。

(1)　A天皇のときに初めての全国の戸籍がつくられた。次の文章は戸籍について述べたものである。文章中の①，②，③にあてはまる数字の組み合わせとして最も適当なものを，下のアからエまでの中から選んで，そのかな符号を書きなさい。なお，文章中の同じ数字の空欄には同じ数字があてはまる。

> 律令制のもとで，人々は良民（公民）と賤民（奴婢）に分けられ，（　①　）年ごとにつくられる戸籍に登録された。（　①　）歳以上の男女には口分田が与えられたが，女子は男子の（　②　），奴婢は良民の（　③　）であった。

ア　①6，②3分の1，③3分の2　**イ**　①6，②3分の2，③3分の1

ウ　①12，②3分の1，③3分の2　**エ**　①12，②3分の2，③3分の1

(2) 次の文章は系図中のB天皇について述べたものである。文章中のX，Yにあてはまる文の組み合わせとして最も適当なものを，下の**ア**から**エ**までの中から選んで，そのかな符号を書きなさい。

> A天皇が亡くなると，［ X ］，壬申の乱が起こりました。この戦いに勝って即位した［ Y ］，政治の改革を一気に進めました。

ア　X　大友皇子と持統天皇が皇位をめぐって争い
　　Y　持統天皇は，天皇の権威を高め，対立する豪族らをおさえて

イ　X　大友皇子と持統天皇が皇位をめぐって争い
　　Y　持統天皇は，天皇の権威を高め，対立する豪族らと協力して

ウ　X　大友皇子とB天皇が皇位をめぐって争い
　　Y　B天皇は，天皇の権威を高め，対立する豪族らをおさえて

エ　X　大友皇子とB天皇が皇位をめぐって争い
　　Y　B天皇は，天皇の権威を高め，対立する豪族らと協力して

(3) 系図中のC天皇のときにおこなわれたできごとを，次の**ア**から**エ**までの中から全て選んで，そのかな符号を書きなさい。

ア　国ごとに国分寺と国分尼寺を建てた。

イ　墾田永年私財法をさだめた。

ウ　坂上田村麻呂を征夷大将軍に任命した。

エ　奈良に平城京をつくった。

(4) 系図中のD天皇は都を何回か移し，政治の立て直しをはかった。次の地図上のa，b，cは長岡京，平安京，平城京のいずれかの位置を表しています。この3つの都が置かれた順番を時代の古い順に並べたとき最も適当なものを，下の**ア**から**カ**までの中から選んで，そのかな符号を書きなさい。

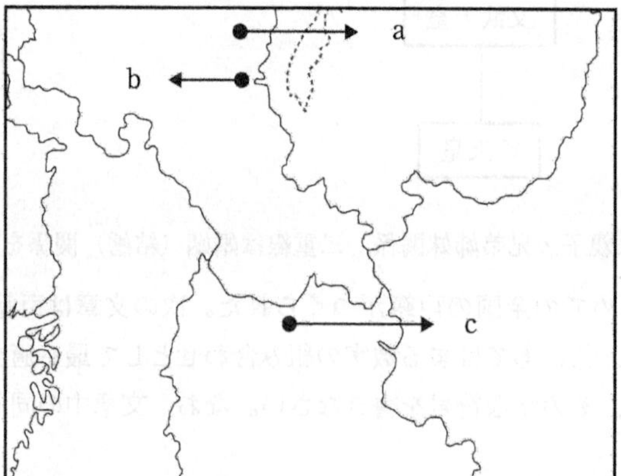

ア　a → b → c　　**イ**　a → c → b
ウ　b → a → c　　**エ**　b → c → a
オ　c → a → b　　**カ**　c → b → a

3 次の表は九州・沖縄地方の８県の人口，面積，人口増加率（2016年～2017年），第３次産業就業者割合を示したものである。あとの(1)から(3)までの問いに答えなさい。なお，表中のＡ，Ｂ，Ｃ，Ｄは，福岡県，佐賀県，熊本県，沖縄県のいずれかである。

県名	人口（人）	面積（km²）	人口増加率（%）	第３次産業就業者割合（%）
大 分 県	117 万 6891	6340.74	-0.65	70.3
Ａ	146 万 7071	2281.14	+0.31	80.0
鹿児島県	166 万 8003	9186.99	-0.73	70.8
Ｂ	179 万 8149	7409.44	-0.73	68.8
Ｃ	83 万 7977	2440.68	-0.61	65.7
長 崎 県	139 万 2950	4132.20	-0.84	72.3
Ｄ	512 万 6389	4986.40	-0.01	76.8
宮 崎 県	111 万 9544	7735.31	-0.80	69.5

（総務省ホームページ，国土交通省国土地理院ホームページなどをもとに作成）

(1) 次の文章は，タツロウ君とヒロキ君の会話である。タツロウ君のおばあちゃんが九州・沖縄地方に旅行に行ったときのことについて話しています。□にあてはまる，おばあちゃんが忘れてしまった県をＡからＤの中から一つ選んで，その符号を書きなさい。また，その県の県庁所在地の都市名を書きなさい。

タツロウ：去年の夏，私のおばあちゃんが九州・沖縄地方に旅行に行ったのだけれど，どこの県に行ったか忘れてしまったみたい。
ヒロキ　：君のおばあちゃんは，行った県の特徴か何か言ってなかった？
タツロウ：おばあちゃんが言うにはその県の人口は８県の中でも多い方から数えて４番目までには入っているらしい。
ヒロキ　：そしたら，それは□じゃないの？
タツロウ：私も□と思ったのだけれど，おばあちゃんが言うにはその県は，前の年に比べても人口が増えていないらしい。
ヒロキ　：そしたら，やっぱり□じゃない？もう少し，何か言ってなかった？
タツロウ：おばあちゃんが言うには，その県には政令指定都市が１つだけあるらしい。
ヒロキ　：そしたら，それは□で決まりでしょう。

(2) 次のページの白地図Ⅰ，Ⅱ，Ⅲは表中のＢ，Ｃ，Ｄいずれかの県の地図である。ⅠからⅢとＢからＤの組み合わせとして最も適当なものを，下の**ア**から**カ**までの中から選んで，そのかな符号を書きなさい。

ア　Ⅰ：Ｂ，Ⅱ：Ｃ，Ⅲ：Ｄ　　**イ**　Ⅰ：Ｂ，Ⅱ：Ｄ，Ⅲ：Ｃ
ウ　Ⅰ：Ｃ，Ⅱ：Ｂ，Ⅲ：Ｄ　　**エ**　Ⅰ：Ｃ，Ⅱ：Ｄ，Ⅲ：Ｂ
オ　Ⅰ：Ｄ，Ⅱ：Ｂ，Ⅲ：Ｃ　　**カ**　Ⅰ：Ｄ，Ⅱ：Ｃ，Ⅲ：Ｂ

Ⅰ

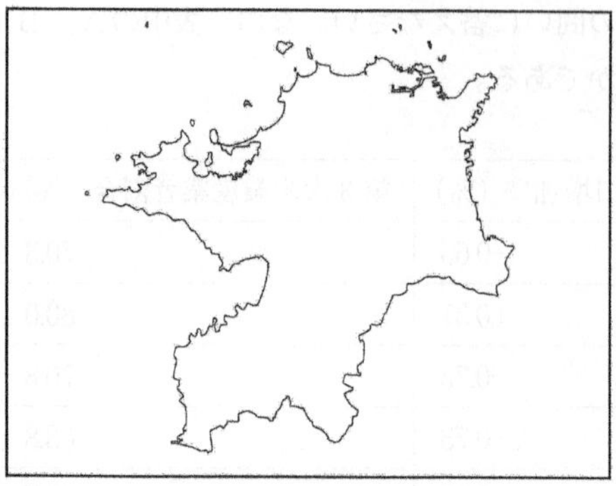

Ⅱ

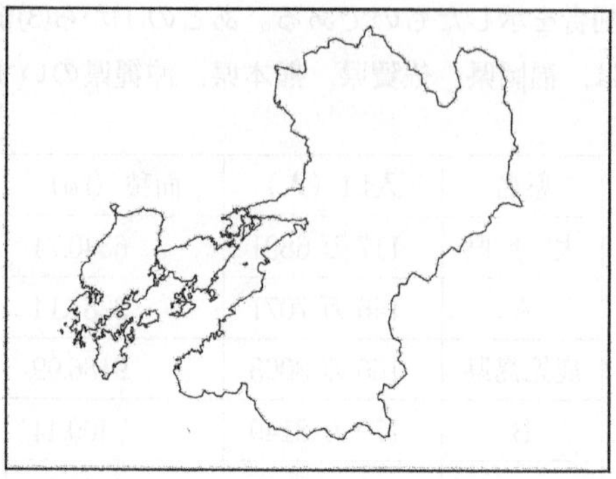

Ⅲ

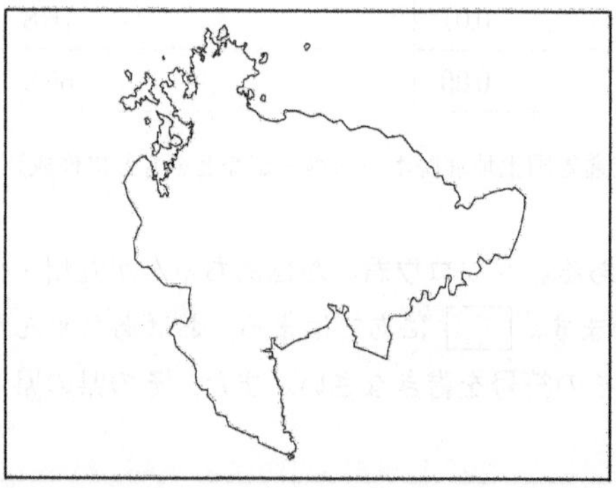

(3) 次の写真Ⅰは，2017年に世界文化遺産に登録された「神宿る島」宗像・沖ノ島（と関連遺産群）である。写真Ⅱは琉球王国のグスク（及び関連遺産群）である。写真Ⅰ・Ⅱが所在する県はどこか，AからDまでの中からそれぞれ選んで，その符号を書きなさい。

Ⅰ

Ⅱ

4 次のページの表Ⅰはエジプト，スリランカ，トルコ，フランスの対米国，対中国，対日本の輸出総額・輸入総額及び全体総額に占める割合と，輸出・輸入それぞれ一番右の欄には輸出・輸入総額が１位の相手国の総額・割合・国名をそれぞれ示している。表Ⅱはそれぞれの国の国内総生産（GDP）及び主要貿易品目を示している。あとの(1)から(4)までの問いに答えなさい。なお，表Ⅰ・Ⅱ中のA，B，C，Dはエジプト，スリランカ，トルコ，フランスのいずれかである。

表Ⅰ

国名	輸出（2018年） ※上段:額（100万ドル）／下段:割合（%）				輸入（2018年） ※上段:額（100万ドル）／下段:割合（%）			
	米国	中国	日本	1位	米国	中国	日本	1位
A	3,085 25.9	239 2.0	226 1.9	3,085 25.9 米国	519 2.3	4,116 18.5	1,585 7.1	4,231 19.0 インド
B	8,305 4.9	2,913 1.7	479 0.3	16,137 9.6 ドイツ	12,378 5.5	20,719 9.3	4,124 1.8	21,990 9.9 ロシア
C	38,350 8.0	27,059 5.6 ※香港含	6,616 1.4	70,492 14.6 ドイツ	35,196 6.3	50,675 9.1 ※香港含	10,042 1.8	86,625 15.5 ドイツ
D	1,717 5.9	1,035 3.5	132 0.5	2,041 7.0 イタリア	5,400 6.7	11,436 14.2	1,224 1.5	11,436 14.2 中国

（エジプト中央動員統計局，スリランカ中央銀行，トルコ統計機構，フランス税関からのデータをもとに作成）

表Ⅱ

国名	GDP（100万米ドル）	輸出主要品目（2018年）	輸入主要品目（2018年）
A	88,901	工業製品（繊維・衣類製品等） 農業製品，鉱物　ほか	中間財（燃料・繊維関連等） 消費財（食品等），資本財　ほか
B	771,274	自動車・部品，機械類，貴金属類 ニット衣類　ほか	機械類，鉱物性燃料，電気機器 自動車・部品　ほか
C	2,780,152	航空機・宇宙飛行体 農産物加工品，化学製品　ほか	コンピュータ・電子機器，自動車 産業機械・農業機械　ほか
D	249,559	原油，石油製品，衣類 肥料　ほか	石油製品，鉄鋼一次製品 小麦　ほか

（外務省ホームページからのデータなどにより作成）

(1)　表Ⅰについて述べた文として誤っているものを，次の**ア**から**エ**までの中から一つ選んで，そのかな符号を書きなさい。

ア　Aの輸出総額1位は米国で，対米国貿易黒字となっている。

イ　Bのみが対米国・中国・日本すべて貿易赤字となっている。

ウ　Cは輸出総額・輸入総額ともに1位はドイツである。

エ　対日本輸入総額が最も少ないのはDである。

(2)　次のページのX，Y，Zはアスワン，アンカラ，コロンボいずれかの雨温図です。表Ⅰ・Ⅱ中のA，B，Dの3国とX，Y，Zの雨温図の組み合わせとして最も適当なものを，あとの**ア**から**カ**までの中から選んで，そのかな符号を書きなさい。

X

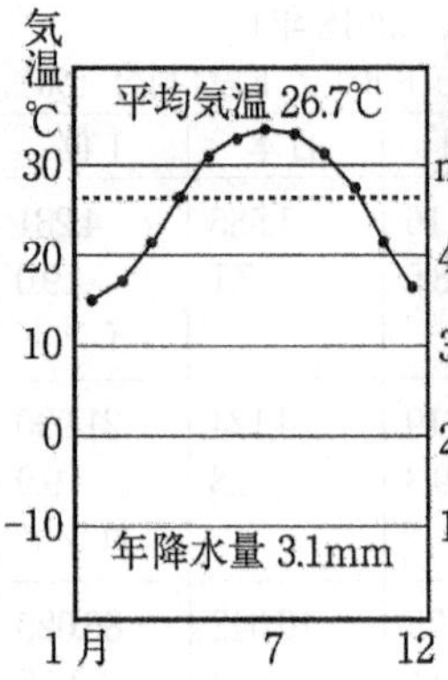

Y

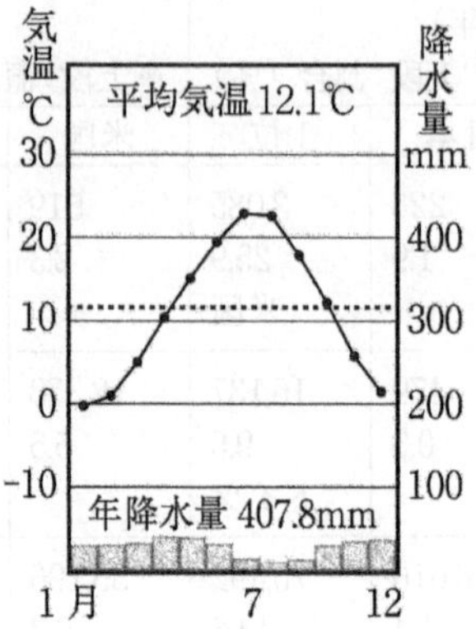

Z

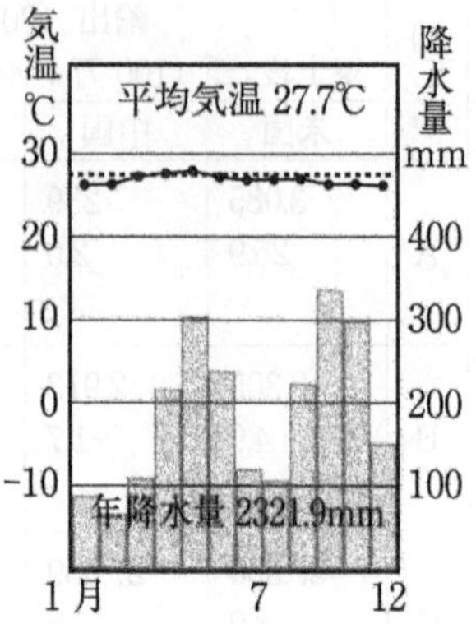

（1981 年～ 2010 年の気象庁のデータなどをもとに作成）

ア　X：A，Y：B，Z：D　　**イ**　X：A，Y：D，Z：B
ウ　X：B，Y：A，Z：D　　**エ**　X：B，Y：D，Z：A
オ　X：D，Y：A，Z：B　　**カ**　X：D，Y：B，Z：A

⑶　次の文章は前のページの表Ⅰ・Ⅱ中のCの気候について述べたものである。文章中の（①），（②），（③）にあてはまることばの組み合わせとして最も適当なものを，下の**ア**から**エ**までの中から選んで，そのかな符号を書きなさい。また，文書中の □ にあてはまる最も適当なことばを漢字３字で書きなさい。

Cの気候帯は西岸海洋性気候に属しています。この気候帯は緯度のわりには冬の気温が比較的高くなります。その原因は（　①　）から（　②　）へ流れる（　③　）の影響と，北極・南極を取り巻いて西から東へ向かって □ がほぼ１年中吹いているからです。そのため，１年を通じて比較的気温も降水量も変化が少なくなっています。

ア　①　高緯度，②　低緯度，③　寒流
イ　①　高緯度，②　低緯度，③　暖流
ウ　①　低緯度，②　高緯度，③　寒流
エ　①　低緯度，②　高緯度，③　暖流

⑷　次の年表があらわしている国を表Ⅰ・Ⅱ中のAからDまでの中から一つ選んで，その符号を書きなさい。

年代	できごと
19 世紀	イギリスの植民地となる。
1948 年	イギリス連邦内自治領として独立する。
1972 年	イギリス連邦内自治領から共和国として完全独立する。
1978 年	現在の国名に改称する。
1987 年	憲法を改正し，シンハラ語及びタミル語を公用語とする。
2004 年	スマトラ沖大地震及び津波により被災し，３万人以上が犠牲となる。

5 次の17の目標は2015年に国連で採択され，国連加盟国が2030年までの15年間で達成することを掲げたものである。表は2019年と2020年における，17の目標に対する日本の目標別達成度と前年からの進ちょく度合いを示している。表中の各年の１～17それぞれの欄の「◎」は目標達成，「○」は課題が残っている，「△」は重要な課題が残っている，「×」は主要な課題が残っていることを示している。表中の増減欄の「↑」は目標を超えている・目標達成に向けて改善している，「→」は停滞している，「↓」は取り組みが進んでいない，「－」はデータがないことを示している。あとの(1)から(3)までの問いに答えなさい。

1．貧困をなくそう　　2．飢餓をゼロに　　3．すべての人に健康と福祉を
4．質の高い教育をみんなに　　5．ジェンダー平等を実現しよう
6．安全な水とトイレを世界中に　　7．エネルギーをみんなに　そしてクリーンに
8．働きがいも経済成長も　　9．産業と技術革新の基盤をつくろう
10．人や国の不平等をなくそう　　11．住み続けられるまちづくりを
12．つくる責任　つかう責任　　13．気候変動に具体的な対策を
14．海の豊かさを守ろう　　15．陸の豊かさも守ろう
16．平和と公正をすべての人に　　17．パートナーシップで目標を達成しよう

表

	1	2	3	4	5	6	7	8	9	10	11	12	13	14	15	16	17
2019	○	△	○	◎	×	○	△	○	◎	△	△	×	×	△	△	○	×
2020	○	△	○	◎	×	○	△	○	◎	△	○	△	×	×	×	◎	×
増減	↑	↑	↑	↑	→	↑	↑	↑	↑	↓	↑	－	→	→	↑	↑	↑

(1) 次の文章中の □ にあてはまる最も適当なことばを，漢字４字で書きなさい。なお，文章中の２か所の □ には同じことばがあてはまる。

> 現代の世界は，グローバル化，情報化，少子高齢化などが急速に進み，大きく変化し続けています。そのような中で生じているさまざまな課題を解決するためには，「□な社会（世界）」という考え方が大切です。「□な社会（世界）」とは現在と未来の両方をみすえながら，世界中の人々が等しく幸せになれるような社会（世界）を意味しています。

(2) 2019年と2020年ともに目標達成をはたしておらず，かつ取り組みの進ちょく度合いも停滞もしくは進んでいない目標を１から17までの中から全て選んで，その数字を書きなさい。

(3) 次に書かれていることがらに最も関係する目標を１から17までの中から選んで，その数字を書きなさい。

・国会議員や企業の管理職に占める女性の数を増やしていく必要がある。
・雇用における男女差別を無くしていく必要がある。
・男女間で賃金の差を無くしていく必要がある。
・育児と仕事を両立させる環境を整えていく必要がある。

6 次の図は日本の金融政策についてまとめたものである。日本の金融政策・銀行の役割と景気変動について，あとの(1)から(4)までの問いに答えなさい。

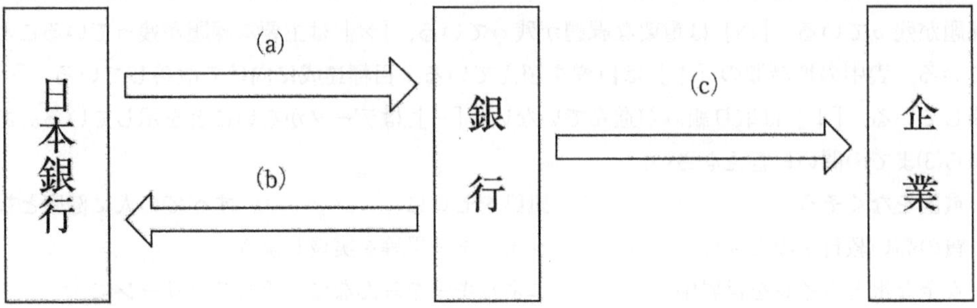

(1) 不景気（不況）時に行う金融政策について，図中の(a)，(b)，(c)にあてはまる文章の組み合わせとして最も適当なものを，次の**ア**から**エ**までの中から選んで，そのかな符号を書きなさい。

ア (a) 日本銀行が銀行に国債を売る。
　(b) 銀行が日本銀行に代金を支払う。
　(c) 銀行から企業への貸し出しが減る。

イ (a) 日本銀行が銀行に国債を売る。
　(b) 銀行が日本銀行に代金を支払う。
　(c) 銀行から企業への貸し出しが増える。

ウ (a) 日本銀行が銀行に代金を支払う。
　(b) 日本銀行が銀行から国債を買う。
　(c) 銀行から企業への貸し出しが減る。

エ (a) 日本銀行が銀行に代金を支払う。
　(b) 日本銀行が銀行から国債を買う。
　(c) 銀行から企業への貸し出しが増える。

(2) 日本銀行の役割について述べた次の文章中の下線部X，Y，Zについて，それぞれに関連することばの組み合わせとして最も適当なものを，下の**ア**から**カ**までの中から選んで，そのかな符号を書きなさい。

> 日本の中央銀行である日本銀行は，さまざまな役割を果たしています。まず，X．日本銀行は一般の銀行に対して，資金の貸し出しや預金の受け入れを行います。また，Y．日本銀行券と呼ばれる紙幣を発行します。Z．政府の資金を預金として預かります。

ア　X：銀行の銀行　Y：政府の銀行　Z：発券銀行
イ　X：銀行の銀行　Y：発券銀行　Z：政府の銀行
ウ　X：政府の銀行　Y：銀行の銀行　Z：発券銀行
エ　X：政府の銀行　Y：発券銀行　Z：銀行の銀行
オ　X：発券銀行　Y：銀行の銀行　Z：政府の銀行
カ　X：発券銀行　Y：政府の銀行　Z：銀行の銀行

(3) ある銀行が１年間に10の企業にそれぞれ100万円ずつを，貸し出し金利１％で資金を貸し出しました。一方，この銀行には10人の人が100万円を預けていて，銀行はこの１年間で預金金利として0.5%の利子を支払いました。この銀行の１年間の収入はいくらか書きなさい。

(4) 景気変動について述べた文として誤っているものを，次の**ア**から**エ**までの中から一つ選んで，そのかな符号を書きなさい。

ア 好景気には消費が拡大し，供給量が需要量を上回りインフレーションが起こる。

イ 好景気には消費が拡大し，需要量が供給量を上回りインフレーションが起こる。

ウ 不景気には消費が落ち込み，需要量が供給量を下回りデフレーションが起こる。

エ 不景気には消費が落ち込み，物価が下がり続けデフレーションが起こる。

はたらく様《いている感じ》なり。また男のかたぬぎて《片肌を脱いで》、たつぎふりかたげて《手斧を高く振り上げて》大木を切りたるあり。法皇《後白河院》の仰せに、「②これをば絵難房も力及ばじものを」とて、即ち《すぐに》召してア見せられければ、よくよくイ見て、「③目出たくは書きて候ふが、難少々候。これ程すまひたる犬のくび縄は、したはらのしたよりよくひきすごされて《引っぱられて》候ふべきなり。これは犬はすまひて、頭縄《くびなは》普通なる体《てい》に見え候ふなり。また木切りたる男目出たく候。但しこれ程の大木をなからすぎ《半分以上も》切り入れて候ふに、只今ちりたるこけら《木の削りくず》ばかりにて、前に散りつもりたるなし。これ④大きなる難に候」とウ申しければ、法皇仰せらるる事もなくて、絵をエをさめられにけり。

（『古今著聞集《ここんちょもんじゅう》　三九八』による）

(一) 波線部アからエまでの中から、①絵難房　が主語であるものを全て選んで、そのかな符号を書きなさい。

(二) ②これをば絵難房も力及ばじものを　の内容として最も適当なものを、次のアからエまでの中から選んで、そのかな符号を書きなさい。

ア　この程度の絵ならば絵難房の画力で描くことはきっとできるであろう

イ　この絵の難点を見つけることは絵難房の力を借りなくても十分できるであろう

ウ　この絵の良さを言い表すのは絵難房ほどの表現力があっても無理であろう

エ　これほどの秀作は絵難房の力でもっても欠点を見つけることはできないであろう

(三) ③目出たくは書きて候ふ　の現代語訳として最も適当なものを、次のアからエまでの中から選んで、そのかな符号を書きなさい。

ア　すばらしく描けています

イ　驚くべきものが描かれています

ウ　魅力的に描こうとしています

エ　目立つように描いています

(四) ④大きなる難　ととらえる理由として最も適当なものを、次のアからエまでの中から選んで、そのかな符号を書きなさい。

ア　描かれた男の様子が実際に木を切る時よりも誇張されているから。

イ　木に斧を入れた瞬間に出るはずの木くずが飛び散っていないから。

ウ　大木を切っているのに木の前部にしか木くずが落ちていないから。

エ　木の半分まで切ったのにそこまでに出た木くずが描かれていないから。

イ　相手に負けまいと争って

ウ　相手のわきから攻撃して

エ　自らの悪い性質を現して

㈣　②自らの戦略を組み立てているとあるが何のための「戦略」か。その説明として最も適当なものを、次の**ア**から**エ**までの中から選んで、そのかな符号を書きなさい。

ア　植物としていっそう繁殖するための戦略

イ　他の植物との競争にせり勝つための戦略

ウ　さまざまなピンチを切り抜けるための戦略

エ　自らの持つ強さをより高めるための戦略

㈤　次の**ア**から**オ**までの中から、その内容がこの文章に書かれていることと一致するものを一つ選んで、そのかな符号を書きなさい。

ア　植物にとって大切なことは、競争や戦いに勝つことではなく、多くの光を浴びて早く成長し生き残ることであるため、どの植物も競争相手のより少ない環境を選んでいる。

イ　雑草は、他の植物と光を争奪する競争には弱いが、人によって引き起こされるさまざまな環境の変化を乗り越える強さに長けているため、それに適した場所で生きている。

ウ　森や畑など人工的に作り出された環境では、野菜など人間が改良した植物以外の植物にとって激しい競争の場となるため、競争に弱い雑草にとっては不利となる。

エ　グライムのあげた植物の三つの強さにおいて、雑草は特に厳しい環境に耐え続ける強さに富んでおり、時に生存競争に強い植物の繁殖を抑えることもある。

オ　全ての植物にはグライムの言う三つの強さがもともと備わっており、それらを時と場合に合わせてバランス良く使い分けることで種を保持している。

㈥　この文章の論の進め方の特徴として最も適当なものを、次の**ア**から**オ**までの中から選んで、そのかな符号を書きなさい。

ア　読者の身近な自然に存在する問題点に注目させ、自身の経験や見聞をいくつかあげながら一つの仮説をうちたてている。

イ　科学の常識について読者に着目させ、異なる学問分野からの見地も含めた観察記録より発見された新事実を紹介している。

ウ　雑草に対する一般的なとらえ方の矛盾をとりあげ、持論の根拠となる具体的な現象や研究者の見解で証明した上で、結論づけている。

エ　まず植物の特徴に関する仮説を提示し、それに対立する複数の意見に対して根拠となる事例を挙げながら反論し、結論づけている。

オ　植物に関する対照的な二つの見方についてあげ、複数の実験をもとに得たデータを用いて双方を打ち消し、結論に導いている。

四　次の古文を読んで、あとの㈠から㈣までの問いに答えなさい。（本文の┈┈の左側は現代語訳です。）

①絵難房といふもの候ひけり。いかによく書きたる絵にも必ず難を見いだすものなりけり。或る時、ふるき上手どもの書きたる絵本の中に、人の犬を引きたるに（人が犬を引いている場面で）、犬すまひてゆかじとしたる（反抗して進むまい）てい、まことにいきて（生きて動

ん。植物の競争は、まずは光の奪い合いです。成長が早くて、大きくなる植物は、光を独占することができます。もし、その植物の陰になれば、十分に光を浴びることはできません。植物にとって、光の争奪に勝つことは、生きていく上でとても大切なことなのです。

しかし、この競争に強い植物が、必ずしも勝ち抜くとは限りません。競争に強い植物が強さを発揮できない場所もたくさんあるのです。それは、水がなかったり、寒かったりという過酷な環境です。

この環境にじっと耐えるというのが二つ目の強さです。

たとえば、サボテンは水がない砂漠でも枯れることはありません。高い雪山に生える高山植物は、じっと氷雪に耐え忍ぶことができます。厳しい環境に負けないでじっと我慢することも、「強さ」なのです。

三つ目が変化を乗り越える力です。

さまざまなピンチが訪れても、次々にそれを乗り越えていく、これが三つ目の強さです。

じつは、雑草はこの三つ目の強さに優れていると言われています。

雑草の生える場所を思い浮かべてみてください。

草取りをされたり、草刈りをされたり、踏まれてみたり、土を耕されたり。雑草が生えている場所は、人間によってさまざまな環境の変化がもたらされます。そのピンチを次々に乗り越えていく、これが雑草の強さなのです。

実際には、地球上の植物が、この三つのいずれかに分類されるということではなく、むしろ、すべての植物が、この三つの強さを持っていて、そのバランスで②自らの戦略を組み立てていると考えられています。

植物にとって競争に勝つことだけが、強さの象徴ではありません。一口に「強さ」と言っても、本当にいろいろな強さがあるのです。

（稲垣栄洋《いながきひでひろ》『はずれ者が進化をつくる』による）

（注）○1～3は意味段落の符号である。

○遮蔽＝おおって、他から見えなくすること。

(一) ①強さとは何なのか？とあるが、それに対する筆者の考えとなる文を第3段落から二つ抜き出して、それぞれ最初の五字を書きなさい。

(二) A 、 B にあてはまる最も適当なことばを、次のアからカまでの中からそれぞれ選んで、そのかな符号を書きなさい。

ア あながち
イ かりに
ウ どうやら
エ なおさら
オ まさか
カ とても

(三) X にあてはまる最も適当なことばとその意味を、次のアからエまでの中からそれぞれ選んで、そのかな符号を書きなさい。

ことば

ア 横やりを入れて
イ つばぜり合いを演じて
ウ 地金を出して
エ しのぎを削って

意味

ア 相手と互角の力で戦って

イ　父は、マンションの売買をチュウカイする仕事をしている。

ウ　昨夜、自宅のカイカで激しく口論する声を聞き、私は跳び起きた。

エ　初めてカイキ日食をこの目でみることができ、とても感動した。

三　次の文章を読んで、あとの㈠から㈥までの問いに答えなさい。

[1]「雑草は強い」

皆さんには、そんなイメージがありませんか。

ところが、植物学の教科書には、雑草は強いとは書いてありません。それどころか、「雑草は弱い植物である」と説明されています。

しかし、私たちの身の回りに生えている雑草は、どう見ても強そうに見えます。もし、弱い植物であるのなら、どうして私たちの身の回りにこんなにはびこっているのでしょうか。

弱い植物である雑草が、どうして、こんなにも強く振る舞っているのか。[A]、そこにこそ「①強さとは何なのか？」を考えるヒントがありそうです。まずはその秘密を探ってみることにしましょう。

[2]「雑草が弱い」というのは「競争に弱い」ということです。

自然界では、激しい生存競争が行われています。弱肉強食、適者生存が、自然界の厳しい掟《おきて》です。それは植物の世界もまったく同じです。

植物は光を奪い合い、競い合って上へ上へと伸びていきます。そして、枝葉を広げて、遮蔽し合うのです。もし、この競争に敗れ去れば、他の植物の陰で光を受けられずに枯れてしまうことでしょう。

雑草と呼ばれる植物は、この競争に弱いのです。

野菜畑などでは、雑草は野菜よりも競争に強いように思えるかもしれません。確かに、人間が改良した植物である野菜は、人間の助けなしには育つことができません。そんな野菜よりは、抜いても抜いても生えてくる雑草の方が競争に強いかもしれません。

しかし実際のところ、自然界に生えている野生の植物たちは、そんなに弱くはありません。雑草の競争力など[B]太刀打ちできないのです。

どこにでも生えるように見える雑草ですが、じつはたくさんの植物が[X]いる森の中には生えることができません。

豊かな森の環境は、植物が生存するのには適した場所です。しかし同時に、そこは激しい競争の場でもあります。そのため、競争に弱い雑草は深い森の中に生えることができないのです。

もしかすると、森の中で雑草を見たという人もいるかもしれません。おそらくそこは、手つかずの森の中ではなく、ハイキングコースやキャンプ場など、人間が森の中に作りだした環境です。そういう場所には、雑草は生えることができます。

それは、雑草がある強さを持っているからなのです。

[3]強くなければ生きていけない自然界で、弱い植物である雑草ははびこっています。これはなぜでしょう。

強さというのは、何も競争に強いだけを指しません。

英国の生態学者であるジョン・フィリップ・グライムという人は、植物が成功するためには三つの強さがあると言いました。

一つは競争に強いということです。

植物は、光を浴びて光合成をしなければ生きていくことができませ

ア つつ
イ から
ウ ながら
エ ところで
オ ので
カ のに

(八) 次の文章は、第16から18段落に述べられている語学における重点について、ある生徒が書いたものである。①から⑤までの文の中から本文に書かれていない考えを含むものを一つ選んで、その番号を書きなさい。

①私は、この文章を読んで、今私たちの話すことばは過去と断絶したものではなく、すべて古語から生まれ、その時々の人の思いが表出した新語の蓄積であるのだと実感しました。②だから、現代にタイムスリップした吉田兼好が容易に現代日本語を理解できても、反対に私たちが鎌倉時代にさかのぼったときには、当時の言語の理解に相当の苦労を必要とするのでしょう。③同じ言語を母語とするからこそ、筆者は知らない文法規則の使われた古語を正しく訳せたのだとわかりました。④私たちは古典を学ぶことで、自分の中にも当時の人と同じような思念や感情があることを知ります。⑤そう考えると、今後外国語を学ぶ際もその国の思念や感情や世界観をなぞろうとすることが大切だと思いました。

※ 下の枠は、(五)の下書きに使ってもよろしい。ただし、解答は必ず解答用紙に書くこと。

説明がなくてもわかる
理由は、

60
70

二 次の(一)、(二)の問いに答えなさい。

(一) 次の①から③の文中の傍線部について、漢字はその読みをひらがなで書き、カタカナは漢字で書きなさい。

① その猛獣は、獲物が現れるまでじっと草むらに潜んでいる。
② 大学入学を機に、私は優しかった先輩をシタって上京した。
③ レツアクな環境での生活を強いられる人々の姿をみて、胸が痛む。

(二) 次の④の文中の傍線部と同じ漢字を用いるものを、あとの**ア**から**エ**までの中から一つ選んで、そのかな符号を書きなさい。

④ その意見に賛成する者はカイムであった。
ア 私にとって、その部屋の冷房はカイテキな温度設定であった。

(一) ①これはたいした力業だった　とあるが、ここで読み取ることができる筆者の気持ちとして最も適当なものを、次の**ア**から**エ**までの中から選んで、そのかな符号を書きなさい。

ア 全ての語句を二語で訳すという無謀な取り組みを進めたことにあきれる気持ち。

イ それまで誰も手がけなかった計画に、勇気を持って臨んだ識者たちをうらやむ気持ち。

ウ 多大な労力と知識を必要とする壮大な作業を成し遂げたことをたたえる気持ち。

エ 国境を越えても簡潔明瞭に訳すことができる欧米の言語や概念に感心する気持ち。

(二) ②こういうこと　の説明として最も適当なものを、次の**ア**から**エ**までの中から選んで、そのかな符号を書きなさい。

ア それまでになかった概念の存在を認め、土着語の一部に外国語を取り入れた新しい言語を創造すること。

イ 欧米の言語を漢字で音訳し、それまでに使われていた母語との両方の言語を使い分けること。

ウ 文化的価値が中国を源泉としていることを認め、土着語の使用をとりやめ、漢字中心の新しい言語を採用すること。

エ 複数の言語の利点を見いだし、土着語と組み合わせることで、早い近代化の一助となること。

(三) ③新しい語　と同じ意味で使われていることばを、これより前の文章中から十字以内で抜き出し、書きなさい。

(四) [X] には、身体の一部をあらわした語があてはまる。ふさわしい語を漢字一字で書きなさい。

(五) ④説明されなくても、わかる　とあるが、その理由を第[12]段落を要約して六十字以上七十字以下で書きなさい。ただし、「母語話者」、「アーカイブ」、「意味」という三つのことばを全て使って、「説明がなくてもわかる理由は、……」という書き出しで書くこと。三つのことばはどのような順序で使ってもよろしい。

〈注意〉・句読点も一字に数えて、一字分のマスを使うこと。
・文は一文でも二文以上でもよい。

(六) ⑤日本の古語はある種の外国語　とはどういうことか。その説明として最も適当なものを、次の**ア**から**オ**までの中から選んで、そのかな符号を書きなさい。

ア 中国から入ってきた漢字中心の表記となったため、日本の土着語とは言えなくなったということ。

イ 外国の古語のように、その国の歴史やその時代の人々の世界観をよく表しているということ。

ウ ことばがそれほど蓄積されていないため、蓄積のすすんだ現代とは全く異なる世界観を感じさせるということ。

エ 長い年月を経ているため文法や語意に変化が生じており、現代の日本人には一見理解しづらいということ。

オ もとの土着語に欧米の概念を取り入れたため、それまでの文法や語意とは別のものを持つようになったということ。

(七) [A]、[B]、[C] にあてはまる最も適当なことばを、次のページの**ア**から**カ**までの中からそれぞれ選んで、そのかな符号を書きなさい。
ただし、同じ符号は一度しか使えないものとします。

うかたちで潜在的にはすでに語彙に登録されたかたちで登場してくるのです。

15 母語のアーカイブはそれだけ豊かだということです。⑤日本の古語はある種の外国語なわけですけれど、少し読み慣れると、すぐにニュアンスがわかるようになる。古典を読んでゆくと、1000年前、500年前の日本人に世界がどう見えていたのか、彼らがどのようなコスモロジーのうちで生きていたのかが追体験される。これもやはり「母語的現実」からの離脱の経験であるわけです。

16 ただ、古典を学ぶというのと、英語を学ぶというのはぜんぜん異質の経験です。古典といっても日本語です。僕たちが今使っている現代日本語は、この古語から生まれて来た無数の「新語」の蓄積で出来ている。もとはと言えば、すべての日本語はこの古語のアーカイブのうちに起源を持っている。そこから浮かんできた「泡」の集大成が現代日本語なんです。吉田兼好を800年前からタイムマシンに乗せて現代に連れてきても、たぶん1月くらいで現代日本語をだいたい理解できるようになると思います。同じ生地《きじ》で出来ているんですからわからないはずがない。

17 古典はある種の外国語であるにもかかわらず、その習得が異常に簡単です。なぜなら、知らないはずの単語や言い回しの意味が「なぜかわかる」から。『徒然草』で面白かったのは、『徒然草』の専門家の方からメールを頂いて、「訳文が正確だ」とほめて頂いたことです。特に係り結びの訳し分けがよかったと書いてありました。僕は係り結びにいくつもの意味の違いがあって、それは厳密には訳し分けないといけないということを知らなかった〔 A 〕、びっくりしました。文法規則を知らなかった〔 B 〕、正しく訳せてしまった。そういうことが起きるのは、それが日本語で書かれていた〔 C 〕ですね。

18 自国語の古典をまず学ぶこと。アクセスしやすい外国語をまず学んで、異なる言語形式で世界を分節する人たちの思念や感情を追体験すること。これはそれから後に外国語を学ぶ基礎としてとても有用な経験になるだろうと思います。

（内田樹《うちだたつる》『サル化する世界』による）

(注) ○1～18は段落符号である。

○テクニカルターム＝専門用語。

○加藤弘之＝明治時代の政治学者。

○西周＝明治時代の哲学者、教育者。

○中江兆民＝日本の思想家、政治家、ジャーナリスト。

○福沢諭吉＝蘭学者、啓蒙思想家、教育家。慶應義塾の創設者。

○ハイブリッド＝異種同士を組み合わせた雑種。

○四囲＝周囲

○トランジット＝航空機で目的地に行く途中、別の空港に一時立ち寄ること。

○綱領＝目的や計画、運動の方針。

○鷗外＝森鷗外

○荷風＝永井荷風

○カウンターパート＝対等の立場にある相手。

○アーカイブ＝古文書や記録文書類。またその保管所。

○イノベーション＝物事の新しいとらえ方。新たなものを創造すること。

○コスモロジー＝宇宙論。

と出会っても、それに呑み込まれることがなかったのは、英文学のカウンターパートに相当する深みのある文学的なアーカイブが自分の中にすでに存在していたからです。すでに豊かな言語的資源を自分の中に持っていたからこそ、自在に新しい外国語に接することができた。だから、外国語を学ぶことと並行して、母語を深く学ぶ必要がある。そうしないと外国語に呑み込まれてしまう。知的なイノベーションで大きなハンディを背負うことになります。

8 ネオロジスム（新語）を作ることができるのは母語においてだけです。後天的に習得した外国語では新語や新しい概念を作ることはできません。僕が英語やフランス語で、勝手に新しい言葉を作っても、相手には全然通じない。I went というのは不規則変化で面倒だから、これからは I goed にしようと提案しても、英語話者は誰も相手にしてくれない。言っても X 先で笑われるだけです。

9 でも、母語の場合だったら、「そんな言葉はない」「そんな意味はない」というかたちで新語が否定されることはない。だって、通じてしまうから。誰かが言い出した新語の意味がわかると、次は自分がそれを使い始める。ある人が、ふっとネオロジスムを思いついた時点で、それは潜在的には日本語のボキャブラリーにすでに登録されているのです。

10 前に温泉に行ったときに、露天風呂に入っていたら、あとから若い学生が二人入って来て、湯に浸かると同時に「やべ～」と呟いたことがありました。もう10年近く前でしょうか。そのときに「ああ、そうか。『やばい』というのは、『大変気持ちがいい』という新しい語義を加えたのだな」とわかりました。実際に今出ている国語辞典には「最高である、すごくいい」という新しい語義がすでに加筆されております。

11 「やばい」はもとからある語に新しい語義が加わった事例ですけれど、「真逆」というのは新語です。最初に聴いたのは高橋源一郎さんとしゃべっているときでした。「まぎゃく」という音を聞いただけで「真逆」という文字が自動的に脳裏に浮かびましたし、「正反対」の強い表現だということもわかりました。④説明されなくても、わかる。

12 よく考えたら、これはすごいことですよね。新語や、新概念は発語された瞬間に、母語話者にはそれが何を意味するかがわかるのです。それは新語、新概念というのが、個人の思い付きではなくて、母語の深いアーカイブの底から泡のように浮かび上がってきたものだからです。最初にそれを口にした人はその「泡」をすくい上げて言葉にしたのです。創造したわけじゃない。だから、母語話者にはその意味がすぐわかる。

13 イノベーションというのは新語、新概念を創造することです。新しい言葉が、誰も聴いたことのない新しい言葉であるにもかかわらず、発語された時点ですでに母語において「受肉」している。だから、「あ、そういうことね」と理解される。「それって、これまで誰も言ったことがないことだね」と理解される。変な話ですよね。新しい言葉が「これまで誰も言ったことのない言葉」として、その意味も用法もセットで受け容れられるんですから。母語ならそれができる。そして、外国語では、できない。

14 だから本当に新しいものを発明しようと思ったら、われわれが作り出したものが世界標準になるとしたら、それは母語における新語とい

【国語】（四五分）〈満点：一〇〇点〉

一　次の文章を読んで、あとの㈠から㈧までの問いに答えなさい。

1　僕はおととし池澤夏樹さん個人編集の「日本文学全集」（河出書房新社）で、『徒然草』の現代語訳をやりました。高橋源一郎さんが『方丈記』、酒井順子さんが『枕草子』を訳して、僕が『徒然草』というラインナップの巻です。池澤さんから依頼があったときに、『徒然草』なんて大学入試のときから読んでないので、できるかなと思ったのですが、とにかく引き受けて、古語辞典を片手に1年かけて訳しました。

2　やってみたら、結構訳せました。『徒然草』は８００年前の古典なんですけれど、なんとか訳せた。そして、こういう言語的状況というのは、他の東アジアの諸国にはちょっと見られないんじゃないかなと思いました。古典を専門にしているわけでもない現代人が辞書一冊片手に古典を読んで、訳せるというようなことは中国でも、韓国でも、ベトナムでも、インドネシアでも、まず見ることのできない景色だと思います。

3　どうしてそんなことが可能なのか。それは日本語が大きな変化をこうむっていないからです。明治維新後に、欧米から最新の学術的な概念とか政治や経済の概念が輸入されましたけれど、テクニカルタームを加藤弘之、西周、中江兆民、福沢諭吉といった人たちが片っ端から全部漢字二語に訳してしまった。natureを「自然」と訳し、societyを「社会」と訳し、individualを「個人」と訳し、philosophyを「哲学」と訳し……というふうにすべて漢字二字熟語に置き換えた。①これはたいした力業だったと思います。

4　こういうことができたのも、日本列島の土着語に中国から漢字が入って来たときも、現地語を廃して、外来語を採用するということをせず、土着語の上に外来語を「トッピング」して、ハイブリッド言語を作ることで解決した経験があったからです。昔は「やまとことば」の上に中国語をトッピングして日本語を作った。ひらがなもカタカナも漢字から作った。明治になったら、今度は欧米由来の概念を漢訳して、それを在来の母語の上にトッピングして新しい日本語を作った。日本語は②こういうことができる言語なんです。そのおかげで、日本は短期間に近代化を遂げることができた。

5　中国の近代化が遅れた理由の一つは、欧米の言語を音訳したからです。中国語そのものを変えることを望まなかった。欧米の単語を漢訳して、③新しい語を作るということは、中国語には存在しない概念が中国の外には存在することを認めるということです。これは世界の中心は中国であり、すべての文化的価値は中国を源泉として、四囲に流出しているのだという「中華思想」になじまない。だから翻訳しないで、そのまま音訳して中国語の言語体系に「トランジット」での滞在を認めただけで、言語そのものの改定を忌避した。

6　孫文はルソーの『民約論』を参考にして辛亥革命の革命綱領を起案したそうですけれど、孫文が用いたのは中江兆民の漢訳でした。兆民はフランス語から和訳と漢訳を同時に行ったのです。そういうことができた。土着語に漢語を載せるのも、土着語に欧米語を載せるのも、プロセスとしては同じことだったからです。

7　漱石も鷗外も荷風も、明治の知識人は漢籍に造詣が深かった。漱石は二松学舎で漢学を学んだあと英語に転じます。漱石がイギリス文学

2021年度

解　答　と　解　説

《2021年度の配点は解答欄に掲載してあります。》

＜数学解答＞

1　(1)　4　(2)　$\frac{9-a}{30}$　(3)　$2\sqrt{3}$　(4)　$x=3,\ 4$　(5)　315(円)　(6)　ア，ウ
(7)　11(の倍数)　(8)　$a=51$　(9)　9(通り)　(10)　$\frac{2}{5}$

2　(1)　(グラフ)　解説参照　$(x,\ y)=(2,\ 1)$　(2)　$48\pi\ (\mathrm{cm}^3)$　(3)　110(度)

3　(1)　解説参照　(2)　$n=37,\ 38,\ 45$

4　(1)　8：15　(2)　$x=\frac{8}{5}$

5　(1)　$\frac{1}{2}\leqq t\leqq 1$　(2)　$\mathrm{S}=-t^2+t+\frac{3}{4}$　(3)　$t=\frac{1}{4},\ \frac{4+\sqrt{2}}{4}$

○推定配点○

1　各4点×10((6)完答)　2　各5点×3((1)完答)　3　(1)　5点　(2)　8点
4　(1)　5点　(2)　8点　5　(1)　5点　(2)　6点　(3)　8点　計100点

＜数学解説＞

1　(数式の計算，平方根，2次方程式，1次方程式の利用，1次関数，整数の性質，資料の整理，場合の数，確率)

基本　(1)　$2-6\div(-3)=2-(-2)=4$

基本　(2)　$\frac{5-a}{10}-\frac{3-a}{15}=\frac{3(5-a)-2(3-a)}{30}=\frac{15-3a-6+2a}{30}=\frac{9-a}{30}$

重要　(3)　$(\sqrt{7}+\sqrt{3})(\sqrt{7}-\sqrt{3})-(\sqrt{3}-1)^2=(7-3)-(3-2\sqrt{3}+1)=4-3+2\sqrt{3}-1=2\sqrt{3}$

重要　(4)　$(x-3)^2=x-3$において，$x-3=\mathrm{A}$とおくと，$\mathrm{A}^2=\mathrm{A}$　$\mathrm{A}^2-\mathrm{A}=0$　$\mathrm{A}(\mathrm{A}-1)=0$　$\mathrm{A}=0,\ 1$
Aをもとにもどして，$x-3=0,\ 1$より，$x=3,\ 4$

(5)　ショートケーキ1個の値段をx(円)とすると，おつりの金額は$3000-4x-120\times10$(円)と表せる。また，おつりの総額は$180\times3=540$(円)なので，$3000-4x-120\times10=540$となる。これを解いて，$4x=3000-1200-540$　$4x=1260$　$x=315$　よって，ショートケーキ1個の値段は315円。

(6)　アは$y=10x$の形で書き表せるので，yがxの一次関数である。イは$y=\frac{12}{x}$の形で書き表せるので，yがxの一次関数ではない。ウは$y=2(x+2)=2x+4$の形で書き表せるので，yがxの一次関数である。エは$y=\pi x^2$の形で書き表せるので，yがxの一次関数ではない。

重要　(7)　Aの十の位の数をx，一の位の数をy(x，yは1けたの自然数)とすると，$\mathrm{A}=10x+y$と表せる。また，$\mathrm{B}=10y+x$と表せるので，$\mathrm{A}+\mathrm{B}=(10x+y)+(10y+x)=11x+11y=11(x+y)$となり，A＋Bは11の倍数となる。

(8)　a点以外の5人分の点数を小さい方から順にならべると24，43，57，60，72となり，これらの中央値は57点となる。さらに，2番目の43点と3番目の57点の平均値は50点となるので，a点も加えた6人分の点数の中央値が54点になるためには，a点は小さい方から3番目の点数でなけれ

ばならない。このとき，中央値は$\dfrac{a+57}{2}$と表せ，これが54点に等しいので$\dfrac{a+57}{2}=54$　$a+57=108$　$a=108-57=51$　よって，aは51点。

(9)　2段のぼることをA，1段のぼることをBとし，のぼり方の順をA→Aのように矢印で表すことにする。Aが0回のとき，のぼり方はB→B→B→B→B→Bの1通り。Aが1回のとき，Bは4回となるので，のぼり方はA→B→B→B→B，B→A→B→B→B，B→B→A→B→B，B→B→B→A→B，B→B→B→B→Aの5通り。Aが2回のとき，Bは2回となり，さらにAは2回連続使えないので，のぼり方はA→B→A→B，A→B→B→A，B→A→B→Aの3通り。Aが3回のとき，Bは0回となり，Aが2回以上連続使えない条件に反する。よって，6段ののぼり方は1+5+3=9(通り)

(10)　各カードが接しているカードを調べると，AはB，Dの2通り，BはA，C，D，Eの4通り，CはB，Eの2通り，DはA，B，E，Fの4通り，EはB，C，D，Fの4通り，FはD，Eの2通りあり，合計で2+4+2+4+4+2=18(通り)ある。また，6枚のカードから2枚のカードを順に選ぶときの選び方は6×5=30(通り)ある。このとき，選んだ2枚のカードがお互いに接している確率は，$\dfrac{18}{30}=\dfrac{3}{5}$　よって，選んだ2枚のカードがお互いに接していない確率は$1-\dfrac{3}{5}=\dfrac{2}{5}$

2 (連立方程式とグラフ，回転体の体積，平行線と角)

基本　(1)　$2x+y=5$を変形して$y=-2x+5$…①　$3x-2y=4$を変形して$2y=3x-4$　$y=\dfrac{3}{2}x-2$…②　このとき，①，②のグラフは右図のようになり，交点の座標は(2，1)　よって，連立方程式の解は，$x=2$，$y=1$

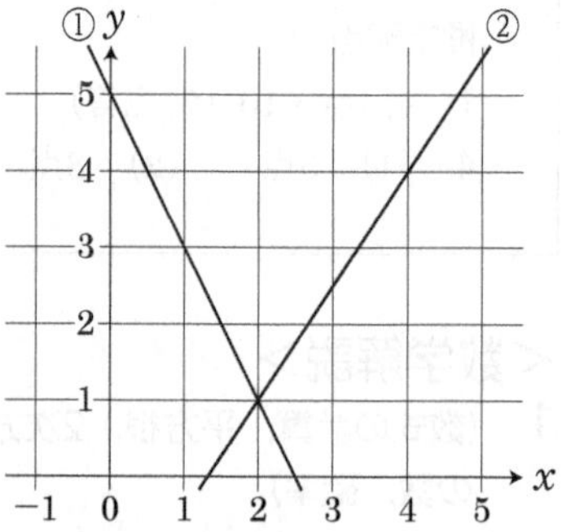

重要　(2)　点Cを通り直線ℓに垂直な直線をひき，その交点をE，点Dを通り直線ℓに垂直な直線をひき，その交点をFとすると，△BCEと△ADFは合同な図形となる。このとき，平行四辺形ABCDを直線ℓを軸として1回転させてできる立体の体積と，長方形ECDFを直線ℓを軸として1回転させてできる立体の体積は等しく，DF=4，DC=3なので，$4\times4\times\pi\times3=48\pi$(cm^3)

(3)　右図のように各点をとる。テープを折り返しているので∠ABC=∠EBC…①　平行線の錯角は等しいので，∠EBC=∠ACB…②　①，②より∠ABC=∠ACBとなるので，△ABCはAB=ACの二等辺三角形となる。また，対頂角は等しいので∠BAC=40°より，∠ACB=(180°−40°)÷2=70°　さらに，平行線の同位角は等しいので∠ACF=40°　よって，∠x=∠ACB+∠ACF=70°+40°=110°

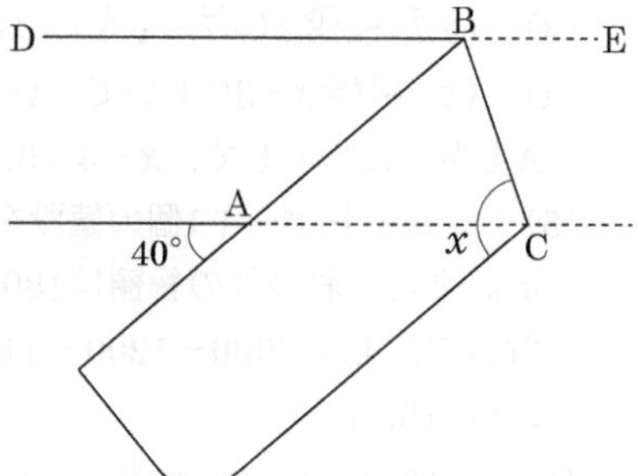

3 (規則性)

(1)　最大となる正方形の一辺の長さは3cmなので，$n=7$のとき，7÷3=2…1より一辺3cmの正方形が2個入る。残りの長方形を一辺1cmの正方形で，次ページの図1のように分割すればよい。

(2)　一辺3cmの正方形だけを横に15個ならべたとき，$n=3\times15=45$　次ページの図2のように右端を一辺1cmの正方形を縦に3個ならべたとき，一辺3cmの正方形は横に12個ならぶので，$n=3\times12+1=37$　次ページの図3のように右端に一辺2cmの正方形を1個，一辺1cmの正方形を2個ならべたとき，一辺3cmの正方形は横に12個ならぶので，$n=3\times12+2=38$　よって，$n=37$，38，45

図1

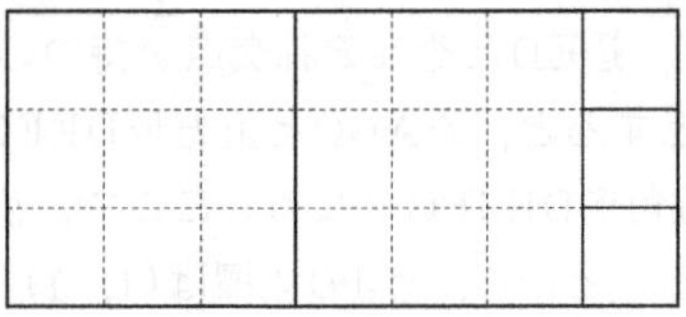

図2

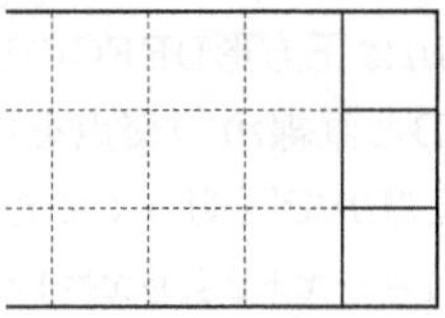

図3

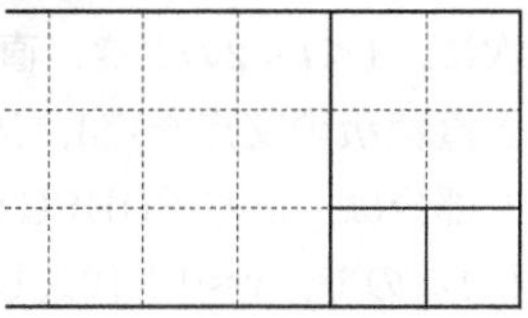

4 (2次関数と図形の融合問題)

重要

(1)　点Aは$y=x^2$のグラフ上の点なので，$x=3$を代入して$y=3^2=9$より，点Aの座標は$(3,\ 9)$となる。また，点Aと点Bはy軸について対称な点なので，点Bの座標は$(-3,\ 9)$となり，ABの長さは$3-(-3)=6$　次に，点Dは$y=-\frac{1}{4}x^2$のグラフ上の点なので，$x=3$を代入して$y=-\frac{1}{4}\times3^2=-\frac{9}{4}$より，点Dの座標は$\left(3,\ -\frac{9}{4}\right)$となる。このとき，ADの長さは$9-\left(-\frac{9}{4}\right)=\frac{45}{4}$　よって，ABの長さとADの長さの比は$6:\frac{45}{4}=24:45=8:15$

重要

(2)　点Aのx座標を$x(x>0)$とすると，(1)と同様にして，点Aの座標は$(x,\ x^2)$，点Bの座標は，$(-x,\ x^2)$，点Dの座標は$\left(x,\ -\frac{1}{4}x^2\right)$となる。このとき，ABの長さは$x-(-x)=2x$　ADの長さは$x^2-\left(-\frac{1}{4}x^2\right)=\frac{5}{4}x^2$　さらに，長方形ABCDが正方形になるときAB＝ADなので，$2x=\frac{5}{4}x^2$　$5x^2-8x=0$　$x(5x-8)=0$　$x=0,\ \frac{8}{5}$　$x>0$より，$x=\frac{8}{5}$　よって，点Aのx座標は$\frac{8}{5}$

5 (1次関数と図形の融合問題)

重要

(1)　正方形DEFGの面積は$1\times1=1$なので，S＝1となるには，移動する正方形DEFGが完全に△ABCの内部になければならず，その条件を満たすのは，点Fが直線ℓ上に到達したときから，点Eが直線m上に到達したときまでである。ここで，点Dのx座標をtとすると，点Dの座標は$(t,\ 0)$，点Eの座標は$(t,\ 1)$，点Fの座標は$(t-1,\ 1)$と表せる。点Fが直線ℓ上にあるとき，$x=t-1$，$y=1$を代入して$1=2(t-1)+2$　$1=2t-2+2$　$t=\frac{1}{2}$　点Eが直線m上にあるとき，$x=t$，$y=1$を代入して$1=-t+2$　これを解いて$t=1$　よって，S＝1となるtの範囲は，$\frac{1}{2}\leqq t\leqq1$

(2)　(1)より，$0<t<\frac{1}{2}$のとき，直線ℓは正方形DEFGの辺FE，辺FGとそれぞれ交点を持つ。ここで，辺FEと直線ℓの交点を点H，辺FGと直線ℓの交点を点Iとすると，△ABCと正方形DEFGの重なった部分は，正方形DEFGを直線ℓで区切ってできる五角形DEHIGとなる。点Hのy座標は1なので，$y=1$を代入して$1=2x+2$より$x=-\frac{1}{2}$となることから，点Hの座標は$\left(-\frac{1}{2},\ 1\right)$となり，線分FHの長さは$-\frac{1}{2}-(t-1)=\frac{1}{2}-t$　また，点Iのx座標は$t-1$なので，$x=t-1$を代入して$y=2(t-1)+2=2t$となることから，点Iの座標は$(t-1,\ 2t)$となり，線分FIの長さは$1-2t$　このとき，△FHIの面積は$\left(\frac{1}{2}-t\right)\times(1-2t)\times\frac{1}{2}=\frac{1}{4}(1-2t)^2=\frac{1}{4}(4t^2-4t+1)=t^2-t+\frac{1}{4}$　よって，五角形DEHIGの面積は$1-\left(t^2-t+\frac{1}{4}\right)=-t^2+t+\frac{3}{4}$となり，$\mathrm{S}=-t^2+t+\frac{3}{4}$

やや難

(3)　△ABCと正方形DEFGの重なった部分は，$-1<t<-\frac{1}{2}$のとき三角形，$-\frac{1}{2}\leqq t\leqq0$のとき台形，$0<t<\frac{1}{2}$のとき五角形，$\frac{1}{2}\leqq t\leqq1$のとき正方形，$1<t<2$のとき五角形となる。まず，$0<t<\frac{1}{2}$のとき，(2)より$\mathrm{S}=-t^2+t+\frac{3}{4}$となるので，$-t^2+t+\frac{3}{4}=\frac{15}{16}$　$-16t^2+16t+12=15$

$16t^2-16t+3=0$　　$(4t-1)(4t-3)=0$　　$t=\frac{1}{4},\ \frac{3}{4}$　　このとき，$0<t<\frac{1}{2}$なので，$t=\frac{1}{4}$
次に，$1<t<2$のとき，直線mは正方形DEFGの辺FE，辺EDとそれぞれ交点を持つので，辺FEと直線mの交点を点J，辺EDと直線mの交点を点Kとすると，△ABCと正方形DEFGの重なった部分は，正方形DEFGを直線mで区切ってできる五角形DKJFGとなる。ここで，点Jのy座標は1なので，$y=1$を代入して$1=-x+2$より$x=1$となることから，点Jの座標は(1，1)となり，線分FJの長さは$t-1$　　また，点Kのx座標はtなので，$x=t$を代入して$y=-t+2$となることから，点Kの座標は$(t,\ -t+2)$となり，線分DKの長さは$1-(-t+2)=t-1$　　このとき，△EJKの面積は$(t-1)\times(t-1)\times\frac{1}{2}=\frac{1}{2}(t-1)^2$　　よって，五角形DKJFGの面積は，$S=1-\frac{1}{2}(t-1)^2$となり，$1-\frac{1}{2}(t-1)^2=\frac{15}{16}$　　$16-8(t-1)^2=15$　　$16-8(t^2-2t+1)=15$　　$8t^2-16t+7=0$
解の公式より，$t=\frac{-(-16)\pm\sqrt{16^2-4\times8\times7}}{2\times8}=\frac{16\pm\sqrt{256-224}}{16}=\frac{16\pm\sqrt{32}}{16}=\frac{16\pm4\sqrt{2}}{16}=\frac{4\pm\sqrt{2}}{4}$　　$1<t<2$より，$t=\frac{4+\sqrt{2}}{4}$　　よって，$t=\frac{1}{4},\ \frac{4+\sqrt{2}}{4}$

★ワンポイントアドバイス★

直観的に解法を思いつけないと，思った以上に時間を消費してしまうことになるので，「問題を見る目」を養っておくことが非常に重要。計算の難度自体はそれほど高くないので，落ち着いて知識を探りながら取り組もう。

＜英語解答＞

1　第1問　(1)　a　誤　　b　誤　　c　正　　d　誤　　(2)　a　誤　　b　誤　　c　誤　　d　正　　(3)　a　誤　　b　誤　　c　正　　d　誤　　第2問　(1)　a　誤　　b　誤　　c　正　　d　誤　　(2)　a　誤　　b　誤　　c　誤　　d　正

2　(例)　(The number of) senior drivers is increasing [has increased(,)]
(例)　(because) the population of people over 75 [older than 75] is also increasing

3　①　haven't finished　　②　how to　　③　help me

4　(1)　discovered　　(2)　ウ　　(3)　believe hunters used the holes to trap mammoths　　(4)　エ　　(5)　イ，ウ，オ

5　(1)　b　オ　　d　イ　　(2)　(ア)　rules　　(イ)　another　　(3)　ウ
(4)　(X)　list　　(Y)　allowance

○配点○
2　各10点×2　　他　各4点×20(4(5)完答)　　計100点

＜英語解説＞

1　聞き取り問題解説省略。

2　**(資料読解：英作文)**

やや難　グラフでは，棒線や折れ線などが何を表しているのかをまず確認する。ここでは棒線が「75歳以上の高齢者が人口全体に占める割合」を，折れ線が「75歳以上の運転免許保有者が全体に占め

る割合」を示している。だから，この2点に触れた文を書けばよい。

（解答例全訳）「75歳以上の人口も(ずっと)増えているので，高齢者ドライバーの数は増えている」「～している」の意味になるのは<be 動詞＋-ing>の形をとる進行形。「ずっと～している」の意味になるのは<have[has]＋動詞の過去分詞形>の形をとる，現在完了の継続用法の文。

3 （長文読解・会話文：語句補充）

（大意） グレース(以下G)：あなたに私を手伝ってほしいの。／アンドリュー(以下A)：どうしたんだい。／G：先生が私に出した宿題をまだ①終えていないのよ。／A：何の科目だい。／G：数学よ。この問題の答え②方がわからないの。／A：そうだね。この種の問題を僕が説明するのは難しいな。／D：あなたは数学が得意だと思うわ。あなたが宿題のことで③私を手伝ってくれる，とお父さんも言うのよ。／A：わかった，最善を尽くすよ。

① yet「まだ[もう]」があるから，完了用法の現在完了の否定文か疑問文である。現在完了は<have[has]＋動詞の過去分詞形>の形。finished は finish の過去分詞形。

基本 ② <how to ＋動詞の原形>で「～の仕方」という意味。

③ <help ＋A＋ with ＋B>「AのBを手伝う」

4 （長文読解・論説文：空欄補充，内容吟味，語句整序）

（大意） 考古学者はメキシコのメキシコ・シティの近くで60体のマンモスの骨を発掘している。その化石は建設中の空港の下で見つかった。10月に，メキシコ国立人類学歴史学研究所はその場所を掘り始めた。地中にもっとたくさんある，と専門家は言う。空港での建設が終わる2022年まで彼らは掘り続ける予定だ。今までのところでは，空港での仕事を止める必要があるものは何も(A)発見されていない。マンモスは巨大でゾウのような草食動物だった。それらは数万年前に今のメキシコの地域から消えた。それらは約4,000年前に絶滅した。新しい化石は，①なぜマンモスが絶滅したのかを彼らが知る助けになりうる，と科学者は言う。古代からの大量の水の浜辺で見つかった骨もある。大きくて浅い湖はなくなったが，草や葦に囲まれた。これは，毎日330ポンドの植物を食べるマンモスたちが生きるのに良い場所だった。「それらにとって天国のような場所でした」とサンチェス・ナーバは言う。サン・アントニオ・ハウエントから約6マイルで発掘が行われていた。科学者はそこで6フィートの深さの2つの穴を発見した。それらは約15,000年前に人間によって掘られた。科学者は，②狩猟者がマンモスを罠にかけるためにその穴を使った，と思う。人々はこれらの罠の中に動物を追い込んだかもしれない。14の動物の骨がそれらで見つかった。新しい場所では，マンモスはぬかるみに捕らえられた後に死んだかもしれない。人間は柔らかい地面に動物を追い込んだ可能性がある，とサンチェス・ナーバは言う。そうした後，彼らはマンモスを食べたかもしれない。先史時代の人間は頻繁にマンモスを食べたかもしれない，と大量の化石は示す。

(1) 「化石」が「建設中の空港の下で見つかった」(第1段落第2文)から「彼らは掘り続ける予定だ」(空欄Aの直前の2文目)が，「何も発見されていない」のである。直前に be 動詞 been があり，「～される」の意味になるから，<be 動詞＋動詞の過去分詞形>の形をとる受動態にする。discover の過去分詞形は discovered である。

(2) ア 「人々がどのようにマンモスを描くのかを彼らに教える」(×) イ 「マンモスがどのように眠るのか彼らに示す」(×) ウ 「マンモスがなぜ絶滅したのかを彼らが理解するのを助ける」(○) 「それらは数万年前に今のメキシコの地域から消え」(空欄1の段落第2文)，「約4,000年前に絶滅した」(空欄1の段落第2文)のだから，絶滅に関しての理解に役立つ，と考えられる。

エ 「地球がどのように生まれたのかを彼らが研究するのを助ける」(×)

(3) (Scientists)believe hunters used the holes to trap mammoths(.) believe の後の that「～ということ」を省略した文。that 以降には<主語＋述語>のまとまりが続く。

不定詞<to +動詞の原形>の文。ここでは「～するために」という意味の副詞的用法，または「～するための」という意味の形容詞的用法で用いられている。

(4) ア 「マンモスは動物を捕まえるために穴を掘った」(×) 最後から3番目の段落最後から2文目・最終文参照。穴を掘ったのは人間である。 イ 「マンモスの数は数万年前に増えていた」(×) 空欄1の段落第2文参照。メキシコから消えたのである。 ウ 「マンモスと人間との関係はちょうど友達のようだった」(×) 最終段落第2文・第3文参照。人間はマンモスを罠に追い込んだのである。 エ 「マンモスは日常生活で人間によっておそらく食べられた」(○) 最終段落第4文参照。

(5) ア 「考古学者は60頭のマンモスの骨を発掘していて，科学者たちは，もうない，と言う」(×) 第1段落最終文参照。もっとたくさんあるのである。 イ 「考古学者は2022年まで掘り続けるだろう」(○) 空欄Aの直前の1文参照。 ウ 「マンモスは巨大なゾウのような動物で，それらは植物を食べた」(○) 空欄1の段落第1文参照。 エ 「全ての骨は海水の下で見つけられた」(×) 空欄1の直後の1文参照。全てではない。 オ 「人々がマンモスを追いかけてぬかるみの中でそれらを罠にかけた可能性がある，とペドロ・サンチェス・ナーバは言った」(○) 最終段落第1文参照。 カ 「マンモスと人間は調和して一緒に暮らした，と大量の化石は示す」(×) 最終段落第4文参照。人間はマンモスを食べたかもしれないのである。

5 (長文読解・会話文：語句補充，内容吟味)

(大意) スーザン(以下S)：あら，ナンシー。あなたの子どもたちはどこ。／ナンシー(以下N)：a彼らの部屋を掃除しながら家にいるのよ。／S：本当に。私も私の子どもたちに部屋を掃除してほしいわ。／N：子どもたちの規則の新しい表を作ったのよ。全ての規則を守れば，彼らは日曜日に5ドルのおこづかいをもらえるの。／S：ア規則とは何なの。／N：彼らは週に1回自分の部屋を掃除して，毎日宿題をし，それぞれの週に別の掃除をしなくてはならないの。ある週は彼らは風呂場を掃除し，別の週は居間に掃除機をかけて，それぞれの週でのそれがイ別の仕事なのよ。／S：bそれは素晴らしい。私の子どもたちに家のことで私の手伝いをしてほしいわ。これまでのところどうなの。／N：最初は文句を言ったけれど，お小遣いが気に入っているのよ。／S：素晴らしい考えだと思うわ。c私が幼かったとき，私は家事のことで私の両親を手伝わなければならなかったのを覚えている。／N：私もよ。私は学校から帰るとすぐに宿題をしなければならなかった。／S：d私は農場で育ったので，私たちは毎朝，学校の前にニワトリにエサをやらなければならなかったの。私たちは両親を農場でたくさん手伝ったわ。大きくなったら，牛の乳しぼりも手伝わなければならなかった。／N：子どもたちが家のことで手伝いをするのは重要だと思うの。それは彼らにA責任を教えるわ。／S：ええ，そして彼らは家事の仕方を学ぶ。／N：同じ方式であなたを手伝うようにあなたの子どもたちに頼むのはどう。／S：そうね，今夜やってみるわ。

(1) 大意参照。

(2) (ア) 下線部①では be 動詞 are を用いているから，空欄アには複数の名詞が入ると考えられる。ここでは直前のナンシーの発言にある rules「規則」が適切。 (イ) one ～ another …で「(3つ以上あるうちの)1つは～別の1つは…」の意味。下線部②の前半部分に one がある。

重要

(3) ア 「夢」(×) イ 「幸せ」(×) ウ 「責任」(○) 「家のことで手伝いをする」(空欄Aの直前の1文)ことで得られるものである。 エ 「強さ」(×)

(4) 「こんにちは，ナンシー あの夜，私は息子たちと彼らのための規則のX一覧表を作ることについて話したの。私は彼らに第1週の間，彼ら自身の部屋と風呂場を掃除するように頼んだ。最初は，その仕事にとても不満を言ったわ。しかしながら，それをすることで彼らが毎週のYおこづかいをもらえると知って喜んでいる。それがとてもうまくいくと良いと思うの。もし，うまくいかなかったら，あなたに助言をもらいたいわ。　スーザン」
(X)　ナンシーの2番目の発言第1文参照。　(Y)　ナンシーの2番目の発言第2文・5番目の発言第2文参照。

★ワンポイントアドバイス★

あまり馴染みのない内容の長文を読むときは，厳密な日本語訳をすることよりも正確な内容の把握をすることに努めよう。

＜理科解答＞

1　(1)　13.8　(2)　ア　(3)　b　(4)　Ⅰ　ア　Ⅱ　カ　Ⅲ　ク　(5)　イ
2　(1)　ウ　(2)　鉄(板)　ア，イ，カ　(3)　カ　(4)　塩素の方が水に溶けやすいから　(5)　1：8
3　(1)　ウ　(2)　10(倍)　(3)　AとB，並(列)　(4)　A　(5)　ウ
4　(1)　イ　(2)　②　ア　③　ク　(3)　8(km/秒)　(4)　エ　(5)　ア
5　(1)　1122.4(mL)　(2)　イ　(3)　49.6(%)　(4)　0.8(m)　(5)　オ

○推定配点○
各4点×25(1(4)・2(2)・3(3)・4(2)各完答)　計100点

＜理科解説＞

1　(植物のからだのしくみ－蒸散と光合成)

重要　(1)　A～Eで，水が蒸発する部分を書き出すと，次のようになる。本問では水面に油を浮かべていないので，水面からの水の蒸発も考える必要がある。

A：x[cm^3]　表側，裏側，茎，水面
B：11.8cm^3　裏側，茎，水面
C：2.3cm^3　表側，茎，水面
D：0.3cm^3　茎，水面
E：0.1cm^3　水面

よって，水が蒸発する量はそれぞれ，表側＝C－D＝2.0(cm^3)，裏側＝B－D＝11.5(cm^3)，茎＝D－E＝0.2(cm^3)，水面＝D＝0.1(cm^3)である。よって，x＝2.0＋11.5＋0.2＋0.1＝13.8(cm^3)である。

(2)　根から全身へ水や養分を送るのは，道管である。また，(1)より，葉の表側より裏側の方が蒸散量が多い。これは，葉の裏側の方に気孔が多いためである。

(3)　図3で，細胞に葉緑体があって，光合成をする部分は，bとcである。このうち，bの方が細胞が多く並んでいて，デンプンをつくる量が多い。次がcである。

(4)　図2で，Yの葉には日光が当たりにくく，光合成量は少ない。また，Zで水酸化ナトリウム水溶液は二酸化炭素を吸収するため，光合成の材料である二酸化炭素が葉に行き渡らず，光合成が

できない。よって，Xが光合成が最も盛んで，デンプンが多い。この実験から，光合成には光と二酸化炭素が必要なことがわかる。

(5)　aは光合成でデンプンができたばかりなので，最も重い。bは，夜間にデンプンが糖に変わって，葉からからだの他の部分に出て行くので，朝の重さは最も軽い。cはデンプンが他へは出て行かないが，葉で少し使われるので，やや軽い。

2 (電気分解とイオン－電池と電気分解)

(1)　塩酸などの強い酸は，亜鉛など多くの種類の金属を溶かし，水素が発生する。しかし，銅などイオンになりにくい一部の金属は溶けない。

(2)　［実験1］の②は，水溶液から電気を取り出す電池である。溶けやすい金属の方が，マイナスの電気を持つ電子を放出するので，電池の－極になる。鉄板と銀板の場合，鉄は溶けるが銀は溶けないので，鉄板が－極，銀板が＋極になる。また，電池に使える水溶液は，イオンに分かれる電解質の水溶液である。ウ，エ，オは，イオンに分かれない非電解質の水溶液なので，電池は作れない。

重要　(3)　［実験1］の②の電池では，塩酸に溶けやすい亜鉛の原子Znが，マイナスの電気を持つ電子を放出して亜鉛イオンZn^{2+}になる。電子は豆電球を通って銅板に着く。塩酸の中には水素イオンH^+が多数あるので，水素イオンが電子を受け取って水素原子Hとなり，2つ結びついて水素分子H_2となる。このように，電子は亜鉛板→豆電球→銅板と進む。一方，亜鉛板が電池の－極，銅板が電池の＋極になるので，電流は銅板→豆電球→亜鉛板と流れる。

(4)　［実験2］は，水溶液に電流を流しているので，電気分解が起こる。［実験2］の図3では，塩酸に溶けている塩化水素HClが電気分解されるので，陰極のaでは水素H_2が発生し，陽極のbでは塩素Cl_2が発生する。発生する気体の体積比は1：1で，同じ量のはずだが，塩素は水に溶けやすいため，集まる量は少ない。

(5)　水酸化ナトリウム水溶液に電流を流すと，水が電気分解される。その化学反応式は，$2H_2O \rightarrow 2H_2 + O_2$であり，陰極cに発生する水素$H_2$と，陽極dに発生する酸素$O_2$の体積の比は，化学反応式の係数の比と同じでc：d＝2：1である。問題文に書かれているのは，同じ体積の場合の質量の比のことであり，水素：酸素＝1：16である。よって，体積が2：1の場合の質量の比は，c：d＝(2×1)：(1×16)＝1：8となる。

3 (電力と熱－4本の電熱線の比較)

(1)　電流計は，回路に流れる電流を測るので，回路の途中に直列につなぐ。電圧計は2点の間の高さの差を知るために，回路に並列につなぐ。ともに，値の予想がつかない場合は，マイナス端子は値の大きい端子につないでおく。

(2)　同じ電圧のとき，電流が大きいAの抵抗が小さく，電流が小さいDの抵抗が大きい。Aの抵抗は$\frac{4.0(\mathrm{V})}{1.6(\mathrm{A})}=2.5(\Omega)$　Dの抵抗は$\frac{10.0(\mathrm{V})}{0.4(\mathrm{A})}=25.0(\Omega)$だから，求める値は25.0÷2.5＝10(倍)である。

重要　(3)　2つの抵抗を直列つなぎにすると，合成抵抗が大きくなるので，電流は小さくなってしまう。だから，電流を大きくするには，並列つなぎにする。図2で，抵抗が小さく，電流が大きくなるのは，順にAとBだから，この2つを並列につなぐと，電流は最大になる。

(4)　電流による発熱量は，電流×電圧×時間で求められる。電圧と時間が同じならば，電流の大きいAが，発熱量も大きいので，水の温度上昇も大きい。

(5)　電熱線が同じだから，抵抗は変わらない。電圧が10Vから5Vへ$\frac{1}{2}$になると，電流も$\frac{1}{2}$になるから，発熱量は$\frac{1}{2}\times\frac{1}{2}=\frac{1}{4}$になる。よって，水の温度上昇も$\frac{1}{4}$になる。

4 (大地の動き－日本付近の地震)

(1) アは震度2，イは震度3，ウは震度4，エは震度5弱～震度5強である。

(2) 初期微動は，P波の到着によって起こる。P波は，波の進行方向と同じ向きに揺れる縦波である。主要動は，S波の到着によって起こる。S波は，波の進行方向と垂直な向きに揺れる横波である。

(3) 震源・名古屋間の距離と，震源・豊橋間の距離の差は，76－28＝48(km)である。P波の到着時刻が6秒差なので，P波の速さは，48÷6＝8(km/秒)である。

(4) 日本列島付近では，浅いところにある活断層が動いて起こる地震はどこでも起こる。それに加え，プレートが太平洋側から沈み込んでいるので，深発地震の震源は，日本海側に行くにしたがって深くなる。

(5) ア 正しい。マグニチュードの1差はエネルギーの約32倍，マグニチュードの2差はエネルギーの約1000倍である。 イ 誤り。マグニチュードが小さく，震源が深いと，地上での揺れは小さくなる。 ウ 誤り。日本付近の地震のうち，歴史上の記録のある中で最大のマグニチュードは，2011年の東北地方太平洋沖地震(東日本大震災)であり，マグニチュード9.0である。ただし，江戸時代の1707年に起こった宝永地震は，南海トラフで起こっており，マグニチュードが9.0より大きかった可能性がある。問題文の1923年の大正関東地震(関東大震災)は，マグニチュードが7.9であるが，これは2位でもなく，日本では8.0以上の地震が何回も起こっている。
エ 誤り。震度は0～7(5と6は強弱)の10階級である。マグニチュードは段階ではなく，小数で表す連続的な値である。

5 (小問集合－ホットケーキづくり)

(1) 炭酸水素ナトリウムを加熱すると，炭酸ナトリウムと二酸化炭素と水に分解される。よって，発生した二酸化炭素の質量は，8.4－(5.3＋0.9)＝2.2gである。密度が1.96g/Lだから，体積は2.2g÷1.96g/L＝1.12244…で，mLに直して四捨五入すると，1122.4mLとなる。

(2) 下線部②の反応は，大脳ではなくせきずい(脊髄)が運動神経に命令を出している反射である。皮膚からの刺激は感覚神経を通って脊髄に伝わり，すぐに脊髄が命令を出して，運動神経を伝わって筋肉を動かす。

重要 (3) 露点14℃の飽和水蒸気量が12.1g/m^3だから，空気中に含まれていた水蒸気量も12.1g/m^3である。気温26℃の飽和水蒸気量は24.4g/m^3だから，湿度は12.1÷24.4×100＝49.59…で，四捨五入により49.6％である。

(4) 図1は，6Nの力で台を2m押しているので，仕事は6N×2m＝12(J)である。図2で，持ち上げるのに必要な力は15Nだから，15N×□m＝12(J)より，□＝0.8mとなる。

(5) A 海洋汚染にはさまざまな要因があるが，近年はプラスチックごみ，特にマイクロプラスチックが問題になっている。サンゴは海洋汚染の要因ではなく，影響を受ける側である。
B 酸性雨の原因物質は，硫黄酸化物や窒素酸化物であり，それぞれ空気中で硫酸や硝酸になる。 C オゾン層の破壊の原因物質は，かつて冷媒などで使われていたフロンガスである。
D 地球温暖化の要因は温室効果ガスの増加である。温室効果ガスは，水蒸気，二酸化炭素，メタンなどである。一酸化炭素は，空気中にほとんどないため，環境問題では温室効果ガスとして扱われない。

★ワンポイントアドバイス★

実験や観察をもとにした設問が大半である。語句の丸暗記ではなく，充分な基本問題の練習を実行しよう。

＜社会解答＞

1　(1)　イ　(2)　ア　(3)　(A)　朝鮮戦争　(B)　アメリカからの軍需物資の注文[需要]が増え[増加し]など

2　(1)　イ　(2)　ウ　(3)　ア，イ　(4)　カ

3　(1)　B　(県庁所在地)　熊本(市)　(2)　オ　(3)　(Ⅰ)　D　(Ⅱ)　A

4　(1)　イ　(2)　カ　(3)　(かな符号)　エ　(ことば)　偏西風　(4)　A

5　(1)　持続可能　(2)　5，10，13，14　(3)　5

6　(1)　エ　(2)　イ　(3)　50000(円)　(4)　ア

○配点○

各4点×25　計100点

＜社会解説＞

1　(日本の歴史ー各時代の特色，政治・外交・社会・経済史，日本史と世界史の関連)

(1)　Ⅰの法隆寺は飛鳥時代，Ⅱの金閣は室町時代，それぞれの建物である。キリシタン大名による少年使節派遣は，安土桃山時代の出来事であるから，ⅠとⅡの間には当てはまらない。

(2)　Ⅲの日光東照宮は江戸時代に建てられた。公事方御定書は徳川吉宗の享保の改革の政策である。昌平坂学問所は，松平定信の寛政の改革の時に建てられた。株仲間の解散は，水野忠邦の天保の改革の政策である。

基本　(3)　1950年に朝鮮戦争が始まると，日本本土や沖縄のアメリカ軍基地が使用され，大量の軍事物資が日本で調達された。日本経済は好景気(特需景気)となり，経済復興が早まった。

2　(日本の歴史ー政治・外交史)

(1)　当時，班田収授法というしくみが整えられ，6年ごとに改められる戸籍にもとづいて，6歳以上の男女には生活の基礎となる口分田が与えられ，死後は国家に返還された。男子に2反，女子はその3分の2，奴婢には良民の3分の1の口分田が与えられた。

(2)　天智天皇(A天皇)が亡くなったのちの672年，天皇の子の大友皇子と天皇の弟の大海人皇子の間で，皇位継承をめぐって内乱が起こった。これを壬申の乱という。大海人皇子は，東国の豪族を味方につけ勝利をおさめ，天武天皇(B天皇)として即位し，皇室の地位を高め，公地公民をめざす改新の動きを力強く進めた。

基本　(3)　聖武天皇(C天皇)と光明皇后は，仏教の力にたよって国家を守ろうと，国ごとに国分寺と国分尼寺を，都には東大寺を建て，東大寺に金銅の大仏をつくらせた。聖武天皇在籍時の743年5月に墾田永年私財法がだされ，土地の私有が認められるようになった。

(4)　c平城京(710年)→b長岡京(784年)→a平安京(794年)となる。

3　(日本の地理ー諸地域の特色)

(1)　Aは沖縄県，Bは熊本県，Cは佐賀県，Dは福岡県である。前年度から人口が増えていないで，政令指定都市(熊本市)が1つだけあるのは，熊本県である。

(2)　Ⅰは福岡県，Ⅱは熊本県，Ⅲは佐賀県である。それぞれの県の形を地図帳で確認しよう。

(3)　「神宿る島」宗像・沖ノ島(と関連遺跡群)は，福岡県の宗像市及び福津市内にある宗像三女神を祀る宗像大社信仰や，大宮司家宗像氏にまつわる史跡・文化財を対象とするものであり，自然崇拝を元とする固有の信仰・祭祀，4世紀以来現代まで継承されている点などが評価されている。琉球王国のグスク(及び関連遺産群)は，沖縄本島南部を中心に点在するグスクなどの琉球王

国の史跡群から構成されている。

4 (地理ー世界の気候，諸地域の特色，貿易)

(1) グラフを考察すると，Bだけでなく，Dも対米国・中国・日本すべて，輸入が輸出を上回り，貿易赤字になっているのがわかる。

(2) Xは降水量が少なく砂や岩の砂漠が広がる砂漠気候で，アスワン(Dエジプトの都市)があてはまる。Yは冬に雨が多く，夏は雨が少ない地中海性気候で，アンカラ(Bトルコの都市)があてはまる。Zは1年を通して気温が高く雨がたくさん降る熱帯雨林気候で，コロンボ(Aスリランカの都市)があてはまる。

(3) Cフランスは，国土の大部分が西岸海洋性気候に属する。ヨーロッパの大西洋岸などを中心とするこの気候は，低緯度から高緯度に向かって流れてくる暖流と1年中西からふく偏西風の影響で，冬と夏の気温・降水量の差が小さく，高緯度のわりには，冬でも温暖である。

やや難 (4) この年表中で，イギリスの植民地時代があり，シンハラ後及びタミル語を公用語としていたり，2004年のスマトラ沖大震災の被害があることから，セイロン島のスリランカであることが分かる。

5 (公民ー国際政治，その他)

重要 (1) 環境を保全し，将来の世代の欲求を満たしつつ，現在の世代の欲求も満足させるような「持続可能な開発(持続可能な発展)」をめざす社会を持続可能な社会とよぶ。

(2) 表を考察すると，5，13，14の目標は停滞，10の目標は取り組みが進んでいない，とわかる。

(3) ジェンダーは社会的性別を表す。つまり，「男性はこうあるべき」「女性はこうするべき」という社会の中でつくられたイメージや役割分担である。近年，ジェンダーという言葉が広まり，「男だから」「女だから」と決めつけること，例えば，設問の4つ文章のようなことで，男女の間に偏見や差別，不平等が生まれていると広く知られるようになった。

6 (公民ー経済生活，日本経済)

重要 (1) この図は，日本銀行の金融政策である公開市場操作(オープンマーケットオペレーション)を表している。不景気(不況)の時は市場の通貨量を増やすために，日銀は市中銀行から国債を買う。それによって，代金が市中銀行に入り通貨量が増え，企業への貸出量も増える。

(2) 日本銀行は，我が国の紙幣(日本銀行券)を発行できる唯一の銀行である(発券銀行)。また，日本銀行は銀行から資金を預かったり，銀行に資金を貸したり，銀行どうしの支払いを手助けしたりしている(銀行の銀行)。政府との間では，税金などの国の収入を預かったり，政府に代わって年金や公共工事の代金の支払いを行ったりする(政府の銀行)。

やや難 (3) この銀行の収入と支出を計算する。収入は，10の企業に100万ずつを金利1％で貸したのであるから，100万の1％は1000000×0.01＝10000で，それを10倍するから100000円である。支出は10人が100万を預金金利0.5％で預けその利子を支払ったのであるから，1000000×0.005＝5000，それを10倍するから50000円である。収入ー支出で1年間の収入が決まるので，100000ー50000＝50000となり，1年間の収入は50000円となる。

(4) 好景気には，消費が拡大し，需要量が供給量を上回って，物価が上がりインフレーションが起こるので，アは誤りとなる。

★ワンポイントアドバイス★

2(3) 以後，私有地である荘園が発生することになる。5(1) 「持続可能な開発」は，自然環境と開発(発展)を，共存できるものとしてとらえ，環境保全に配慮した開発(発展)が重要であるという考えに基づいている。

＜国語解答＞

一 (一) ウ　(二) ア　(三) ハイブリッド言語　(四) 鼻　(五) (例) (説明がなくてもわかる理由は,) 母語話者には，その新語や新概念が母語の深いアーカイブの底から浮かび上がってきたものとして意味をつかめるからだ。　(六) エ　(七) (A) オ　(B) カ　(C) イ　(八) ②

二 (一) ① ひそ　② 慕　③ 劣悪　(二) エ

三 (一) 強さという，一口に「強　(二) (A) ウ　(B) カ　(三) (ことば) エ　(意味) イ　(四) ア　(五) イ　(六) ウ

四 (一) イ，ウ　(二) エ　(三) ア　(四) エ

○配点○

一 (五) 9点　他 各3点×9　二 各3点×4

三 (三) 各2点×2　他 各4点×7　四 各4点×5　計100点

＜国語解説＞

一 (論説文—大意・要旨，情景・心情，内容吟味，文脈把握，指示語の問題，接続語の問題，脱文・脱語補充，ことわざ・慣用句)

(一) 傍線部①の「これ」は，明治維新後に欧米から輸入された「最新の学術的な概念とか政治や経済の概念」を「すべて漢字二字熟語に置き換えた」ことを指し示している。「たいした」が物事の程度がはなはだしいという意味であることや，「力業」が強い力で行うわざという意味であることから，筆者は多大な労力と知識を要した作業に対して感心していることが読み取れる。「たたえる気持ち」とあるウが適当。

(二) 傍線部②「こういうこと」は，直前の文の「欧米由来の概念を漢訳して，それを在来の母語の上にトッピングして新しい日本語を作った」ことを指し示している。「欧米由来の概念」を「それまでになかった概念」に，「母語」を「土着語」に，「トッピング」を「一部に外国語を取り入れた」と置き換えて説明しているアを選ぶ。

(三)「欧米の単語を漢訳」して「新しい語」を作るというのであるから，「欧米の単語」を漢語という土着の語をもとにして作った語という意味のことばを探す。第④段落に「土着語の上に外来語を『トッピング』して，ハイブリッド言語を作る」とあり，ここから適当なことばを抜き出す。後の注釈から「ハイブリッド」が異種同士を組み合わせた雑種という意味であることも確認する。

基本 (四)「X 先で笑う」で，人を見下して笑う，という意味になる語があてはまる。

やや難 (五) 傍線部④の「説明されなくても，わかる」は，第⑫段落の「新語や，新概念は発語された瞬間に，母語話者にはそれが何を意味するかがわかる」ことを言っている。直後の「それは新語，新概念というのが……母語の深いアーカイブの底から泡のように浮かび上がってきたものだからです」が理由にあたるので，この一文に，指定語を含む「新語や，新概念は発語された瞬間に，母語話者にはそれが何を意味するかがわかる」を加えてまとめる。

(六) 直後の文「少し読み慣れると，すぐにニュアンスがわかるようになる」というのであるから，「日本の古語」はすぐには意味がわかりにくいということになる。「日本の古語」は，同じ日本語ではあるが長い年月を経て文法や語彙に変化が生じて一見理解しづらくなっている点に対して「ある種の外国語」と言っている。この内容を述べているエが適当。

(七) A 後の「びっくり」した理由を，前で「知らなかった」と述べているので，後の理由を述

べる意味を表す語があてはまる。　B「文法規則を知らなかった」という前に対して，後で「正しく訳せてしまった」と述べているので，前に対して後の内容が食い違っているという意味を表す語があてはまる。　C　前の「そういうことが起きる」理由を，「それが日本語で書かれていた」と続けているので，理由の意味を表す語があてはまる。

重要　(八)　①は第16段落の「僕たちが今使っている現代日本語は，この古語から生まれて来た無数の『新語』の蓄積で出来ている」，③は第17段落の「正しく訳せてしまった……それが日本語で書かれていた」，④は第18段落の「自国語の古典をまず学ぶこと……異なる言語形式で世界を文節する人たちの思念や感情を追体験する」，⑤は第18段落の「異なる言語形式で世界を文節する人たちの思念や感情を追体験すること。これはそれから後に外国語を学ぶ基礎としてとても有用な経験になるだろうと思います」という考えを含む。②は，第16段落に「吉田兼好を800年前からタイムマシンに乗せて現代に連れてきても……現代日本語をだいたい理解できる」とあるが，「私たちが鎌倉時代にさかのぼったとき」とは書かれていないので，適当ではない。

二　(漢字の読み書き)

(一)　①　他の訓読みは「もぐ(る)」。音読みは「セン」で，「潜水」「潜在」などの熟語がある。　②　音読みは「ボ」で，「慕情」「思慕」などの熟語がある。　③　状態などがひどく劣っていること。「劣」を使った熟語は，他に「優劣」「卑劣」などがある。

(二)　「皆無」はまったくないこと。アは「快適」，イは「仲介」，ウは「階下」，エは「皆既」。

三　(説明文―大意・要旨，内容吟味，文脈把握，指示語の問題，脱文・脱語補充，ことわざ・慣用句)

(一)　傍線部①を含む文の冒頭に「弱い植物である雑草が」とあるので，第3段落で「雑草」の「強さ」に対する筆者の考えを述べている部分を探す。「強さ」というキーワードから，「強さというのは，何も競争に強いだけを指しません」，「一口に『強さ』と言っても，本当にいろいろな強さがあるのです」という筆者の考えを抜き出す。

基本　(二)　ウ　文末の「ありそうです」には，確実ではないがなんとなくという意味を表すことばがあてはまる。　カ　直後の「太刀打ちできない」には，後に打消しの語を伴ってどうしても不可能であるという意味を表すことばがあてはまる。

(三)　前後の文脈から，「森の中」で「たくさんの植物が」どのような状態であるのかを考える。激しく争って，という意味のエがあてはまる。アは横から口を出して文句をつけて，イは力に差がなく緊迫した状態で争って，ウは本性を現して，という意味を表す。

やや難　(四)　植物は「自らの戦略を組み立てて」，どうしようとしているのかを考える。第1段落に，弱い雑草が「自らの戦略を組み立てて」私たちの身の回りにはびこっているとあるのに着目する。この「はびこって」を「繁殖する」と言い換えて説明しているアが適当。直後の段落に「植物にとって競争に勝つことだけが，強さの象徴ではありません」とあるので，イは適当ではない。傍線部②の直前に「すべての植物が，この三つの強さを持っていて，そのバランスで」とあるので，そのうちの一つの強さだけを取り上げたウも適当ではない。エの内容は，本文では述べていない。

重要　(五)　「豊かな森の環境で」で始まる段落と，「草取りをされたり」で始まる段落の内容とイが一致する。アの「どの植物も競争相手のより少ない環境を選んでいる」，オの「時と場合に合わせて」とは本文では書かれていない。ウは「野菜畑などでは」で始まる段落の内容と一致しない。エは「草取りをされたり」で始まる段落の内容と一致しない。

重要　(六)　本文は，冒頭で「雑草は強い」という一般的な考えを述べた後，「雑草は弱い植物である」という矛盾する学説を提示し，その根拠を述べるものとなっている。この論の進め方を説明しているウを選ぶ。アの「一つの仮説をうちたてている」，イの「観察記録より発見された新事実」は，本文の論の進め方にそぐわない。エの「植物の特徴に関する仮説」「対立する複数の意見」，オの「複数の実験をもとに得たデータ」は，本文で述べられていない。

四 (古文―文脈把握，文と文節，口語訳)

〈口語訳〉 絵難房という者がいました。どんなによく描かれた絵でも必ず欠点を見つけ出す者であった。ある時，昔の上手な者たちが描いた絵本の中に，人が犬を引いている場面で，犬が反抗して進むまいとしている様子が，本当に生きて動いている感じである。また男が片肌を脱いで，手斧を高く振り上げて大木を切っているのもある。後白河院が仰せになることには，「これ(ほどの秀作)は絵難房の力でもっても(欠点を見つけることは)できないであろう」と，すぐに(絵難房を)呼び寄せてお見せになられたところ，(絵難房は)よくよく見て，「すばらしく描けていますが，難が少々ございます。これほどいやがっている犬の首縄は，(犬の)下腹からぴんと引っ張られているべきです。これでは犬はいやがっているのに，首縄は普通の様子に見えます。また木を切っている男ですがすばらしく描けています。ただしこれほどの大木を半分以上も切り入れていますのに，たった今散った木の切りくずが，前に散り積もっていません。これは大きな欠点でございます」と申し上げたので，後白河院はおっしゃる言葉もなく，絵をひっこめたのだった。

(一) ア 「ふるき上手どもの書きたる絵本」を絵難房に「見せ」たのは，法皇。 イ 法皇から見せられた「ふるき上手どもの書きたる絵本」を「よくよく見」たのは，絵難房。 ウ 法皇から見せられた「ふるき上手どもの書きたる絵本」を見て，「目出たくは書きて候ふが……これ大きなる難に候」と「申し」たのは，絵難房。 エ 「目出たくは書きて候ふが……これ大きなる難に候」と絵難房に言われて「絵ををさめ」たのは，法皇。

(二) 冒頭に「絵難房といふもの……いかによく書きたる絵にも必ず難を見いだすものなりけり」とある。絵難房はどんなによく描けている絵でも必ず欠点を見つけるというのであるから，「力及ばじものを」を欠点を見つけることはできないとしているエが適当。

(三) 「目出たし」は，すばらしい，立派だ，すぐれている，という意味。

(四) 直前の「但しこれ程の大木をなからすぎ切り入れて候ふに，只今ちりたるこけらばかりにて，前に散りつもりたるなし」を「大きなる難」としていることから考える。木の半分まで切ったのに散っているはずの木の削りくずが描かれていないとあるエが適当。

★ワンポイントアドバイス★

一の六十字以上七十字以内の記述問題のために，十分な時間を確保しよう。ふだんから意識して段落の内容を簡潔にまとめる練習を重ねることが大きな力になる。

2020年度

★★★★★★★★★★★★★★★★★★★★★★★★

入　試　問　題

2020年度

名古屋経済大学高蔵高等学校入試問題

【数　学】（45分）　＜満点：100点＞

1　次の⑴から⑼までの問いに答えなさい。

⑴　$10 \div 2 - 3 \times 4$ を計算しなさい。

⑵　$\sqrt{50} - \sqrt{72} + \frac{4}{\sqrt{2}}$ を計算しなさい。

⑶　$\frac{3}{4}ab \times \left(\frac{2}{3}a^2 b\right)^2 \div \left(\frac{1}{3}a^3 b^3\right)$ を計算しなさい。

⑷　$(x-1)(x-2)(x-3)(x-4)$ を展開しなさい。

⑸　2次方程式 $(x-2)(x+2) = 2x + 20$ を解きなさい。

⑹　大小2つのさいころを同時に投げる時，出た目の和が1となる確率を求めなさい。

⑺　連立方程式 $\begin{cases} 2x = 3y + 1 \\ x - 2y = 0 \end{cases}$ を解きなさい。

⑻　関数 $y = -2x^2$ について，x の値が－4から－1まで増加するときの変化の割合を求めなさい。

⑼　下の表は，あるクラス9人の数学のテストの点数である。9人の平均値と中央値を求めなさい。

点数（点）	86	62	73	45	79	67	91	27	73

2　あるお祭りで焼きそばを販売することになった。焼きそばの機材をレンタルするには，16000円かかり，焼きそばの材料費は100食までは1食120円，101食からは1食80円かかる。1食200円で販売するとき，あとの⑴，⑵の問いに答えなさい。ただし，焼きそばは，用意した食数はすべて売り切れるものとし，他に費用はかからないものとする。

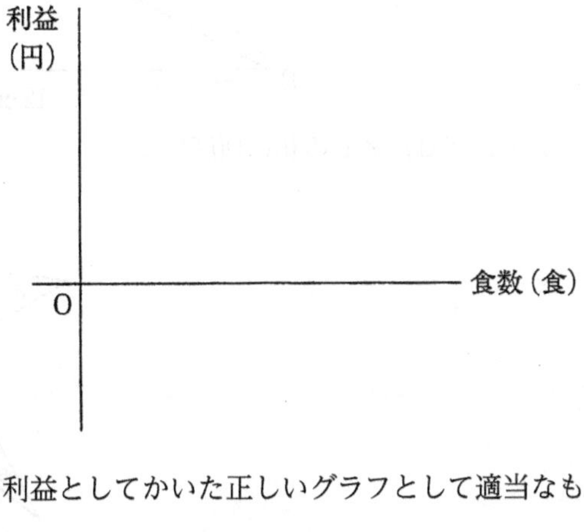

⑴　横軸を食数，縦軸を利益としてかいた正しいグラフとして適当なものを，次のページのアから

エまでの中から選んで，そのかな符号を書きなさい。

ア

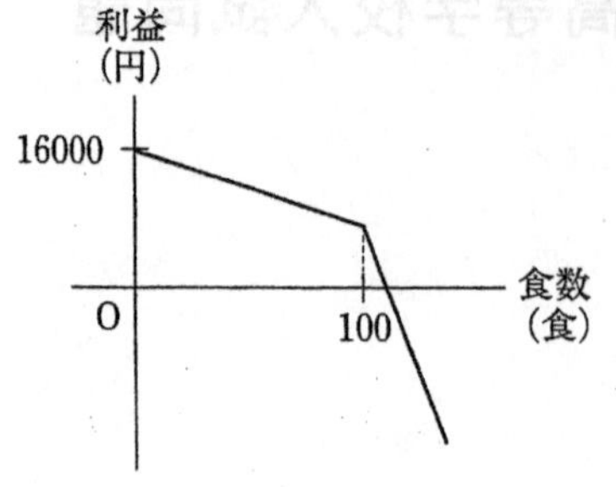

イ

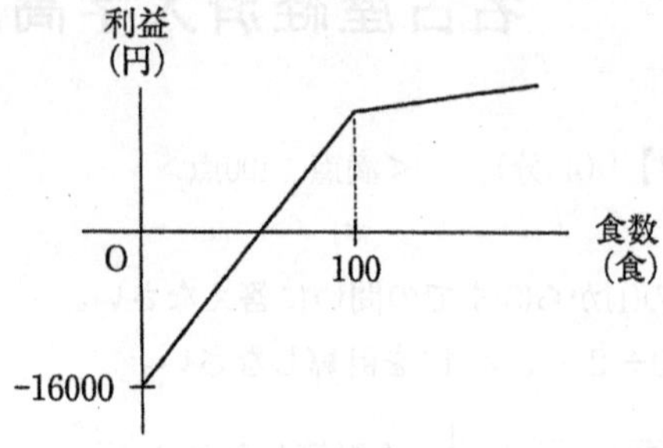

ウ

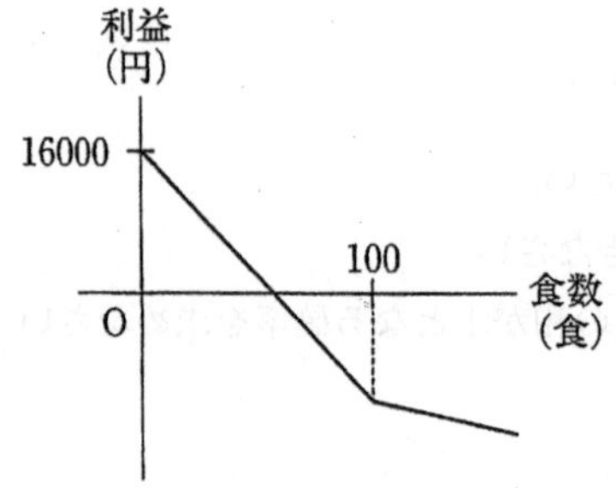

エ

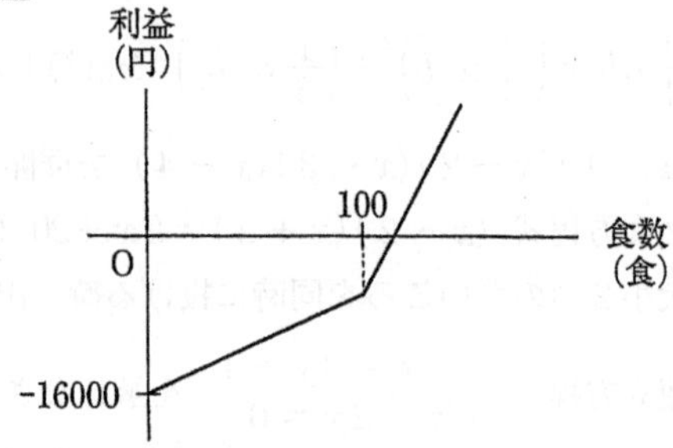

⑵　利益が黒字となるのは，何食以上販売したときか，求めなさい。

3　次の⑴，⑵の問いに答えなさい。

⑴　図のように，AB＝13cm，BC＝12cm，CA＝5cm の直角三角形ABCがある。点Ｉは三角形の内部にあり，Ｉから三角形のすべての辺に垂線を下ろすとき，その垂線がすべて同じ長さとなった。このとき，垂線の長さは何cmか，求めなさい。

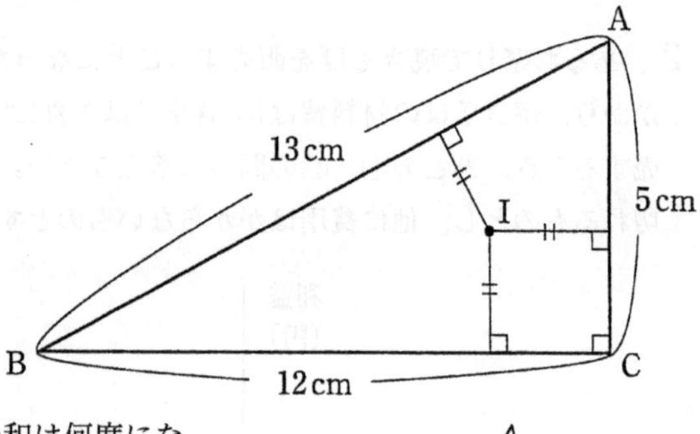

⑵　右の図で∠ａ，∠ｂ，∠ｃ，∠ｄ，∠ｅの和は何度になるか，求めなさい。

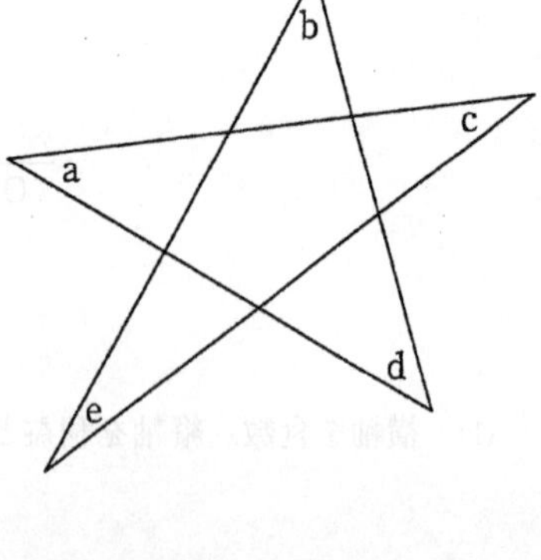

4　図で，原点O，点A，Bは関数 $y = ax^2$ (a は正の定数）上の点であり，点Aの x 座標は－2，点Bの x 座標は6である。直線OBの傾きと直線ABの傾きの差が2であるとき，次の(1)から(3)までの問いに答えなさい。

(1)　a の値を求めなさい。

(2)　直線ABの式を求めなさい。

(3)　直線ABと y 軸との交点をCとする。Cを通り三角形OABの面積を二等分する直線の式を求めなさい。

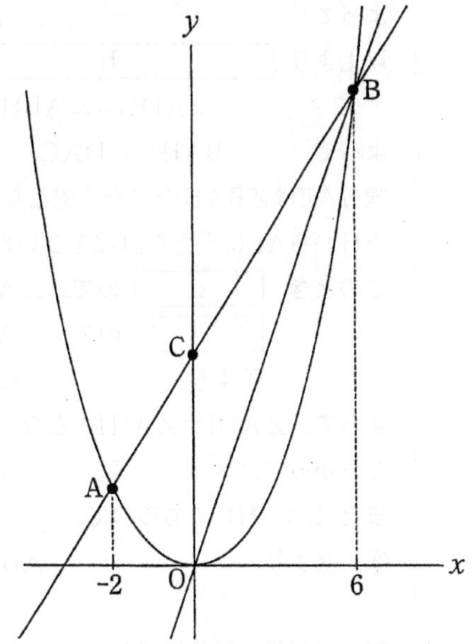

5　図で，A，B，C，Dは円周上の点，点Eは線分ADとBCの交点で，点Hは点Aから線分BCに垂線を下ろしたときの交点である。円Oの直径は5㎝，AC＝4㎝，∠EAH＝∠CAH のとき，次の(1)から(3)までの問いに答えなさい。

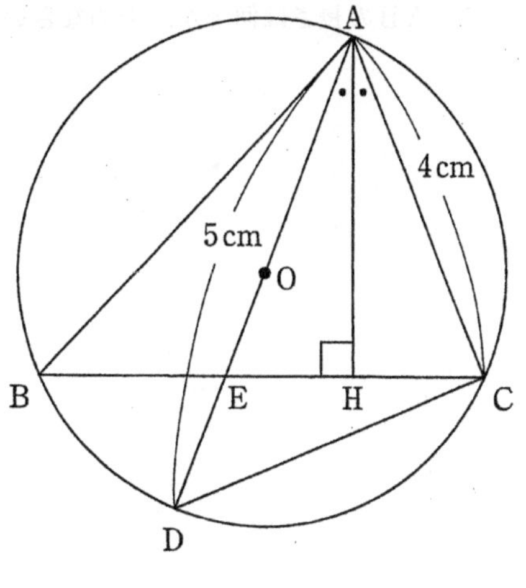

(1)　CDの長さは何㎝か，求めなさい。

(2)　△ABHで，辺AEは∠BAHの二等分線となる。このとき AB：AH＝BE：EH であることを次のように証明した。空欄 [a] から [e] に最も適したものを，下のアからケまでの中から選んで，そのかな符号を書きなさい。

証明）　△ADCと△ABHにおいて，
弧ACに対する円周角は等しいので，　[a]
直径に対する円周角より　∠ACD＝90°
また，仮定より　∠AHB＝90°

よって　　　　　　　　　　　　∠ACD＝∠AHB

以上より［　　　b　　　］ので，

△ADC∽△ABH

よって，　∠BAH＝∠DAC　　となるので，

線分AEは∠BAHの二等分線となる。……①

点HからAEに平行な直線をひいたとき，この直線と直線ABとの交点をＩとする。

このとき，［　c　］ので，∠AHI＝∠HAE

［　d　］ので，∠AIH＝∠BAE

①より　　　　　∠BAE＝∠HAE

よって，∠AHI＝∠AIH　となり，△AIHは二等辺三角形である。

したがって，　　　　　　AH＝AI……②

また EA∥HI であるので，［　e　］＝BE：EH……③

②，③より，　　　　　　AB：AH＝BE：EH　　　が成り立つ。

証明終わり

ア　平行線の錯角は等しい　　**イ**　平行線の同位角は等しい　　**ウ**　対頂角は等しい

エ　BA：AI　　**オ**　EA：HI　　**カ**　∠ABC＝∠ADC

キ　∠ABC＝∠DCA　　**ク**　２組の角がそれぞれ等しい

ケ　１辺とその両端の角がそれぞれ等しい

⑶　ＡＢの長さは何㎝か，求めなさい。

【英　語】（50分）　＜満点：100点＞

【注意】 試験の開始から最初の約10分は聞き取り（リスニング）問題になっています。「始め」の指示があってから，聞き取り（リスニング）の問題が始まるまで１分30秒あります。その間に次の答え方をよく読みなさい。

1　指示に従って，聞き取り（リスニング）の問題に答えなさい。

〈答え方〉

それでは，聞き取り検査の説明をします。問題は第１問と第２問の二つに分かれています。

第１問

第１問は，１番から３番までの三つあります。それぞれについて，最初に会話文を読み，続いて，会話についての問いと，問いに対する答え，**a**，**b**，**c**，**d**を読みます。そのあと，もう一度，その会話文，問い，問いに対する答えを読みます。必要があればメモをとってもよろしい。

問いの答えとして正しいものは解答欄の「正《せい》」の文字を，誤っているものは解答欄の「誤《ご》」の文字を，それぞれ○《まる》でかこみなさい。正しいものは，各問いについて一つしかありません。

第２問

第２問は，最初に英語の文章を読みます。続いて，文章についての問いと，問いに対する答え，**a**，**b**，**c**，**d**を読みます。問いは問１と問２の二つあります。そのあと，もう一度，文章，問い，問いに対する答えを読みます。必要があればメモをとってもよろしい。

問いの答えとして正しいものは解答欄の「正《せい》」の文字を，誤っているものは解答欄の「誤《ご》」の文字を，それぞれ○《まる》でかこみなさい。正しいものは，各問いについて一つしかありません。

＜リスニングテスト放送台本＞

第１問

Question one

Ricardo: Are you enjoying your dinner?
Saki: Yes, very much.
Ricardo: Would you like some more chicken?
Saki: Yes, please. It's my favorite.

Question: Where are they?

a. They are at a restaurant.
b. They are in the library.
c. They are walking to school.
d. They are at a zoo.

Question two

Kasumi: I hear Tom is in the hospital.
Bill: Oh, what happened to him?
Kasumi: He broke his arm while he was playing baseball.

Question: What will Bill say next?

a. You're welcome.
b. That's too bad.
c. It's hard to decide.
d. I have other plans.

Question three
Mick: Excuse me. Two hamburgers, please.
Clerk: OK. Anything to drink?
Mick: Pardon?
Question: What will the clerk say next?
a. Would you like anything to drink?
b. Do you want two hamburgers?
c. How many hamburgers do you want?
d. Where are you going to drink?

第2問

More than twenty million people from all over the world visit New York every year. Most of them say, 'It's the most exciting city in the world!' They know many of the streets, avenues, and famous buildings before they come. How do they know them? From American movies, old and new – *King Kong, On the Town, Annie, Manhattan, Spiderman,* and many more.

New York is not the capital of New York State. Albany, 154 miles to the north of the city, is the capital. But New York is much more famous than Albany. People often call it 'The Big Apple'.

Question one
How do people know the streets, avenues, and the famous buildings in New York?
a. They know these things from reading some books about New York.
b. They know these things from asking their friends about New York.
c. They know these things from the Internet.
d. They know these things from watching some American movies.

Question two
Which is true about Albany?
a. It's not the capital of New York State.
b. It's 154 miles to the south of New York city.
c. It's not as famous as New York city.
d. There are a lot of apple trees there.

2 右の絵を見て，あとの問いに答えなさい。

（問い）　この絵はどのような状況を表しているか。また，あなた自身は，この状況がこの後どのような結果につながってほしいか。次に示す答え方により，英語で述べなさい。ただし，前半の下線部には ask（～を尋ねる），後半の下線部には reach（～に到着する）を必ず使うこと。

〈答え方〉

下線部をそれぞれ5語以上の英語で書く。

In this picture, a woman ____________. I hope that she will ____________.

なお，下の語句を参考にしてもよい。

〈語句〉

～に到着する　get to　　動物園　zoo　　動物　animal

3 マギー（Maggie）とゆり（Yuri）が会話をしています。二人の会話が成り立つように，下線部①から③までのそれぞれの（　）内に最も適当な語を入れて，英文を完成させなさい。（　）内に文字が示されている場合は，その文字で始まる語を解答すること。

Maggie: My name is Maggie. ①(M　　　) (　　　) have your name?
Yuri: I'm Yuri. Nice to meet you.
Maggie: Nice to meet you, too. What do you like to do, Yuri?
Yuri: I like watching movies. ②(　　　) (　　　) you, Maggie?
Maggie: Oh, I like watching movies, too! What's your favorite?
Yuri: The Takakura Rangers series are my favorite movies. Have you ever seen them?
Maggie: Yes, of course! ③I have (j　　　) (　　　) the latest one yesterday. I didn't think Tommy would ...
Yuri: Don't tell me! I haven't seen the latest one yet!

㈱ series　シリーズ　　latest　最新の

4 次の文章を読んで，あとの(1)から(5)までの問いに答えなさい。

Scientists often meet and talk about animals in danger. Politicians in many countries are beginning to talk about this too. They ask a lot of questions, and sometimes they listen to the scientists.

Who can hunt dolphins and whales? How many can those people kill every year? Can people buy rhinoceros horns? Is it right? Which animals are (A) fastest? How can we protect them? Where is the money going to come from? These are some of their questions.

So what can countries do? Here is one possible answer: they can open national parks. These are big and usually very beautiful wild places. Here, animals and birds can live freely, but they are also homes for trees and flowers. Tourists can go there and watch the animals, but usually they leave at night. They cannot [①].

The first national parks opened a hundred years ago or more. These days you can find national parks in most countries. ② They【because / the land and the animals / very important / protect / are / they】. One of the first was Gran Paradiso National Park in Italy. In 1800 Alpine Ibex were in danger, because people hunted them for their wonderful long horns. They almost disappeared from Europe. But King Victor Emmanuel Ⅱ of Italy liked hunting the ibex, so his men protected the animals in the national park. Now there are about 30,000 wild ibex in some other European countries.

In 1969, the people of Costa Rica began to protect their land. There are now 160 different places for the protection of animals, birds, and trees - 27 percent of the country. Thirty-two of these places are national parks. Some of the animals there are now extinct in other Central American countries. These places also help the people of Costa Rica because a lot of tourists come from other countries. The tourists want to walk through the trees. They want to see the animals and birds in their natural habitat. Their money helps hotels, shops - and the workers in the national parks.

Politicians can find ways to stop hunting. They can stop the pollution of the rivers, seas, sky, and land, too. People in every country are asking, 'How can we stop the pollution from cars, planes, and factories? Let's think about our lives, our work, and our homes. Our world needs to be a better place for all living things.' In China in 1990, there were only 1 million cars. In 2004, there were 12 million. But this is only 8 cars for every 1,000 people. In the USA, people are richer and there are 940 cars for every 1,000 people. How many cars are going to be on China's roads in 2050, when the people of China are richer?

㈡ in danger　絶滅の危機に瀕している　whale　クジラ　rhinoceros　サイ　horn　角
freely　自由に　Gran Paradiso National Park　グラン・パラディソ国立公園
Alpine Ibex　アルプス・アイベックス（ヤギ属に属する動物の一種）
King Victor Emmanuel Ⅱ　ヴィットーリオ・エマヌエーレ２世　European　ヨーロッパの
Costa Rica　コスタリカ（国名）　protection　保護　extinct　絶滅した
Central American　中米の　factory　工場　rich　裕福な

⑴ （Ａ）にあてはまる最も適当な語を，次の５語の中から選んで，正しい形にかえて書きなさい。
disappear　dream　eat　have　stay

⑵ [①] にあてはまる最も適当な英語を，次のアからエまでの中から選んで，そのかな符号を書きなさい。

ア take their family there
イ hunt or take things away with them
ウ enjoy having a meal

エ study about things there

(3) 本文の内容に合うように，下線部②の【 】内の語句を正しい順序に並べかえなさい。

(4) 本文中では，コスタリカ (Costa Rica) についてどのように述べられているか。最も適当なものを次のアからエまでの文の中から一つ選んで，そのかな符号を書きなさい。

ア 27 percent of Costa Rica is national parks.

イ In other Central American countries, you can see all the animals that can be seen in Costa Rica.

ウ People visit Costa Rica to hunt animals there.

エ Costa Rica and other Central American countries are helping each other.

(5) 次のアからカまでの文の中から，その内容が本文に書かれていることと一致するものを全て選んで，そのかな符号を書きなさい。

ア Politicians often meet and talk about animals in danger but scientists don't.

イ Countries can open national parks to solve the problem about animals in danger.

ウ In 1800, Alpine Ibex were hunted for food.

エ Because of King Victor Emmanuel Ⅱ, Alpine Ibex are extinct now.

オ Cars are one of the causes of the pollution of the rivers, seas, sky, and land.

カ Most Chinese people had cars in 2004.

5 孝子 (Takako) と留学生のロバート (Robert) が会話をしています。次の会話文を読んで，あとの(1)から(4)までの問いに答えなさい。

Takako: Hi, Robert. You're going back to Germany next month, right?

Robert: Yeah, I had a great time in Japan. I will really miss you all.

Takako: 【 a 】 What was the most surprising thing about Japan?

Robert: The most surprising thing was Japanese people's ... shopping habits!

Takako: Shopping habits?

Robert: Yes. When I first came to Japan, I was surprised that people here can go shopping around the clock.

Takako: 【 b 】 Tell me more about it.

Robert: You can go to convenience stores almost anywhere in Japan, so you can go out to buy a snack even in the middle of the night. 【 c 】

Takako: Is that so strange for you?

Robert: For me, it was like waking up in a different world.

Takako: Wow, I didn't know that you felt like that. How's your town different from here in Japan?

Robert: 【 d 】 Also, they were closed on Sundays and holidays. When I was a child, even supermarkets closed as early as 6 p.m. ① Nowadays, this (ア) changed to 8 p.m. or even 10 p.m. in some areas of the city. But on Sundays and holidays, almost all shops are still closed.

Takako: That's very different from Japan.
Robert: Of course, shopping habits have changed because you can enjoy shopping anytime on the Internet. But such rules make my town different from cities in Japan. ② For (イ), the streets are darker at night and people rest on Sundays.
Takako: I see. But don't you want to go for a shop on Sundays or holidays?
Robert: 【 e 】 There were no reasons to go to the town. Kids had to visit relatives. Now, as an adult, I feel that this custom had some value. Not shopping on Sundays gives you a chance to rest.
Takako: Good point. Many people are (A) playing video-games, checking SNS, or working. Too much convenience is not always good for us.
Robert: Right. Having limitations can be a great value.

㈴ around the clock 24時間　get used to ～ ～に慣れる
in the middle of ～ ～の真っただ中に　relative 親戚　value 価値　limitation 制限

⑴ 以下のアからオまでの英文を，会話文中の【a】から【e】までのそれぞれにあてはめて，会話の文として最も適当なものとするには，【b】と【d】にどれを入れたらよいか，そのかな符号を書きなさい。ただし，アからオまでの英文は，いずれも一度しか用いることができません。

ア Also many families spend their free time on Sundays at shopping centers.
イ In my own town in Germany, stores closed earlier than here.
ウ Me, too.
エ Oh, were you?
オ When I was a child, Sundays were boring to me.

⑵ 下線①，②のついた文が，会話の文として最も適当なものとなるように（ア），（イ）のそれぞれにあてはまる語を書きなさい。

⑶ （A）にあてはまる最も適当な語を，次のアからエまでの中から選んで，そのかな符号を書きなさい。

ア after　イ busy　ウ dark　エ early

⑷ 次の英文は，Robert が帰国後 SNS に投稿したものです。
この投稿が会話文の内容に合うように，次の（X），（Y）のそれぞれにあてはまる語を書きなさい。

Hi everyone, I'm back!
I really enjoyed my life in Japan.
I'm going to tell you about (X) habits in Japan.
In our town, almost all shops are closed on Sundays and holidays.
However, in Japan, many shops are open even late at (Y).
You can enjoy shopping anytime, but that means some workers cannot rest.
Which do you think is better, Japan or our town in Germany?
Give me your opinions!

【理　科】（45分）　＜満点：100点＞

1　地層の構造について，あとの⑴から⑸までの問いに答えなさい。

⑴　れき岩，砂岩，泥岩は，海底などに運ばれてきた土砂が押し固められてできた岩石である。このようにしてできた岩石を何というか。

図1

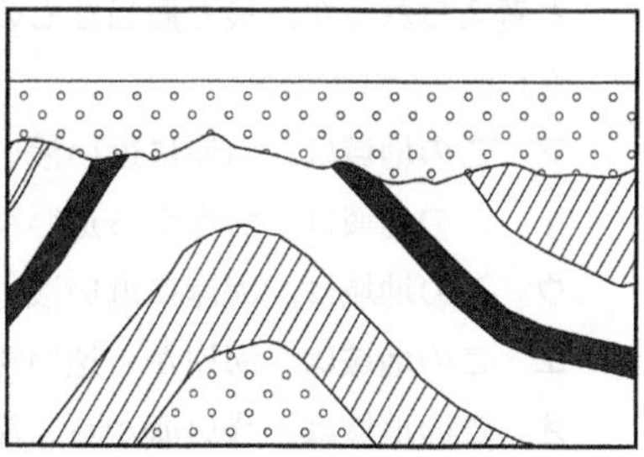

⑵　右の**図1**はあるがけの地層の重なりを表したものである。**図1**には地層が波打っている構造がみられる。この構造を何というか。

⑶　地層ができた時代を推定することができる化石の説明として最も適当なものを次の**ア**から**エ**までの中から選んで，そのかな符号を書きなさい。

ア　広い地域に生息し，短期間に栄えて絶滅した生物の化石。
イ　広い地域に生息し，長期間にわたって栄えた生物の化石。
ウ　せまい地域に生息し，短期間に栄えて絶滅した生物の化石。
エ　せまい地域に生息し，長期間にわたって栄えた生物の化石。

右の**図2**はボーリング調査が行われた地点とその標高を表す地図であり，**A**地点の真西に**B**地点が位置し，**A**地点の真北に**C**地点が位置している。**図3**は各地点の柱状図を模式的に表したものである。なお，この地域には火山灰の層は一つしかないことが分かっている。また，この地域には上下逆転や割れてずれたりすることはなく，各層は平行に重なり，ある一定の方向に傾いている。

図2

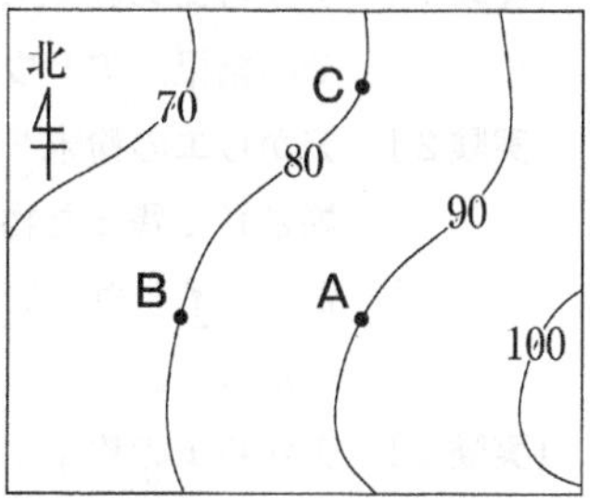

図3

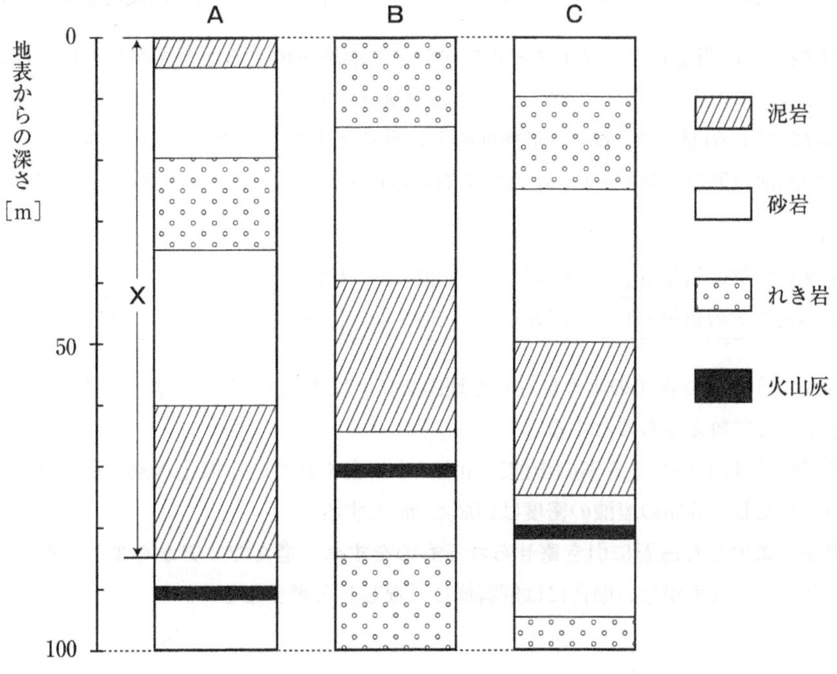

⑷　この地域の地層は，どの方角に低くなるように傾いていると考えられるか。最も適当なものを，次の**ア**から**エ**までの中から選んで，そのかな符号を書きなさい。

ア　東　　**イ**　西　　**ウ**　南　**エ**　北

⑸　前のページの図３の**A**地点の**X**の地層の重なり方から，当時の海の深さはどのように変化したと考えられるか。最も適当なものを，次の**ア**から**カ**までの中から選んで，そのかな符号を書きなさい。

ア　この地域は，海岸に近い浅い海のままだった。

イ　この地域は，海岸から遠い深い海のままだった。

ウ　この地域は，海岸に近い浅い海から，海岸から遠い深い海へと変化した。

エ　この地域は，海岸から遠い深い海から，海岸に近い浅い海へと変化した。

オ　この地域は，浅い海から，深い海に変化し，海岸に近い浅い海へと変化した。

カ　この地域は，深い海から，浅い海に変化し，海岸から遠い深い海へと変化した。

2　塩化ナトリウム，コークス（炭素），炭酸水素ナトリウム，銅のいずれかである物質**ア**，**イ**，**ウ**，**エ**について次の〔**実験１**〕から〔**実験３**〕を行った。あとの⑴から⑸までの問いに答えなさい。

〔**実験１**〕　**ア**から**エ**の粉末５ｇをそれぞれ水100ｇを入れたビーカーに加えて，よくかき混ぜた。その結果，**ア**と**ウ**は溶解しなかったが，**イ**はわずかに溶解し，**エ**は完全に溶解した。

〔**実験２**〕　**ア**から**エ**の粉末２ｇをそれぞれ燃焼さじに乗せ，ガスバーナーで加熱した。その後，燃焼さじに残った物質の質量を測定した。その結果，**ア**は加熱前よりも質量が増加していた。①**イ**と**ウ**は加熱前よりも質量が減少した。**エ**は加熱前と後では質量の変化は見られなかった。

〔**実験３**〕　**ア**から**エ**の粉末１ｇをそれぞれ５％の塩酸100mLを入れたビーカーに加えて，よくかき混ぜた。その結果，**イ**は反応して気体が発生した。**イ**以外は反応しなかった。

⑴　〔**実験１**〕に関連して，フェノールフタレイン溶液を加えるとわずかに赤色になるものはどれか。**ア**から**エ**の中からすべて選んで，そのかな符号を書きなさい。

⑵　〔**実験２**〕に関連して，**表１**は加熱前の**ア**の質量と加熱後の**ア**の質量の関係をまとめたものである。加熱前の**ア**の質量と，**ア**と化合する酸素の質量との割合を，最も簡単な整数比で求めなさい。

表１

加熱前の**ア**の質量[g]	1.00	1.20	1.40	1.60	1.80	2.00
加熱後の**ア**の質量[g]	1.25	1.50	1.75	2.00	2.25	2.50

⑶　〔**実験２**〕の下線部①のようになった理由を15字以上，20字以内で答えなさい。ただし，句読点は１字として数えるものとする。

⑷　〔**実験３**〕において，５％の塩酸100mLの中に含まれている塩化水素の質量はいくらか求めなさい。ただし，５％の塩酸の密度は1.02ｇ/cm^3とする。

⑸　**ア**から**エ**のうち磁石に引き寄せられるものをすべて選んで，**ア**から**エ**のかな符号で書きなさい。ただし，答えがない場合には解答欄に「なし」と書きなさい。

3 動物の分類について話している生徒の会話を読み，あとの(1)から(5)までの問いに答えなさい。なお，文章中の**A**から**E**には，魚類，両生類，ハチュウ類，鳥類，ホニュウ類のいずれかの言葉がはいる。

高男くん 「脊椎動物は大きく５つのグループに分けることができるようだね。この５つは色々な方法で分類することができるそうだよ。」

蔵子さん 「そうそう，例えば子の生まれ方は，**A**だけが異なるだけで，**B**，**C**，**D**，**E**は共通しているのだったわね。だけど①その中でも，**B**と**C**，**D**と**E**で分けることができるのよね。」

高男くん 「呼吸の仕方にも違いがあったね。②**E**だけは，成長する過程で呼吸の方法が変化するそうだよ。」

蔵子さん 「そうね。体温の調節方法も違ったわね。」

高男くん 「そうそう，**A**と**C**が共通していて，**B**と**D**と**E**が共通しているよ。③体温が環境によって変化するのはどれだったかな？」

蔵子さん 「**B**と**D**と**E**よ。」

高男くん 「そうだね。図書館で借りた本に書いてあるけど，④脊椎動物は種類によって心臓の形も違うみたいだよ。」

(1) 下線部①について，**B**と**C**，**D**と**E**の子の生まれ方の相違点を説明しなさい。

(2) 下線部②について，**E**の呼吸の方法が成長する過程でどのように変化するか説明しなさい。

(3) 下線部③のような体温の調節をする動物を何というか，答えなさい。

(4) 下線部④について，右の図１は，ある生物の心臓の模式図である。**A**から**E**の動物のうち，一般的に図１のような心臓のつくりをもつ動物はどれか。最も適当なものを，次の**ア**から**オ**までの中から選んで，そのかな符号を書きなさい。

ア A　イ B　ウ C　エ D　オ E

(5) イモリは**A**から**E**のどれに分類されるか。最も適当なものを次の**ア**から**オ**までの中から選んで，そのかな符号を書きなさい。

ア A　イ B　ウ C　エ D　オ E

図１

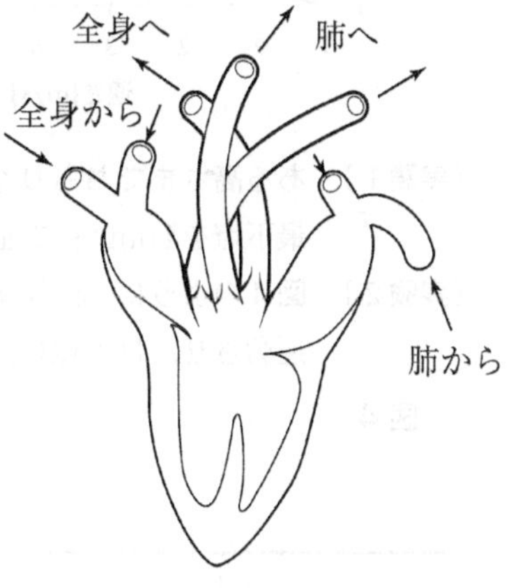

4 次のふりこの実験に関する文章を読んで，あとの(1)から(5)までの問いに答えなさい。

図１のように，天井からおもりをつるしてふりこをつくり，次の〔**実験１**〕から〔**実験３**〕を行った。このふりこにつるされたおもりの運動エネルギーと速さの関係を図２に，おもりの位置エネルギーと基準面からの高さの関係を図３に示す。ふりこにおける天井と糸の間の摩擦《まさつ》，糸の質量，全ての運動における空気抵抗は考えないこととする。また，おもりにかかわるエネルギーは運動エネルギーと位置エネルギーのみとし，おもりが通る最下点の位置を基準面とする。

(図１～図３は次のページにあります。)

図１

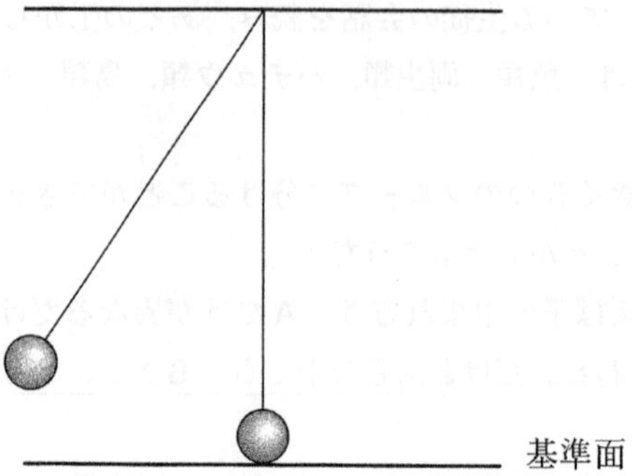

図２

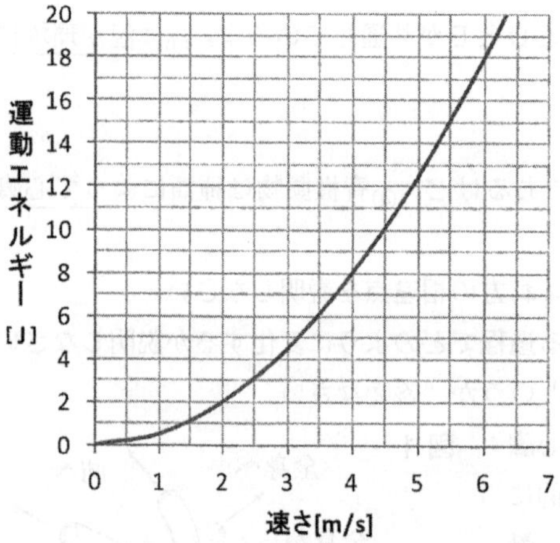

図３

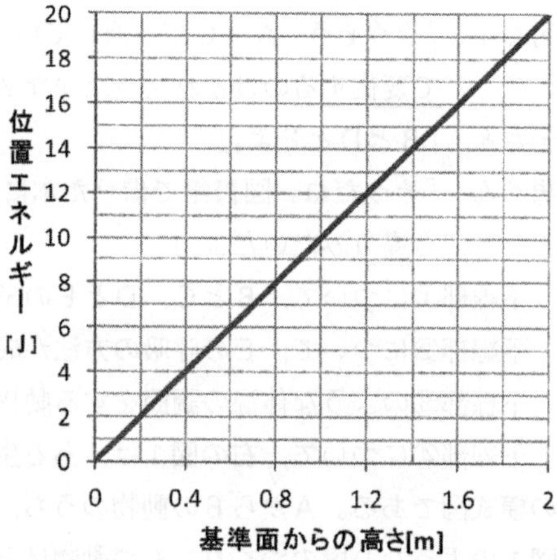

〔実験１〕　ある高さまでおもりを持ち上げて静かに手を離し，ふりこ運動させたところ，おもりは最下点を4.0m/ｓで通過した。

〔実験２〕　図４のように，おもりを最下点から1.6mの高さまで持ち上げて静かに手を離してふりこ運動させ，最下点に到達したところで小物体に衝突させたところ，小物体は水平面ＰＱ

図４

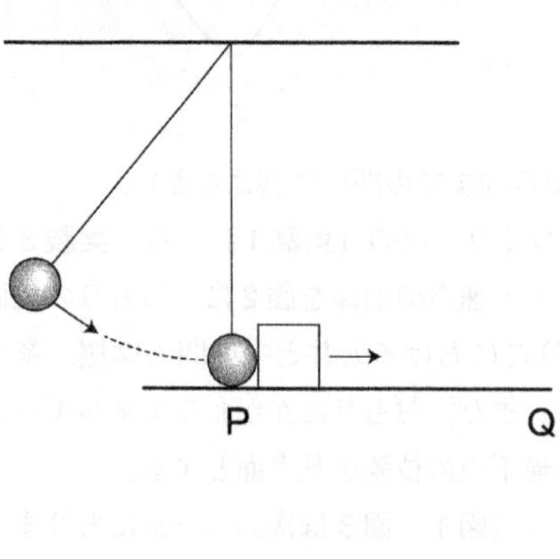

図５

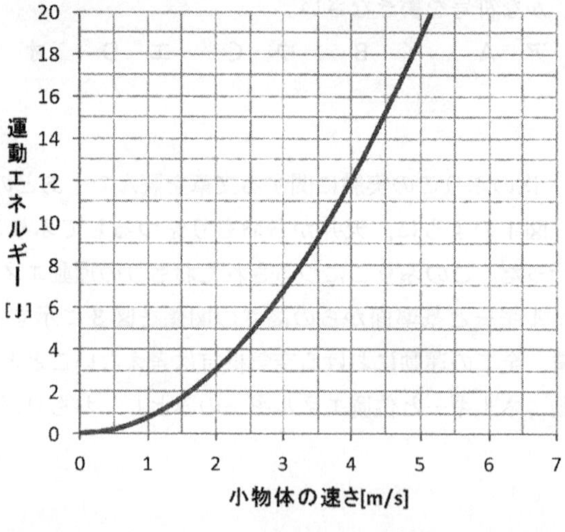

上を一定の速さで運動した。小物体の運動エネルギーと速さの関係を図5に示す。なお，衝突の衝撃で，おもりが持っていたエネルギーのうち25%が外部に放出されて，残りのエネルギーが小物体に受け渡されたものとする。また，水平面PQ上には摩擦《まさつ》がはたらかないものとする。

〔実験3〕 図4の水平面PQに摩擦《まさつ》が生じるようにして，おもりを最下点から1.6mの高さまで持ち上げて静かに手を離してふりこ運動させ，最下点に到達したところで小物体に衝突させたところ，小物体は水平面PQ上を運動して4.8m進んだところで停止した。なお，衝突の衝撃で，おもりが持っていたエネルギーのうち25%が外部に放出されて，残りのエネルギーが小物体に受け渡されたものとする。

(1) 物体の持つ運動エネルギーと位置エネルギーの和を何というか。

(2) **〔実験1〕**において，おもりが最下点を4.0m/sで通過したとき，おもりが到達する最高点の高さは基準面から何mの位置になるか，求めなさい。

(3) **〔実験1〕**において，おもりの速さが2.0m/sになるとき，おもりの位置は基準面から何mの高さか，求めなさい。

(4) **〔実験2〕**において，小物体は水平面PQ上を速さ何m/sで運動するか求めなさい。

(5) **〔実験3〕**において，水平面PQ間で，小物体にはたらいた摩擦《まさつ》力の大きさは何Nか求めなさい。

5 あとの(1)から(5)までの問いに答えなさい。

(1) 右の**図1**はガスバーナーを示した図である。次の**ア**から**セ**はガスバーナーの取り扱いについて書かれている。ガスバーナーに火をつけてから消すまでの正しい手順を**ア**から**セ**までの中からすべて選んで，手順にそってかな符号で書きなさい。

図1

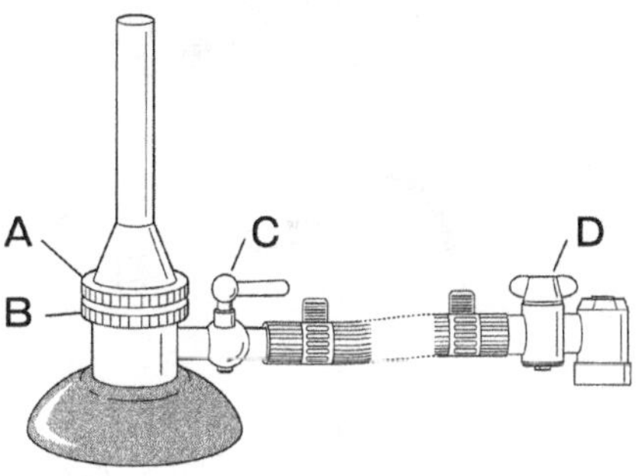

ア **A**と**B**がしまっていることを確認し，**C**を開く。

イ **A**と**B**がしまっていることを確認し，**D**を開く。

ウ **C**を開き，**A**をゆるめながら，マッチの火を真横から近づけて火をつける。

エ **C**を開き，**B**をゆるめながら，マッチの火をななめ下から近づけて火をつける。

オ **D**を開き，**A**をゆるめながら，マッチの火をななめ下から近づけて火をつける。

カ **D**を開き，**B**をゆるめながら，マッチの火を真横から近づけて火をつける。

キ **A**で適当な大きさの炎にしてから，**B**をゆるめ，適正な青色の炎にする。

ク **A**で適当な大きさの炎にしてから，**B**をゆるめ，適正な赤色の炎にする。

ケ **B**で適当な大きさの炎にしてから，**A**をゆるめ，適正な青色の炎にする。

コ **B**で適当な大きさの炎にしてから，**A**をゆるめ，適正な赤色の炎にする。

サ **B**をしめたあとで**A**をしめる。　**シ** **A**をしめたあとで**B**をしめる。

ス **C**をしめたあとで**D**をしめる。　**セ** **D**をしめたあとで**C**をしめる。

(2) 次のページの**ア**から**コ**は，それぞれ顕微鏡の取り扱いについて書かれている。顕微鏡を使用する正しい手順を**ア**から**コ**までの中からすべて選んで，手順にそってかな符号で書きなさい。

ア　プレパラートをステージにのせてクリップで止める。
イ　横から見ながら調節ねじを回し，対物レンズをプレパラートに近づける。
ウ　横から見ながら調節ねじを回し，接眼レンズをプレパラートに近づける。
エ　顕微鏡をのぞきながら調節ねじを回し，接眼レンズを近づけながらピントを合わせる。
オ　顕微鏡をのぞきながら調節ねじを回し，対物レンズを遠ざけながらピントを合わせる。
カ　反射鏡で視野の明るさを調節する。
キ　顕微鏡を直射日光の当たらない水平な台に置く。
ク　顕微鏡を直射日光の当たる水平な台に置く。
ケ　対物レンズをつけ，次に接眼レンズをつける。
コ　接眼レンズをつけ，次に対物レンズをつける。

⑶　塩化アンモニウムと水酸化カルシウムの混合物（A）が入った試験管を加熱し，発生した気体を集める実験を行った。このときの実験方法を示した図として最も適当なものを，**ア**から**カ**までの中から選んで，そのかな符号を書きなさい。

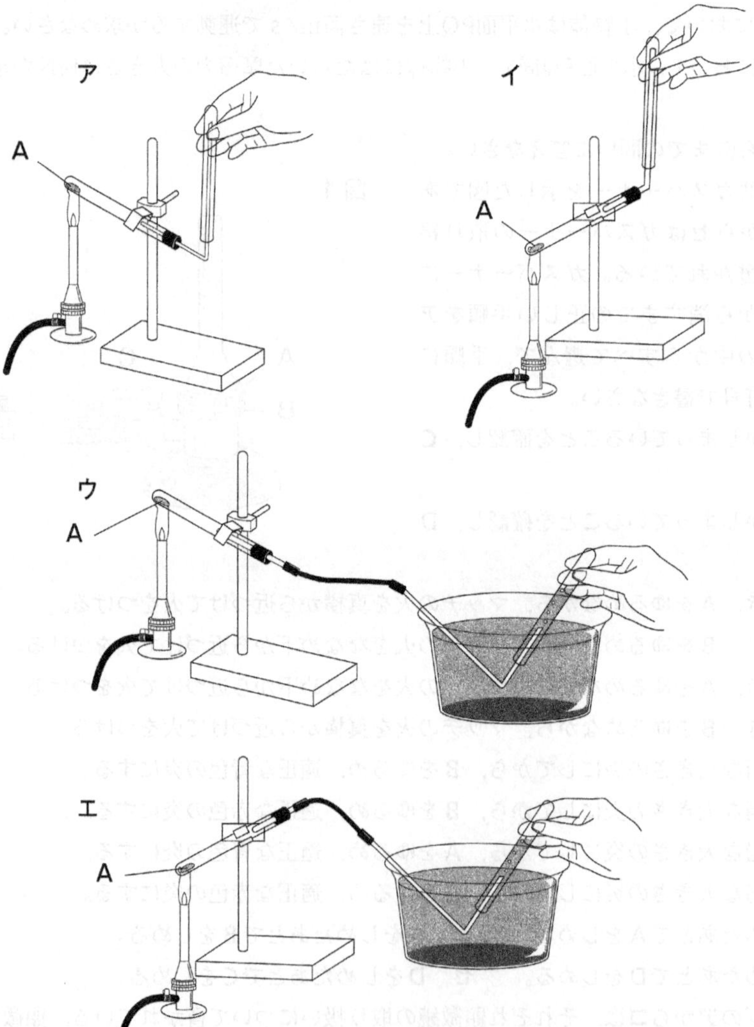

オ

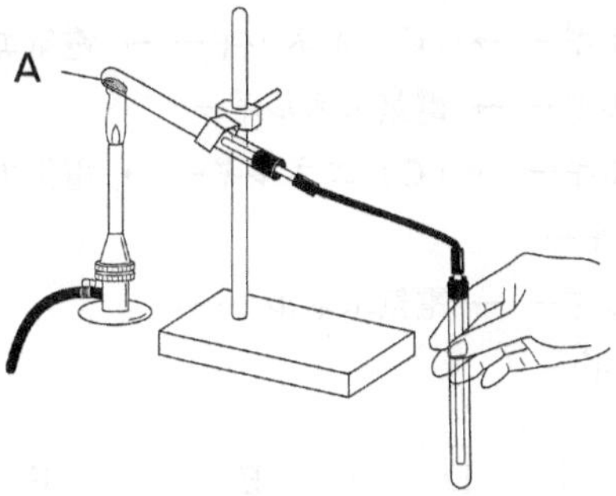

カ

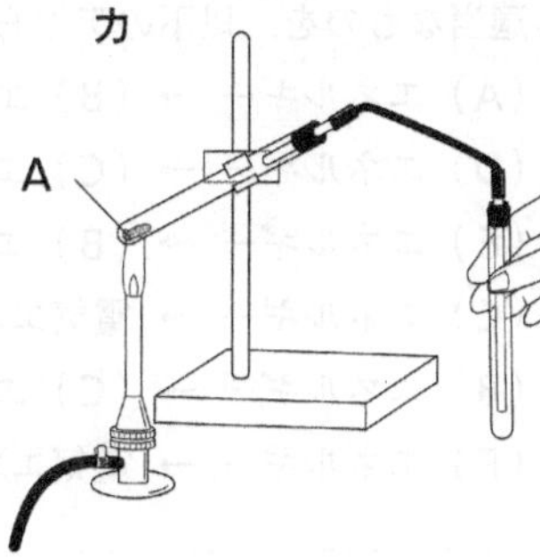

(4) 日本の気候はおもに小笠原気団，シベリア気団，オホーツク海気団，長江気団という4つの気団の影響をうける。**表1**はそれぞれの気団の性質と日本への影響をまとめたものである。**A**から**D**の気団を最も正しく表したものを**ア**から**ク**までの中から選んで，そのかな符号を書きなさい。

表1

気団	性質	日本への影響
A	高温・乾燥	おもに春・秋
B	低温・多湿	梅雨期や秋雨期
C	高温・多湿	おもに夏
D	低温・乾燥	おもに冬

ア A オホーツク海気団　B 長江気団
　C シベリア気団　D 小笠原気団

イ A オホーツク海気団　B 小笠原気団
　C シベリア気団　D 長江気団

ウ A シベリア気団　B 長江気団
　C オホーツク海気団　D 小笠原気団

エ A シベリア気団　B 小笠原気団
　C オホーツク海気団　D 長江気団

オ A 小笠原気団　B オホーツク海気団
　C 長江気団　D シベリア気団

カ A 小笠原気団　B シベリア気団
　C 長江気団　D オホーツク海気団

キ A 長江気団　B オホーツク海気団
　C 小笠原気団　D シベリア気団

ク A 長江気団　B シベリア気団
　C 小笠原気団　D オホーツク海気団

(5) 日常生活や社会においてエネルギーは様々な形に変換されて利用されている。その中でも特によく利用されているものとして，電気エネルギーがある。発電所では，様々な種類のエネルギーを最終的に電気エネルギーに変換することで電気を生み出している。以下は，様々な発電方法におけるエネルギー変換を示したものである。**A**から**F**にあてはまるエネルギーの名称の組み合わせとして最も適当なものを，以下のアからクまでの中から選んで，そのかな符号を書きなさい。

火力発電　（A）エネルギー → （B）エネルギー → （C）エネルギー → 電気エネルギー
水力発電　（D）エネルギー → （C）エネルギー → 電気エネルギー
原子力発電（E）エネルギー → （B）エネルギー → （C）エネルギー → 電気エネルギー
風力発電　（C）エネルギー → 電気エネルギー
地熱発電　（B）エネルギー → （C）エネルギー → 電気エネルギー
太陽光発電（F）エネルギー → 電気エネルギー

	A	B	C	D	E	F
ア	光	核	位置	運動	化学	熱
イ	化学	光	運動	位置	核	熱
ウ	核	熱	運動	位置	化学	光
エ	化学	熱	運動	位置	核	光
オ	光	化学	位置	運動	核	熱
カ	熱	光	運動	位置	化学	核
キ	熱	化学	位置	運動	核	光
ク	核	熱	位置	運動	化学	光

【社　会】（45分）　＜満点：100点＞

1　次のⅠ，Ⅱ，Ⅲ，Ⅳの写真は江戸末期から昭和初期にかけて活躍した人物です。その人物の説明をみて，あとの⑴から⑷までの問いに答えなさい。

Ⅰ

Ⅱ

Ⅲ

Ⅳ

Ⅰ	大阪紡績会社や札幌麦酒会社など500におよぶ企業の設立に関わった。
Ⅱ	岩倉使節団とともに，留学生として海外へ渡った。
Ⅲ	破傷風の血清療法を発見した。
Ⅳ	幕府が派遣した使節に同行し、『西洋事情』を出版した。

⑴　Ⅰ～Ⅳの説明文の内容を年代の古い順に並べたとき，最も適当なものを，次のアからエまでの中から選んで，そのかな符号を書きなさい。

ア　Ⅰ　→　Ⅱ　→　Ⅳ　→　Ⅲ

イ　Ⅱ　→　Ⅰ　→　Ⅳ　→　Ⅲ

ウ　Ⅲ　→　Ⅳ　→　Ⅰ　→　Ⅱ

エ　Ⅳ　→　Ⅱ　→　Ⅰ　→　Ⅲ

⑵　2024年前半期に一新される予定の紙幣のデザインの組み合わせとして最も適当なものを，次の**ア**から**カ**までの中から選んで，そのかな符号を書きなさい。

ア　千円札－Ⅰ，五千円札－Ⅱ，一万円札－Ⅲ
イ　千円札－Ⅰ，五千円札－Ⅲ，一万円札－Ⅱ
ウ　千円札－Ⅱ，五千円札－Ⅰ，一万円札－Ⅲ
エ　千円札－Ⅱ，五千円札－Ⅲ，一万円札－Ⅰ
オ　千円札－Ⅲ，五千円札－Ⅰ，一万円札－Ⅱ
カ　千円札－Ⅲ，五千円札－Ⅱ，一万円札－Ⅰ

⑶　次の文章はⅡの人物が活躍したころにおこなわれた「琉球処分」について述べたものである。文章中の □ にあてはまることばを，「沖縄県」「廃止」「琉球藩」の三つの語を用いて，10字以上15字以下で書きなさい。

> 琉球王国は江戸時代以来，薩摩藩の支配下にあり，同時に中国の清王朝に対しても朝貢を行っていました。日本政府は，琉球を自国の領土にしようと，1879年に □ を設けました。

⑷　次の資料は，明治政府によっておこなわれた「殖産興業」の一環として開設された官営模範工場である。2014年に世界遺産にも登録されたこの工場の名称を書きなさい。また，その位置を次のページの略地図の①～④から選び，その番号を書きなさい。

資料

略地図

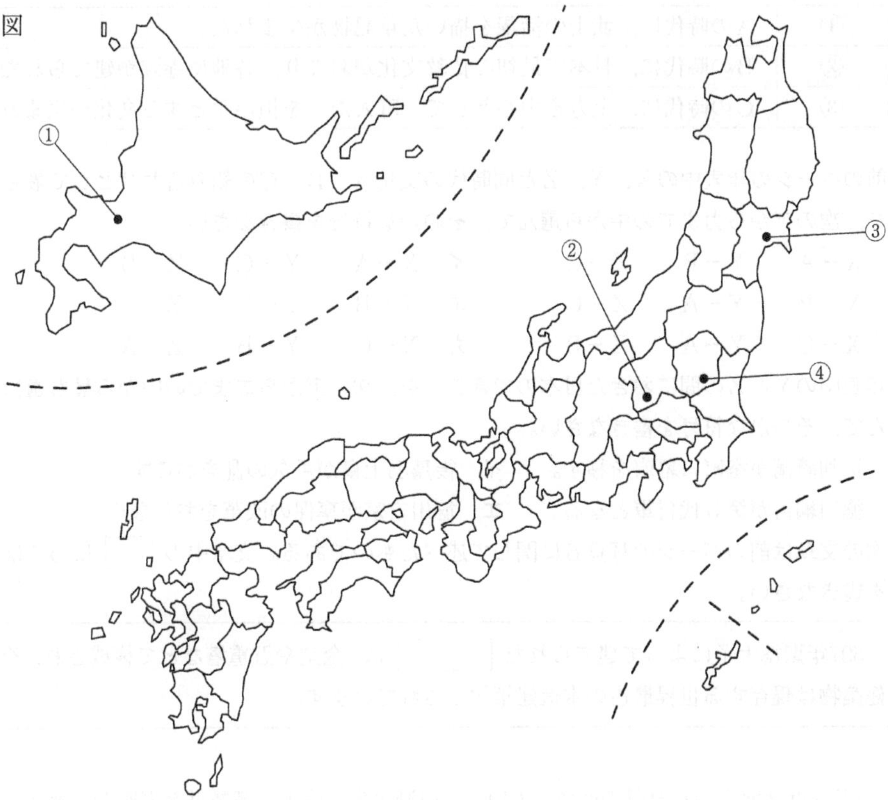

2 右の年表は，中国の歴史をまとめたものである。A，B，Cの写真や絵は日本の各時代の文化を代表するものであり，次のページの①，②，③の文章は，それぞれA，B，Cに関して説明したものである。あとの⑴から⑶までの問いに答えなさい。

年	できごと	
前 202	前漢が中国を統一する。	
589	隋が中国を統一する。	
618	唐がおこる。	…X
960	北宋がおこる。	
1127	南宋がおこる。	
1271	モンゴルが国号を元とする。	…Y
1368	明がおこる。	
1644	清の中国支配がはじまる。	…Z

A

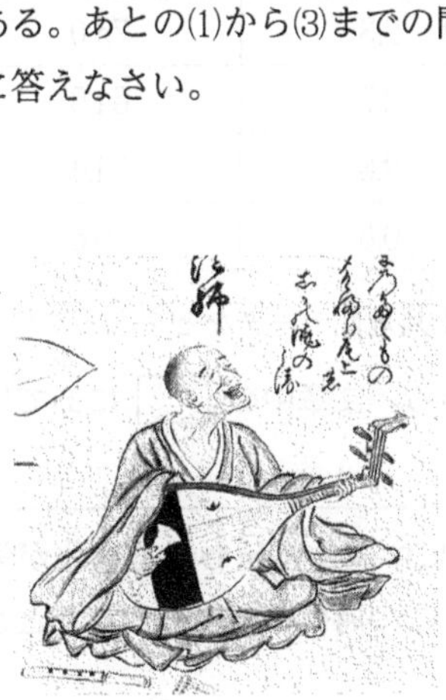

B

C

①	Aの時代に，武士の活躍を描いた軍記物が生まれた。
②	Bの時代に，日本で最初の仏教文化がおこり，各地に寺院が建てられた。
③	Cの時代に，上方を中心として，町人たちを担い手とする文化が生まれた。

⑴　前のページの年表中のX，Y，Zと同時代の文化A，B，Cの組み合わせとして最も適当なものを，次の**ア**から**カ**までの中から選んで，そのかな符号を書きなさい。

ア　X－A　Y－B　Z－C　　**イ**　X－A　Y－C　Z－B
ウ　X－B　Y－A　Z－C　　**エ**　X－B　Y－C　Z－A
オ　X－C　Y－A　Z－B　　**カ**　X－C　Y－B　Z－A

⑵　年表中のYとZの間におきた日本のできごとを，次の**ア**から**エ**までの中から最も適当なものを選んで，そのかな符号を書きなさい。

ア　足利義満が室町に幕府を移す。　**イ**　後鳥羽上皇が承久の乱をおこす。
ウ　徳川綱吉が第５代将軍となる。　**エ**　徳川吉宗が享保の改革をおこなう。

⑶　次の文章は前のページの写真Bに関して述べたものである。文章中の［　　］にあてはまる寺院名を書きなさい。

> 607年聖徳太子によって建てられた［　　　］は，金堂や五重塔などで構成され，それらの建築物は現存する世界最古の木造建築物とされています。

3　次の表は近畿地方の６府県の面積，人口，人口減少率，第１次産業就業者割合，第３次産業就業者割合を示したものである。あとの⑴から⑸までの問いに答えなさい。

なお，表中のA，B，Cは，大阪府，奈良県，兵庫県のいずれかである。

県　名	面積(㎢) (2018年)	人口(人) (2018年)	人口減少率(%) (2015年→2018年)	第１次産業 就業者割合(%) (2015年)	第３次産業 就業者割合(%) (2015年)
A	8,400.95	5,483,450	－0.92	2.1	73.1
和歌山県	4,724.65	934,051	－3.06	9.8	67.4
京都府	4,612.20	2,591,779	－0.71	2.3	75.0
滋賀県	4,017.38	1,412,881	0.00	2.7	64.5
B	3,690.94	1,340,070	1.77	2.8	74.4
C	1,905.29	8,824,566	－0.16	0.6	76.8

（総務省，国土地理院データなどをもとに作成）

⑴　次の文章は，表中のBにあたる府県について述べたものである。文章中の［　　］にあてはまることばを漢字３字で書きなさい。

> Bは古代より政治の中心として，８世紀には貴族を中心に中国から伝わった文化が栄えた。2019年５月１日より定められた新しい元号「令和」は，この時代にまとめられたとされる和歌集である『［　　　］』が出典とされている。

⑵　表中のA，B，Cにあてはまる県名の組み合わせとして最も適当なものを，次の**ア**から**カ**までの中から選んで，そのかな符号を書きなさい。

ア　A：大阪府，B：奈良県，C：兵庫県　**イ**　A：大阪府，B：兵庫県，C：奈良県
ウ　A：奈良県，B：大阪府，C：兵庫県　**エ**　A：奈良県，B：兵庫県，C：大阪府
オ　A：兵庫県，B：大阪府，C：奈良県　**カ**　A：兵庫県，B：奈良県，C：大阪府

⑶　右の写真は，表中のCにある古墳である。2019年に世界遺産に登録された古墳名として最も適当なものを，次の**ア**から**エ**までの中から選んで，そのかな符号を書きなさい。

ア　稲荷山古墳　**イ**　江田船山古墳
ウ　五色塚古墳　**エ**　大仙古墳

⑷　次のX，Y，Zの説明文は，表中のA，B，Cの３県いずれかについて述べたものである。その組み合わせとして最も適当なものを，あとの**ア**から**カ**までの中から選んで，そのかな符号を書きなさい。

X：2019年にG20サミットが開催され，2025年には万国博覧会も開催予定。
Y：漫画家手塚治虫やお笑いタレント・ダウンタウンの出身地。
Z：靴下生産量全国第１位（2017年），柿の収穫量全国第２位（2018年）。

ア　X：A，　Y：B，　Z：C　　**イ**　X：A，　Y：C，　Z：B
ウ　X：B，　Y：A，　Z：C　　**エ**　X：B，　Y：C，　Z：A
オ　X：C，　Y：A，　Z：B　　**カ**　X：C，　Y：B，　Z：A

⑸　古代の都のうち，表中のBにあったものを，次の**ア**から**キ**までの中からすべて選んで，そのかな符号を書きなさい。

ア　大津京　**イ**　恭仁京　**ウ**　長岡京　**エ**　難波京　**オ**　藤原京　**カ**　平安京
キ　平城京

4　次の表はインド，中国，ブラジル，南アフリカ，ロシアの人口，面積，運転中の原発発電量，産業用ロボット稼働台数をそれぞれ示している。あとの⑴から⑷までの問いに答えなさい。
なお，表中のA，B，C，Dはインド，ブラジル，南アフリカ，ロシアのいずれかである。

国名	人口 （万人）	面積 （㎢）	運転中の原発発電量 （万 kW）	産業用ロボット稼働台数 （万台）
中国	139,027	9,601,136	3349.3	25.6
A	132,680	3,287,263	578.0	1.4
B	20,957	8,515,767	199.0	1.1
C	14,344	17,098,246	2674.1	0.3
D	5,498	1,221,037	194.0	0.4

（「World Population Prospects:the 2015 Revision」などをもとに作成）

⑴　前のページの表中のAについて述べた文として最も適当なものを，次の**ア**から**エ**までの中から選んで，そのかな符号を書きなさい。

ア　通貨の単位はランド。金の産出量が世界第７位（2016年）。

イ　通貨の単位はルピー。一次エネルギー消費量は中国，アメリカについで世界第３位（2018年）。

ウ　通貨の単位はルーブル。天然ガスの埋蔵量は世界第１位（2018年），石炭の埋蔵量も世界第２位（2018年）。

エ　通貨の単位はレアル。１年間で減少した森林面積が第１位（2015年）。

⑵　次のX，Y，Zの雨温図は，表中のB，C，Dの３国いずれかのものである。X，Y，Zの雨温図とB，C，Dの組み合わせとして最も適当なものを，あとの**ア**から**カ**から選んで，そのかな符号を書きなさい。

X

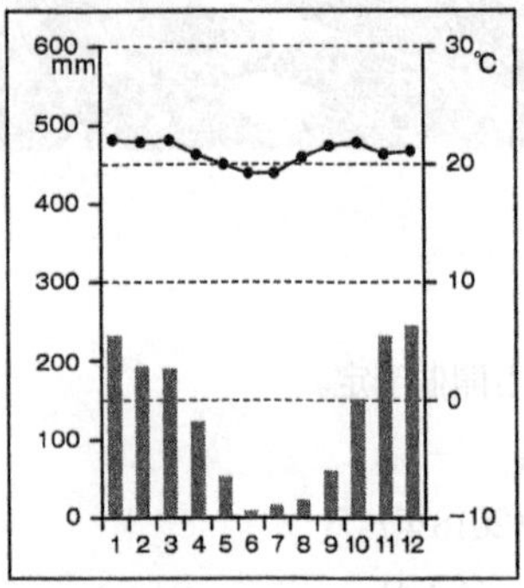

Y

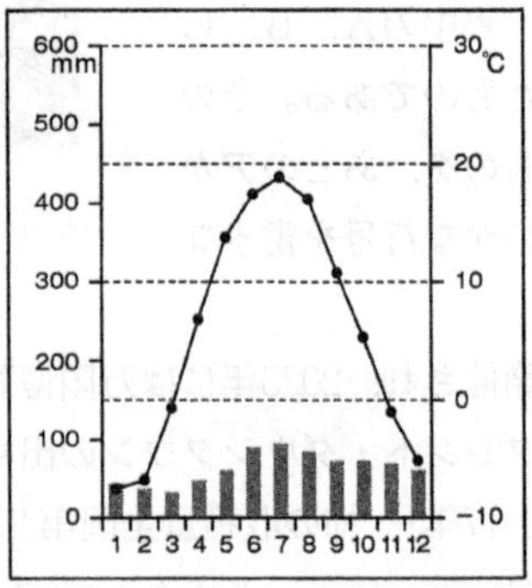

Z

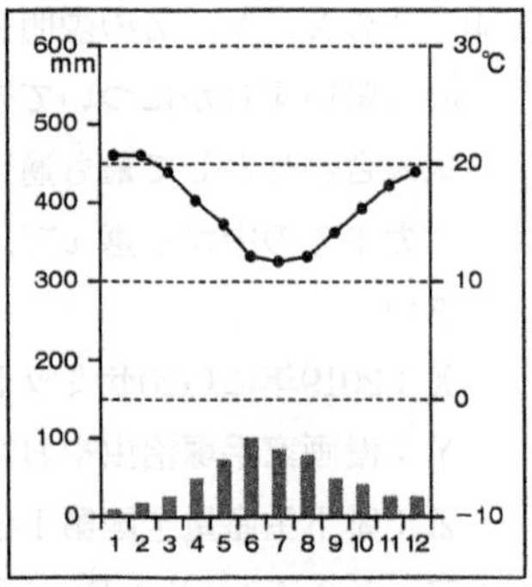

ア　X：B，　Y：C，　Z：D

イ　X：B，　Y：D，　Z：C

ウ　X：C，　Y：B，　Z：D

エ　X：C，　Y：D，　Z：B

オ　X：D，　Y：B，　Z：C

カ　X：D，　Y：C，　Z：B

⑶　表中のBで話されているおもな言語として最も適当なものを，次の**ア**から**エ**までの中から選んで，そのかな符号を書きなさい。

ア　英語　　**イ**　スペイン語　　**ウ**　フランス語　　**エ**　ポルトガル語

⑷　2000年以降に高い経済成長を続けるインド，中国，ブラジル，南アフリカ，ロシア５カ国の総称をアルファベット５字で書きなさい。

5　次のページのⅠ，Ⅱのグラフはそれぞれ，わが国の国税と地方税（円グラフ左側半分が道府県税，右半分が市町村税）の内訳を示している。文章を読んで，あとの⑴から⑶までの問いに答えなさい。

Ⅰ，Ⅱのグラフ中のXは商品やサービスを購入した時にかけられる税金です。Yは個人の所得にかけられる税金で，Zは企業などの所得にかけられる税金です。わが国では，所得が多くなるにつれて段階的に税率が高くなる［ a ］というしくみが導入されています。このように，高所得者にはより多くの課税をし，一方で，低所得者には社会保障などを手厚くし，一部の人に富が集中しないようにする機能を，所得の [b] といいます。

I

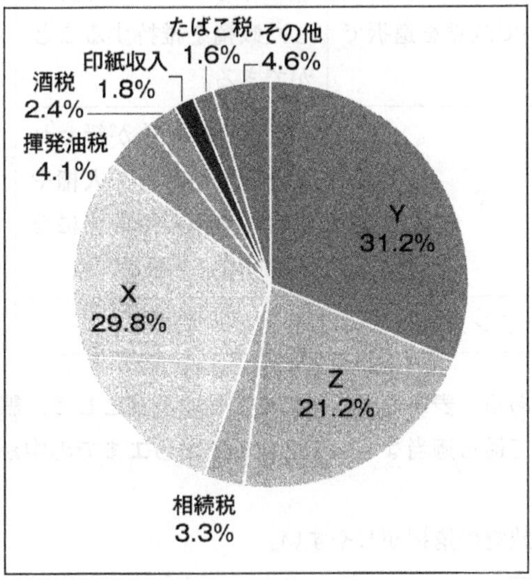

総額 57 兆 6040 億円

II

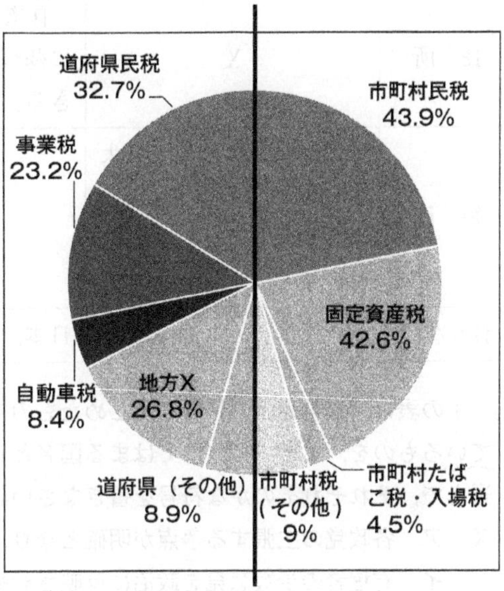

総額 38 兆 7920 億円

（I，IIのグラフは，2016 年度財務省資料などをもとに作成）

(1) 文章中の [a] と [b] にあてはまる最も適当なことばを，それぞれ書きなさい。なお，[a] は漢字４字，[b] は漢字３字で書きなさい。

(2) グラフI，II中のX，Y，Zにあてはまることばの組み合わせとして最も適当なものを，次の**ア**から**カ**までの中から選んで，そのかな符号を書きなさい。

ア X 消費税　Y 所得税　Z 法人税
イ X 消費税　Y 法人税　Z 所得税
ウ X 所得税　Y 消費税　Z 法人税
エ X 所得税　Y 法人税　Z 消費税
オ X 法人税　Y 消費税　Z 所得税
カ X 法人税　Y 所得税　Z 消費税

(3) グラフI，IIについて述べた文として誤っているものを，次の**ア**から**エ**までの中から選んで，そのかな符号を書きなさい。

ア グラフI中の揮発油税とはガソリンなどにかけられる税金である。
イ グラフI，II中に示されている税金のうち，どちらも直接税が占める割合の方が間接税よりも高い。
ウ グラフII中に示されている税金はすべて地方公共団体に直接おさめる直接税である。
エ グラフII中の固定資産税とは土地や建物などにかけられる税金である。

6 次の表や文章を読んで，あとの⑴から⑷までの問いに答えなさい。

Ⅰ

	二大政党制	多党制	一党制
長所	X	・有権者が多様な価値観に基づいて政党を選択できる。	・長期間にわたって安定した政権を維持することができる。
短所	・二つの政党の政策に大きな隔たりがある場合，政治の一貫性が保たれない。	Y	・独裁的な政治が行われる可能性があり，人権や世論を無視した政治になりやすい。
おもな国	アメリカ，イギリス	日本，フランス	Z

⑴　Ⅰの表は，政党政治の特徴をまとめたものである。表中のX，Yにあてはまる文として，誤っているものを，また，Zにあてはまる国名として最も適当なものを，次のアからエまでの中から選んで，それぞれそのかな符号を書きなさい。

X　**ア**　各政党の主張する争点が明確となり，政党の選択がしやすい。
　　イ　有権者の少数意見を政治に反映させやすい。
　　ウ　もう一方の政党をけん制できる。
　　エ　政治の責任の所在をはっきりさせることができる。

Y　**ア**　有権者の少数意見が政治に反映されにくい。
　　イ　政治の責任の所在をはっきりさせることができない。
　　ウ　連立政権になりやすく，政治が不安定になる。
　　エ　少数政党が政治の主導権を握る可能性がある。

Z　**ア**　イタリア
　　イ　中華人民共和国
　　ウ　ドイツ
　　エ　スウェーデン

Ⅱ

> わが国の国会では，衆議院と参議院が二院制を採用されています。衆議院と参議院ではそれぞれ(A)任期が異なっており，(B)被選挙権の年齢も衆議院と参議院では異なります。(C)選挙権の年齢は2015年から，それまでの20歳から引き下げられました。

⑵　Ⅱの文章中の（A），（B），（C）に関する数字の組み合わせとして最も適当なものを，次のアからクまでの中から選んで，そのかな符号を書きなさい。なお，（A）の任期については衆議院の年数を，（B）については参議院の年齢を，（C）については引き下げられた年齢を答えなさい。

ア　（A）4　（B）25　（C）18　　**イ**　（A）4　（B）30　（C）18
ウ　（A）4　（B）25　（C）19　　**エ**　（A）4　（B）30　（C）19

オ　(A) 6　(B) 25　(C) 18　**カ**　(A) 6　(B) 30　(C) 18
キ　(A) 6　(B) 25　(C) 19　**ク**　(A) 6　(B) 30　(C) 19

⑶　わが国の選挙について述べた文として誤っているものを，次の**ア**から**エ**までの中から一つ選んで，そのかな符号を書きなさい。

ア　世代別の投票率を見ると，おおむねどの選挙も高齢世代の投票率が高い傾向にある。
イ　選挙権年齢が引き下げられて以降，確実に低年齢層の投票率が上がってきている。
ウ　南極の昭和基地ですごす隊員はFAXで投票することができる。
エ　目が不自由な人のために，投票所には点字の投票用紙と器具が置いてある。

⑷　小選挙区制度の特徴について述べた文として最も適当なものを，次の**ア**から**エ**までの中から選んで，そのかな符号を書きなさい。

ア　議席を多く獲得する政党が増え，政治が安定する。
イ　有権者の選択の幅が増え，多様な人物や新人が当選しやすい。
ウ　少数政党が多く出現し，政治が不安定になる。
エ　当選しなかった人への死票が少なくなる。

要があると考えたため。

ウ　「さるべき男」がいない以上、宿直人に丁寧に依頼するしか方法がないと考えたため。

エ　主のために箏をひくには、代用品でもよいから急いで琴柱を立てる必要があったため。

㈡　②はかばかしきことあらじ　の現代語訳として最も適当なものを、次のアからエまでの中から選んで、そのかな符号を書きなさい。

ア　結果を期待してはいけない

イ　それほど難しいことではないだろう

ウ　愚かな頼みをしてしまった

エ　たいしたことはできないだろう

㈢　③切りて　④あさましくて　の主語として最も適当なものをそれぞれ次のアからカまでの中から選んで、そのかな符号を書きなさい。

ア　女房たち　　イ　琴柱

ウ　楓の木　　エ　さるべき男

オ　宿直人　　カ　本文の作者

㈣　⑤恥ぢあへりけり　となった理由として最も適当なものを、次のアからエまでの中から選んで、そのかな符号を書きなさい。

ア　卑しい身分だと思っていた宿直人が、実は高貴な身分の若者で礼儀正しく雁模様の琴柱を差し出したため。

イ　無理な依頼にも関わらず、宿直人が「この借りは箏の演奏でお返しください」と琴柱を差し出す洗練さを示したため。

ウ　無知だと思っていた宿直人が、応急の琴柱を「雁」の意味も込めて「かりの琴柱」と言いながら差し出したため。

エ　愚鈍だと思われた宿直人が、「さるべき男」を上手に使って予想を越える仕事ぶりを見せつけたため。

ちはあるが、その一方で一人の自由を謳歌《おうか》したい気持ちを持つ。

イ　故郷で商家の仕事を手伝いながら古くからの友人との交際を大切にするなかで、自分らしさを失うことを恐れている。

ウ　故郷や実家の仕事が好きだからこそ地元での進学を目指すべきだが、周囲からの助言に従うことを憂鬱に感じて素直になれない。

エ　故郷や実家の仕事が好きで、そこに人生を捧げるのは当然だと認識しているからこそ、未知の世界に触れることも切望している。

(五)　⑥突風が吹き付けてきたような感覚　の説明として最も適当なものを次の**ア**から**エ**までの中から選んで、そのかな符号を書きなさい。

ア　今まで隠していた恋心を、友人に暴露されたような感覚。

イ　思いがけず、心が激しく揺さぶり動かされたような感覚。

ウ　自分が認めていなかった恋愛感情を、認めざるを得なくなった感覚。

エ　穏やかな人生が、波乱に満ちたものに変化すると自覚した感覚。

(六)　この文章の表現の特徴として最も適当なものを次の**ア**から**エ**までの中から選んで、そのかな符号を書きなさい。

ア　栄美と渓哉それぞれの心情を細かく描写する中で、二人の共通の友人である実紀の心優しい人柄が浮かび上がってくる。

イ　比喩表現を多用することで自然豊かな湯郷の様子が写実的に描写され、栄美の故郷に対する思いに深みを持たせている。

ウ　受験勉強に疲労した栄美を癒す愛犬の存在や心の支えである渓哉の存在が、思い出とともに叙情的に描写されている。

エ　複数の回想場面を織り交ぜながら栄美の内面を描写しつつ、彼女が渓哉に惹かれた様子を描いている。

四　次の古文を読んで、あとの(一)から(四)までの問いに答えなさい。（本文の点線部の左側は現代語訳です。）

ある所に女房あまた《たくさん》居て、箏《そう》ひくに、琴柱《ことぢ》のはしりて失せたるを、さるべき男もなければ、宿直人《とのゐびと》の見ゆるをよびて、「かの前栽《せんざい》の中に、楓《かへで》の木、二またに、これほど、しかし切りて来」と①こまかに教へてやりつ。「②はかばかしきことあらじ」といふほどに、③切りて、もて来にけり。簾のもとによりて《そばに寄って》、「このかり琴柱、参らせ候はむ《お渡し申し上げます》」といひ出でたるに、思はずに④あさましくて、「こまごまと教へつる、いかにをこがましく《どんなにばかばかしいこと》思ひつらむ」と⑤恥ぢあへりけり。

（『十訓抄　三ノ五』による）

（注）○箏　箏の琴。中国伝来のもので、長さ約一八二センチメートル、十三絃。

○琴柱　琴の胴の上に立てて、絃の音階を調節するもの。楓の木や象牙で作った。形が雁の飛ぶ姿に似ており、雁の模様がほどこされているものもあった。

○宿直人　宿直の人。

(一)　①こまかに教へてやりつ　とした理由として最も適当なものを、次の**ア**から**エ**までの中から選んで、そのかな符号を書きなさい。

ア　失くした琴柱は前栽の中に落ちており、楓の木を切れば必ず見つかると考えたため。

イ　身分の低い宿直人は琴柱を知らないだろうから、詳しく教える必どうだろうと、栄美はほんの短い間、自分の心をまさぐってみた。あたしは真中くんのことをどう見て、どう考えて、どう……想っていたんだろう。どう想っているんだろう。今、どう想っている？

「あ、じゃあ、ここでな」。駐輪場の前で手を振り、渓哉が去っていく。渓哉はバスで栄美は自転車で通学していた。まだ白い夏服の背中は夕陽を浴びて、やはり仄《ほの》かに紅い。栄美は佇《たたず》んだまま、薄紅色の背中を見送った。見送りながら、改めて気が付いた。

真中くんとあたしは似ているんだ。

故郷や、商家である家がその仕事も含めて丸ごと好きで、でも、いや、⑤だからこそ足掻《あが》いている。自分をどこにも縛り付けたくなくて、足掻いている。似ているんだ、とても。

けれど、これから先は違ってくるんだろうな。

不意に思った。⑥突風が吹き付けてきたような感覚だった。真中渓哉と自分は似ている。だから惹《ひ》かれた。栄美は軽く息を飲み込む。

（あさのあつこ『もう一つの風』による）

㈠ ①かぶりを振る　③秋がたけなわとなる　の意味として最も適当なものをそれぞれ次の**ア**から**エ**までの中から選んで、そのかな符号を書きなさい。

① 「かぶりを振る」

ア 首を横に振って否定する　**イ** 首をかしげて深く悩む

ウ 頭をうなだれて落ち込む　**エ** 頭をあげて遠くを見つめる

③ 「秋がたけなわとなる」

ア そろそろ秋が始まる　**イ** 秋が深まり、紅葉の季節となる

ウ 秋が最盛期となる　**エ** 秋が終わりかけ、冬間近となる

㈡ ②自分で自分が情けない　と栄美が考えたきっかけとなった出来事として適当ではないものを次の**ア**から**エ**までの中から選んで、そのかな符号を書きなさい。

ア 十二月の下旬になっても成績が伸びず、最後の実力テストで最悪の結果を出してしまったこと。

イ 早々に進学先を決めた友人が、卒業後の未来に期待と不安を語る声を耳にするだけで苛つくこと。

ウ 受験勉強していながらどうしようもない苛立ちに襲われ、勉強用具を窓から投げ捨てたこと。

エ 周囲の家族や周囲の人たちから掛けられる労りや励ましの言葉が辛くて無視したこと。

㈢ ④そんな風　が指し示す内容について、最も適当なものを次の**ア**から**エ**までの中から選んで、そのかな符号を書きなさい。

ア 実紀には、渓哉という誰よりも深く理解している野球部の友人がいるということ。

イ 実紀には、夏を過ぎたころから深みが感じられるような眼差しへと変化が生じたということ。

ウ 実紀には、相手の気持ちを楽にさせたり雰囲気を和らげたりするような体質が備わっているということ。

エ 実紀には、常に人を手助けすることを心がける優しさが備わっているということ。

㈣ ⑤だからこそ足掻いている　の説明として最も適当なものを次の**ア**から**エ**までの中から選んで、そのかな符号を書きなさい。

ア 故郷や家族との生活に満足しており今の人生を大切にしたい気持

突き上げてきて目の前の問題集を窓から投げ捨てたことがある。枕を思いきり殴りつけたことも、「栄美ちゃん、よう頑張ってるんやてな」「もう一息やな。うまいこといったらええなあ」、周りから渡される労《いたわ》りや励ましを含んだ台詞《せりふ》が痛くて、辛《つら》くて横を向いたこともある。数えるのが嫌になるほど、ある。

もう、カンペキな受験生症候群《シンドローム》やないの。

②自分で自分が情けない。しっかりしろと叱咤《しった》したいのに、口から漏れるのはため息ばかりだった。まったくもって、情けない。涙が滲《にじ》むほど情けない。

実紀からスマホに連絡があったのは、悶々《もんもん》とした身を持て余している最中だ。

「あ、もしもし。栄美か、おれ」

実紀の声を聞いたとたん、すっと息ができた。ほんの僅かだが気持ちが軽くなる。実紀には昔からそういうところがあった。こちらの緊張をふうっと緩めてくれる。

「あいつ、根っからのキャッチャー体質なんよなあ」

実紀をそう評したのは、真中渓哉だ。中学、高校と野球部でバッテリーを組んできた渓哉は、栄美より深く、実紀を理解しているのかもしれない。続けて、

「実紀のおかげで助けられたこと、いっぱいあるけんな」

とも言った。あれはいつごろだったか……。夏が終わり、③秋がたけなわとなる直前の日々、そのどこかだった気がする。風が乾いていた。乾いて稲穂の香りがした。空が紅く焼けていた。通常授業の後、受験生のための補習を受けての帰りだったかもしれない。

「うん。わかる。あたしも④そんな風に思うこと、あるよ」

「え？　そうなんか」

目を見張った渓哉の顔がうっすらと紅く染まっていた。陰影がくっきりついて、真昼の光の下で見るよりずっと大人びて見えた。いや、陰影のせいではない。この夏が通り過ぎたころ、渓哉はどことなく変わった。どこがと、はっきりとは語れない。ただ、感じるだけだ。眼差《まなざ》しに深みを感じ、ちょっとした言葉の端に暗みを感じる。感じてしまうのだ。

「そうじゃな。真中くんとは意味が違うかもしれんけど……」

栄美は何げないふりを装って、視線を逸《そ》らす。

「あ、さっき、実紀ちゃんが守ってくれたんじゃないんかなとか助けてくれたんじゃないんかなって気づくことあるの。たいてい、ちょっと後になってからじゃけどな。えっと……例えば、母親と言い合いとかになったとき実紀ちゃんがおるとな、うまーく雰囲気を和らげてくれるんよ。あたしが言い過ぎたなって思って、でも、素直に謝れんかったりして……。そういうとき、すっと話題逸らしたり、冗談言うて笑わせてくれたりするんよな」

「で、深野としては、気が楽になって素直に謝れるわけやな」

「うーん、謝れるかどうかは難しいな。我ながら意固地やなって反省はするんやけど」

「誰だってあるさ。深野だけじゃねえよ。おれなんか意地張りまくりで生きてるもんな」

「真中くんが？　そうなん？」

「そんな風に見えんかったか？」

ア 被災地の復興にジンリョクする。

イ シュザイジンに囲まれて困惑する。

ウ ジンジョウではない言動に驚く。

エ ジンダイな被害に心を痛める。

三 次の文章を読んで、あとの㈠から㈥までの問いに答えなさい。

〔本文にいたるまでのあらすじ〕

深野栄美《ふかのえいみ》は岡山県に住む高校三年生で、実家は、四方を山で囲まれた湯郷《ゆのさと》で老舗旅館を営んでいた。一方、同級生の真中渓哉《まなかけいや》の実家は茶葉屋を営んでおり、昨年急死した父親に代わって、東京から帰郷した兄が家業を継いでいた。

〔本文〕

栄美は迷っていた。旅館業は好きだ。生まれたときから『みその苑』の娘だった。十八年間『みその苑』の中で生きてきた上で好きだと言い切れる。でも、未知の世界にも足を踏み入れたい。触れたこともない世界を目の当たりにしたい。このまま、湯郷しか知らないまま生きていきたくない。とも、思ってしまうのだ。大学進学はそのための一つの機会だった。とても大きなチャンスだ。それを生かしたい。でも、踏み込んだ未知の世界に魅せられたら、『みその苑』を継ぐより他の道を選びたいと望んだらどうなるだろう。『みその苑』が廃業となったら……それは嫌だ。この小さな、美しい旅館がなくなるなんて考えられない。考え、考えるたびに、栄美は①かぶりを振る。

あれこれ思いあぐねる時期ではなかった。まずは、目の前のハードルを跳び越えねばならない。受験という、なかなかに高いハードルをだ。

クィーン、クィーン。足元でライクが鳴く。茶色の体、短い毛、きれいに巻いた尾っぽ。そして、ピンと立った耳、ただし、左耳の先はぎざぎざに千切れている。何かに齧《かじ》り取られたらしい。鴉《からす》か猫か狐《きつね》か狸《たぬき》、あるいは他の犬かに襲われたのだろう。

クィーン、クィーン。情けないような愛らしいような子犬特有の鳴き声。

「ああ、ごめん。寒いよな。せっかくの散歩なのに立ち止まったらいけんね」

飼い主の一言を理解できたのか、茶色い尻尾が左右に動く。

二か月前、再従兄弟《はとこ》の津中実紀《みのり》が連れてきた。二か月前、つまり十二月の下旬、もうすぐクリスマスというころだった。年が明ければ、センター試験が始まる。受験生にとって追い込みの、いや既に追い込みを終えていなければならない時期だ。栄美は焦っていた。

ここにきて成績が足踏みしている。伸びない。志望校は国公立の外語大二つに絞った。二校とも難関で、絶対的な合格圏内にはあと半歩、届かない。その半歩を縮めるのが至難だった。必死に努力し、懸命に頑張っても縮まらないのだ。むしろ、合格ラインが遠ざかってしまう。数日前に返ってきたその年最後の実力テストは、最悪だった。

落ち込んでしまう。

所属していた陸上部やクラスの友人の中には、推薦やAO入試で早々に進学先の決まった者もかなりの数いた。卒業後の未来への期待と不安を語る声が耳朶《じだ》に触れる。否応《いやおう》なく聞こえてくる。それだけで苛《いら》ついた。深夜、机に向かっていると突然、どうしようもないほどの苛立ちが容になりそうですね。

桃子　なるほど。それでは、[Ⅱ] には「[a] をずらした」という内容があてはまると考えられますね。

(問い)

① [a] [b] にあてはまる最も適当なことばを、本文中からそのまま抜き出して、それぞれ二字で書きなさい。

② [Ⅰ] [Ⅱ] にあてはまる文として、最も適当なものをそれぞれ次の**ア**から**エ**までの中から選んで、そのかな符号を書きなさい。

[Ⅰ]

ア　落書きした人から、その書いた量に応じて代金を徴収する

イ　落書きした人にお金をあげるという話はフェイクであったと伝える

ウ　あげるお金には限度があるので、一番上手に描けた人限定で支払う

エ　あげるお金を少しずつ減らしていって、最終的にはお金をあげない

[Ⅱ]

ア　落書きすることは好きだが画力には自信のない人の意欲を喪失させた

イ　いたずら目的で来ていた者にお金を払うことで、お金目的に変えさせた

ウ　お金を得ることはできても、人としての信頼は喪失することに気づかせた

エ　世の中にはそんなにおいしい話はないことを知らしめた

(八) [Y] にあてはまることばを文中より五字以内で抜き出し、書きなさい。

※　左の枠は、(五)の下書きに使ってもよろしい。ただし、解答は必ず解答用紙に書くこと。

一歩引いて

60

70

二　次の(一)、(二)の問いに答えなさい。

(一) 次の①、②の文中の傍線部について、漢字はその読みをひらがなで書き、カタカナは漢字で書きなさい。

① 映画館で不朽の名作を鑑賞した。

② 彼のタクエツした表現力に感嘆する。

(二) 次の③の文中の傍線部と同じ漢字を用いるものを、あとの**ア**から**エ**までの中から一つ選んで、そのかな符号を書きなさい。

③ 獲物をイチモウダジンにした。

そのかな符号を書きなさい。

ア　有名大学に入ってから力を伸ばし、数年後に目標を達成する人。

イ　たとえ垢抜《あか》けていなくても、常に独自の解法を心がける人。

ウ　物事を不明瞭なままにせず、解決するまで徹底的に取り組む人。

エ　自分の周囲や将来を見据えた生活を送っている人。

(二)　[A][B][C]のそれぞれにあてはまる最も適当なことばを、次のアからエまでの中から選んで、そのかな符号を書きなさい。

ア　つまり　イ　しかも　ウ　でも　エ　だから

(三)　[X]にあてはまる最も適当なことばを、次のアからエまでの中から選んで、そのかな符号を書きなさい。

ア　灯台下暗し　イ　砂上の楼閣

ウ　足下に火が付く　エ　縁の下の力持ち

(四)　②とりわけ大事にしてほしいのは「多段思考力」と筆者が述べる理由として、最も適当なものを次のアからエまでの中から選んで、そのかな符号を書きなさい。

ア　先のことも含め、いろいろな可能性を考えていくところに成長があると考えるから。

イ　目の前の課題だけでなく将来的な見通しをもって行動することで、健康状態にも差が出てくるから。

ウ　多段思考力によって先生を困らせるくらいのガッツが生じ、物事に真摯に取り組む姿勢が持てるから。

エ　単段思考は短絡的で分かりやすいため、教科書のようなスマートな解法を求めてしまうから。

(五)　③ここで教訓をちゃんと感じ取ってほしい　とあるが、筆者の求める「教訓」を第⑩・⑪段落を要約して六十字以上七十字以下で書きなさい。ただし、「人生」「プラス」「マイナス」という三つのことばを全て使って、「一歩引いて」という書き出しで書き、「という教訓」で結ぶこと。三つのことばはどのような順序で使ってもよろしい。

〈注意〉・句読点も一字に数えて、一字分のマスを使うこと。

・文は一文でも二文以上でもよい。

・次のページの枠を下書きに使ってもよい。

(六)　④そういう方法　の説明として最も適当なものを次のアからエまでの中から選んで、そのかな符号を書きなさい。

ア　監視カメラ設置や警備員の雇用など、警戒態勢を強化した方法。

イ　監視カメラ設置や警備員の雇用など、他者に助けを求める方法。

ウ　監視カメラ設置や警備員の雇用など、即効性のある解決方法。

エ　監視カメラ設置や警備員の雇用など、高額費用が必要な方法。

(七)　次の会話文は[Ⅰ][Ⅱ]にあてはまる文について生徒五人が意見を述べ合ったものである。この会話を読んで、あとの①と②の問いに答えなさい。

〔会話文〕

桜子　「落書きした人にお金をあげる」という発想は、落書きもされ支払いもするという点ではナンセンスとしか思えませんね。

松子　しかし、この事例は落書き者の[a]をずらすことを意図していたとあります。

梅子　そうです。最初に損をして、最終的に元をとるというわけですから、[b]を見た時には理にかなった方法だったといえます。

桐子　ということは、[Ⅰ]に入る文は「投資は最初だけ」という内

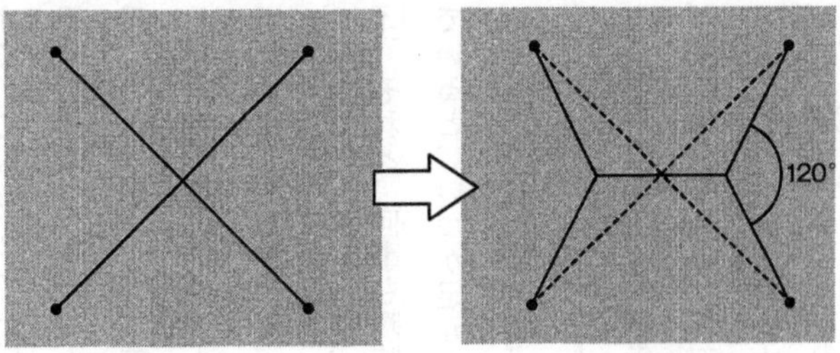

まちがいの例　　正解

部分最適と全体最適という、かなり難しい問題で、ぱっと解ける人は今すぐ東大に入れるレベル。だからってすんなり納得しないで、③ここで教訓をちゃんと感じ取ってほしい。

10　部分だけを見ていると、全体に通じる正しい答えが見えてこない。だから、まずは一歩引いて、別の答えがあるのではないかという想像力を常に働かせてほしい。一歩引いて全体を眺めて、「なんだか怪しい」と訝《いぶか》しむ。そこで自分なりに工夫をしはじめるとこうした発見ができるわけだ。

11　これは図形だけではなく、時間の問題でも同じ。人生という時間軸においても、全部プラスの数値ばかり狙おうとすると、将来倒産してしまったり病気になったりして、結局はマイナスで終わるはめになる。だから、いつもプラスを狙うのではなく、たまにはマイナスでもいいじゃないかと考えてみる。例えば、君たちが今まさにそういう時期。一所懸命考えて勉強するしんどい時期にいるわけだけど、そういう時期があって初めて上にいけるわけ。この過程を表した曲線を、アルファベットの形になぞらえてJカーブと呼んでいる。君たちはこのJカーブを目指すべきなんだ。苦労する時期を嫌っていい時期ばかり狙っていくと、将来必ずダメになる。今の日本の政府がまさにそれだね。二宮尊徳さんがいいことを言っているけれど、「遠くを計るものは富み、近くを計るものは貧す」。遠くを見ている人はリッチになり、近くを見ている人は窮乏する。

12　今言ったことを踏まえて、こんな問題を解いてみてほしい。すなわち「壁の落書きをなくすにはどうすればいいか？」

13　数学でもいいし、物理学、経済学、心理学、何を使って解いてもいい。実際、いろいろな方法がある。例えば、監視カメラをつけるとか、警備員を雇うとか、でも、この問題に対して海外で実施された画期的な解決法というのは、④そういう方法とは根本的に異なっている。じゃあ、いったいどうやったのか？　それは「落書きした人にお金をあげる」。こんなの誰も思いつかない。普通はバカかと思うよね（笑）。

14　実際、この噂《うわさ》を聞きつけたくさん人が集まって、壁は前以上に落書きだらけになった。そこで、「　Ⅰ　」ことにした。すると面白いことに、誰も来なくなって落書きがなくなってしまったそうだ。この事例は、「　Ⅱ　」という点に勝因がある。相手の当初の目的をずらしてやることで、自分が主導権を握れるというわけだ。お金を支払うというとナンセンスに聞こえるかもしれないけど、例えば警備員を雇ったら、ずっと人件費を払い続けなきゃならない。〔　C　〕この場合は、最初の投資だけで済んでいる。つまりさっきの　Y　と同じ。最初に損をして、最終的に元をとる。こういう全体を見越した解決方法を考えつく人間はすごい可能性を秘めている。

（西成活裕《にしなりかつひろ》『社会の役に立つ数理科学』による）

（注）　○1～14は段落符号である。

（一）　①社会で本当に成功する人ってどんな人なのだろう　とあるが、その答えとして適当ではないものを次のアからエまでの中から選んで、

【国語】（四五分）〈満点：一〇〇点〉

一　次の文章を読んで、あとの㈠から㈧までの問いに答えなさい。

1　①社会で本当に成功する人ってどんな人なのだろう？

2　最初にクギを差しておくけれど、有名大学に入学することだけを目標にしている人は、大学の2～3年ぐらいで成績が伸びなくなる。目標が達成された時点で燃え尽きてしまう。でも、人生というのは大学を卒業した後が本番で、受験時なんてまだスタートラインにも立っていない。じゃあ、成長を止めないためにはどうすればいいか。

3　ひとつは、オリジナルで考えているかということ。答えを見て安心するのではなくて、「絶対にこの解法とは違う方法で解いてやろう」と思ってほしい。解法なんて無限にある。教科書に書いてあるやり方が一番いいとは限らない。［　A　］、常にオリジナルな方法を編み出してほしい。教科書のスマートな解法なんかよりもダサくて全然かまわないから。違う方法を見つけられるかどうか。これが大学に入ってから伸びる力のひとつ。

4　それと、何事も曖昧にしないでほしい。わからないまま曖昧に進んでいると、いつか足元をすくわれる。［　X　］という言葉があるけれど、まさにそういうこと。足元がしっかりしていなければ、どんなに立派な建物でも崩れてしまう。数学であろうと理科であろうと国語であろうと、教えてくれる先生はたくさんいるわけで、いろいろな本もあれば聞く機会もある。絶対に食らいついて絶対に自分が理解するまでやってほしい。その根性が大事。むしろ先生を困らせるぐらい、「もう来るな」と怒らせるぐらいのガッツで食らいつくこと。

5　こういう頭の体力を身につけるために、②とりわけ大事にしてほしいのは「多段思考力」。［　B　］、一段だけじゃなくて何段にも考え続けられる論理の力。これが一番大事なんだ。例えば、「今晩何を食べようか」と思った時に、パッと「カレーが食べたい」と思いつく人は残念ながら単段思考。一段しか考えていない。一方、「昨日は肉を食べたから今日は魚にしよう」とか考える人は二段思考といえる。そこからさらに「明日はパーティがあっていっぱい食べるから、今日はちょっと時間を遅くする代わりに少なめにしよう」なんてあれこれ考えている人は多段思考。この3人、将来大きく健康状態に差が出てくる。〈中略〉

6　あとは「全体を見渡す」ということも覚えておいてほしい。君たちも将来、自分の地位が上がってくると、いろいろなところを見渡さなければいけなくなる。つまり、どれだけ先を読んで、周りを見て生きているかということが人間力を決めることになる。

7　前を向いている状態でも隣に座っている人が男性か女性かはわかるよね。これが周辺視野。達人と呼ばれる人はこの周辺視野が鍛えられている。だから同じことを見たり聞いたりしても、頭の中に入っている情報量が違う。逆に、部分だけ見ていると全体が見えなくなってしまい、情報量も落ちてしまう。

8　このことを良く表す図形の問題を紹介しよう。この2点を結ぶ最短のルートはこれだよね。でも、ここからが難しい。4つの点を線で結び、その線の長さを最小にするにはどうすればいいか。線の合計を一番短くできればどう結んでもいい。

9　答えはバッテンの形だと思うかもしれないけど、実は違う。これよりも短く引くことができる。正解はこれ（次のページの図参照）。これは

2020年度

解答と解説

《2020年度の配点は解答欄に掲載してあります。》

＜数学解答＞

1 (1) -7 (2) $\sqrt{2}$ (3) a^2 (4) $x^4-10x^3+35x^2-50x+24$
(5) $x=6,\ -4$ (6) 0 (7) $x=2,\ y=1$ (8) 10
(9) (平均値) 67 (中央値) 73

2 (1) エ (2) 167 **3** (1) 2(cm) (2) 180(度)

4 (1) $a=1$ (2) $y=4x+12$ (3) $y=12$

5 (1) 3(cm) (2) a カ b ク c ア d イ e エ (3) $\dfrac{3\sqrt{10}}{2}$(cm)

○配点○
各5点×20(1(5)・(7)，5(2)各完答) 計100点

＜数学解説＞

1 (数・式の計算，平方根，式の展開，2次方程式，確率，連立方程式，二乗に比例する関数，統計・標本調査)

(1) $10\div2-3\times4=5-12=-7$

(2) $\sqrt{50}-\sqrt{72}+\dfrac{4}{\sqrt{2}}=5\sqrt{2}-6\sqrt{2}+2\sqrt{2}=\sqrt{2}$

(3) $\dfrac{3}{4}ab\times\left(\dfrac{2}{3}a^2b\right)^2\div\left(\dfrac{1}{3}a^3b^3\right)=\dfrac{3ab}{4}\times\dfrac{4a^4b^2}{9}\times\dfrac{3}{a^3b^3}=a^2$

(4) $(x-1)(x-2)(x-3)(x-4)=(x-1)(x-4)(x-2)(x-3)=(x^2-5x+4)(x^2-5x+6)=\{(x^2-5x)+4\}\{(x^2-5x)+6\}=(x^2-5x)^2+10(x^2-5x)+24=x^4-10x^3+25x^2+10x^2-50x+24=x^4-10x^3+35x^2-50x+24$

(5) $(x-2)(x+2)=2x+20$ $x^2-4=2x+20$ $x^2-2x-24=0$ $x^2-2x-24=(x+4)(x-6)=0$ $x=-4,\ 6$

(6) 大小2つのさいころを同時に投げるとき，全ての目の出方は，$6\times6=36$(通り) このうち，出た目の和が1となることはない。よって，求める確率は，$\dfrac{0}{36}=0$

(7) $2x=3y+1$…① $x-2y=0$…②とする。②より，$x=2y$…③ ③を①に代入して，$4y=3y+1$ $y=1$ これを③に代入して，$x=2\times1=2$

基本 (8) $y=-2x^2$について，$x=-4$のとき$y=-2\times(-4)^2=-32$，$x=-1$のとき$y=-2\times(-1)^2=-2$ よって，xの値が-4から-1まで増加するときの変化の割合は，$\dfrac{-2-(-32)}{-1-(-4)}=\dfrac{30}{3}=10$

(9) 平均値$=\dfrac{86+62+73+45+79+67+91+27+73}{9}=\dfrac{603}{9}=67$(点) 中央値は資料の値を大きさの順に並べたときの中央の値。9人の点数を低い順に並べると，27，45，62，67，73，73，79，86，91。よって，中央値は点数の低い方から5番目の73点。

2 (関数とグラフ)

(1) (利益)＝(売り上げ高)－{(材料費)＋(機材のレンタル料)}だから，食数をx食，利益をy円と

するとxとyの関係は，$0 \leqq x \leqq 100$のとき，$y=200x-(120x+16000)=80x-16000$…①　100 $\leqq x$のとき，$y=200x-\{120\times100+80(x-100)+16000\}=120x-20000$…②　①は$x=100$のとき，$y=80\times100-16000=-8000$だから，そのグラフは点$(0,\ -16000)$，$(100,\ -8000)$を結んだ直線である。また，(①の直線の傾き)＜(②の直線の傾き)より，正しいグラフはエである。

(2)　利益が黒字となるとは，yの値が正の値となるということである。(1)のグラフより，yの値が0となるのは，②に$y=0$を代入して，$0=120x-20000$　$x=166.6\cdots$　よって，利益が黒字となるのは，167食以上販売したときである。

3 (垂線の長さ，角度)

(1)　$\triangle ABC=\frac{1}{2}\times BC\times CA=\frac{1}{2}\times12\times5=30(cm^2)$…①　また，点Iから辺BC，CA，ABに下した垂線をそれぞれIP，IQ，IRとすると，問題の条件より，その垂線がすべて同じ長さとなったから，$IP=IQ=IR=r$(cm)とおく。△IBC，△ICA，△IABの底辺をそれぞれ辺BC，CA，ABと考えると，高さはそれぞれIP，IQ，IRだから，$\triangle ABC=\triangle IBC+\triangle ICA+\triangle IAB=\frac{1}{2}\times BC\times r+\frac{1}{2}\times CA\times r+\frac{1}{2}\times AB\times r=\frac{1}{2}r(BC+CA+AB)=\frac{1}{2}r(12+5+13)=15r(cm^2)$…②　①，②より，$15r=30$　$r=2$より，垂線の長さは2cmである。

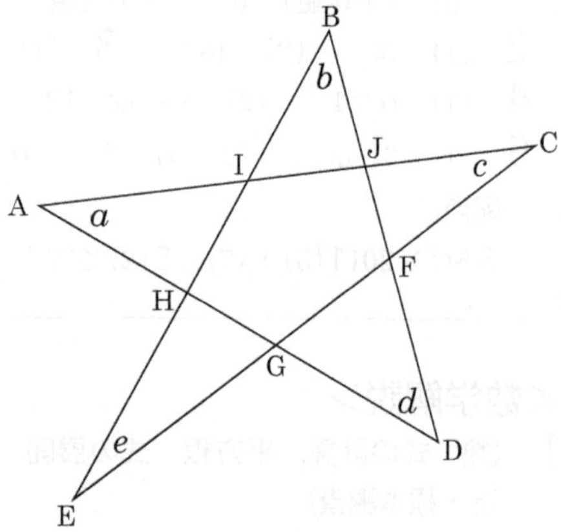

(2)　三角形の内角と外角の関係から，$\angle AHI=\angle b+\angle d$…①　$\angle AIH=\angle c+\angle e$…②　三角形の内角の和が180°であることと①，②より，$\angle a+\angle b+\angle c+\angle d+\angle e=180°$

4 (図形と関数・グラフ)

重要　(1)　点A，Bは$y=ax^2$上にあるから，そのy座標はそれぞれ　$y=a\times(-2)^2=4a$，$y=a\times6^2=36a$　よって，$A(-2,\ 4a)$，$B(6,\ 36a)$　直線OBの傾き$=\frac{36a-0}{6-0}=6a$　直線ABの傾き$=\frac{36a-4a}{6-(-2)}=4a$　直線OBの傾きと直線ABの傾きの差が2だから　$6a-4a=2$　$a=1$

(2)　(1)より，直線ABの傾きは，$4a=4\times1=4$　また，$A(-2,\ 4)$，$B(6,\ 36)$　直線ABの式を$y=4x+b$とおくと，点Aを通るから，$4=4\times(-2)+b$　$b=12$　よって，直線ABの式は，$y=4x+12$

やや難　(3)　直線ABの切片が12より，$C(0,\ 12)$　また，(1)より，直線OBの傾きは，$6a=6\times1=6$となり，直線OBの式は，$y=6x$…①　線分OBの中点をDとすると，その座標は，$\left(\frac{6+0}{2},\ \frac{36+0}{2}\right)=(3,\ 18)$　線分OB上にCD//AEとなる点Eをとる。△DABと△OABで，高さが等しい三角形の面積比は，底辺の長さの比に等しいから，$BD=\frac{1}{2}OB$より，$\triangle DAB=\frac{1}{2}\triangle OAB$…②　また，平行線と面積の関係を考慮すると，$\triangle ECB=\triangle DCB+\triangle DEC=\triangle DCB+\triangle DAC=\triangle DAB$…③　②，③より，$\triangle ECB=\frac{1}{2}\triangle OAB$　よって，直線CEは点Cを通り，△OABの面積を二等分する直線である。直線AEの傾きは直線CDの傾きと等しいので，$\frac{18-12}{3-0}=2$　直線AEの式を$y=2x+e$とおくと，点Aを通るから，$4=2\times(-2)+e$　$e=8$　$y=2x+8$…④　直線OBと直線AEの交点Eの座標は，①，④より，$x=2$，$y=12$より，$E(2,\ 12)$　よって，点Cを通り△OABの面積を二等分する直線CEの式は，2点C，Eのy座標が等しいから，$y=12$

5 (円の性質，線分の長さ，図形の証明)

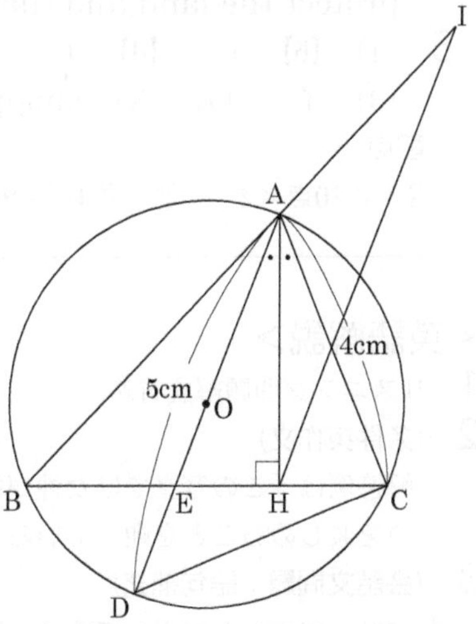

基本 (1) 直径に対する円周角は90°だから，∠ACD＝90°
△ACDで三平方の定理を用いると，CD＝$\sqrt{5^2-4^2}$＝3(cm)

重要 (2) (証明)△ADCと△ABHにおいて，$\overset{\frown}{AC}$に対する円周角は等しいので，∠ABC＝∠ADC(カ) 直径に対する円周角より，∠ACD＝90° また，仮定より，∠AHB＝90° よって，∠ACD＝∠AHB 以上より，2組の角がそれぞれ等しい(ク)ので，△ADC∽△ABH よって，∠BAH＝∠DACとなるので，線分AEは∠BAHの二等分線となる。…① 点HからAEに平行な直線をひいたとき，この直線と直線ABとの交点をIとする。このとき，平行線の錯角は等しい(ア)ので，∠AHI＝∠HAE
平行線の同位角は等しい(イ)ので，∠AIH＝∠BAE
よって，①より，∠AHI＝∠AIHとなり，△AIHは二等辺三角形である。したがって，AH＝AI…② またEA//HIであるので，BA：AI(エ)＝BE：EH…③ ②，③より，AB：AH＝BE：EHが成り立つ。証明終わり

やや難 (3) △ADC∽△ABHより，AB：AH：BH＝AD：AC：DC＝5：4：3だから，AB＝xとすると，BH＝$\frac{3}{5}$AB＝$\frac{3}{5}x$ また，BE：EH＝AB：AH＝5：4より，BE＝$\frac{5}{5+4}$BH＝$\frac{5}{9}\times\frac{3}{5}x=\frac{1}{3}x$ EH＝$\frac{4}{5+4}$BH＝$\frac{4}{9}\times\frac{3}{5}x=\frac{4}{15}x$ △AECは線分AHを対称の軸とする線対称な図形であるから，AE＝AC＝4 CH＝EH これより，CE＝2EH＝$2\times\frac{4}{15}x=\frac{8}{15}x$ DE＝AD－AE＝5－4＝1
△ABEと△CDEにおいて，同じ弧に対する円周角は等しいので，∠ABE＝∠CDE ∠BAE＝∠DCE 2組の角がそれぞれ等しいので，△ABE∽△CDE よって，AE：BE＝CE：DEより，4：$\frac{1}{3}x=\frac{8}{15}x$：1 $\frac{8}{45}x^2=4$ $x^2=\frac{45}{2}$ $x>0$より，$x=\sqrt{\frac{45}{2}}=\frac{3\sqrt{10}}{2}$(cm)

★ワンポイントアドバイス★

3(2)は三角形の内角と外角の性質を利用して，∠a～∠eを1つの三角形の内角に集めることがポイントである。5(3)はAB：AH＝BE：EHと，△ABE∽△CDEであることを利用することがポイントである。

＜英語解答＞

1 第1問 (1) a 正 b 誤 c 誤 d 誤 (2) a 誤 b 正 c 誤 d 誤 (3) a 正 b 誤 c 誤 d 誤 第2問 (1) a 誤 b 誤 c 誤 d 正 (2) a 誤 b 誤 c 正 d 誤

2 (例)(In this picture, a woman) is asking how to get to the zoo(.)
(例)(I hope that she will) reach there and enjoy watching animals(.)

3 ① May I ② How[What] about ③ just seen[watched]

4 (1) disappearing (2) イ (3) (They) are very important because they protect the land and the animals.　(4)　正答なし　(5)　イ，オ

5　(1)　【b】 エ　【d】 イ　(2)　(ア)　has[is]　(イ)　example[instance]

(3)　イ　(4)　(X)　shopping[surprising／unusual]　(Y)　night

○配点○

2　各10点×2　他　各4点×20(4(5)完答)　計100点

＜英語解説＞

1　リスニング問題解説省略。

重要 **2**　(条件英作文)

解答例は「この写真では女性が動物園への行き方を尋ねている。彼女がそこに到着して動物を見るのを楽しめることを願っている」の意味。未来のことを表す助動詞 will の後ろには動詞の原形。

基本 **3**　(会話文問題：語句補充)

(大意)　マギー：マギーです。①お名前は？

ゆり　：ゆりです。はじめまして。

マギー：はじめまして。どんなことをするのが好き？

ゆり　：映画を観ることが好き。②あなたは？

マギー：私も映画観るのが好き！　お気に入りの映画は？

ゆり　：高蔵レンジャーズのシリーズ。見たことある？

マギー：もちろん！　③昨日一番新しいのを見た。トミーがまさか…。

ゆり　：言わないで！まだ見ていないの。

①　May I ~?　は「~してよろしいですか」という丁寧な表現。

②　How about you?「あなたはどうですか？」の意味で，What about you? でもよい。

③　現在完了形＜have (just)＋動詞の過去分詞形＞は「(今ちょうど)~したところ」という意味を表すことができる。see の過去分詞形は seen となる。

4　(長文読解問題・説明文：語句補充，語句整序，要旨把握，内容吟味)

(大意)　科学者は絶滅の危機に瀕している動物についてよく話す。政治家もそうで，質問したり科学者の話を聞いたりする。

イルカやクジラを捕獲するのは誰か，どの動物が一番早く A消えていっているのか，などの質問をする。

1つの答えは，大きな自然の国立公園を作ることである。ここは動物や植物の自由な住みかとなる。旅行者はそこへ行き動物を見れるが夜には帰る。①狩りをしたものを持って帰ったりできない。

100年以上前に最初の国立公園ができ，今はほとんどの国に国立公園がある。②その土地や動物を保護するのでとても重要だ。初期の公園の1つがイタリアの国立公園だ。長い角を求め狩りをしたので1800年にアルプス・アイベックスはヨーロッパからほとんど消えていたが，イタリアの王はアイベックス狩りが好きだったので，国立公園で保護をした。今やヨーロッパに野生のアイベックスが約3万頭いる。

コスタリカは1969年に土地の保護を始め，国の27％にあたる，160の動植物保護のための場所があり，32か所が国立公園である。そこには他の中米の国では絶滅をしている動物もいる。旅行者がたくさん来るので国民の助けにもなっている。動植物を楽しみたい旅行者の使うお金がホテルなどで働く人たちを助けている。

政治家は狩りのやめ方を見つけられる。そして川，海，空，土地の汚染を止めることもできる

だろう。今問われているのは「車，飛行機，工場からのこの汚染をどのように止めるのか。生活，仕事，家について考えてみよう。世界は全ての生き物にとってもっといい場所になる必要がある」ということだ。中国では1990年に100万台だった車が，2004年には1200万台になったが，これは1000人につき8台しかない。アメリカは1000人につき940台ある。2050年の中国の道には一体何台の車があるのだろうか。

基本 (1) <be +動詞の ing 形>は「～しているところ」という進行形の意味を表す。 disappear「消える」

(2) 国立公園が自然を守るという目的であれば，旅行者がそこでしてはいけないことを考える。

重要 (3) 語群に接続詞 because があるので，主語と動詞のある2文を because でつなげることがわかる。主語の they が指しているのは国立公園のこと。動詞は be 動詞 are と一般動詞 protect「～を保護する」なので，保護するものは the land and the animals と考え，are に続くのは very important と考える。because は A because B で「BなのでAだ」という意味なので順番を間違えないように注意する。

(4) 第5段落を参照する。 ア 「コスタリカの27％が国立公園」(×) 第2，3文参照。 イ 「他の中米の国ではコスタリカで見られる全ての動物を見ることができる」(×) 第4文参照。 ウ 「人々はそこで動物の狩りをするためにコスタリカを訪れる」(×) 第6，7文参照。 エ 「コスタリカと他の中米国はお互いに助け合っている」(×) 他国と助け合っているかは書かれていない。

やや難 (5) ア 「政治家はよく絶滅の危機に瀕した動物について語るが，科学者はしない」(×) 第1段落参照。 イ 「絶滅の危機に瀕した動物の問題を解決するために国は国立公園を開くことができる」(○) 第3段落第2文参照。 ウ 「1800年，アルプス・アイベックスは食料のために狩られていた」(×) 第4段落第5文参照。 エ 「ヴィットーリオ・エマヌエーレ2世のおかげでアルプス・アイベックスは今絶滅した」(×) 第4段落第7文以降参照。 オ 「川，海，空，土地の汚染の原因の一つは車だ」(○) 最終段落参照。 カ 「2004年にほとんどの中国人は車を持っていた」(×) 最終段落最後から4，3文目参照。

5 (会話文読解問題：語句補充)

(大意) 孝子：来月ドイツに帰るのね？
ロバート：日本は楽しかった。さみしいよ。
孝子 ：$_a$私もよ。日本で一番驚いたことは？
ロバート：買い物の習慣だよ！
孝子 ：買い物の習慣？
ロバート：24時間買い物ができるのに驚いた。
孝子 ：$_b$驚いたの？ もっと教えて。
ロバート：コンビニはどこでも行けるから夜中でもお菓子を買いに行ける。$_c$あと日曜日にショッピングセンターで時間を過ごす家族が多い。
孝子 ：そんなに変わっている？
ロバート：違う世界を歩いているみたいだった。
孝子 ：そんな風に思っていたとは知らなかった。あなたの町とはどう違うの？
ロバート：$_d$ドイツの僕の町ではお店はもっと早く閉まるよ。日曜日と休日も閉まる。子どもの頃はスーパーも6時には閉まっていた。最近は町の一部では8時とか10時にまで変更に$_{ア}$なっているよ。でも日曜日や休日はまだ閉まってる。
孝子 ：随分違うね。
ロバート：ネットでいつでも買い物を楽しめるから習慣も変わってきてるけど，こういうルールが違いを生んでいるね。イ例えば夜の道は暗いし日曜日は休息をとる。

孝子：日曜日とかに買い物に行きたくないの。

ロバート：e子どものころ日曜日はつまらないものだった。町に出る理由がないし，子どもたちは親戚を訪ねないといけなかった。大人になってこの習慣には価値があると感じる。買い物に行かないことで休みの機会が与えられる。

孝子：いい点ね。多くの人がゲームや仕事でA忙しい。便利すぎることがいつでもいいことではないわね。

ロバート：制限があることはいい価値になりうるね。

重要 (1) 【b】 直前のI was surprisedに対して聞き返している文。Were you surprised? の意味。【d】 日本との違いを聞かれているのでドイツのことを述べているイがふさわしい。

(2) (ア) this が指しているのは前に述べられている閉店時間のこと。空欄直後には changed という change の過去・過去分詞形がある。<have ＋動詞の過去分詞形>は現在完了形で「(もう)～した」という結果を表す表現ができる。ここでは主語が this で単数なので has になる。また<be ＋動詞の過去分詞形>で「～された」という受け身の表現となるので is changed で「変えられた」としてもよい。 (イ) for example, または for instance で「例えば」の意味。

基本 (3) be busy ～ ing 「～するのに忙しい」

(4) (X) 「日本の買い物の習慣について話をします」2つ目のロバートの発話参照。 (Y) 「しかし日本では多くのお店が夜遅くでさえも開いています」4つ目のロバートの発話参照。

★ワンポイントアドバイス★

1の条件英作文は状況にあった英文を書く問題で，基本的な単語の使い方を理解しているかも問われている。絵の説明や自分の意見を教科書の例文などを参考に練習しておこう。

<理科解答>

1 (1) 堆積岩 (2) しゅう曲 (3) ア (4) ア (5) カ

2 (1) イ (2) ア：酸素＝4：1 (3) (例) 加熱により気体が発生し逃げていったため (4) 5.1g (5) なし

3 (1) (例) 卵に殻があるかないか (2) (例) えら呼吸から肺呼吸に変化する (3) 変温動物 (4) イ (5) オ

4 (1) 力学的エネルギー (2) 0.8m (3) 0.6m (4) 4.0m/s (5) 2.5N

5 (1) イ，エ，ケ，シ，ス (2) キ，コ，カ，ア，イ，オ (3) ア (4) キ (5) エ

○推定配点○

各4点×25 計100点

＜理科解説＞

1 （地層と岩石－地層の構造）

(1) れき，砂，泥などが水底に堆積し，固まってできた岩石のなかまを堆積岩という。

(2) 地層が横から圧縮の力を受けて曲がった構造を，しゅう曲という。

重要 (3) 地層ができた時代の分かる化石を示準化石という。示準化石は，短期間だけ生息した生物の化石である。離れた地域の地層を対比するには，広い範囲に分布する方が都合がよい。

やや難 (4) A地点は，図2で標高が90mであり，図3で深さ90mに火山灰層があるので，火山灰層の標高は90－90＝0(m)である。同じように，B地点の火山灰層の標高は80－70＝10(m)であり，C地点の火山灰層の標高は80－80＝0(m)である。これらのことから，火山灰層の標高は，A地点とC地点は同じなので，ACの向き，つまり南北の向きには傾いておらず，B地点ではそれより高いので，地層は東に向かって下がっていると判断できる。

(5) 陸の近くの浅い海には，粒の大きいれきなどが堆積する。陸から離れた深い海には，地層の粒が小さい泥などが運ばれてきて堆積する。Xの重なり方は，下から順に「泥→砂→れき→砂→泥」の順なので，この場所は，はじめは深い海だったのが徐々に浅い海になり，その後また深い海になったと考えられる。

2 （物質の性質－4種類の物質の特徴）

重要 (1) フェノールフタレイン液は，酸性と中性では無色で，アルカリ性では赤色(赤紫色)になる。実験1で，水に溶けないアとウは，コークス(炭素)か銅である。わずかに溶けるイは炭酸水素ナトリウムであり，溶けた水溶液はアルカリ性になるので，フェノールフタレイン液はうすい赤色になる。完全に溶けるエは塩化ナトリウムであり，溶けた水溶液は中性になるので，フェノールフタレイン液は無色のままである。

(2) 実験2で，アは加熱して質量が増加したので，銅である。表1で，加熱前と加熱後の質量の比は，どれも4：5である。質量4の銅が酸素と結びついて質量5の酸化銅になったのだから，結びついた酸素の質量は1である。よって，銅と酸素の質量比は4：1となる。

(3) イは炭酸水素ナトリウムであり，加熱すると分解して，二酸化炭素と水と炭酸ナトリウムになる。ウはコークス(炭素)であり，加熱すると酸素と結びついて二酸化炭素になる。どちらも二酸化炭素が発生して逃げるので，質量が小さくなる。

(4) 5％の塩酸の密度は1.02g/cm^3であり，100mL＝100cm^3だから，この塩酸100cm^3の質量は，1.02×100＝102(g)である。溶けている塩化水素はこのうち5％だから，102×0.05＝5.1(g)である。なお，実験3で発生した気体は二酸化炭素である。

(5) 磁石につく物質は鉄などである。金属であっても銅などは磁石につかない。問題の4つの物質はどれも磁石につかない。

3 （動物の種類－セキツイ動物の特徴）

重要 (1)・(2) 子の生まれ方が異なるAはホ乳類である。成長する過程で呼吸の仕方が変わるEは両生類で，子どもはえら呼吸，親は肺呼吸である。体温がいつも一定なのはホ乳類と鳥類なので，Cが鳥類である。下線部①では，Cの鳥類は陸上に殻のある卵をうむので，同じうみ方のBはハ虫類である。また，Eの両生類は水中に殻のない卵をうむので，同じうみ方のDは魚類である。

(3) 体温が体外の温度によって変化するのは，変温動物であり，ハ虫類B，魚類D，両生類Eがあてはまる。体温がいつも一定な恒温動物は，ホ乳類Aと鳥類Cである。

(4) セキツイ動物の心臓のつくりは，魚類Dは1心房1心室，両生類Eは2心房1心室，ハ虫類Bは図1のような不完全な2心房2心室，ホ乳類Aと鳥類Cは完全な2心房2心室である。

(5) イモリは両生類Eの一種である。

4 (運動とエネルギー－振り子の運動)

(1) 運動エネルギーと位置エネルギーの和は力学的エネルギーといい，振り子の運動では一定である。

重要 (2) おもりが最下点を4.0m/sで通過したときの運動エネルギーは，図2を見ると8.0Jである。振り子が最高点まで上がると，この運動エネルギー8.0Jがすべて位置エネルギーに変わる。そこで，図3で位置エネルギーが8.0Jになる高さを読むと0.8mであり，これが最高点の高さである。

(3) おもりが2.0m/sのときの運動エネルギーは，図2を見ると2.0Jである。はじめの運動エネルギーは(2)の通り8.0Jだから，位置エネルギーに変わったのは，8.0－2.0＝6.0(J)である。そこで，図3で位置エネルギーが6.0Jになる高さを読むと0.6mであり，これが求める高さである。

(4) おもりを1.6mの高さまで持ち上げたとき，図3を読むと，おもりの位置エネルギーは16Jである。これが運動エネルギーになる。そのうち25％が外部に放出され，残り75％が小物体に渡されるから，小物体に渡された運動エネルギーは，16×0.75＝12(J)である。この運動エネルギー12Jを，小物体に関する図5で読むと，小物体の速さは4.0m/sとなる。

やや難 (5) 小物体の持つエネルギーは(4)と同じ12Jである。摩擦力による仕事によって，小物体の運動エネルギーが失われ，4.8mで停止した。摩擦力の大きさをx[N]とすると，x×4.8＝12より，x＝2.5[N]となる。

5 (小問集合－器具の使用法など)

(1) 点火のときは，ねじが閉まっていることを確認したあと，元栓D，コックCの順で開け，マッチを擦ってからガス調節ねじBを開けて着火し，必要な炎の大きさにする。最後に空気調節ねじAを調節して，青色の炎にする。まとめると，炎から遠い順に操作する。一方，火を消すときは，炎に近い順にA→B→C→Dの順に閉じる。

(2) 顕微鏡は，直射日光の当たらない明るいところに設置し，接眼レンズをつけてから対物レンズをつける。次に，接眼レンズをのぞいて反射鏡を調節し視野を明るくする。プレパラートをステージにのせたら，横から見て対物レンズとプレパラートを近づける。最後に接眼レンズをのぞいて調節ねじを回し，ピントを合わせる。

重要 (3) 試験管を固定して粉末を加熱するときは，試験管を割らないように，底を上げて口を下げる。この実験で発生する気体はアンモニアであり，水にたいへんよく溶けるため，水上置換は使えない。アンモニアは空気よりも軽いので，上方置換で集める。

(4) Aは天気が周期的に変化する春や秋に，移動性高気圧としてやってくる長江気団である。Bは低温で多湿なオホーツク海気団であり，梅雨の時期には小笠原気団と衝突する。Cは夏に発達する小笠原気団，Dは冬に発達するシベリア気団である。

(5) 太陽光発電以外の5つの発電方法では，どれも最後は発電機のタービンを回す運動エネルギー(C)から，電気エネルギーをつくっている。タービンを回すまでの方法として，火力発電は石油や石炭の持つ化学エネルギー(A)を，原子力発電は核エネルギー(E)を利用して熱エネルギー(B)に変え，水を沸騰させてタービンに当てている。水力発電所は，高い位置にある水を落として，位置エネルギー(D)を運動エネルギー(C)に変えてタービンに当てている。

★ワンポイントアドバイス★

1問1問の解答を出すために，いくつかの基本事項を考えて組み合わせる問題が多い。あせらず順番に考えて答えを出していこう。

＜社会解答＞

1 (1) エ　(2) カ　(3) (例) 琉球藩を廃して沖縄県　(4) (名称) 富岡製糸場
(位置) ②

2 (1) ウ　(2) ア　(3) 法隆寺

3 (1) 万葉集　(2) カ　(3) エ　(4) オ　(5) オ，キ

4 (1) イ　(2) ア　(3) エ　(4) BRICS

5 (1) a 累進課税　b 再分配　(2) ア　(3) ウ

6 (1) X イ　Y ア　Z イ　(2) イ　(3) イ　(4) ア

○配点○

各4点×25(3(5)，6(1)各完答)　計100点

＜社会解説＞

1 (歴史—日本史の政治・外交・社会・経済史：資料活用)

(1) Ⅳ福沢諭吉『西洋事情』(1866年)→Ⅱ岩倉使節団に津田梅子同行(1871年)→Ⅰ渋沢栄一大阪紡績会社設立(1882年)→Ⅲ北里柴三郎破傷風の血清療法発見(1890年)である。

(2) 2024年前半期に一新される予定の紙幣デザインは，千円札—北里柴三郎，五千円札—津田梅子，一万円札—渋沢栄一となっている。

(3) 明治政府は，1879年，軍隊の力を背景に，琉球の人々の反対をおさえつけて，沖縄県を設置した。これを琉球処分という。

重要 (4) 明治政府は，日本の輸出を支える生糸の増産や品質の向上を図るため，群馬県の富岡製糸場などの官営模範工場をつくり，優れた技術を紹介し，新しい技術の開発や普及を図った。この資料は群馬県富岡市につくられた富岡製糸場のものである。

2 (歴史—日本史の政治・外交史)

(1) Aは鎌倉時代に当たり年表中ではYのころである。Bは飛鳥時代に当たり年表中ではXのころである。Cは江戸時代に当たり年表中ではZのころである。

(2) Y(1271年)とZ(1644年)の間となると，足利義満が室町に幕府を移す(1378年)が該当する。

基本 (3) 法隆寺は，7世紀後半に火災にあい，のちに再建されているが，それでも現存する世界最古の木造建築といわれている。

3 (総合問題)

(1) 「令和」は，現存する日本最古の歌集『万葉集』の「梅花(うめのはな)の歌」三十二首の序文が出典とされている。

(2) 人口が1番多く，面積が1番小さいCが大阪府，面積が1番大きいAが兵庫県，人口が1番少ないBが奈良県である。

基本 (3) この写真は，大阪府堺市にある大山古墳(仁徳陵古墳)である。これは，5世紀につくられた全長が486mある前方後円墳で，世界最大級の墓である。

やや難 (4) 2019年にG20サミットが開かれたのは大阪府，漫画家手塚治虫の出身地は兵庫県，靴下生産量全国第一位，柿の収穫量全国第二位は奈良県である。

(5) 奈良県にあった古代の都は，選択肢の中では，藤原京と平城京である。いずれも，日本が律令国家として成長していた頃の都である。

4 （総合問題）

（1）　Aは人口数が世界第2位のインドである。インドの通貨単位はルピー，一次エネルギーの消費量は，統計によると，中国，アメリカに次いで世界第3位である。

（2）　ブラジルの大部分は熱帯で南半球（北半球と季節が逆）にあるのでXがあてはまる。ロシアは，大部分が冷帯でYがあてはまる。南アフリカは大部分が乾燥帯で南半球（北半球と季節が逆）にあるのでZがあてはまる。

（3）　南アメリカ州では，多くの国々でスペイン語が話されているが，ブラジルだけは，ポルトガル語が話されていることを覚えておこう。

（4）　BRICs（Brazil, Russia, India, China）は，2000年代以降著しい経済発展を遂げている4ヶ国（ブラジル，ロシア，インド，中国）の総称である。投資銀行ゴールドマン・サックスの経済学者であるジム・オニールによって書かれた投資家向けレポート『Building Better Global Economic BRICs』で初めて用いられ，世界中に広まった。

5 （公民―経済生活）

（1）　所得税には，所得が多くなればなるほど税率（所得に対する税金の割合）が高くなる累進課税方法がとられている。所得の再分配とは，社会保障制度などを通じて，高所得者から低所得者へ所得の分配がされることである。

（2）　一般的に国税の中で1番割合が大きいのは所得税，次が消費税である。3番目は法人税である。

重要　（3）　グラフⅡの中には，市町村たばこ税・入湯税など，間接税も含まれている。したがって，ウは誤りとなる。

6 （公民―政治のしくみ）

（1）　二大政党制は有権者の少数意見は政治に反映されにくくなる。逆に，多党制のほうが，有権者の少数意見を政治に反映することが期待できる。それは小政党が，少数意見の担い手である場合が多いからである。中華人民共和国（中国）は基本的に共産党の一党制といえる。

（2）　衆議院の任期は4年，参議院の被選挙権は30歳，現在の選挙権は，2015年以来，18歳となっている。

（3）　18歳以上の選挙権が実現したが，それによって，低年齢層の投票率が上がってきているとはいえない現在の状況である。これからの主権者教育等が重要になってくると考えられる。

やや難　（4）　イは小選挙区制だからといって，有権者の選択の幅が増えるわけではないので誤り，ウは小選挙区制は少数政党には，どちらかというと不利であるので誤り，エは小選挙区制は指標が多くなる傾向があるので誤りとなる。

★ワンポイントアドバイス★

5(1)経済政策においては，直接的であれ間接的であれ，所得の再分配機能が含まれている。5(2)所得税，法人税は直接税であり，消費税は代表的な間接税である。

＜国語解答＞

一　（一）　ア　（二）　A　エ　B　ア　C　ウ　（三）　イ　（四）　ア

（五）　（例）　（一歩引いて）全体を眺めて工夫するように，人生においても全部プラスを狙おうとせず，マイナスの時期があって初めて上にいけると考えるべき（という教訓。）

（六） ウ　（七） ① a 目的　b 全体　② Ⅰ エ　Ⅱ イ　（八） Jカーブ

二 （一） ① ふきゅう　② 卓越　（二） ア

三 （一） ① ア　③ ウ　（二） ア　（三） ウ　（四） エ　（五） イ　（六） エ

四 （一） イ　（二） エ　（三） ③ オ　④ ア　（四） ウ

○配点○

一 （五） 7点　他 各3点×12　二 各3点×3　三・四 各4点×12　計100点

＜国語解説＞

一 （論説文—内容吟味，文脈把握，指示語の問題，接続語の問題，脱文・脱語補充，ことわざ・慣用句）

（一） [2]～[4]段落で「社会で本当に成功する人」について書かれている。[2]段落に「有名大学に入学することだけを目標にしている人」は「燃え尽きてしまう」とある。この内容にアは適当ではない。

（二） A 「解法なんて無限にある。教科書に書いてあるやり方が一番いいとは限らない」という前から，当然予想される内容が後に「常にオリジナルな方法を編み出してほしい」と続いているので，順接の意味を表すことばがあてはまる。 B 前の「多段思考力」を，後で「一段だけじゃなくて何段にも考え続けられる論理の力」と説明している。 C 「ずっと人件費を払い続けなきゃならない」という前に対して，後で「この場合は，最初の投資だけで済んでいる」と相反する内容を述べているので，逆接の意味を表すことばがあてはまる。

（三） 直後の文の「足元がしっかりしていなければ，どんなに立派な建物でも崩れてしまう」という意味を表すイを選ぶ。アは身近なことはわかりにくい，ウは危険が身近に迫っている，エは他人のためにかげで苦労すること。

基本 （四） 「多段思考力」について，直後で「一段だけじゃなくて何段にも考え続けられる論理の力」と説明し，同じ段落の最後で「多段思考力」ができるかできないかによって「将来大きく」「差が出てくる」と述べている。この内容を述べているものを選ぶ。

やや難 （五） 筆者は[7]段落の「部分だけ見ていると全体が見えなくなってしまい，情報量も落ちてしまう」ことを説明するために，[8]・[9]段落で「図形の問題を紹介」している。そこから得られる「教訓」について書かれている[10]・[11]段落に着目する。指定語句の「人生」「プラス」「マイナス」や，書き出しの「一歩引いて」などの表現を探すと，[10]段落に「まずは一歩引いて，別の答えがあるのではないかという想像力を常に働かせてほしい」，[11]段落に「いつもプラスを狙うのではなく，たまにはマイナスでもいいじゃないかと考えてみる……そういう時期があって初めて上にいける」とあるのに気づく。これらの内容を簡潔にまとめる。

（六） 落書き対策として「監視カメラをつけるとか，警備員を雇う」解決法は，どのようなものであるのかを考える。この落書き対策の問題は，[11]段落の「遠くを見ている人はリッチになり，近くを見ている人は窮乏する」ことを説明するために挙げられていることから考える。後の「落書きした人にお金をあげる」解決法よりも，すぐに効き目が表れる解決法で，ここでは「近くを見ている」例にあたる。

重要 （七） ① a 「落書きした人にお金をあげる」という発想は，落書きした人の何をずらすことを意図しているのかを読み取る。[14]段落の「相手の当初の目的をずらしてやる」に着目する。 b 前の「最初に損をして，最終的に元を取る」のは，何を見た時に理にかなった方法なのかを探す。

⑭段落の最後に「最初に損をして，最終的に元を取る。こういう全体を見越した解決法」とある。②　Ⅰ　落書き対策として「落書きした人にお金をあげる」という解決法について述べている。「たくさん人が集まって，壁は前以上に落書きだらけになった」状態から，後の「誰も来なくなって落書きがなくなってしまった」状態に至るのは，どのような方策があったのかを考える。あげるお金を少しずつ減らし，最終的にはお金をあげないことで誰も来なくなったと推測できる。　Ⅱ　直後の文の「相手の当初の目的をずらしてやる」に着目する。落書きした人の当初の目的は「落書きをする」ことであったが，途中から「お金」という目的にずらされたのである。

(八)　直前の「最初の投資だけで済んでいる」のは「さっきと同じ」というのであるから，前で「最初に損をして，最終的に元を取る」ことを述べている部分を探す。⑪段落の「一所懸命考えて勉強するしんどい時期にいるわけだけど，そういう時期があって初めて上にいける」が同様の内容となり，この過程を表した曲線である「Jカーブ」という語を抜き出す。

二　(漢字の読み書き)

(一)　①　いつまでも価値を失わずに残ること。同音異義語の「普及」「不急」などと区別する。「朽」の訓読みは「く(ちる)」。　②　群を抜いてすぐれていること。「卓」を使った熟語は，他に「食卓」「卓見」などがある。

(二)　「一網打尽」は一挙に残らず捕えること。アは「尽力」，イは「取材陣」，ウは「尋常」，エは「甚大」。

三　(小説―情景・心情，内容吟味，文脈把握，指示語の問題，語句の意味)

基本　(一)　①　「かぶり」は頭のこと。栄美が，「考え，考えるたびに」「考えられない」と否定する様子を表している。　③　「たけなわ」は，物事の勢いが最も盛んであること。

(二)　直前の文の「カンペキな受験生症候群」であることに気づいて，栄美は「情けない」としている。前の「落ち込んでしまう」以降の内容が「受験生症候群」にあたる。「ここにきて」で始まる段落の「成績が足踏みしている……数日前に返ってきたその年最後の実力テストは，最悪だった」のは，「受験生症候群」にはあたらない。

(三)　前の「実紀のおかげで助けられたこと，いっぱいあるけんな」という真中くんの言葉を受けて，栄美は「あたしもそんな風に思う」と言っている。後の「あ，さっき」で始まる会話で「あ，さっき実紀ちゃんが守ってくれたんじゃないんかなとか助けてくれたんじゃないんかなって気づくことあるの……うまーく雰囲気を和らげてくれるんよ」と栄美が述べる実紀の様子にふさわしいものを選ぶ。

(四)　冒頭の段落で，「旅館業は好きだ……でも，踏み込んだ未知の世界に魅せられたら，『みその苑』を継ぐより他の道を選びたいと望んだらどうなるだろう」と栄美が悩みを述べている。そのことを踏まえた上で，⑤「だからこそ足掻いている」の前後に着目する。栄美は，真中くんと同様に，故郷や実家の仕事を好きな気持ちと縛り付けられたくない気持ちの間で悩み，なんとか活路を見いだそうとしていることが読み取れる。

やや難　(五)　「突風が吹き付けてきた」という表現は，栄美が思いがけない感情に心が揺さぶられたことをたとえている。「突風」や直前の「不意に思った」という表現には，ウの真中君に対する恋愛感情を「認めざるを得なくなった」という様子はふさわしくない。

重要　(六)　「二か月前」で始まる段落以降で，受験生症候群におちいる栄美が実紀からの連絡で気が軽くなったとする場面が，その後の「夏が終わり，秋がたけなわとなる直前の日々，そのどこかだった気がする」の後で，真中くんとのやりとりの場面が回想されている。本文最後の「真中渓哉と自分は似ている。だから惹かれた」という栄美の心情を述べている部分にも注目する。

四 (古文一文脈把握，文と文節，古文の口語訳)

〈口語訳〉 あるところで女房たちがたくさんいて，筝を弾いたところ，(筝の)琴柱がとんでいって失くなってしまったのを，探してくれるような男もいなかったので，宿直の人が見ているのを呼んで，「あの前栽の中の，楓の木で(できた)，二またに(なっているのを)，これぐらい，これこれこのように切って来なさい」と丁寧に教えてやった。「たいしたことはできないだろう」と(女房たちが)言ううちに，(宿直の人が，枝を)切って，持って来た。(女房たちは)簾のそばに寄って，(宿直の人が)「このかりの琴柱をお渡し申し上げます」と言い(差し)出したので，(女房たちは)思いがけず驚いて，「こまごまと教えたのは，どんなにばかばかしいことと思ったことでしょう」と互いに恥ずかしがったということだ。

重要 (一) 筝の琴柱を失くした女房たちは，宿直人に楓の木を切って琴柱を作らせようとしている。女房たちが宿直人に「こまかに教へてや」ったのは，宿直人が，琴柱がどのようなものかを知らないだろうと思ったためである。

(二) 「はかばかし」は，物事が思い通り進む，しっかりしているなどの様子を表す。女房たちは宿直人に琴柱を切って持って来るように言ったものの，たいしたことはできないと思っている。

(三) ③ 琴柱になるような楓の木を「切りて」持って来たのは，「宿直人」。 ④ 「あさまし」は，予期しないことにでくわして驚くこと。宿直人が「このかり琴，参らせ候はむ」と，「仮の」と「雁の」という両方の意味をたくみにもりこんだことに女房たちは驚いている。

(四) 女房たちは宿直人が無知だと思い込んで琴柱とはこのようなものだとこまごまと教えたが，宿直人は風雅な意味を込めながら琴柱を差し出したという内容になる。ここから，女房たちが恥ずかしがった理由を読み取る。

★ワンポイントアドバイス★

小説の読解問題の選択肢には紛らわしいものが含まれている。いったん正答を選んだ後も，他の選択肢が適当でないことをしっかり確認することを心がけよう。

MEMO

大切なことはメモしておこうネ！

解答用紙集

○月×日　△曜日　天気（合格日和）

◆ご利用のみなさまへ
＊解答用紙の公表を行っていない学校につきましては、弊社の責任において、解答用紙を制作いたしました。
＊編集上の理由により一部縮小掲載した解答用紙がございます。
＊編集上の理由により一部実物と異なる形式の解答用紙がございます。

人間の最も偉大な力とは、その一番の弱点を克服したところから生まれてくるものである。　――カール・ヒルティ――

東京学参株式会社

名古屋経済大学高蔵高等学校　　2024年度

◇数学◇

※ 127%に拡大していただくと，解答欄は実物大になります。

1	(1)	㋐ ㋑ ㋒ ㋓
	(2)	㋐ ㋑ ㋒ ㋓
	(3)	㋐ ㋑ ㋒ ㋓
	(4)	㋐ ㋑ ㋒ ㋓
	(5)	㋐ ㋑ ㋒ ㋓
	(6)	㋐ ㋑ ㋒ ㋓
	(7)	㋐ ㋑ ㋒ ㋓
	(8)	㋐ ㋑ ㋒ ㋓
	(9)	㋐ ㋑ ㋒ ㋓
	(10)	㋐ ㋑ ㋒ ㋓

2	(1)	①	㋐ ㋑ ㋒ ㋓
		②	㋐ ㋑ ㋒ ㋓
	(2)	①	㋐ ㋑ ㋒ ㋓
		②	㋐ ㋑ ㋒ ㋓

3	(1)	㋐ ㋑ ㋒ ㋓
	(2)	㋐ ㋑ ㋒ ㋓
	(3)	㋐ ㋑ ㋒ ㋓

4	(1)		I	㋐ ㋑ ㋒ ㋓ ㋔ ㋕ ㋖ ㋗ ㋘ ㋙
			II	㋐ ㋑ ㋒ ㋓ ㋔ ㋕ ㋖ ㋗ ㋘ ㋙
			III	㋐ ㋑ ㋒ ㋓ ㋔ ㋕ ㋖ ㋗ ㋘ ㋙
	(2)	①	ア	⓪ ① ② ③ ④ ⑤ ⑥ ⑦ ⑧ ⑨
			イ	⓪ ① ② ③ ④ ⑤ ⑥ ⑦ ⑧ ⑨
		②	ウ	⓪ ① ② ③ ④ ⑤ ⑥ ⑦ ⑧ ⑨
			エ	⓪ ① ② ③ ④ ⑤ ⑥ ⑦ ⑧ ⑨
			オ	⓪ ① ② ③ ④ ⑤ ⑥ ⑦ ⑧ ⑨
			カ	⓪ ① ② ③ ④ ⑤ ⑥ ⑦ ⑧ ⑨
			キ	⓪ ① ② ③ ④ ⑤ ⑥ ⑦ ⑧ ⑨

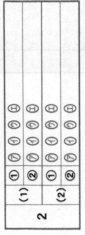

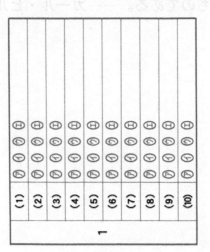

名古屋経済大学高蔵高等学校　2024年度

◇英語◇

※ 122%に拡大していただくと，解答欄は実物大になります。

聞き取り検査

1	第1問	(1)	a	正	誤
			b	正	誤
			c	正	誤
			d	正	誤
		(2)	a	正	誤
			b	正	誤
			c	正	誤
			d	正	誤
		(3)	a	正	誤
			b	正	誤
			c	正	誤
			d	正	誤

1	第2問	(1)	a	正	誤
			b	正	誤
			c	正	誤
			d	正	誤
		(2)	a	正	誤
			b	正	誤
			c	正	誤
			d	正	誤

筆記検査

2	(1)	㋐ ㋑ ㋒ ㋓
	(2)	㋐ ㋑ ㋒ ㋓
	(3)	㋐ ㋑ ㋒ ㋓

3	(1)		㋐ ㋑ ㋒ ㋓
	(2)	1番目	㋐ ㋑ ㋒ ㋓ ㋔ ㋕ ㋖
		3番目	㋐ ㋑ ㋒ ㋓ ㋔ ㋕ ㋖
		5番目	㋐ ㋑ ㋒ ㋓ ㋔ ㋕ ㋖

4	(1)		㋐ ㋑ ㋒
	(2)		㋐ ㋑ ㋒ ㋓
	(3)		㋐ ㋑ ㋒ ㋓
	(4)		㋐ ㋑ ㋒ ㋓
	(5)	①	㋐ ㋑ ㋒ ㋓
		②	㋐ ㋑ ㋒ ㋓

5	(1)	①	㋐ ㋑ ㋒ ㋓
		②	㋐ ㋑ ㋒ ㋓
		③	㋐ ㋑ ㋒ ㋓
	(2)		㋐ ㋑ ㋒ ㋓
	(3)		㋐ ㋑ ㋒ ㋓
	(4)		㋐ ㋑ ㋒ ㋓ ㋔ ㋕

名古屋経済大学高蔵高等学校　2024年度

◇理科◇

※ 125%に拡大していただくと，解答欄は実物大になります。

1	(1)	㋐ ㋑ ㋒ ㋓ ㋔ ㋕
	(2)	㋐ ㋑ ㋒ ㋓ ㋔
	(3)	㋐ ㋑ ㋒ ㋓ ㋔ ㋕
	(4)	㋐ ㋑ ㋒ ㋓ ㋔ ㋕ ㋖ ㋗
	(5)	㋐ ㋑ ㋒ ㋓ ㋔ ㋕

2	(1)	㋐ ㋑ ㋒ ㋓ ㋔ ㋕ ㋖ ㋗ ㋘
	(2)	㋑ ㋒ ㋓ ㋔ ㋕
	(3)	㋐ ㋑ ㋒ ㋓ ㋔ ㋕
	(4)	㋐ ㋑ ㋒ ㋓ ㋔ ㋕
	(5)	㋐ ㋑ ㋒ ㋓ ㋔

3	(1)	㋐ ㋑ ㋒ ㋓ ㋔
	(2)	㋐ ㋑ ㋒ ㋓ ㋔
	(3)	㋐ ㋑ ㋒ ㋓ ㋔ ㋕ ㋖ ㋗ ㋘
	(4)	㋐ ㋑ ㋒ ㋓ ㋔ ㋕ ㋖ ㋗
	(5)	㋐ ㋑ ㋒ ㋓ ㋔ ㋕ ㋖ ㋗ ㋘

4	(1)	㋐ ㋑ ㋒ ㋓ ㋔ ㋕ ㋖ ㋗
	(2)	㋐ ㋑ ㋒ ㋓ ㋔
	(3)	㋐ ㋑ ㋒ ㋓
	(4)	㋐ ㋑ ㋒ ㋓ ㋔ ㋕ ㋖ ㋗
	(5)	㋐ ㋑ ㋒ ㋓ ㋔ ㋕ ㋖

5	(1)	㋐ ㋑ ㋒ ㋓ ㋔ ㋕ ㋖ ㋗
	(2)	㋐ ㋑ ㋒ ㋓ ㋔
	(3)	㋐ ㋑ ㋒ ㋓ ㋔ ㋕
	(4)	㋐ ㋑ ㋒ ㋓ ㋔ ㋕ ㋖ ㋗
	(5)	㋐ ㋑ ㋒ ㋓

名古屋経済大学高蔵高等学校　2024年度

◇社会◇

※ 125%に拡大していただくと，解答欄は実物大になります。

1	(1)	㋐ ㋑ ㋒ ㋓
	(2)	㋐ ㋑ ㋒ ㋓
	(3)	㋐ ㋑ ㋒ ㋓
	(4)	㋐ ㋑ ㋒ ㋓
	(5)	㋐ ㋑ ㋒ ㋓
	(6)	㋐ ㋑ ㋒ ㋓
	(7)	㋐ ㋑ ㋒ ㋓

2	(1)	㋐ ㋑ ㋒ ㋓
	(2)	㋐ ㋑ ㋒ ㋓
	(3)	㋐ ㋑ ㋒ ㋓
	(4)	㋐ ㋑ ㋒ ㋓
	(5)	㋐ ㋑ ㋒ ㋓
	(6)	㋐ ㋑ ㋒ ㋓
	(7)	㋐ ㋑ ㋒ ㋓
	(8)	㋐ ㋑ ㋒ ㋓

3	(1)	㋐ ㋑ ㋒ ㋓
	(2)	㋐ ㋑ ㋒ ㋓
	(3)	㋐ ㋑ ㋒ ㋓

4	(1)	㋐ ㋑ ㋒ ㋓
	(2)	㋐ ㋑ ㋒ ㋓
	(3)	㋐ ㋑ ㋒ ㋓
	(4)	㋐ ㋑ ㋒ ㋓
	(5)	㋐ ㋑ ㋒ ㋓
	(6)	㋐ ㋑ ㋒ ㋓
	(7)	㋐ ㋑ ㋒ ㋓

5	(1)	㋐ ㋑ ㋒ ㋓
	(2)	㋐ ㋑ ㋒ ㋓
	(3)	㋐ ㋑ ㋒ ㋓
	(4)	㋐ ㋑ ㋒ ㋓
	(5)	㋐ ㋑ ㋒ ㋓

6	(1)	㋐ ㋑ ㋒ ㋓
	(2)	㋐ ㋑ ㋒ ㋓
	(3)	㋐ ㋑ ㋒ ㋓
	(4)	㋐ ㋑ ㋒ ㋓

7	(1)	㋐ ㋑ ㋒ ㋓
	(2)	㋐ ㋑ ㋒ ㋓
	(3)	㋐ ㋑ ㋒ ㋓
	(4)	㋐ ㋑ ㋒ ㋓
	(5)	㋐ ㋑ ㋒ ㋓
	(6)	㋐ ㋑ ㋒ ㋓

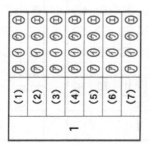

名古屋経済大学高蔵高等学校　2024年度

◇国語◇

※解答欄は実物大です。

一	(一)	Ⅰ	㋐ ㋑ ㋒ ㋓ ㋔ ㋕
		Ⅱ	㋐ ㋑ ㋒ ㋓ ㋔ ㋕
	(二)		㋐ ㋑ ㋒ ㋓ ㋔
	(三)		㋐ ㋑ ㋒ ㋓ ㋔
	(四)		㋐ ㋑ ㋒ ㋓
	(五)		㋐ ㋑ ㋒ ㋓ ㋔

二	(一)	①	㋐ ㋑ ㋒ ㋓
		②	㋐ ㋑ ㋒ ㋓
	(二)		㋐ ㋑ ㋒ ㋓
	(三)		㋐ ㋑ ㋒ ㋓

三	(一)	A	㋐ ㋑ ㋒ ㋓ ㋔ ㋕
		B	㋐ ㋑ ㋒ ㋓ ㋔ ㋕
	(二)		㋐ ㋑ ㋒ ㋓
	(三)		㋐ ㋑ ㋒ ㋓
	(四)		㋐ ㋑ ㋒ ㋓
	(五)		㋐ ㋑ ㋒ ㋓ ㋔
	(六)		㋐ ㋑ ㋒ ㋓ ㋔

四	(一)	㋐ ㋑ ㋒ ㋓
	(二)	㋐ ㋑ ㋒ ㋓ ㋔ ㋕
	(三)	㋐ ㋑ ㋒ ㋓
	(四)	㋐ ㋑ ㋒ ㋓

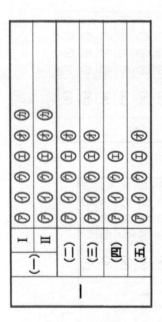

名古屋経済大学高蔵高等学校　2023年度　◇数学◇

※解答欄は実物大になります。

1	(1)		(2)	
	(3)		(4)	x =
	(5)		(6)	
	(7)	∠x = °	(8)	円
	(9)	① 点	②	点

2	(1)	通り	(2)	
	(3)	°	(4)	

3	(1)	(,)	(2)	
	(3)			

4	(1)	ア		イ		ウ	
	(2)	:		(3)	倍		

※ 105％に拡大していただくと，解答欄は実物大になります。

1	第1問	(1)	a	正	誤	b	正	誤	c	正	誤	d	正	誤
		(2)	a	正	誤	b	正	誤	c	正	誤	d	正	誤
		(3)	a	正	誤	b	正	誤	c	正	誤	d	正	誤
	第2問	(1)	a	正	誤	b	正	誤	c	正	誤	d	正	誤
		(2)	a	正	誤	b	正	誤	c	正	誤	d	正	誤

2	①	【　　　　】 in Japan.
	②	The guys in Japan must be lucky【　　　　】.

3	①	(　　　)(　　　)	②	
	③			

4	(1)			
	(2)		(3)	
	(4)		(5)	

5	(1)	b	d
	(2)	①	②
	(3)		
	(4)	X	Y

名古屋経済大学高蔵高等学校　2023年度　◇理科◇

※ 102%に拡大していただくと，解答欄は実物大になります。

1	(1)　　m	(2)　　g	(3)
	(4) 番号	かな符号	(5)　　%

2	(1)										
	(2)										
	(3)	(4)	(5)　　cm³								

3	(1)　　J	(2)　　J	
	(3)	(4)	(5)

4	(1)	(2)	(3)
	(4)	(5)	

5	(1)	(2)	
	(3)	(4)	(5)

※解答欄は実物大になります。

1	(1)		(2)	
	(3)		(4)	
	(5)		(6)	
	(7)		(8)	
	(9)			

2	(1)		(2)	
	(3)		(4)	
	(5)		(6)	
	(7)			
	(8)			

3	(1)		(2)	
	(3)			
4				
5	(1)		(2)	
	(3)			
	(4)			

名古屋経済大学高蔵高等学校　2023年度

※104%に拡大していただくと、解答欄は実物大になります。

◇国語◇

一

(一) A　B

(二)

(三) 生物は（60・70）

(四) 始め　終わり　という法則

(五)

(六)

(七) 始め　終わり

(八)

(九) ・

二

(一) ①　②

(二)

三

(一)

(二) A　B

(三)

(四)

(五)

(六)

四

(一)

(二)

(三)

(四) ①　②　③　④

名古屋経済大学高蔵高等学校　2022年度

◇数学◇

※解答欄は実物大になります。

1	(1)		(2)	
	(3)		(4)	$(x,\ y) =$
	(5)	$x =$	(6)	
	(7)		(8)	
	(9)	①　　m	②	m

2	(1)	:	(2)	:
	(3)	倍		

3	(1)	時速　　km	(2)	km
	(3)	$y =$	(4)	円
	(5)	◯の列車を　　分　　発車させ， 時　　分にＥ駅を発車させればよい。		
	(6)	$y =$	(7)	円

名古屋経済大学高蔵高等学校　2022年度　　◇英語◇

※ 105％に拡大していただくと，解答欄は実物大になります。

1	第1問	(1)	a	正	誤	b	正	誤	c	正	誤	d	正	誤
		(2)	a	正	誤	b	正	誤	c	正	誤	d	正	誤
		(3)	a	正	誤	b	正	誤	c	正	誤	d	正	誤
	第2問	(1)	a	正	誤	b	正	誤	c	正	誤	d	正	誤
		(2)	a	正	誤	b	正	誤	c	正	誤	d	正	誤

2	①	To be safe, 【　　】 when you are near the sea.
	②	If a big earthquake happens, 【　　】 as quickly as possible.

3	①	(　　)(　　)	②	
	③			

4	(1)			
	(2)		(3)	
	(4)		(5)	

5	(1)	b	d
	(2)	①	②
	(3)		
	(4)	X	Y

名古屋経済大学高蔵高等学校　2022年度　◇理科◇

※ 102%に拡大していただくと，解答欄は実物大になります。

1			
	(1)　　　秒	(2)	(3)　　　秒
	(4)	(5)	

2			
	(1)	(2)	(3)
	(4)	(5)　　　mL	

3				
	(1)	(2) (Ⅰ)	(Ⅱ)	
	(3)	(4) G	H	I
	(5)			

4			
	(1)　　　Ω	(2)　　　mA	(3)　　　Ω
	(4)	(5)	

5			
	(1)	(2)	(3)
	(4)	(5)	

名古屋経済大学高蔵高等学校　2022年度

◇社会◇

※解答欄は実物大になります。

1	(1)		(2)	
	(3)		(4)	

2	(1)			
	(2)		(3)	

3	(1)		
	(2)	かな符号	ことば
	(3)		
	(4)	かな符号	記号

4	(1)		(2)	
	(3)		(4)	

5	(1)		(2)	
	(3)		(4)	
	(5)			

6	(1)		(2)	
	(3)			

◇国語◇

名古屋経済大学高蔵高等学校　２０２２年度

※１０４％に拡大していただくと、解答欄は実物大になります。

一

(一) A　B

(二) 始め　終わり

(三)

(四)

(五)

(六) S N S は ……（60）（70）

(七)

(八)

(九) 二番目　四番目

二

(一) ①　②

(二)

三

(一)

(二)

(三)

(四)

(五)

(六)

四

(一)

(二)

(三)

(四)

◇数学◇

※解答欄は実物大になります。

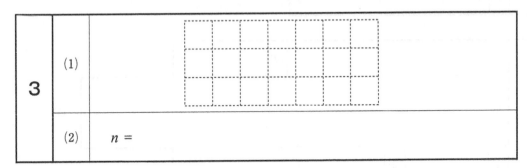

1	(1)		(2)	
	(3)		(4)	$x =$
	(5)	円	(6)	
	(7)	の倍数	(8)	$a =$
	(9)	通り	(10)	

2	(1)	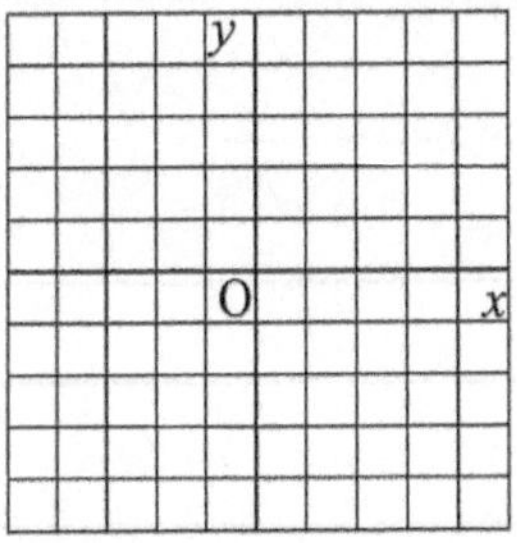	$(x, y) = ($　　　$,$　　　$)$	
			(2)	cm^3
			(3)	度

3	(1)	
	(2)	$n =$

4	(1)	:	(2)	$x =$

5	(1)	$\leqq t \leqq$	(2)	$S =$
	(3)	$t =$		

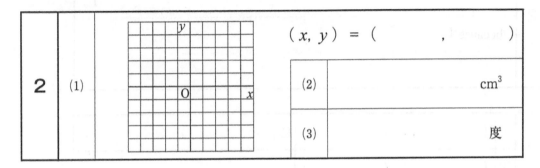

※ 105%に拡大していただくと，解答欄は実物大になります。

1	第1問	(1)	a	正	誤	b	正	誤	c	正	誤	d	正	誤
		(2)	a	正	誤	b	正	誤	c	正	誤	d	正	誤
		(3)	a	正	誤	b	正	誤	c	正	誤	d	正	誤
	第2問	(1)	a	正	誤	b	正	誤	c	正	誤	d	正	誤
		(2)	a	正	誤	b	正	誤	c	正	誤	d	正	誤

2	The number of【
	】,
	because【
	】.

3	①	(　　　)　(　　　)	②	(　　　)　(　　　)
	③	(　　　)　(　　　)		

4	(1)		(2)	
	(3)			
	(4)		(5)	

5	(1)	b	d
	(2)	ア	イ
	(3)		
	(4)	X	Y

名古屋経済大学高蔵高等学校　2021年度　◇理科◇

※ 102％に拡大していただくと，解答欄は実物大になります。

1				
	(1)	(2)	(3)	
	(4)（Ⅰ）	（Ⅱ）	（Ⅲ）	(5)

2			
	(1)	(2)　板	
	(3)	(4)	
	(5) c：d＝　：		

3				
	(1)	(2)　倍	(3)　と	列
	(4)	(5)		

4				
	(1)	(2) ②	③	(3)　km/秒
	(4)	(5)		

5			
	(1)　mL	(2)	(3)　%
	(4)　m	(5)	

名古屋経済大学高蔵高等学校　2021年度　◇社会◇

※解答欄は実物大になります。

1	(1)		(2)	
	(3)	A		
		B		

2	(1)		(2)	
	(3)		(4)	

3	(1)		県庁所在地　市
	(2)		
	(3)	Ⅰ	Ⅱ

4	(1)		(2)	
	(3)	かな符号	ことば	
	(4)			

5	(1)		(2)	
	(3)			

6	(1)		(2)	
	(3)	円	(4)	

◇国語◇

名古屋経済大学高蔵高等学校　２０２１年度

※１０５％に拡大していただくと、解答欄は実物大になります。

一

(一)

(二)

(三)

(四)

(五)　説明がなくてもわかる理由は、

60

70

(六)

(七)　A　B　C

(八)

二

(一)　①　②　③

(二)

三

(一)

(二)　A　B

(三)　ことば　意味

(四)

(五)

(六)

四

(一)

(二)

(三)

(四)

名古屋経済大学高蔵高等学校　2020年度　　◇数学◇

※解答欄は実物大です。

1	(1)		(2)	
	(3)		(4)	
	(5)	$x=$	(6)	
	(7)	$x=$　　, $y=$	(8)	
	(9)	平均値	中央値	

2	(1)		(2)	

3	(1)	cm	(2)	°

4	(1)	$a=$	(2)	
	(3)			

5	(1)	cm				
	(2)	a	b	c	d	e
	(3)	cm				

※104%に拡大していただくと，解答欄は実物大になります。

1	第1問	(1)	a	正	誤	b	正	誤	c	正	誤	d	正	誤
		(2)	a	正	誤	b	正	誤	c	正	誤	d	正	誤
		(3)	a	正	誤	b	正	誤	c	正	誤	d	正	誤
	第2問	(1)	a	正	誤	b	正	誤	c	正	誤	d	正	誤
		(2)	a	正	誤	b	正	誤	c	正	誤	d	正	誤

2	In this picture, a woman【
	】.
	I hope that she will【
	】.

3	①	(　　　　)　(　　　　)	②	(　　　　)　(　　　　)
	③	(　　　　)　(　　　　)		

4	(1)		(2)	
	(3)			
	(4)		(5)	

5	(1)	b	d
	(2)	①	②
	(3)		
	(4)	X	Y

※102％に拡大していただくと，解答欄は実物大になります。

1			
	(1)	(2)	(3)
	(4)	(5)	

2		
	(1)	(2) ア：酸素＝　：
	(3)	
	(4)　g	(5)

3			
	(1)		
	(2)		
	(3)	(4)	(5)

4			
	(1)	(2)　m	(3)　m
	(4)　m/s	(5)　N	

5			
	(1)	(2)	
	(3)	(4)	(5)

名古屋経済大学高蔵高等学校　2020年度

◇社会◇

※解答欄は実物大です。

1	(1)		(2)	
	(3)			
	(4)	名称		位置
2	(1)		(2)	
	(3)			

3	(1)		(2)	
	(3)		(4)	
	(5)			
4	(1)		(2)	
	(3)		(4)	

5	(1)	a（　　　　　　　　）		b（　　　　　　　　）		
	(2)				(3)	
6	(1)	X	Y	Z	(2)	
	(3)				(4)	

名古屋経済大学高蔵高等学校　２０２０年度

※１０４％に拡大していただくと、解答欄は実物大になります。

◇国語◇

一

(一)	
(二)	A　B　C
(三)	
(四)	
(五)	60　70
(六)	
(七)	①　a　b　②　Ⅰ　Ⅱ
(八)	

二

(一)	①　②
(二)	

三

(一)	①　③
(二)	
(三)	
(四)	
(五)	
(六)	

四

(一)	
(二)	
(三)	③　④
(四)	

東京学参の
高校別入試過去問題シリーズ

＊出版校は一部変更することがあります。一覧にない学校はお問い合わせください。

東京ラインナップ
あ 愛国高校(A59)
青山学院高等部(A16)★
桜美林高校(A37)
お茶の水女子大附属高校(A04)
か 開成高校(A05)★
共立女子第二高校(A40)★
慶應義塾女子高校(A13)
啓明学園高校(A68)★
国学院高校(A30)
国学院大久我山高校(A31)
国際基督教大高校(A06)
小平錦城高校(A61)★
駒澤大高校(A32)
さ 芝浦工業大附属高校(A35)
修徳高校(A52)
城北高校(A21)
専修大附属高校(A28)
創価高校(A66)★
た 拓殖大第一高校(A53)
立川女子高校(A41)
玉川学園高等部(A56)
中央大高校(A19)
中央大杉並高校(A18)★
中央大附属高校(A17)
筑波大附属高校(A01)
筑波大附属駒場高校(A02)
帝京大高校(A60)
東海大菅生高校(A42)
東京学芸大附属高校(A03)
東京農業大第一高校(A39)
桐朋高校(A15)
都立青山高校(A73)★
都立国立高校(A76)★
都立国際高校(A80)★
都立国分寺高校(A78)★
都立新宿高校(A77)★
都立墨田川高校(A81)★
都立立川高校(A75)★
都立戸山高校(A72)★
都立西高校(A71)★
都立八王子東高校(A74)★
都立日比谷高校(A70)★
な 日本大櫻丘高校(A25)
日本大第一高校(A50)
日本大第三高校(A48)
日本大第二高校(A27)
日本大鶴ヶ丘高校(A26)
日本大豊山高校(A23)
は 八王子学園八王子高校(A64)
法政大高校(A29)
ま 明治学院高校(A38)
明治学院東村山高校(A49)
明治大付属中野高校(A33)
明治大付属八王子高校(A67)
明治大付属明治高校(A34)★
明法高校(A63)
わ 早稲田実業学校高等部(A09)
早稲田大高等学院(A07)

神奈川ラインナップ
あ 麻布大附属高校(B04)
アレセイア湘南高校(B24)
か 慶應義塾高校(A11)
神奈川県公立高校特色検査(B00)
さ 相洋高校(B18)
た 立花学園高校(B23)
桐蔭学園高校(B01)
東海大付属相模高校(B03)★
桐光学園高校(B11)
な 日本大高校(B06)
日本大藤沢高校(B07)
は 平塚学園高校(B22)
藤沢翔陵高校(B08)
法政大国際高校(B17)
法政大第二高校(B02)★
や 山手学院高校(B09)
横須賀学院高校(B20)
横浜商科大高校(B05)
横浜市立横浜サイエンスフロンティア高校(B70)
横浜翠陵高校(B14)
横浜清風高校(B10)
横浜創英高校(B21)
横浜隼人高校(B16)
横浜富士見丘学園高校(B25)

千葉ラインナップ
あ 愛国学園大附属四街道高校(C26)
我孫子二階堂高校(C17)
市川高校(C01)★
か 敬愛学園高校(C15)
さ 芝浦工業大柏高校(C09)
渋谷教育学園幕張高校(C16)★
翔凜高校(C34)
昭和学院秀英高校(C23)
専修大松戸高校(C02)
た 千葉英和高校(C18)
千葉敬愛高校(C05)
千葉経済大附属高校(C27)
千葉日本大第一高校(C06)★
千葉明徳高校(C20)
千葉黎明高校(C24)
東海大付属浦安高校(C03)
東京学館高校(C14)
東京学館浦安高校(C31)
な 日本体育大柏高校(C30)
日本大習志野高校(C07)
は 日出学園高校(C08)
や 八千代松陰高校(C12)
ら 流通経済大付属柏高校(C19)★

埼玉ラインナップ
あ 浦和学院高校(D21)
大妻嵐山高校(D04)★
か 開智高校(D08)
開智未来高校(D13)★
春日部共栄高校(D07)
川越東高校(D12)
慶應義塾志木高校(A12)
さ 埼玉栄高校(D09)
栄東高校(D14)
狭山ヶ丘高校(D24)
昌平高校(D23)
西武学園文理高校(D10)
西武台高校(D06)
た 東京農業大第三高校(D18)
は 武南高校(D05)
本庄東高校(D20)
や 山村国際高校(D19)
ら 立教新座高校(A14)
わ 早稲田大本庄高等学院(A10)

北関東・甲信越ラインナップ
あ 愛国学園大附属龍ヶ崎高校(E07)
宇都宮短大附属高校(E24)
か 鹿島学園高校(E08)
霞ヶ浦高校(E03)
共愛学園高校(E31)
甲陵高校(E43)
国立高等専門学校(A00)
さ 作新学院高校
(トップ英進・英進部)(E21)
(情報科学・総合進学部)(E22)
常総学院高校(E04)
た 中越高校(R03)＊
土浦日本大高校(E01)
東洋大附属牛久高校(E02)
な 新潟青陵高校(R02)
新潟明訓高校(R04)
日本文理高校(R01)
は 白鷗大足利高校(E25)
ま 前橋育英高校(E32)
や 山梨学院高校(E41)

中京圏ラインナップ
あ 愛知高校(F02)
愛知啓成高校(F09)
愛知工業大名電高校(F06)
愛知みずほ大瑞穂高校(F25)
暁高校(3年制)(F50)
鶯谷高校(F60)
栄徳高校(F29)
桜花学園高校(F14)
岡崎城西高校(F34)
か 岐阜聖徳学園高校(F62)
岐阜東高校(F61)
享栄高校(F18)
さ 桜丘高校(F36)
至学館高校(F19)
椙山女学園高校(F10)
鈴鹿高校(F53)
星城高校(F27)★
誠信高校(F33)
清林館高校(F16)★
た 大成高校(F28)
大同大大同高校(F30)
高田高校(F51)
滝高校(F03)★
中京高校(F63)
中京大附属中京高校(F11)★
中部大春日丘高校(F26)★
中部大第一高校(F32)
津田学園高校(F54)
東海高校(F04)★
東海学園高校(F20)
東邦高校(F12)
同朋高校(F22)
豊田大谷高校(F35)
な 名古屋高校(F13)
名古屋大谷高校(F23)
名古屋経済大市邨高校(F08)
名古屋経済大高蔵高校(F05)
名古屋女子大高校(F24)
名古屋たちばな高校(F21)
日本福祉大付属高校(F17)
人間環境大附属岡崎高校(F37)
は 光ヶ丘女子高校(F38)
誉高校(F31)
ま 三重高校(F52)
名城大附属高校(F15)

宮城ラインナップ
さ 尚絅学院高校(G02)
聖ウルスラ学院英智高校(G01)★
聖和学園高校(G05)
仙台育英学園高校(G04)
仙台城南高校(G06)
仙台白百合学園高校(G12)
た 東北学院高校(G03)★
東北学院榴ヶ岡高校(G08)
東北高校(G11)
東北生活文化大高校(G10)
常盤木学園高校(G07)
は 古川学園高校(G13)
ま 宮城学院高校(G09)★

北海道ラインナップ
さ 札幌光星高校(H06)
札幌静修高校(H09)
札幌第一高校(H01)
札幌北斗高校(H04)
札幌龍谷学園高校(H08)
は 北海高校(H03)
北海学園札幌高校(H07)
北海道科学大高校(H05)
ら 立命館慶祥高校(H02)

★はリスニング音声データのダウンロード付き。

都道府県別 公立高校入試過去問 シリーズ
- 全国47都道府県別に出版
- 最近数年間の検査問題収録
- リスニングテスト音声対応

公立高校入試対策問題集シリーズ
- 目標得点別・公立入試の数学(基礎編)
- 実戦問題演習・公立入試の数学(実力錬成編)
- 実戦問題演習・公立入試の英語(基礎編・実力錬成編)
- 形式別演習・公立入試の国語
- 実戦問題演習・公立入試の理科
- 実戦問題演習・公立入試の社会

高校入試特訓問題集 シリーズ
- 英語長文難関攻略33選(改訂版)
- 英語長文テーマ別難関攻略30選
- 英文法難関攻略20選
- 英語難関徹底攻略33選
- 古文完全攻略63選(改訂版)
- 国語融合問題完全攻略30選
- 国語長文難関徹底攻略30選
- 国語知識問題完全攻略13選
- 数学の図形と関数・グラフの融合問題完全攻略272選
- 数学難関徹底攻略700選
- 数学の難問80選
- 数学 思考力ー規則性とデータの分析と活用ー

〈ダウンロードコンテンツについて〉

本問題集のダウンロードコンテンツ、弊社ホームページで配信しております。現在ご利用いただけるのは「2025年度受験用」に対応したもので、**2025年3月末日**までダウンロード可能です。弊社ホームページにアクセスの上、ご利用ください。

※配信期間が終了いたしますと、ご利用いただけませんのでご了承ください。

高校別入試過去問題シリーズ

名古屋経済大学高蔵高等学校　2025年度

ISBN978-4-8141-3039-9

[発行所] 東京学参株式会社
〒153-0043　東京都目黒区東山2-6-4

書籍の内容についてのお問い合わせは右のQRコードから ⇒

※書籍の内容についてのお電話でのお問い合わせ、本書の内容を超えたご質問には対応できませんのでご了承ください。

2024年7月26日　初版